中国社会科学院　学者文选

徐世澄集

中国社会科学院科研局组织编选

中国社会科学出版社

图书在版编目（CIP）数据

徐世澄集／中国社会科学院科研局组织编选. —北京：中国社会科学出版社，2013.4（2018.8 重印）
（中国社会科学院学者文选）
ISBN 978－7－5161－1939－6

Ⅰ.①徐…　Ⅱ.①中…　Ⅲ.①拉丁美洲—文集　Ⅳ.①D773－53

中国版本图书馆 CIP 数据核字（2012）第 307979 号

出 版 人　赵剑英
责任编辑　赵　丽
责任校对　张玉霞
责任印制　戴　宽

出　　　版　中国社会科学出版社
社　　　址　北京鼓楼西大街甲 158 号
邮　　　编　100720
网　　　址　http：//www.csspw.cn
发 行 部　010－84083685
门 市 部　010－84029450
经　　　销　新华书店及其他书店

印刷装订　北京市十月印刷有限公司
版　　次　2013 年 4 月第 1 版
印　　次　2018 年 8 月第 2 次印刷

开　　本　880×1230　1/32
印　　张　15.875
字　　数　396 千字
定　　价　89.00 元

出 版 说 明

　　一、《中国社会科学院学者文选》是根据李铁映院长的倡议和院务会议的决定，由科研局组织编选的大型学术性丛书。它的出版，旨在积累本院学者的重要学术成果，展示他们具有代表性的学术成就。

　　二、《文选》的作者都是中国社会科学院具有正高级专业技术职称的资深专家、学者。他们在长期的学术生涯中，对于人文社会科学的发展做出了贡献。

　　三、《文选》中所收学术论文，以作者在社科院工作期间的作品为主，同时也兼顾了作者在院外工作期间的代表作；对少数在建国前成名的学者，文章选收的时间范围更宽。

中国社会科学院

科研局

1999 年 11 月 14 日

目 录

自　序

我这一生的大部分时间是在拉美研究和与拉美交往中度过的，可以说，是情系拉美研究一辈子。1959 年考大学时，我报考的是复旦大学新闻系，后来，我所在的上海敬业中学决定保送我去苏联留学，因此我进入了北京外国语学院留苏预备部。1960 年因中苏关系恶化，我没能去苏联留学。1959 年初，位于西半球的古巴取得了革命的胜利，古巴是讲西班牙语的国家之一，出于形势的需要，我被组织上安排到北京大学西语系学习西班牙语。1961 年 7 月，当时中国科学院哲学社会科学部（简称"学部"）拉丁美洲研究所成立时，我正在北大学习，我被选为"学部"在北大定向委托培养的学生，即"代培生"。

1964 年 1 月至 1967 年 2 月，我被公派到古巴哈瓦那大学文学和历史学院进修。在古巴进修的三年，正是古巴社会主义革命和建设的初期，古巴人民在以卡斯特罗为首的古巴党和政府的领导下，革命和建设的热情都十分高涨。我和其他中国留学生与古巴大学生一起，除在学习上相互切磋外，还手持步枪、站岗放哨；手持砍刀，多次去农村砍甘蔗；下过兵营，挖过战壕；乘上火车，周游古巴全国各省。我无数次聆听过卡斯特罗、格瓦拉等古巴革命领导人激动人心的演讲。青年时代在古巴的种种经历，至今仍历历在目，终身难忘。

1967 年我从古巴回国时，国内的"文化大革命"已经开始，我到拉美所报到，正式成为拉美所的一员。当时拉美所已归属中共中央对外联络部。拉美所的业务工作由于"文化大革命"而停止了。回国后不久，我被借到中联部业务局，陪同西班牙共产党（马列）一代表团访华，一借好几个月。送走代表团回所后不久，所里两派已经联合，军管小组驻所代表让我与另外一位同志去外地搞"外调"，以落实干部政策，解放干部。12 月初回北京后，根据上级指示，我又被下放到广东汕头牛田洋部队农场去锻炼，直到 1970 年 5 月 19 日，紧接着又被下放到中联部河南沈丘"五七"干校，直到 1970 年年底才回中联部拉美局工作。1972—1976 年我被中联部派遣，在中国驻阿尔巴尼亚使馆调研室工作。回国后，"文化大革命"中被撤销的拉美所已经恢复，我被任命为拉美所领导小组成员兼南美研究室主任。

1979 年 4 月至 6 月，我作为中国人民对外友协代表团团员到哥伦比亚、委内瑞拉和墨西哥三国访问，这是我第一次访问这三个拉美国家。1981 年年初，经中央批准，拉美所隶属中国社会科学院领导，中国社科院是 1977 年在原中国科学院哲学社会科学部的基础上成立的。可以说，拉美所又回娘家。

说实在的，我真正坐下来投入拉美问题研究，是在改革开放之后，特别是在拉美所回归社科院之后。在此前，我与拉美所的其他同志一样，不是投入政治运动（"文化大革命"）就是下放劳动（我曾三次下放），或在中联部从事党的联络工作。

我先后在拉美所担任经济和国际关系研究室主任、科研处处长和副所长（1985—1995），并长达十多年兼任拉美所主管的中国拉丁美洲学会的秘书长。在我担任科研处处长和副所长的十多年"双肩挑"时间里，我积极配合苏振兴所长的工作，在全所同志的努力下，所里的科研工作和国内外的学术交流有了显著的进展。

1995年上级领导批准我去墨西哥进修，根据规定，我辞去了副所长的工作。从1995年我卸任副所长职务至2008年年初我退休的10多年时间，是我从事拉美研究以来科研成果最多的时期。一共独著、主编、合著、独译或合译了近20本书，撰写了数百篇论文、文章和研究报告。可以说，这一时期是我的"丰收"年份。

2008年年初我正式退休。但我仍笔耕不辍，并未放下我的研究工作。当年12月，我有幸随同中联部考察团到玻利维亚和厄瓜多尔考察社会主义思潮，取得了不少收获。2009年1月，我不幸大病一场，先后住了10次医院，进行了8次化疗和1次手术。所领导和同事们以及我的拉美学界朋友对我十分关心，使我深受感动。经过积极的治疗、组织和同志们的关心和我的爱人的精心照料，我终于在死亡线上逃脱出来。病魔并没能摧毁我的意志。2010年我的身体状况有所好转，我在积极进行治疗疾病的同时，完成并出版了由我主持的《拉丁美洲现代思潮》这一社科院重点项目。

2011年4月，我撰写的《查韦斯传——从玻利瓦尔革命到"21世纪社会主义"》一书共50万字，由人民出版社出版，这部传记是我向拉美所所庆50周年的小小的献礼。同年7月，我荣幸地当选为中国社会科学院荣誉学部委员，这既是对我的鼓舞，又是对我的巨大鞭策。2011年9月28日是中国和古巴建交51周年，古巴驻华使馆举行了招待会，在招待会上，正在中国访问的古巴与各国人民友好协会主席凯尼娅·塞拉诺和古巴新任驻华大使白诗德代表古巴国务委员会为我和其他5名为中古友谊做出突出贡献的中国人士授予"友谊奖"奖章和由古巴国务委员会主席劳尔·卡斯特罗亲笔签名的证书。这是对我多年来从事对古巴研究和致力于中古友好工作的一种肯定吧!

2012年5月底,应拉美大学联合会和墨西哥国立自治大学的邀请,我到墨西哥参加了第一届"中国和拉美加勒比:21世纪的条件与挑战"的国际研讨会,随后,又应多米尼加共和国全球民主与发展基金会和多米尼加驻华贸易发展办事处的邀请,于6月1日至7日访问了多米尼加共和国,多米尼加科学院于6月4日举行隆重仪式,授予我多米尼加科学院通信院士的称号。6月6日晚,多米尼加现总统莱奥内尔·费尔南德斯参加了我在全球民主与发展基金会的报告会,并亲切地接见了我。

收入这本文集的三十多篇文章都是从我20世纪80年代以来发表过的文章、研究报告或专著中挑选的,以最近十几年发表的文章为主。根据文章的内容分成"政治篇"、"经济篇"、"对外关系篇"和"社会文化篇"四个部分。有些文章述及整个拉美和加勒比地区,有的文章只述及某一个拉美国家的某一个问题。其中不少文章是对拉美国家时局和政治、经济、社会形势的分析和评论,因此文章内容有一定的时间局限性,有些分析从现在的目光来看,未必都很准确。但这是一个真实的历史记录。这次我在编文集时,除个别地方作了一些必要的修改外,基本上"原封未动",把它们一一呈现给读者。

我从事拉美研究几十年来,取得了一点微小的成绩和进步,这是与国内改革开放创造的"社会科学的春天"大环境密切相关的,是与院、所领导的正确指导以及我的同事们、中外同行们和朋友们的帮助分不开的。我总的体会是:从事拉美问题研究,需要的是对拉美研究的热忱和深情,对拉美研究魅力的感受和追求。从事拉美研究就像耕种土地一样,谁洒的汗水多,谁的收获也就丰硕。"春蚕到死丝方尽"，我愿意为我所钟爱的拉美研究事业贡献我的余生！

徐世澄

2012 年 7 月　北京

政　治　篇

20世纪以来拉丁美洲的变革和发展

　　拉丁美洲和加勒比地区（以下简称拉丁美洲或拉美）位于西半球中南部，它东濒加勒比海和大西洋，西临太平洋；南隔德雷克海峡与南极洲相望，北界墨西哥与美国界河布拉沃河（即格兰德河），与美国为邻。在历史上，从15世纪末至19世纪初这一地区主要是拉丁语系的西班牙、葡萄牙和法国等国的殖民地，故称拉丁美洲。拉美地区包括4个部分，这四部分是：墨西哥、中美洲、南美洲和西印度群岛。共有33个独立国家（墨西哥；中美洲7国：伯利兹、哥斯达黎加、萨尔瓦多、危地马拉、洪都拉斯、尼加拉瓜和巴拿马；南美洲12国：阿根廷、玻利维亚、巴西、智利、哥伦比亚、厄瓜多尔、圭亚那、巴拉圭、秘鲁、苏里南、乌拉圭、委内瑞拉；西印度群岛13国：多米尼加、古巴、海地、牙买加、安提瓜和巴布达、巴巴多斯、多米尼克、格林纳达、圣卢西亚、圣基茨和尼维斯、圣文森特和格林纳丁斯、特立尼达和多巴哥、巴哈马）和12个未独立地区。它幅员辽阔，土地面积逾2072万平方千米，占世界陆地面积的13.8%；人口已超过5亿人，占世界总人口的8%强。

　　拉丁美洲是一个拥有丰富的资源、巨大的发展潜力并对人类的未来将产生巨大影响的大陆。它的耕地面积约 7 亿公顷，人均耕地面积达 1.4 公顷，大大高于亚洲和欧洲的水平，它的牧场和草地面积为 5.3 亿公顷，占世界牧场和草地总面积的 17.2%；森林面积 900 万平方千米，约占世界森林总面积的 24%；它的矿藏丰富，其中白银储量约占世界的 1/5，铜储量约占世界的 1/3，铝土储量约占世界的 26%；拉美是仅次于中东的世界第二大储油区；它的水力资源约占世界的 10%。

一　历史的回顾(20 世纪初至 80 年代末)

20 世纪，特别是第二次世界大战结束后的 50 多年，拉美各国在政治、经济、社会和对外关系方面都经历了深刻的变革。

(一)　政治：从传统社会向现代社会转变

20 世纪，拉美大多数国家的政治制度经历了由半封建的"考迪罗"独裁政权向资产阶级代议制民主制度的转变，逐步形成现代国家制度；政局由政变频仍、动荡不定趋于相对稳定。

20 世纪，拉美共经历了 5 次比较重要的革命。其中第二次世界大战前有一次，即 1910—1917 年的墨西哥资产阶级民主革命。二战后有四次，即 1944—1954 年的危地马拉革命，1952—1960 年的玻利维亚革命，1959 年夺取全国胜利的古巴革命和 1979 年夺取全国胜利的尼加拉瓜革命。

二战后，自 20 世纪 60 年代初至 80 年代初，在拉美民族民主运动的推动下，加勒比地区先后有 13 个国家摆脱殖民地地位而获得独立。这样，拉美地区的独立国家由战前的 20 个增加到 33 个。

从 20 世纪 30 年代起，随着拉美经济的发展，拉美资产阶级和无产阶级都有较大发展；与此同时，拉美中间阶层亦有增长。拉美国家掀起了以外抗强权、内争民主为主要内容的民主改革运动。拉美的民主改革是丰富多彩的，有带有威权主义色彩的民众主义改革，如巴西的瓦加斯、阿根廷的庇隆、厄瓜多尔的贝拉斯科所进行的改革；有革新派军人入秘鲁的贝拉斯科·阿尔瓦拉多军政府所进行的"秘鲁模式"的试验；又有带有形形色色社会主义色彩的改革，如智利阿连德"向社会主义和平过渡"的改革措施，圭亚那伯纳姆所创立和推行的"合作社会主义"，拉美一些国家所进行的民主社会主义及基督教社会主义色彩的改革等。这些改革尽管具有不同色彩和特点，但是一般都可归结为资产阶级性质的反帝民主改革，是贯穿于拉美政治进程的一条主线，促进拉美国家由前资本主义向资本主义过渡，由传统社会向现代社会过渡。

在 20 世纪拉美的政治生活中，民主与独裁之间的斗争贯穿始终，几起几落，形成几次大起大落，形成几次大的浪潮。在二战前，反独裁斗争主要反对军事考迪罗主义；二战后，主要反对军事独裁和个人专制。二战刚结束时，拉美掀起一股反独裁、争民主的斗争浪潮，一些国家的独裁政权纷纷垮台。时隔不久，不少拉美国家的军人又借"冷战"之机，掀起政变夺权之风。到 20 世纪 50 年代中期，在当时拉美 20 个国家中有 14 个由军人实行独裁统治。50 年代后期，民主浪潮再度兴起，到 1959 年古巴革命胜利时，只剩下 4 个国家仍实行军事独裁统治。

自 20 世纪 60 年代中期至 70 年代前半期，拉美出现军人干政的高潮。从 1964 年巴西发生军事政变开始，玻利维亚（1964）、阿根廷（1966）、秘鲁（1968）、巴拿马（1968）、厄瓜多尔（1972）、智利（1973）和乌拉圭（1973）等国接连发生军事政变。其中，号称"南美瑞士"的乌拉圭以及有"民主传统"的智利两国的军事政变，在拉美影响很大。这一时期军政府之多、统治时间之长，都是战后拉美史上罕见的。有的国家，如玻利维亚、阿根廷在一段时期内政变频仍，政局动荡不已。

20世纪70年代后半期至90年代初，拉美原由军人执政的国家，先后出现由文人上台执政"还政于民"的民主化进程。在南美洲，从1979年厄瓜多尔结束军人统治开始，秘鲁（1980）、玻利维亚（1982）、阿根廷（1983）、巴西（1985）、乌拉圭（1985）、智利（1990）、巴拉圭（1993）等国，先后基本上完成了民主化进程。到90年代中期，南美洲已是"清一色"的文人政府。在中美洲和加勒比地区，从1978年巴拿马由文人当总统开始，到1994年海地军政权交出政权为止，也完成了民主化进程。拉美各国实行民主化的方式有所不同，大致可分为4种，第一种是军政府实行有步骤的政治开放，最后通过选举完成交权过程（如巴西、智利等国），第二种是军方为国内形势所迫，不得不交出政权，让文人执政（如萨尔瓦多、危地马拉等国），第三种是军政府被一场革命运动所推翻或被群众赶下台（如尼加拉瓜、阿根廷等国），第四种是独裁政府先被现役军人推翻，继而再举行选举，产生文人政府（如巴拉圭、海地等国）。

拉美民主化进程的发展结束了拉美国家长期动荡不安的历史，整个地区政局趋于稳定。除少数国家外，大多数国家已经实现了国内和平，资产阶级代议制民主制度已经确立并不断巩固。

（二）经济：从进口替代工业化内向型发展模式转向新自由主义外向型发展模式

拉美大多数国家从19世纪20年代独立后至20世纪30年代，所奉行的是初级产品出口发展模式。20世纪30年代世界经济发生危机后，阿根廷、巴西、墨西哥等国开始实行进口替代工业化战略。30—40 年代是模式转换的第一阶段。这一阶段，以中小企业为主的拉美轻工业有了较快的发展。第二次世界大战后到 1950 年，阿根廷、巴西、墨西哥等国的轻工业产品已能基本自给，并且兴办了钢铁、石油开采和提炼等企业。然而，大多数拉美国家的经济仍以农业和矿业为主，制造业所占比重不大。

二战后，拉美各国从零星地发展到普遍地采用进口替代工业化的战略，许多国家摆脱了传统经济的束缚，开始了大规模以工业化为主导的现代化建设。1950—1980 年的 30 年间，拉美经济经历了一个相对较快的持续增长时期。全地区国内生产总值年均增长 5.4%，人均国内生产总值年均增长 2.7%。人均国内生产总值从 1950 年的 396 美元增至 1980 年的 2045 美元（按 1980 年不变价格计算）。

经济的迅速发展，特别是工业化进程的加快，使拉美地区从落后的农业经济向先进的工业经济逐步过渡。一些国家如巴西、阿根廷、墨西哥进入了新兴工业国的行列，大多数国家的经济结构发生了深刻的变化。在生产结构方面，工业取代了农业成为经济发展的主导部门，制造业在国民生产总值中的比重，从 1950 年的 17.5%，提高到 1980 年的 23.8%。工业内部的生产结构也逐步从传统的劳动密集型工业生产结构向技术密集型工业转变。在就业结构方面，出现了劳动力从传统的、生产率低下的经济部门向现代的、生产率较高的经济部门转移，农业劳动者在经济自立人口中的比重显著减少，工业、服务业就业人员所占比重明显增加。此外，在城乡结构、消费结构等方面也发生了深刻变化。

然而，拉美经济在取得较迅速发展的同时，也日益显露出不少问题。首先，是经济发展不平衡，既包括拉美各国间经济发展不平衡，又包括各国经济内部发展不平衡；其次，一些国家过急、过快地扩大国有经济，国家对经济干预太多，造成公共开支不断增加，政府财政负担过重，赤字猛增，不少国有企业管理不善，亏本严重，生产下降，同时还影响了国内外投资者的利益和积极性，造成投资下降、资本外流；再次，由于片面强调进口替代，国民经济的内向性愈益严重，从而使出口部门缺乏活力。由于国家对国内市场的长期保护，国民经济抵御外部冲击能力不断减弱。

进口替代工业化发展模式的弊端与 70 年代后期出现的一系列不利因素结合在一起，导致了拉美地区经济形势的急剧变化。70 年代后期，不少拉美国家没有根据世界经济形势和国际经济关系的变化及时调整自己的发展战略和政策，而是追求高速度、高指标，推行过于庞大的发展计划。为了解决资金的不足，实行负债发展经济战略，过分依靠举借外债来发展经济。而西方发达国家通过大量输出过剩资本，向拉美国家转移危机并获取高额利息，使拉美所欠外债总额迅速增长，从 1975 年的 685 亿美元增至 1982 年的 3287.11 亿美元。1982 年，拉美偿债率（债务偿付占出口总额的比重）高达 41%；负债率（债务总额与同期出口总额的比率）高达 331%。1982 年 8 月，债务大国之一的墨西哥首先宣布无力偿还到期债务，紧接着，几乎所有拉美国家都先后陷入了一场严重的债务清偿危机。

拉美所欠外债 1986 年增加到 3994.29 亿美元，1989 年又增加到 4175.25 亿美元。与此同时，拉美外债的结构也发生变化，中短期债务所占比重增加。外债负担越来越沉重，其偿债率远远超过国民经济的承受能力。

为了应付日益沉重的债务负担，缓解债务危机引发的其他一系列矛盾，也为了与债权国和债权银行重新安排到期的债务，拉美国家被迫按照国际货币基金组织的要求，以控制国内总需求为基本手段，以对外改善国际收支状况和消除外部失衡、对内控制通货膨胀和实现经济复苏为目标。为此，拉美国家采取了以下措施：第一，压缩进口，其中包括生产性投入；第二，削减公共部门开支；第三，紧缩货币政策，冻结物价和工资。这些措施虽然压缩进口后国际收支状况得到了改善，但生产活动则陷入了萧条。由于削减了公共部门开支，社会发展项目受到了不良影响。而通货膨胀率却依然居高不下。此外，冻结工资后，人民生活水平得不到提高。80 年代拉美经济的发展受到严重影响，发展停滞，整个 80 年代拉美国内生产总值只增长了 1.2%，人均增长为 -0.9%，使 80 年代对拉美来说成为"失去的十年"。从 1982年至 1989 年底，拉美地区以偿付外债形式向发达国家转移的资金约 2500 亿美元；地区年通货膨胀率从 1980 年的 57.6%，上升到 1989 年的 1161%。有的国家，如尼加拉瓜 1988 年年通货膨胀率竟高达 5 位数（33602%）。居高不下的通货膨胀率使经济形势不稳，投资减少，失业率增加，人民生活水平下降，贫富差距悬殊，社会更加动荡。

　　80 年代这场危机使拉美国家深刻地认识到其发展战略和经济政策的失误和缺陷。为了克服经济危机，自 80 年代中期起，拉美多数国家对本国原来实行的进口替代工业化内向型经济发展模式进行调整，开始实施以贸易自由化和国有企业私有化为主要内容的新自由主义外向型发展模式，减少国家对经济的干预，实行市场化的经济体制；大力推行国有企业私有化；实行对外贸易自由化，大幅度降低进口关税，取消出口管制；减少或取消对外资的种种限制，全面开放资本市场，实现国民经济外向发展。尽管 80 年代拉美国家经济的调整并没有在发展速度上得到体现，但是，多数拉美国家的经济调整是有成效的，它使拉美国家变更了发展模式，逐步从严重的困境中摆脱出来，为 90 年代及后来的发展打下了一个比较坚实的基础。

（三）对外关系：从单向依附到多元化和独立自主

从独立后至第二次世界大战，多数拉美国家尚未形成自己独立的外交政策。先是依附于英国；从 20 世纪三四十年代开始，美国在拉美地区的影响逐步占上风。至 60 年代，大多数拉美国家执行同美国结盟和"单向依附"美国的政策。

1959 年 1 月初古巴革命的胜利使美国在拉美的霸权地位开始受到挑战。60 年代，随着民族经济的发展和民族民主运动的高涨，拉美国家的对外独立性不断增长。1969 年 5 月，拉美国家在智利比尼亚德尔马举行了排除美国参加的拉丁美洲特别协调委员会会议，通过了《比尼亚德尔马协议书》，要求"深刻变革"拉美同美国的经济贸易关系。协议书强调，"应当采取具体、有效的措施，以利于消除损害拉美国家加速发展的外部障碍"，这些措施应能"保障有关国家的政治和经济独立。特别应当遵循各国在法律上平等的原则，不得通过任何有损于别国国格及其政治、经济和文化的方式来干涉他国的内外事务……各国有权自由支配其自然资源主权的原则以及经济合作不能附带政治和军事条件的原则"，协议书还重申"拉丁美洲本身的特点"，要"按自己的观点制定反映其民族特点的解决方案"。这次会议及通过的协议书是拉美外交独立性增强的重要标志。

70 年代拉美外交政策的显著特点是独立自主倾向增强，拉美国家对美国离心倾向的增长，在一些问题上同美国进行抗衡，开展反对美国控制的斗争。70 年代，拉美大多数国家针对以美国为主的外国跨国公司的剥削和掠夺，纷纷掀起国有化的浪潮。拉美国家还针对美国尼克松政府 1971 年 8 月宣布的对所有进口的制成品和半制成品征收 10% 附加税的限制及美国国会 1974 年 12 月通过的《1974 年贸易法》对委内瑞拉、厄瓜多尔等拉美和其他地区发展中国家强制性和歧视性措施展开了坚持不懈的斗争。在1976—1979 年召开的美洲国家组织第 6、第 7、第 8 次和第 9 次大会上，许多拉美国家继续抨击美国的贸易保护主义政策。1980 年3 月，美国卡特政府在拉美国家的压力下，不得不取消了《新贸易法》中对委内瑞拉、厄瓜多尔等国的歧视性条款。

70 年代，拉美国家维护 200 海里海洋权，反对超级大国海洋霸权的斗争达到了新的高潮。1970 年 5 月，拉美 9 国在乌拉圭首都蒙得维的亚签署了《蒙得维的亚海洋法宣言》。同年 8 月，20 个拉美国家又在利马召开拉丁美洲海洋法会议，发表了《拉丁美洲国家关于海洋法的宣言》。1972 年 6 月，加勒比地区 15个国家在圣多明各举行地区性海洋法会议，有 10 个国家同意并签署了《圣多明各宣言》。除召开国际会议外，一些拉美国家还对非法闯入其 200 海里海域的美国等外国船只采取拘捕、罚款等措施，打击了海洋霸权主义的嚣张气焰。

70 年代，巴拿马人民收回运河主权的斗争进入新的阶段。1972 年托里霍斯执政后，宣布废除前政府于 1967 年同美国商定的关于运河问题的 3 个条约，明确提出收回运河主权。经过艰苦斗争，1977 年 8 月 10 日，巴、美两国就新运河条约的基本内容达成原则协议。同年 9 月 7 日，巴、美两国正式签署了《巴拿马运河条约》和《关于巴拿马运河永久中立和营运条约》。新的《巴拿马运河条约》规定，在 1999 年 12 月 31 日期满后，巴拿马将完全控制运河和运河区。

70 年代，随着国际形势和拉美形势的变化，拉美不少国家调整了对外政策，选择了新的外交立足点，承认国际关系中的多种意识形态。阿根廷拉努塞军政府（1971—1973）于 1971 年表示放弃"意识形态边疆"政策，主张拉美国家协调一致，努力采取对全地区有利的共同行动。墨西哥埃切韦里亚政府

（1970—1976）明确提出"意识形态和政治多样化"的原则，"废除所谓'意识形态边疆'"，从而为其开放的、多元化的、积极的外交方针奠定了基础。巴西的盖泽尔政府（1974—1979）强调，巴西的外交政策应"根据巴西自己的利益来决定"，最大限度地谋求实效，废除"意识形态边疆"政策，使外交关系"多元化"。委内瑞拉总统佩雷斯强调，拉美国家不要听凭美国摆布，应独立自主地发展"多元外交"。

70年代，大多数拉美国家主张不同社会政治制度国家和平共处，开展"多元外交"。拉美国家提出的"多元外交"方针的核心，是希望摆脱或减少对美国的单一依附，实现对外关系多元化首先采取的步骤是发展同西欧和日本各种领域的关系，特别是经贸关系。拉美同苏联、东欧的关系在70年代发展比较迅速。有十多个拉美国家同古巴恢复或新建外交关系。拉美国家调整了对外政策，在外交指导思想上把立足点从西方转移到南方，认同第三世界立场，把发展问题摆到了前面。如墨西哥总统埃切韦里亚明确宣布墨西哥同习惯称为"第三世界"的发展中国家的基本利益一致，他积极倡导"第三世界主义"，强调发展同第三世界国家的关系。1973—1976年庇隆再度在阿根廷执政后，将原先他提出的"第三立场"解释成"第三世界"，强调"第三世界必须形成一个实体来说话"。巴西盖泽尔总统执行"普遍、负责的实用主义"外交路线。1979年上台执政的巴西总统菲格雷多强调巴西放弃了以往同美国"自动结盟"的政策，多次表明巴西"既是西方国家，又是第三世界国家"。委内瑞拉佩雷斯执政期间（1974—1979）积极维护和促进拉美与第三世界的团结。

70年代，加入不结盟运动的拉美国家日益增多。1970年不结盟运动中的拉美正式成员国为4国，观察员为7国。到1979年，拉美的正式成员国增加到了7国，观察员增加到了8国。在反帝、反霸、反殖和争取建立国际新秩序的共同斗争中，拉美同亚、非发展中国家的关系不断发展。1974 年 4—5 月，在墨西哥等国推动下，第六届特别联大通过了《关于建立国际经济新秩序的宣言》和《行动纲领》；同年 12 月，第 29 届联大又通过了墨西哥倡议的、"77 国集团"提出的《各国经济权利和义务宪章》草案。

70 年代拉美国家同中国关系发展迅速。1970 年智利同中国建交，成为同中国建交的第二个拉美国家。到 1980 年，同中国建交的拉美国家增加到 14 国。与此同时，拉美同中国的经贸往来也有迅速发展。1969 年中拉贸易额只有 1.3 亿美元（不包括古巴，下同），到 1979 年增加到 12.6 亿美元，与中国有经贸往来的拉美国家和地区扩大到 36 个。

80 年代是拉美地区为争取和平、发展和民主进行不懈努力的年代。这一时期拉美外交政策更加明确，外交政策渐趋稳健和务实，外交独立性进一步增强。

70 年代后期至 80 年代后期，中美洲地区的局势持续动荡不安，成为美苏争夺的"热点"地区之一。为了缓和与解决中美洲地区冲突，拉美国家先后成立了由墨西哥、哥伦比亚、委内瑞拉和巴拿马 4 国组成的孔塔多拉集团（1983 年 1 月）、由阿根廷、巴西、乌拉圭和秘鲁 4 国组成的利马支持集团（1984 年 4 月）和里约集团（由上述两个集团联合组成的 8 国集团，1986 年 12 月）。这 3 个集团进行了长达 4 年半之久的不懈努力，一方面积极调解中美洲各国之间及各国内部各派之间的矛盾和冲突；另一方面又坚决顶住美国的压力，排除美国的干涉、干扰和破坏，终于取得了积极的成果。1987 年 8 月，中美洲 5 国在危地马拉再次举行首脑会议，达成了中美洲和平协议，签署了以哥斯达黎加阿里亚斯总统提出的《十点建议》为基础的《在中美洲建立稳定和持久和平的程序》。这一文件的签署为中美洲实现和平奠定了基础。

从 1982 年 8 月墨西哥宣布无力偿还到期外债本息开始，拉美国家普遍发生债务支付危机和经济危机。为克服危机，拉美主要债务国家加强团结，协调行动。1984 年初，拉美地区 30 多个国家和地区在基多召开了拉美经济会议，会议制定了一项重新谈判外债的新战略；同年 6 月，阿根廷、巴西、墨西哥等 11 个拉美主要债务国的外长和财长在哥伦比亚的卡塔赫纳召开会议，会议通过了《卡塔赫纳协议书》，组成了卡塔赫纳集团，提出以发展促还债的主张，要求同西方债权国和债权组织进行直接政治对话，谋求公正合理解决债务问题。拉美经济体系、里约集团等组织也在债务问题上提出了共同的主张。拉美国家一方面制订并实施了各种不同模式的经济计划力图摆脱衰退，恢复发展；另一方面，在对外关系领域内又同债权国和债权银行进行了艰苦、旷日持久的谈判，以推迟到期债务本息的支付时间，减轻债务负担，为恢复和发展经济获得尽可能多的、必不可少的资金。为协调行动，研究共同战略。在包括拉美国家在内的发展中国家债务国共同斗争下，美国和其他西方工业国家及国际金融机构在债务问题上的立场逐步有所变化，在一定程度上采纳了拉美国家提出的"以发展促还债"的主张和承认债务国不可能完全付清债款的客观事实，1985 年世界银行行长克劳森主张改变以采取紧缩措施作为清理外债条件的做法。同年，美国财政部部长贝克提出了持续增长计划，即贝克计划，部分采纳了拉美国家提出的以发展促还债的合理要求，同意提供新贷款以促进拉美等发展中国家经济的发展和还债。根据贝克计划，1986 年 10 月，墨西哥同国际金融机构原则上达成一项条件相对比较优惠的重新安排外债的协议。1989 年 3 月，美国新任财长布雷迪提出一项减轻第三世界债务负担的方案，即布雷迪计划。布雷迪计划承认债务国不可能完全付清债款的客观事实，提出由商业银行较大幅度削减拉美等发展中国家原有的债务和由国际金融机构增加对债务国的支持贷款为主要内容的新债务战略。

80 年代，随着世界格局的变化和拉美地区"民主化进程"的发展，温和、稳健和务实的外交政策已成为拉美地区对外关系中的主要特点之一。一些原来执行比较亲美、保守外交路线的国家，如中美洲的哥斯达黎加、危地马拉、洪都拉斯、萨尔瓦多等，在不同程度上拉开了同美国的距离，对美国不再唯命是从，在解决中美洲问题上，采取了相对独立的立场，与有关国家认真进行谈判，为达成协议做出了贡献。而古巴、尼加拉瓜等执行比较激进外交政策的国家，也顺应世界的潮流，逐步调整其外交政策，采取了比较灵活、务实的政策。拉美国家所执行的稳健、务实的外交政策为中美洲问题和债务问题的解决创造了良好的前提。

拉美国家的务实外交还体现在它们同苏联、中国等国的关系上。巴西、阿根廷等军人执政的政府，在 80 年代强调意识形态方面同苏联、中国有分歧的同时，实行政经分离的方针，积极发展同苏联、中国的经贸往来。80 年代，这种务实外交已成为拉美多数国家对外关系中的基调和主流。在一定意义上说，所谓"务实外交"，就是将外交的重点从政治、军事为主，逐渐转到以经济为主。

战后拉美国际关系独立自主的发展趋势在 80 年代进一步增强。1982 年马岛战争对这一趋势曾产生重要影响。由于美国在战争中偏袒英国，并同英国和西欧国家一起对阿根廷实行制裁，引起阿根廷和其他拉美多数国家的强烈不满，使美拉关系一度趋于冷淡。在一些重大问题上，拉美国家不再唯美国的马首是瞻和看美国的眼色行事，而是更多地强调"拉美的事情应该由拉美各国自己来解决"，表现出较强的独立意识，敢于同美国相抗衡。在联合国、美洲国家组织等国际组织中，拉美大多数国家已不再是美国的"表决机器"。拉美外交的独立自主性进一步增强也反映在古巴、尼加拉瓜在与苏联的关系上也显示了独立倾向，在经援等问题上，对苏联的不满情绪和批评增多。正如巴西总统萨尔内在 1987 年 11 月在拉美 8 国首脑会议上形象地表述的："新的风吹拂我们的大陆。这是独立之风，自主之风，是摆脱大国束缚、不受小冲突干扰，充分执行我们外交政策之风。"

二　世纪之交拉美的改革与发展(20 世纪 90 年代至 21 世纪初)

20 世纪 80 年代末和 90 年代初，世界格局发生急剧变化，东欧剧变、苏联解体，冷战结束，美国成为世界唯一的超级大国，美国企图构建单极世界，来巩固和加强其霸权主义。但是，世界格局逐步向多极化转变。与此同时，世界经济全球化和区域集团化日益明显。在新的形势下，拉美国家根据变化了的世界和地区形势，深入进行政治、经济和社会改革，以巩固和发展和平和民主化进程，促进经济和社会的发展。

(一) 巩固和发展和平与民主化进程，深化政治体制改革

随着冷战的结束和东西方关系的缓和，原来在美、苏激烈争夺背景下形成的一些地区"热点"逐步降温。在拉美，曾为世界"热点"之一的中美洲冲突明显缓和，中美洲逐步走向和平。

90 年代初，尼加拉瓜的内战基本停止。在 1990 年 2 月的大选中，以查莫罗夫人为首的反对派全国联盟获胜，桑地诺民族解

放阵线失去执政地位，原反政府武装已放下武器，尼加拉瓜政局已趋于稳定。在萨尔瓦多，政府和游击队组织"法拉本多·马蒂"民族解放阵线于 1991 年 9 月 25 日在联合国签署了关于实现国内和平的框架协议。同年年底，双方又在联合国纽约总部达成停火协议，按照这一协议，双方在 1992 年 1 月 16 日在墨西哥城签署永久性和平协议，游击队放下了武器。原游击队组织"法拉本多·马蒂"民族解放阵线与民主联盟组成左派联盟，于 1994 年首次参加大选，得票占第二位，成为该国第二大合法政党。这次选举标志着这个饱经战乱的国家在和平与民族和解道路上迈出了决定性的一步。中美洲另一个国家危地马拉内战持续了 30 多年，使 17.5 万人丧生，100 万人背井离乡，4 万人失踪。自 1991 年起，政府和全国革命联盟开始谈判，几经曲折和反复，双方终于在 1996 年 12 月 29 日签署永久和平协议，从而结束了长期的战乱，同时也标志着整个中美洲地区和平的实现。

到 20 世纪 90 年代初，拉美绝大多数国家都已实现了"还政于民"的民主化进程。但是，拉美军人干政的现象并没有完全销声匿迹。如 1980 年和 1990 年苏里南两度发生军事政变；阿根廷 80 年代发生 3 次兵变；海地 1991 年发生军事政变，1992 年和 1996 年委内瑞拉和巴拉圭先后发生未遂政变。直至 2002 年 4 月，委内瑞拉发生短命的军事政变，2004 年 2 月海地还发生政治危机。但从总体来看，进入 21 世纪初，独裁统治在拉美已越来越不得人心，民主化进程已是大势所趋。

海地是拉美地区最贫穷和最动荡的国家之一。统治海地长达 29 年的杜瓦利埃独裁政权于 1986 年被推翻后，海地政局更加动荡，民主化进程一波三折。1991 年民选总统阿里斯蒂德在位仅 7 个月，就被军人政变赶下台，被迫流亡国外。1993 年 7 月，在美国和联合国的斡旋下，阿里斯蒂德和海地政变当局达成协议，同意在当年10月30日阿里斯蒂德回国重新担任总统职务。由于海地军政府拒不执行协议，1994年7月，美国促使安理会通过决议，授权以美国为首的一些国家组成多国部队，以军事手段帮助海地恢复合法政府，阿里斯蒂德于同年10月15日回国复职。1995年3月，多国部队撤出，联合国特派团进驻海地。1996年2月7日，在特派团监督下，海地实现了自1804年独立以来的第一次民主政权的和平移交，普雷瓦尔总统正式宣誓就职。海地文人政权的建立，标志着拉美地区的民主化进程进入了一个新的阶段。2000年11月，海地举行大选，阿里斯蒂德在大选中获胜再次当选总统，但反对派指责选举存在舞弊行为，结果造成朝野严重对立，并导致总理辞职和内阁改组。政局混乱致使政府政令难行，贫富矛盾无法得到缓解，社会贫困化加剧，民众的不满情绪日益增多，2004年2月爆发危机，阿里斯蒂德在美国和国内反对派的压力下，于2月29日被迫辞职并流亡国外，海地成立了临时政府，但海地局势依然十分动荡。

随着资产阶级代议制民主制度在拉美地区绝大多数国家的确立，拉美各国的民主化进程进入了深化政治改革、巩固民主化成果、加强和完善代议制民主制度的新时期。90年代以来，拉美不少国家进行了较深刻的政治改革。哥伦比亚、秘鲁、巴拉圭、委内瑞拉等国颁布了新宪法。墨西哥、阿根廷、巴西、厄瓜多尔、巴拿马等国在不同程度上对本国原有宪法进行了修改。拉美国家的政治改革主要是通过选举制度的改革来引导和规范政党的政治行为，从而把民主化之后不太稳定的政局导入有序的政党政治格局。90年代以来，政党在拉美国家政治生活中的作用在扩大，政党制度逐步完善。

在世纪之交，拉美政党格局和政治体制的发展趋势是：左翼政党力量有所上升；拉美各类政党对其主张进行重大调整，相互之间的分歧缩小，出现某种趋同现象，左、中、右政党结盟或多党联合执政的趋势在发展；拉美政党格局发生变化，一些传统政党遭到"第三党"和独立派力量的挑战，其影响下降，出现了一批新党，新党的出现和一些反对党地位的加强，打破了"一党独大"或两党长期轮流执政的局面。

政治改革的另一个内容是深化行政改革，简政放权，转变政府职能，增加政府工作的透明度，寻求一种具有更大开放性、竞争性和参与性的体制。不少拉美国家通过立法，加强反腐败斗争。如哥伦比亚颁布了《防止腐败的统一纪律法》，墨西哥颁布了《政府官员财产登记法》，巴西颁布了《反对官员非法致富法》。

从 1929 年起，在墨西哥，一直是官方党革命制度党一党长期垄断国家的政治生活。1997 年联邦议会中期选举后，这一局面被打破，多党竞争与合作的局面逐渐形成。革命制度党在众议院的席位第一次不及总数的 1/2。在 2000 年的大选中，革命制度党失利，只获得 36.1% 的选票，由反对党国家行动党和绿色生态党组成的"变革联盟"候选人比森特·福克斯获得 42.52% 的选票，当选并就任总统，革命制度党最终丢掉了总统职位，其在墨西哥连续执政 71 年的历史被终结。

20 世纪 90 年代，委内瑞拉传统政党民主行动党和基督教社会党这两个传统政党主宰国家政治生活的局面被打破。在 1993 年 12 月的总统选举中，从基督教社会党分裂出来的拉斐尔·卡尔德拉赢得了总统选举的胜利。90 年代末，委内瑞拉政治形势发生剧烈变化，传统政党体制受到前所未有的冲击。在 1998 年 12 月的总统选举中，作为第五共和国运动和争取社会主义运动等左翼政党组成的竞选联盟"爱国中心"的候选人查韦斯获胜。1999 年 2 月查韦斯上台后，锐意进行政治改革，积极推进宪法改革，提倡"参政民主"、清除腐败，改革各级行政管理机构，进行一场玻利瓦尔"和平、民主革命"。查韦斯的上台执政标志着左翼力量在拉美的崛起。在 1999 年 7 月进行的立宪大会（该机构负责起草新宪法）选举中，"爱国中心"获胜。1999 年 12 月，第五共和国宪法面世，新宪法将原国会参、众两院改为一院制，即全国人民代表大会制；将国名委内瑞拉共和国改为"委内瑞拉玻利瓦尔共和国"。在新的宪法草案经全民公决通过后，委内瑞拉于 2000 年 7 月重新举行了总统和议会选举，在改革后的一院制议会（国民大会）选举中，第五共和国运动占多数席位（76 席）。

2001 年 11 月，查韦斯政府推出旨在进行深层经济改革的 49 项措施。查韦斯的改革措施触犯了大财团、大企业主和大地主的切身利益，特别是新出台的土地法、渔业法和石油法更使上层权贵丧失众多权利和利益，因而引起这些人的强烈不满。

2001 年底，委内瑞拉反对派加紧进行反查韦斯政府的示威游行、罢工等活动，要求查韦斯辞职。2002 年 4 月 12 日，在美国支持下，委内瑞拉少数军方高层领导人发生政变，废黜民选总统查韦斯，扶植委内瑞拉企业主联合会主席卡尔莫纳当上临时总统。然而，在民众支持下，14 日凌晨，查韦斯很快重新回到总统府，继续执政。随后，查韦斯总统采取了许多稳定政局的措施，然而动荡的局面却没有很大的改观。反查派和拥查派继续尖锐对立、斗争激烈，罢工、街头示威游行不断发生。在国际社会的调解下，查韦斯政府与反对派于 2003 年 5 月签署协议，承诺支持符合宪法程序的一切全民公投。反对派大张旗鼓在全国征集签名，企图在公决中推翻查韦斯总统。2004 年 8 月 15 日，委内瑞拉就总统查韦斯的去留举行全民公决，查韦斯在公决中获胜。

哥伦比亚政府与游击队虽曾达成协议，但国内武装冲突仍未停止，和平并没有实现。近几年，哥伦比亚两大传统政党自由党和共和党实力削弱。在 2002 年 5 月 26 日举行的总统选举中，这两大传统政党遭到惨重失败，从传统政党自由党分裂出来的独立派候选人阿尔瓦罗·乌里韦在首轮选举中即以 53% 的选票胜出，成为 1991 年宪法改革以来首位在第一轮选举中就获胜的总统候选人。乌里韦的获胜，实际上宣告了哥伦比亚两党制的寿终正寝。乌里韦上台后，企图通过实施"铁腕政策"和依靠美国援助来解决反政府游击队暴力活动问题，但收效甚微，暴力事件有增无减。在 2003 年 10 月 25 日举行的关于修宪和进行政治经济改革的公民投票中，乌里韦败北，政府一度陷入危机。

2003 年秘鲁民众对托莱多政府不满的情绪日益增加，社会出现了少有的混乱局面。5 月中旬，教师开始无限期全国大罢工，并要求提高工资。5 月 27 日，托莱多不得不宣布全国进入紧急状态 30 天。秘鲁国内游击队再度频繁活动，不断袭击政府军和居民，绑架人质。秘鲁内阁多次改组，使托莱多总统声望下跌。安第斯另一个国家玻利维亚桑·洛萨达总统由于计划铺设一条经过智利向美国出口天然气的管道，伤害了民众的民族感情，遭到民众的抗议。政府的军警开枪镇压民众，打死 70 余人，激起民众强烈抗议，执政才一年多的洛萨达于 2003 年 10 月 17 日被赶下台，由副总统梅萨接任总统。

南美洲动荡的局势一度从安第斯地区扩张到阿根廷、乌拉圭、巴拉圭等南锥体国家。阿根廷于 2001 年 12 月 19 日爆发经济、政治和社会危机，在半个月内，先后出现 5 位总统。杜阿尔德自 2002 年 1 月初担任临时总统后，为克服严重危机作了各种努力，但收效甚微。在 2003 年 5 月 25 日大选中，阿根廷正义党胜利阵线候选人、原圣克鲁斯省省长基什内尔当选总统。基什内尔就任后，阿根廷政局趋于稳定，经济恢复增长。

　　拉美是各种政治力量活跃并不断进行较量的地区。世纪之交，拉美一些国家的左派力量呈上升趋势，拉美左派在世界政治舞台上所起的重要作用越来越令人刮目相看。古巴经历了东欧剧变和苏联解体的严峻考验，坚持社会主义道路。拉美现有30多个共产党，有几十个左翼政党或组织。拉美左派重新崛起的标志之一，是圣保罗论坛的影响越来越大。1991年成立的圣保罗论坛是拉美地区最具代表性与影响力的左派进步运动，它团结了一大批拉美左翼政党和组织。而且近些年来，圣保罗论坛一年一度的年会也广泛邀请世界其他地区的共产党和左派党参加。2002年12月2—4日，来自拉美国家以及欧洲、亚洲、非洲和大洋洲44个左派党和组织的近700名领导人或代表出席了在中美洲危地马拉首都危地马拉城举行的第11次圣保罗论坛会议。会议通过的最后声明批评拉美国家政府所奉行的新自由主义的经济政策，反对美国倡议建立的美洲自由贸易区和"哥伦比亚计划"，谴责美国的单边主义将世界推向战争的边缘，反对美国在中东地区的战争政策，批评国际货币基金组织和世界银行对阿根廷危机见死不救的态度，对古巴革命表示声援，声明重申拉美左派党和组织反对帝国主义的决心与建立国际新秩序的愿望，声明提出近期的斗争目标是争取和平与民主，寻求一种替代性拉美一体化模式。

　　拉美左派重新崛起的另一个标志是，拉美一些左派政党在本国的大选中获胜或取得重要进展。继查韦斯在委内瑞拉上台执政之后，2002年6月和8月，在玻利维亚两轮大选中，玻利维亚左派组织社会主义运动和印第安人古柯种植农协会领导人埃沃·莫拉莱斯得票均占第二位，这超出了人们的预料。同年10月27日和11月24日，巴西左翼党劳工党领袖卢拉·席尔瓦和厄瓜多尔左翼军官、"1月21日爱国社团"领导人卢西奥·古铁雷斯先后在本国的大选中获胜，当选为总统，并于 2003 年 1 月就任。左派党在拉美第一大国巴西获胜打破了新自由主义在拉美盛行和一统天下的局面，标志拉美反帝政治社会运动的勃兴。

拉美左派重新崛起还反映在以卢拉为领袖的巴西劳工党和以圣保罗论坛为主的拉美左派进步力量积极倡议发起的"世界社会论坛"三届大会的召开。2001 年 1 月 25—31 日、2002 年 1 月 31 日—2 月 5 日和 2003 年 1 月 23—28 日，先后在巴西南里奥格兰德州州府阿雷格里港（该州政府和该市市政府均掌握在劳工党手中）举行了举世瞩目的第 1、2、3 届"世界社会论坛"。"世界社会论坛"与"世界经济论坛"分庭抗礼，它会集了世界上反对"新自由主义全球化"的广泛阶层，探讨影响世界发展的重要问题，产生了重大国际影响。第 3 届"世界社会论坛"尤其引人注目，卢拉以总统身份致开幕词，这届论坛规模空前，来自 156 个国家、5717 个组织，共 10 万多人参加了这次论坛，其中正式代表 20763 人，其余为特邀代表、列席代表或观察员。为数众多的拉美和世界左翼政党、运动和人士参加了这次论坛活动。同年 10 月 27—29 日，社会党国际第 22 次代表大会在巴西圣保罗举行，卢拉在开幕式上发表讲话。会议的主题是："全球社会的治理：社会民主党的看法"，会议通过《圣保罗宣言》。

（二）恢复和发展经济，深化经济改革

在"华盛顿共识"的影响下，在一系列内外因素的作用下，大多数拉美国家自 80 年代中期开始实施以贸易自由化、国有企业私有化为主要内容的经济改革。进入 90 年代后，拉美的经济改革不断深化，改革内容包括逐步稳定宏观经济、税收、劳工制度，养老金制度，金融自由化等各方面。拉美经济改革的目标是建立"自由市场经济"，实现由内向型发展模式向外向型发展模

式的转变，促进经济增长和社会发展。

1. 贸易自由化

贸易私有化是拉美经济改革最重要的举措。如前所述，二战后，拉美各国从零星地发展到普遍地采用进口替代工业化的战略，而进口替代工业化战略的特点之一，就是通过高筑贸易壁垒来保护国内市场。在经济改革中，拉美国家大幅度降低贸易壁垒，以促使贸易自由化。拉美地区的平均关税已从改革前的44.6%降低到13.1%；最高关税从平均83.7%降低到41%。此外，拉美国家还降低了非关税壁垒。

2. 国有企业私有化

拉美国家国有企业私有化主要通过以下几种形式来实施。第一，直接出售，即把企业直接出卖给私人投资者。第二，公开上市，即把企业的股份在国内股票市场上出售，有时也在国际市场上出售。第三，由管理人员和雇员购买，即把国有企业直接出售给本企业的职工。第四，合资，即把国有企业的部分产权直接出售给私人投资者，其余部分由政府保留。出售的那部分通常会成为一个新的公司。第五，特许经营权和租赁。即私人公司在特定时间内（通常为15—30年）向国有企业租赁资产并接管其经营活动；有时还可在租赁期满时购买这家企业。私人公司在支付租金后可保留所有经营利润。

3. 稳定宏观经济

改革前拉美多数国家通货膨胀率高居不下，财政赤字严重，宏观经济严重失衡。经过改革，宏观经济状况好转。地区通货膨胀率从90年代初的3位数降低到10%左右，财政赤字降到占国内生产总值的2%左右。

4. 税制改革

改革前拉美税制的不合理性表现在许多方面。它的多重税率无功效可言，复杂的税率居于很高的水平，从而扭曲了企业的决策，也使居民的储蓄积极性受到了损害。政府试图通过税收的杠杆作用促进投资或发展某些部门。进入 90 年代后，拉美税制改革全面展开。税制改革的方向是实现中性化，并在立法和行政管理方面使税制简化，扩大税基，统一税率，力求获得更多的税收。拉美的税制改革主要包括：（1）多征国内税，少征外贸税。（2）为了减缓征税对生产和储蓄的扭曲效应，20 多个国家对个人所得税仍然保留着多种不同的税率，但税率已被降低。（3）降低公司的利润税率。（4）为了改善征税工作，拉美 14 个国家建立了监督大税户的特殊机构。大多数税收管理机构已放弃了过去那种根据税收划分功能的做法，采用了更为有效的组织形式。

5. 劳工制度改革

改革前，拉美各国政府对劳动力市场进行有力的干预，工会组织具有相当大的权力。拉美旧的劳工制度的原则是确保劳动力市场的稳定，使工人不因失业、疾病和年老而蒙受损失。但是，这些目标并没有达到。进入 90 年代后，越来越多的拉美国家开始进行劳工制度改革。改革的重点是减少解雇雇员的成本和简化招聘临时工的程序，使雇员和雇主的关系更加适合市场经济体制的要求。

6. 养老金制度改革

改革前拉美的社会保障制度具有以下特点：（1）社会保障机构主要由政府部门管理。（2）社会保障制度所提供的好处与个人缴纳的份额没有联系，从而增加了未来支付巨额养老金的义务，降低了财政储备的水平。（3）覆盖面小。智利的养老金改革起步较早，始于 1980 年，也比较成功。进入 90 年代后，其他一些拉美国家也加快了社会保障制度改革的步伐。这一改革的共同点是建立一个以个人资本化原则为基础的私人养老金基金。为了尊重养老金制度业已承担的义务，同时保证提供基本的或最低的养老金，阿根廷、哥伦比亚、墨西哥、秘鲁和乌拉圭等国在改革中力求用各种方法使新的资本化制度与旧的公共制度联系在一起。这种做法至少使改革在一定程度上纠正了旧制度的财政失衡。此外，新建立的养老金基金还为提高储蓄和发挥私人资本的作用开辟了新的途径。

7. 金融改革

改革前拉美国家的金融体系受政府垄断的程度很高，金融体制高度分割，"金融压抑"司空见惯，银行效率低下。进入 90 年代后，拉美国家加快了金融改革的步伐。改革的重点是：取消或减少强制性的信贷配给项目，取消利率管制，降低存款准备金的要求，加强中央银行的独立性，强化对金融机构的监督和管理等。这些改革措施使拉美的金融体制朝着金融市场的自由化和建立一个有效的管理体系这两个方向迈出了重要的一步。但是，金融改革后，自由化程度的提高同时也使银行危机的"传播效应"更大、更快。

拉美经济改革增强了拉美各国国民经济的活力，使宏观经济失衡的局面得以恢复，经济有一定的增长，1991—2000 年年均增长率为 3.2%；通货膨胀率降低，财政赤字减少；经济结构和经济体制经历了改革。但是，拉美国家的新自由主义经济改革也产生了以下一些副作用：（1）由于收入分配不公越来越明显，社会问题日益严重。（2）随着国内市场的开放，许多竞争力弱的民族企业陷入了困境。（3）在降低贸易壁垒后，进口大幅度增加，从而使国际收支经常项目处于不利的地位。（4）国有企业私有化使私人资本和外国资本的生产集中不断加强。此外，私有化使失业问题更为严重。

（三）拉美与美国的关系明显改善，对外关系多元化，地区内团结加强

冷战结束后，世界格局发生深刻变化，世界正走向多极化，国际形势总体趋向缓和。然而，天下仍不太平，霸权主义和强权政治有新的发展。面对世界重大和深刻的变化，地处西半球的拉美国家，全面调整国际关系，以重新确定自己在新的世界格局中的地位，争取较好的国际环境。世纪之交的拉美国际关系呈现以下几个特点：

1. 拉美与美国的关系明显改善，双方合作加强，但在一系列问题上依然存在不少矛盾和分歧

90 年代，拉美国家调整了对美国的政策，大多数拉美国家主动改善对美国的关系。拉美国家对 1990 年老布什总统提出的关于建立美洲自由贸易区的"美洲倡议"表示欢迎。除古巴外，拉美地区所有的国家领导人与美国和加拿大领导人一起，于 1994 年 12 月和 1998 年 4 月在美国迈阿密和智利圣地亚哥先后举行了第 1、第 2 次美洲首脑会议。第 1 次首脑会议决定要在 2005 年前建立美洲自由贸易区，而第 2 次首脑会议宣布正式启动有关美洲自由贸易区的谈判。

一些拉美国家，如阿根廷、墨西哥等主动与美国"结盟"或靠近。绝大多数拉美国家都把与美国的关系放在其国际关系的首位，其领导人频繁访问美国。墨西哥加入北美自由贸易协定后，它同美国经济政治关系更趋密切；阿根廷梅内姆政府（1989—1999）主动与美国结成战略同盟；巴西卡多佐政府（1995—2002）积极争取美国支持，以克服 1999 年 1 月出现的本国金融动荡。

美国克林顿总统在其第一任期内（1993—1997）对拉美比较冷落，没有出访任何一个拉美国家。但在其第二任期内

（1997—2001），他 5 次出访拉美国家，访问了墨西哥、中美洲国家和南美洲一些国家。

2001 年 1 月小布什入主白宫后，与前任克林顿政府相比，布什政府对拉美更加重视。布什声称，他将同拉美国家一起共同开创一个"美洲世纪"。他就任总统后，第一个出访的国家是墨西哥，他于 2001 年 2 月访问墨西哥。2002 年 3 月布什再次出访墨西哥，并出席了在蒙特雷市举行的联合国发展筹资国际会议。布什同福克斯达成了关于建立《美墨边境同盟》协议和关于建立《美墨争取繁荣联盟》协议，发表了联合声明。会后，布什又访问秘鲁、萨尔瓦多，并在短短 4 天时间里会见了拉美 13 个国家的领导人，同他们就反恐、扫毒、签订自由贸易协议等问题进行了讨论，并达成了一些协议，加强了同这些拉美国家的关系。

布什政府对拉美的政策更趋强硬。布什上台伊始，便加强了对古巴的经济封锁；布什政府对委内瑞拉查韦斯政府所奉行的独立外交政策十分不满，他担心委内瑞拉成为"第二个古巴"，尤其担心委内瑞拉、古巴和伊拉克等国结成"反美联盟"。

布什政府加快了建立美洲自由贸易区的步伐。在 2001 年 4 月在加拿大魁北克召开的第 3 次美洲首脑会议上，布什同拉美国家达成协议，将于 2005 年 1 月初步完成关于建立美洲自由贸易区协议的谈判，于 2005 年 12 月底以前使协议生效。2002 年 8 月 6 日，美国国会通过了贸易促进权法案（即原快速处理权法案），从而为美国同其他拉美国家的自由贸易谈判创造了有利条件；同年 12 月 11 日，美国同智利终于达成自由贸易协议，但由于智利没有支持美国攻打伊拉克，美国一直拖到 2003 年 6 月 6 日才同智利正式签订自由贸易条约。2003 年 11 月 20—21 日在美国迈阿密举行的美洲部长级会议上，美洲各国贸易代表一致通过了美洲自由贸易区框架协议。2003 年 12 月 17 日美国同中美洲四国达成自由贸易协议。

2001 年 9 月 11 日美国遭恐怖袭击后，包括古巴在内的拉美各国领导人和政府立即发表声明或致电布什政府，强烈谴责在美国发生的一系列恐怖主义的袭击事件，对事件中遭到重大损失的美国政府和人民表示慰问和声援。9 月 21 日，在巴西的倡议下，美洲国家组织第 24 次外长会议一致通过一项反对恐怖主义的决议。

但在美国对阿富汗发动的反恐怖战争问题上，不少拉美国家持保留态度。智利、巴西、厄瓜多尔、委内瑞拉和古巴明确反对美国用战争手段对付恐怖主义。

在如何配合美国对付恐怖主义，拉美国家的态度不尽相同。阿根廷、巴西等国主张根据美洲国家间互助条约（又名泛美互助条约），采取集体行动。该条约规定，当某一成员国遭到本地区以外的武装攻击时，成员国应采取集体防御的行动。但墨西哥政府认为该条约不是用来对付威胁本地区安全挑战的合适机制，并于 2002 年 9 月 6 日退出该条约。

"9·11"事件后，美国企图以反恐为中心，加强其控制拉美的战略。美国以反恐和扫毒为中心，通过《哥伦比亚计划》、《安第斯倡议》和《安第斯关税优惠法》等，加强了同中南美洲，特别是同安第斯国家的军事、政治、经贸关系。美国在 1999 年底撤离巴拿马霍华德空军基地后，又在拉美开辟了三个空军基地：厄瓜多尔的曼塔、萨尔瓦多的科纳拉帕和荷属阿鲁巴。"9·11"后，2001 年 10 月，美国在曼塔空军基地新配备了空中预报机，从而加强了防空体制。"9·11"事件后，拉美各国之间以及拉美与美国之间在安全和反恐问题上的合作在加强。然而，拉美各国与美国在反恐和安全方面也存在不少矛盾和斗争。拉美不少国家反对美国以帮助扫毒为名，派军队到拉美有关国家去干涉他国内政；美国将古巴列为支持恐怖主义的国家的指责遭到古巴的一再批驳，美国拒不同意同古巴签署双边反恐协议，美国又直接或间接对古巴搞一系列的旨在推翻古巴现政权的颠覆和破坏活动。

拉美国家对美国在 2003 年 3 月对伊发动的战争反应不尽相同，大体可分为三种：第一种，巴西、委内瑞拉、厄瓜多尔、智利、墨西哥、阿根廷、古巴、巴拉圭、乌拉圭和秘鲁等国对美国对伊拉克开战表示谴责或遗憾。第二种，哥伦比亚、玻利维亚、萨尔瓦多、洪都拉斯、尼加拉瓜、巴拿马、哥斯达黎加、多米尼加等国对美国对伊拉克开战表示全力支持。第三种，一些拉美国家采取观望态度，没有明确表态。

拉美国家在联合国安理会的两个非常务理事国成员智利和墨西哥在联合国安理会讨论伊拉克问题时，没有支持美、英、西三国的提案。在美国发动对伊战争后，两国总统均表示遗憾和反对。在美国对伊战争基本结束后，美国对支持它的哥伦比亚和中美洲国家增加了援助，2003 年 4 月 10 日布什专门邀请中美洲 5国元首访问美国，并于同年 12 月同中美洲达成了自由贸易协议。但是，对于墨西哥和智利，美国对它们没有支持美国对伊动武表示不满，美国迟迟不与墨西哥达成关于移民问题的协议，故意拖延同智利签署已达成的美智自由贸易协议。

"9·11"事件后，布什政府对古巴继续采取强硬政策，美国无端指责古巴在研制生化武器，2002 年 5 月 20 日，布什宣布，除非古巴举行"自由和公正的选举"、释放所有政治犯、允许反对派合法活动和建党，否则美国将继续并加强对古巴的封锁和颠覆活动。美国国务院在 2001 年、2002 年和 2003 年全球恐怖主义形势报告中，一而再、再而三地无端指责古巴为"支持恐怖主义的国家"。2004 年 5 月 6 日，布什总统批准了由国务卿鲍威尔领导的"支持自由古巴委员会"提交的一份报告，并根据该报告宣布了进一步制裁古巴的新措施，其中包括资助第三国的"志愿者"到古巴从事反古活动、资助古国内的反革命活动、加强反古宣传、进一步限制古巴裔美国居民侨汇金额和回国探亲次数，等等。这些措施已从 2004 年 7 月 1 日开始正式实施。

伊拉克战争期间，美国对拉美有所忽视。战争结束后，又把目光转向拉美。美国对在伊拉克战争中支持它的国家增加援助；美国又企图改善同巴西、阿根廷等拉美大国的关系，以便在 2005 年初建立美洲自由贸易区。2003 年 6 月和 7 月，巴西总统卢拉和阿根廷新总统基什内尔先后访美，并会见布什总统。在建立美洲自由贸易区谈判过程中，在农业补贴等问题上，巴西、阿根廷、委内瑞拉等拉美国家与美国之间存在着不少矛盾。

总体来看，美国与拉美国家在政治上逐步由主从关系向伙伴关系过渡，在经济上逐步由不平等往来转向对等合作，从对抗多于合作，逐渐变为合作多于对抗。然而，美国的霸权主义和干涉主义行径在拉美仍常有表现。拉美国家与美国之间在贸易、人权、缉毒、环保、移民及对古巴态度等一系列问题上仍存在不少矛盾和分歧。不少拉美国家对美国一年一度的"人权报告"和"缉毒评估"中对它们的无端指责甚为不满，认为这是对它们内政的粗暴干涉。此外，越来越多的拉美国家批评美国对古巴采取的封锁和禁运政策。

2. 积极推行多元外交，加强与欧盟、俄罗斯，包括中国在内的亚太地区国家的关系

（1）拉美与欧盟

冷战结束后，随着世界经济全球化、集团化的发展，拉美国家尽力发展同欧洲联盟（1993 年 11 月 1 日前为欧洲共同体）的

关系，特别是经济贸易关系，拉美与欧盟的跨地区经贸合作关系不断得到巩固和发展。

90 年代以来，中美洲国家外长同欧共体（欧盟）外长共举行了多次会议，主要讨论欧盟国家如何帮助中美洲国家实现民主和促使经济恢复与增长。

90 年代加勒比国家和欧盟国家在《洛美协定》的框架内加强关系。2000 年 6 月 23 日，欧盟与 77 个非（洲）加（勒比）太（平洋）国家签署了有关贸易与援助的《科托努协定》，取代了实施 25 年的《洛美协定》。

自 1990 年起，里约集团外长同欧盟也举行了多次对话。1995 年 12 月，南方共同市场同欧盟签署了地区间合作框架协定。1999 年 2 月，南共市同欧盟企业家论坛第 1 次会议在巴西里约热内卢召开，就如何促进双边贸易、推动两大集团一体化进程等问题交换了意见，并提出建立跨大西洋自由贸易区的主张。2000 年 3 月 23 日墨西哥与欧盟正式签署自由贸易协定。

1999 年 6 月，欧盟 15 国和拉美 32 国（包括古巴在内）领导人在里约热内卢举行了首届欧盟—拉美首脑会议。欧盟提出的关于同拉美建立战略性政治和经济联盟的建议得到拉美国家的积极响应。这次会议为拉欧之间建立跨大西洋自由贸易区迈出了第一步。2002 年 5 月第二届欧拉首脑会议在西班牙马德里举行。会议期间，智利与欧盟签订了自由贸易协定。2004 年 5 月在墨西哥西部城市瓜达拉哈拉举行了第三届欧盟—拉美国家首脑会议。这次会议在推进多边主义、促进社会发展和双边合作等方面达成多项共识，欧盟与拉美加勒比地区的"战略合作伙伴关系"得到进一步加强。

欧盟是拉美第二大贸易伙伴及外国直接投资和发展援助的主要来源，两个地区正在构建包括自由贸易区在内的跨地区战略伙伴关系。欧盟东扩不仅对世界政治经济格局将产生重大影响，而且将对欧拉关系产生深远影响。鉴于拉美国家主张建立多极化世界并将欧盟看作是拉美对外关系多元化的重要目标，欧盟政治经济实力的扩大符合拉美的政治利益。2004 年 5 月 1 日，爱沙尼亚、拉脱维亚、立陶宛、波兰、匈牙利、捷克、斯洛伐克、斯洛文尼亚、塞浦路斯和马耳他 10 个中东欧国家正式加入欧盟，这是欧洲开始一体化进程以来最大的一次扩容，成员国由原来的 15 个增加到 25 个。扩大后的欧盟成为世界上最大的经济集团，人口有 4.55 亿，国内生产总值（GDP）达 9.231 万亿欧元，占世界贸易总额的 19%，占世界对外直接投资总额的 46%，其规模超过美国、墨西哥和加拿大的总和。但对拉美来说，欧盟东扩的政治影响是长远的，战略性的。而从短期来看，欧盟东扩对拉美经济的影响要大于政治影响，而且这种影响更直接。从结果来说，影响不都是正面的，负面影响可能大于正面影响。

从 1991 年起至 2003 年，拉美 19 国讲西班牙语或葡萄牙语国家同欧盟成员、地处伊比利亚半岛的西班牙和葡萄牙先后举行了 13 次伊比利亚美洲国家首脑会议。这些会议的召开使拉美这些国家同西班牙、葡萄牙的传统关系，以及同欧盟其他国家的关系得到加强。

拉美与欧盟国家也同样存在一些矛盾与分歧。在贸易方面，欧盟国家实行农业补贴政策，拒绝开放农产品市场，对拉美农产品设置关税和非关税壁垒，影响了拉美向欧盟农产品的出口，欧盟与拉美国家发生的"香蕉战"就是一个典型的例子。

（2）拉美与俄罗斯

随着俄罗斯政局的逐步稳定和经济的恢复发展，拉美国家与俄罗斯的往来增加，双边关系取得进展。2000 年 12 月，俄罗斯总统普京访问古巴。这是苏联解体后，第一位访问古巴的俄国总统。普京访古期间，古俄两国签署了 5 项合作协议，两国国防部还签署了一项技术—军事合作计划，古俄两国关系明显升温。然而，"9·11"事件后不久，2001 年 10 月 17 日，普京总统单方面宣布俄罗斯将关闭在古巴的洛尔德斯电子监听站，古巴对此表示极大不满，两国关系再度降温。2002 年 1 月底，监听站正式关闭。

21 世纪初，俄罗斯加强了在拉美的经济攻势。2001 年 12 月，俄罗斯总理卡西亚诺夫访问巴西和委内瑞拉，这是俄政府首脑第一次访问这两个国家。俄罗斯与巴西签署了一系列的合作协定，其中包括一项民用核能协定。尖端军事和空间技术合作也是俄罗斯与巴西合作的重点。俄罗斯与委内瑞拉签署了 5 项双边协定。2002 年 1 月，巴西总统卡多佐访问了俄罗斯、乌克兰。同年 2 月，卡多佐又访问了波兰。4 月，波兰总统克瓦斯涅维奇回访巴西。2003 年 12 月俄罗斯外长伊万诺夫访问阿根廷、巴西、委内瑞拉、智利和乌拉圭 5 国，并出席了在乌拉圭首都召开的南方共同市场首脑会议，同到访的有关拉美国家领导人举行了会谈。

（3）拉美与亚太

20 世纪 90 年代以来，拉美国家重视发展同亚太地区国家的关系，拉美和亚洲国家高层领导人互访频繁，经贸往来加强。1993 年、1994 年和 1997 年墨西哥、智利和秘鲁 3 国先后正式加入了亚太经济合作组织。自加入该组织后，上述 3 国总统先后参加了该组织历届领导人非正式会议。1999 年 9 月，在新加坡召开了由政府官员参加的首届"东亚—拉美合作论坛"，包括中国、日本、韩国在内的东亚和拉美共 27 个国家参加了论坛，并正式成立了"东亚—拉美论坛"机构。

进入 21 世纪以来，拉美与亚洲地区国家的关系进一步发展。

2001 年 3 月，在智利首都圣地亚哥举行了"东亚—拉美合作论坛"首次外长会议。会议接纳了古巴、哥斯达黎加和萨尔瓦多 3 国加入论坛，这使参加论坛的拉美国家增至 15 个，成员国总数达 30 个。2004 年 1 月底在菲律宾马尼拉举行了第二次"东亚—拉美合作论坛"外长会议。2001 年 1 月，巴西总统卡多佐访问韩国，两国就建立面向 21 世纪的"特殊伙伴关系"达成协议。2002 年拉美与亚洲国家的关系更加密切，亚太地区许多国家领导人参加了同年 3 月在墨西哥蒙特雷举行的联合国发展筹资国际会议和同年 10 月在墨西哥洛斯加沃斯举行的亚太经合组织第 10 次领导人非正式会议。2004 年 11 月，在智利举行亚太经合组织第 12 次领导人非正式会议。

（4）拉美与中国

20 世纪 90 年代以来，拉美同中国的政治关系全面、健康、持续地发展；90 年代来拉美地区先后有近 20 多位国家元首或政府首脑访问了中国。1990 年中国国家主席杨尚昆出访拉美 5 国，1993 年国家主席江泽民访问巴西、古巴，1997 年江泽民主席访问墨西哥，国务院总理李鹏等中国其他高层领导人也多次出访拉美国家。高层互访加深了彼此了解，有力地推动了双边关系全面发展。拉美与中国经济合作、贸易往来、文化科技交流更趋密切；双边关系出现多渠道、多层次、官民并举、全面发展的新局面。

进入 21 世纪以来，拉美与中国的关系走上新的台阶。2001 年 4 月 5—17 日，江泽民主席对智利、阿根廷、乌拉圭、古巴、委内瑞拉和巴西 6 国进行历史性访问。同年 3 月 29 日，外长唐家璇参加了东亚—拉美合作论坛首次外长会议。6 月，墨西哥总统福克斯对中国进行了国事访问。10 月，智利总统拉戈斯在参加了在上海举行的亚太经合组织会议后，对中国进行了正式访问。2002 年，拉美与中国关系有新的发展。厄瓜多尔总统诺沃亚、乌拉圭总统巴特列先后于 3 月和 10 月先后访问中国。10 月，江泽民主席参加了在墨西哥洛斯加沃斯举行的亚太经合组织第 10 次领导人非正式会议。9 月 16 日，中国外长唐家璇在纽约联合国大会同加勒比 8 国外长举行首次磋商，双方在磋商后发表了联合新闻公报。同一天，唐外长还同里约集团外长举行第 12 次政治对话。10 月，中国外长唐家璇出访阿根廷、哥伦比亚，在哥伦比亚首都波哥大，唐外长同安共体 5 国外长举行了中国—安第斯共同体政治磋商与合作机制首次外长级会议，并发表了联合新闻公报。2003 年 2 月古巴卡斯特罗主席、3 月圭亚那总统贾格德奥、8 月厄瓜多尔总统古铁雷斯访华；同年 1 月国务委员吴仪访问加勒比 8 国，7 月中共政治局常委李长春访问古巴、阿根廷；12 月温家宝总理访问墨西哥。2004 年拉美与中国关系继续发展：1 月底，中国副外长王毅参加了在菲律宾马尼拉举行的第二次东亚—拉美合作论坛外长会议。3 月，多米尼克国总理斯凯里特对中国进行工作访问，并与中国政府签署中多建交公报。双方决定自 2004 年 3 月 23 日起建立大使级外交关系，使同中国建交的拉美国家增加到 20 国，这 20 个拉美国家占拉美总面积的 95%，占总人口的 90%。2004 年，苏里南总统费内蒂安（2 月）、巴西总统卢拉（5 月）、阿根廷总统基什内尔（6 月底至 7 月初）等拉美国家领导人访华。中国国家主席胡锦涛于同年 11 月访问巴西、阿根廷和智利，参加在智利举行的亚太经合组织第 12 次领导人非正式会议，随后又访问古巴。

中国与拉美国家的贸易大幅增长。中拉贸易额 2000 年达 125.96 亿美元，2001 年增至 149 亿美元，2002 年又增至 178.26 亿美元，连续创历史纪录。除贸易外，中国和拉美的经济合作不断加强。截至 2002 年，经国家授权部门批准并在外经贸部备案的中国在拉美和加勒比地区投资企业共有 362 家，双方协议投资总额为 7.97 亿美元，中方投资总额 6.58 亿美元。其中 2002 年新批境外企业 46 家，双方协议投资总额 5141 万美元，中方投资总额 3697 万美元。同期，拉美和加勒比国家在华投资继续保持良好的发展势头。截至 2002 年，拉美和加勒比国家在华投资项目共计 9158 个，合同外资金额 625 亿美元，实际投资金额 295.8 亿美元。

3. 拉美国家之间团结合作加强，一体化取得新的进展

20 世纪 90 年代以来拉美国家之间团结合作加强，其突出表现是：

第一，拉美一体化取得新的进展。原有的区域一体化组织如中美洲共同市场、加勒比共同体、安第斯共同体、里约集团等活动频繁；建立了一些新的一体化组织，如南方共同市场（1991 年签约，1995 年 1 月正式成立），墨西哥、哥伦比亚和委内瑞拉 3 国自由贸易区（亦称 3 国集团，1994 年签约，1995 年 1 月生效），加勒比国家联盟（1994 年成立）等；拉美区域经济一体化在一定程度上已成为整个西半球经济合作的组成部分。2001 年 3 月 12 日，墨西哥总统福克斯提出了《墨西哥和中美洲经济发展走廊计划》即《普埃布拉—巴拿马计划》或《3P 计划》实施建议，提出墨南部 9 个经济落后州和中美洲七国建立经济发展区。智利与秘鲁和阿根廷在贸易和投资、能源输送及运输网络的一体化进一步加深。智利与玻利维亚准备共同修建天然气管道和液化厂。2003 年 12 月 16 日，南方共同市场（南共市）在蒙得维的亚举行第 25 次首脑会议。会上，拉美两大经济一体化组织，南共市和安第斯共同体（安共体）签署了自由贸易协定，这意味着向最终创建南美自由贸易区的目标迈出了重要的一步。

第二，一些有边界冲突或争议的国家达成了和平解决边界问

题的协议。1998年10月26日，秘鲁和厄瓜多尔签署了《全面和最终和平协议》即《巴西利亚总统条约》，1999年5月3日，秘、厄两国总统又签署了《边界划定纪要》，使两国边界正式划定，边界问题最终得到解决。1998年1月，中美洲洪都拉斯和萨尔瓦多签署协议，解决了由边民问题引起的冲突。同年12月，阿根廷和智利签署协议，永久性地解决了冰区地带的争端。

第三，"9·11"事件后，拉美在反恐安全方面合作加强。2002年1月28日，中美洲元首在洪都拉斯的玛雅遗址科潘聚会，签署《科潘声明》，提出建立合作机制和强化集体安全体制，以共同打击本地区内的恐怖活动、有组织的犯罪和贩毒；2003年2月11日，巴拿马、哥伦比亚、中美洲5国总统和阿外长在巴拿马城开会加强反恐合作。

然而，拉美一些国家之间仍存在边界冲突或争议，如哥伦比亚与尼加拉瓜、尼加拉瓜与洪多拉斯、哥伦比亚与委内瑞拉、委内瑞拉与圭亚那之间仍存在边界领土（领海）争端，有待解决。

世纪之交，由于拉美国家充分利用世界多极化和经济全球化的有利因素，积极开展多元外交和经济外交，加强地区内部团结，进一步拓宽了国际活动空间和扩大了外交回旋余地，使拉美对外关系出现一种活跃的局面，并给本国经济和社会的发展提供了较为有利的国际环境。

三 新世纪的展望

人类已经迈入21世纪，面对世界格局的深刻变化和世界经济全球化、区域集团化的趋势，拉美国家正在继续深入进行政治和经济改革，对其发展战略及内外政策进行全面和重大调整，以期在21世纪取得进一步的发展。

展望 21 世纪拉美地区的政治、经济和对外关系，可以看出以下趋势：

（一）政治方面，总体看来，21 世纪拉美政治发展趋势将是大局稳定与局部危机并存，政治民主化进程将逐步巩固

跨入 21 世纪以来，在政治民主化、经济改革和经济全球化进程推动下，一些拉美国家的政治力量对比发生剧烈变动，一些传统政党和政治组织衰落，一些传统政治力量丧失了执政地位，那些仍处于执政地位的政党控制国家政治生活的能力下降；一些新的政治力量（政党或政党联盟）特别是左翼进步力量在拉美迅速崛起，不仅在一些国家的大选中获胜（秘鲁、巴西、委内瑞拉、厄瓜多尔和哥伦比亚等），而且在地方选举中也取得突破性进展。在这些因素的共同作用下，拉美传统政党制度出现危机。拉美国家将继续探索新的政治模式，深化政治改革；各种政治力量将在拉美地区进行激烈的较量，拉美左翼力量将进一步壮大，社会党国际在拉美地区的影响也不断扩大，但右翼传统政党不会轻易退出政治舞台，拉美一些国家的反政府游击队也难以放下武器；拉美的反恐、扫毒斗争还任重道远。

（二）经济方面，拉美的经济模式将不断调整，经济改革将进一步深入开展

拉美国家在发展经济的同时将注重社会发展相协调，将重新确定和发挥政府的作用，调整产业结构，加强金融安全，提高国内储蓄率，以谋求经济较快的、持续的增长。世界经济全球化、区域集团化趋势正在给拉美各国经济发展带来深刻影响。拉美国家正在总结自 80 年代中期以来以新自由主义为主导的经济改革的经验教训，继续探索适合本国国情的发展道路。拉美国家的金

融体制仍比较脆弱，债务负担仍很重，对国际短期资金依赖较大。因此，对不少拉美国家来说，调整产业结构、扩大国内需求，保持国际收支相对平衡、制定合理的汇率、保持宏观经济形势的稳定和经济的适度增长、不断提高科技水平、解决贫富差距悬殊、完善政府在经济发展中的作用，是有待解决的问题。

（三）外交方面，拉美未来的国际关系将更加重视与美国和其他西方发达国家的政治经济关系，继续谋求国际关系的多元化

拉美国家在外交方面的主要目标是争取和平与稳定的国际环境，为发展经济创造良好的外部条件。拉美一体化和西半球区域合作进程将进一步发展。拉美国家 21 世纪初国际关系的重点是继续加强拉美国家之间的合作，推动一体化进程的发展；改善同美国的关系，减少在贸易、缉毒、环保、人权、移民等问题上同美国的摩擦；拉美国家，首先是南方共同市场国家将努力在2005 年或稍后若干年内同欧盟建立跨大西洋的自由贸易区。拉美国家将继续加强同包括中国在内的东亚和亚洲其他国家的关系。

在 21 世纪里，拉美各国之间的团结将进一步得到加强，一些国家之间尚未解决的、历史上遗留下来的边界问题将可能得到比较彻底的解决，拉美地区一体化进程也将在克服现有矛盾和困难中继续向前发展，拉美与美国的关系会得到一定的改善，拉美与亚洲、非洲的关系会进一步得到加强。

（原载刘迎秋主编《社科大讲堂》国际问题卷，经济管理出版社 2011 年版，第 81—107 页）

安第斯五国是发展中的民族
资本主义国家

　　自从《拉丁美洲丛刊》开展对拉丁美洲国家社会性质问题的讨论以来，不少同志提出了很多有益的见解。这里。我想就安第斯五国的情况谈谈对这一问题的几点粗浅看法。

　　本文所说的安第斯国家，是指现在安第斯条约组织的五个成员国，即玻利维亚、哥伦比亚、厄瓜多尔、秘鲁和委内瑞拉。这五国领土面积总和为470万平方公里，约占拉丁美洲总面积的四分之一；人口总计为7000万，约占拉丁美洲总人口的五分之一。从经济发展水平来说，这五国在拉丁美洲属于中等发展水平。据安第斯条约组织技术委员会公布的数字，1977年五国按人口平均国内生产总值为1133美元。其中委内瑞拉最高，达1867美元；秘鲁为1000美元；哥伦比亚为993美元；厄瓜多尔为934美元；玻利维亚最低，为597美元。五国均已达到世界银行所规定的"中等收入国家"的水平。

　　对于这五国的社会性质，多年来这些国家的左翼政党和学者提出了各种看法。归纳起来大致可分以下几种：一种意见认为是"半殖民地半封建"或"半封建新殖民地"。其理由是这些国家虽都在19世纪取得独立，已不再是西班牙的殖民地，但在独立后受到英、美帝国主义在政治、经济、军事方面的控制，处于半殖民地地位。资本主义生产方式虽有发展，但尚未取得优势。第二种意见认为这些国家处于从封建或半封建经济向资本主义经济过渡时期，是"过渡性的社会"，很难说是哪一种生产方式占主导地位。第三种意见认为是"依附性的资本主义社会"或"依附于美帝、与封建交织在一起的、资本主义生产关系占统治地位的国家"。第四种意见认为是"不发达"、"落后"、"迟到"或"不完全"的资本主义国家。第三种和第四种意见都肯定这些国家已经是资本主义国家，只是各自所强调的特征有所不同。

近几年来，我国的拉丁美洲问题研究工作人员，从拉丁美洲政治、经济和社会现实情况出发，运用马列主义、毛泽东思想的基本原理和方法来分析拉丁美洲国家的社会性质和其他问题，各抒己见，相得益彰。《拉丁美洲丛刊》新二期丁冰同志的文章把委内瑞拉、巴西、阿根廷、墨西哥、智利和乌拉圭列入"经济上相当发达的资本主义国家"，而把秘鲁、厄瓜多尔、哥伦比亚等多数国家看成是"几种生产关系并存的过渡性社会"。《丛刊》新三期郑挺、尚文同志的文章则认为前一类国家"已由半封建半殖民地社会转变为具有经济畸形发展、存在封建残余和对外依赖性等特点的资本主义社会"，而占大多数的其他拉丁美洲国家"正在逐步实现这一社会性质的转变"。我认为，从安第斯五国的现实情况来看，用"发展中的民族资本主义国家"来表述这些国家在现阶段的社会性质似乎更为恰当一些。

安第斯国家社会的发展大体上经历了以下几个阶段：（1）在16世纪初西班牙殖民者入侵前，处于原始社会向阶级社会的过渡阶段。当时的"印加帝国"（包括现秘鲁、厄瓜多尔、玻利维亚三国以及哥伦比亚、智利和阿根廷的一部分）已出现了明显的阶级分化。（2）从 16 世纪初至 19 世纪初是殖民地封建社会阶段。（3）从 19 世纪初至 20 世纪 50 年代是半殖民地、半封建社会向资本主义的过渡阶段。（4）从 20 世纪 50 年代或 60 年代左右起，资本主义生产方式已在这五国先后占优势，资产阶级比较稳固地掌握了政权，建立了资产阶级专政，五国的经济制度和政治制度都起了变化，已成为发展中的民族资本主义国家。

为什么说安第斯五国在战后 20 世纪 50 年代或 60 年代左右，已成为资本主义国家呢？

第一，从政治制度来看，战后在这些国家里反帝反封建的民族民主运动空前高涨，亲帝国主义的，代表封建寡头利益的独裁政府一个接一个垮台，代表本国新兴资产阶级利益的民族主义政党掌了权，资本主义的政治制度和法律制度比较牢固地确立。

1952 年 4 月，玻利维亚各阶层人民举行武装起义，推翻了巴利维安亲美独裁政权，这是一场资产阶级民族民主革命。新上任的民族主义革命运动政府随即将外国垄断公司资本和本国三大家族控制的锡矿公司收归国有并颁布了土改法。厄瓜多尔早在 1944 年就爆发了一场大规模的人民起义，推翻了亲美的阿罗约政府，代表资产阶级利益的贝拉斯科·伊瓦拉当选为总统。在 1957 年群众运动高涨的形势下，哥伦比亚罗哈斯·皮尼利亚独裁政府被迫下台，自由党和保守党达成协议，从 1958 年起 16 年内两党轮流执政，共同组阁。1958 年 1 月，委内瑞拉人民举行武装起义，推翻了希门尼斯独裁政权。同年 12 月当选的民主行动党（武装起义的积极参加者之一）贝坦科尔特政府采取了一些资产阶级改革措施。战后秘鲁的群众运动蓬勃开展，1963 年戈多伊独裁政权政府被推翻，人民行动党领袖贝朗德第一次当选总统。

自 20 世纪 50 年代以来，资产阶级代议制民主政体在委内瑞拉、哥伦比亚两国已经比较稳固地确立。在厄瓜多尔和秘鲁，不久前也恢复了资产阶级民主政体。玻利维亚"民主化"进程几经反复，目前正在恢复之中。值得一提的是，60 年代末 70 年代初，先后在秘鲁、玻利维亚和厄瓜多尔出现的由军人执政的政府，同拉丁美洲传统的考迪罗主义有着明显的区别，它们在不同程度上主张独立自主，维护民族利益，推进地区性合作，并通过一些改良主义措施积极发展民族经济。这从另一方面反映出，在这几个国家，资产阶级已经取代封建传统势力而上升为主要的统治阶级，军队的性质也由主要代表封建地主的利益转变为主要代表本国资产阶级的利益。

第二，国家对经济生活的干预大大加强，通过国有化等措施，国家资本获得了显著的发展，主要经济命脉已控制在国家手里。在西方主要资本主义国家，资本主义的发展是从自由竞争走向垄断，从私人垄断走向国家垄断。而安第斯国家和其他拉丁美洲国家一样，私人民族资本比较薄弱，力量有限。为了加速资本主义的发展，它们借助国家政权的力量，通过国有化、国家投资、合股经营、制订发展计划等一系列法令和扶植私人民族资本等措施，逐步加强了国家在国民经济中的主导地位，在不同程度上打击了外国垄断资本势力，为发展民族经济创造了一些条件。

玻利维亚民族主义革命运动政府于 1952 年把英美垄断资本和本国三大锡矿公司收归国有，成立了国营玻利维亚矿业公司。1969 年，奥万多政府把控制这个国家石油生产 80% 的美国海湾石油公司的全部财产和设施收归国有，成立了玻利维亚石油矿业管理局。1970 年托雷斯政府颁布"冶金法"，确定了国家对金属冶炼企业尤其是炼锡企业实行垄断，同时还成立国营全国糖业公司，控制了蔗糖的生产和出口。玻利维亚国家资本在固定投资总额中所占的比重，1960 年为 43.2%，1968 年为 50.7%，目前约占三分之二。据官方宣布，国家现已控制了 70% 的矿业、全部的石油业、冶金业和铁路运输业。国营部门的产值占国民生产总值的 30% 左右。

委内瑞拉从 50 年代起开始实行国家干预政策，建立了一批国营企业。60 年代以来，国家对经济的干预不断加强。基督教社会党领袖卡尔德拉在 1968 年就任总统后，通过了增收石油垄断组织利润税法，并于 1970 年实现了天然气国有化。此后，民主行动党佩雷斯政府又于 1975 年初、1976 年初先后实现了铁矿和石油业的国有化，改变了以美资为主的外国资本长期霸占委内瑞拉铁矿和石油财富的局面。目前，它的国营部门资产也占全国总资产的 60%，国营部门产值占国民生产总值的 40%。国家控制着石油和天然气、石油化工、钢铁、炼铝、电力、造船、航空、邮电等主要经济命脉。

秘鲁贝拉斯科政府执政期间（1968—1975）实行比较激进的社会经济改革，先后没收或征收 17 家外资企业、收回 3100 多个矿山租让地，在石油、矿业、渔业、电力等部门建立了大型国营公司。国营企业从 1967 年的 6 家增加到 1980 年的 180 家，其职工人数已达 12 万人。1975 年国营部门已占渔业的 80%，采矿业的 50%，基础加工工业的 56%。国营部门产值在国内生产总值中的比重，已从 1968 年的 13% 增至 1975 年的 23%。国家还控制了外贸、银行系统和财政。

厄瓜多尔罗德里格斯·拉腊政府 1972 年执政后，从外国公司手中收回近 85% 的石油租让地、成立了国家石油公司；这家公司又在 1974 年和 1977 年买下原美资德士古—海湾石油公司 65% 的股票，从而控制了石油生产、提炼和销售。

哥伦比亚在 1974 年宣布取消外国公司单方面开采石油的租

让权。1975 年颁布法令，对外国银行、信贷机构、保险公司和一些企业实行"哥伦比亚化"。到 1977 年底，在哥伦比亚经营的 7 家银行，已通过出售 51% 的股票成为合资银行。据估计，它的国际资本已占国民生产总值的 25%。

安第斯五国的国有经济成分在国民经济中的比重虽有差异，但一般在投资大、建设时间长、利润少、私人资本无力经营或不愿意经营的社会基础设施部门，或在一些涉及国家经济命脉、对整个国民经济有重大影响的部门，国家资本所占的比重都较大。安第斯国家的国家资本已在它们的经济生活中占据主导地位，而且是在反对外国垄断资本控制的斗争中产生和发展起来的，因此，它具有反帝、反殖、反霸的民族主义性质，可称作民族色彩较浓的国家资本主义。目前，这些国家的国有经济成分，包括国有化企业、新建的国营企业、参与外资企业的国家资本、同外资和本国私人资本合资经营的国家资本。所有这些国家资本，仍然都是资本主义性质的，是资本家阶级集体占有的资本形态。

第三，随着生产和资本集中过程的加快，大部分安第斯国家在工业资本和银行资本融合的基础上产生了私人垄断财团，这些财团同国家政权的结合日益密切。

哥伦比亚自 50 年代末 60 年代初以来，垄断资本有显著增长。据该国国家统计局 1966 年统计，占企业总数不到 9% 的大企业，拥有全国企业投资总额的 90%，总资产的 75% 并支付工资总额的 82%[1]。1976 年哥伦比亚垄断资本已控制整个国民经济的 50%；就部门来说，控制了采矿业的 90%，工业的 75% 和农业的 45%。它的 7 个本国主要财团约有资产 1800 亿比索（约

---

① ［墨］巴勃罗·冈萨雷斯·卡萨诺瓦主编：《拉丁美洲：半个世纪历史》。

合 50 亿美元），占注册企业总资产的 55%。许多金融机构和公司负责人当上了部长或议员，有的总统同财团也有密切关系。①

委内瑞拉本国私人垄断资本于 50 年代逐渐形成，在 60 年代和 70 年代生产和资本的集中加快。到 60 年代后期本国垄断财团已具有雄厚的经济实力，12 家最大的财团控制了全国流动资本（不包括石油和铁矿业）的 14% 左右，拥有全国制造业注册资本的 64.8%。到 70 年代初，这 12 大财团约有总资产 81.85 亿博瓦尔（约 19 亿美元）；其中最大的福尔默—索洛亚加财团就有 34.48 亿博瓦尔资产，占 12 大财团总资产的 42%。② 此外，一些新的财团，例如西斯内罗斯财团、蒂诺科财团等也十分活跃。它的新、老财团都是在国家支持下发展起来的，同时，各主要政党也得到了财团的资助。

厄瓜多尔两个最大的财团——瓜亚基尔财团和"慈善"财团，在 70 年代初共有资本 6.581 亿苏克雷（约 2630 万美元），占本国资本总额的 26.2%；拥有资产 23.14 亿苏克雷（约 9200 万美元），占本国资本企业总资产的 26%。瓜亚基尔财团的成员曾经担任过几届厄瓜多尔总统。③

秘鲁的私人垄断资本从 60 年代以来，逐渐发展壮大，有名的"45 个家族"加紧控制着国内经济，特别是工业部门。吉尔德梅斯特、马切戈·穆尼奥斯、曼努埃尔·普拉多、佩德罗·贝尔德朗等家族，在采矿、制糖、纺织、食品等部门有巨额投资。据秘鲁《请听》杂志披露，人民行动党在 1980 年竞选中，曾得到工业家财团（特别是本廷财团）和进口商财团（主要是永比

---

① ［哥］胡里奥·席尔瓦·科尔梅纳雷斯：《国家的真正主人：哥伦比亚的寡头化垄断》。

② ［委］多明戈·阿尔贝托·兰赫尔：《金钱寡头》。

③ ［厄］吉列尔莫·纳瓦罗：《厄瓜多尔资本的集中》。

安财团）的资助①。

第四，改革封建、半封建的土地占有制度，促进了农业资本主义的发展。安第斯五国从独立到第二次世界大战前，土地占有制度主要是封建或半封建的大庄园制。为了清除发展资本主义的障碍，同时也慑于农民运动的压力，在50年代和60年代，五国政府先后进行资产阶级改良主义的土地改革，在一定程度上打击了农村封建势力，促进了农业资本主义的发展。安第斯五国发展农业资本主义走的是"普鲁士式道路"，即逐渐用资产阶级剥削手段代替封建农奴剥削手段的改良道路，不少大庄园主逐渐演变成农业资本家。

玻利维亚在1953年颁布土地改革法，宣布没收大庄园主的土地并废除农奴制。据全国土改委员会统计，到1978年，历时25年的土改总共将2950万公顷的土地分配给近42万户农民耕种。② 战后，玻利维亚历届政府很重视东部平原地区资本主义农场的发展，对这个地区的农业投资占全国农业投资的比重，1955—1964年为57.5%，1964—1970年增加到64%，1970—1975年又增加到88.6%。结果使这个地区以出口为主的糖、棉花、咖啡和稻米的产量分别增长了几倍乃至几十倍。③

哥伦比亚在1964年开始土改，到1976年共将52.5万公顷土地分配给近2万户农民，并向14.6万户农民颁发了土地证。④据1971年统计，在全国18种农产品产值中，有60%来自现代资本主义农业。

委内瑞拉的土改始于1960年，到1980年总共分配了近800

---

① ［秘］《请听》周刊，1980年3月第1期。

② ［玻］路易斯·安特萨纳：《玻利维亚土改进程和总结》。

③ ［玻］爱德华多·阿尔塞·夸德罗斯：《玻利维亚经济：1492—1979》。

④ ［墨］《视界》杂志，1978年4月7日。

万公顷土地，给全国 35 万农户中的 11 万农户颁发了土地证。[①]
委内瑞拉的资本主义农场最早出现在 40 年代末。1958 年资本主
义农业产值已占农业总产值的 54%，目前占 80%；资本主义生
产方式已在农村居于绝对优势。

　　厄瓜多尔从 1964 年开始土改，1973 年又颁布新的土改法。
1964—1976 年总共给 4.7 万户农民分配了近 36 万公顷土地[②]。
厄瓜多尔中央银行经济指标局 1978 年的一份调查报告认为："就
生产资料私有制、劳动工资形式的采用、先进技术的引进……以
及生产的发展前景而言，我们可以说，在厄瓜多尔现在的农村，
资本主义生产关系基本上占主导地位。"[③]

　　秘鲁曾在 1964 年颁布土改法，1969 年又颁布了新的土改
法。到 1980 年为止，总共征收了 1100 万公顷的土地，其中的
700 万公顷分给了 30 万户农民，这些农民大部分被编入 1600 多
个各种类型的官办农业合作企业。[④] 秘鲁土改促进了农村资本主
义的发展。据 1976 年统计，土改后资本主义农业的产值占国内
生产总值的 8.5%，超过了前资本主义农业在国内生产总值中所
占的比重（5.5%）。

　　应该指出，安第斯五国所进行的土改并不是彻底的，五国农
业资本主义发展的程度也不尽相同，前资本主义的自然经济，封
建半封建的生产关系还不同程度地存在，特别是在印第安人聚居
的山区尤为显著。但是，必须看到，面向国际市场、商品率高、
规模较大和机械化程度较高的资本主义农场或种植园，在这五国
农业中已经起着举足轻重的作用。而且由于国家通过土改、贷

---

　　①　［委］《加拉加斯日报》，1980 年 3 月 6 日。
　　②　［英］《拉美经济报道》，1977 年 7 月 15 日。
　　③　［厄］中央银行《简报》，1978 年总第 570 期。
　　④　［秘］《秘鲁经济》月刊，1980 年第 9 期。

款、垦殖、集约化和作物区域化等各种形式的干预，很多庄园正向资本主义农场演变。大量小农破产，被迫出卖劳动力当雇工，或流入城市。

综上所述，在50年代或60年代左右，资本主义政治制度和经济制度已在安第斯五国确立；尽管这些国家里还存在着多种生产关系，但资本主义的生产关系已占主导地位。所以，它们的社会性质不是半封建半殖民地，也不是几种生产关系并存但主次不明的"过渡性社会"，而是资本主义国家，是不同于西方发达国家的发展中的民族资本主义国家。

为什么说安第斯国家是民族资本主义国家呢？

前面已经提到，在这些国家掌权的是具有民族主义倾向的资产阶级及其政党。这些国家的政府从本国资产阶级的利益出发，对外强调维护民族独立和国家主权，坚持不干涉别国内政和各国人民自决的原则，主张加强第三世界特别是拉丁美洲各国之间的国际团结，在民族解放斗争中互相支持，共同反对帝国主义、霸权主义和一切形式的殖民主义。尤其是近年来，安第斯国家对苏联在拉美的渗透扩张提高了警惕。安第斯国家还主张发展同欧洲共同体和日本的关系，强调"多边外交"和对外经济关系的"多样化"，以减少对美国的依赖。

在国际关系领域里，安第斯国家努力维护民族权益，积极倡导和支持捍卫200海里海洋权、争取建立国际经济新秩序等重大斗争，积极参加世界原料生产国和出口国组织反对跨国公司垄断、保卫原料合理价格的斗争。在区域经济合作方面，它们除了在1969年组成安第斯条约组织以外，还积极参加拉丁美洲经济体系、亚马孙合作条约和拉丁美洲一体化协会，促进了地区一体化的进程。

在国内政策方面，除了实行国有化和土改等反帝反封建的社会经济改革外，五国还对外国资本实行利用、限制和监督政策，为发展民族经济创造条件。1970 年 12 月安第斯条约组织通过《对待外资共同条例》，对外国投资的部门、利润的汇出、再投资的比例等作出了限制性的规定。虽然在 1976 年又有所修改，放宽了对外资的某些限制，但是仍然不失为一个限制和利用外资的条例。五国都采取替代进口，面向出口的政策，大力发展民族工业，逐步改变着畸形的经济结构。制造业占五国国内生产总值的比重，已由 1969 年的 16.8% 上升到 1977 年的 18.8%。五国之间的贸易额，1969 年只有 9590 万美元，1979 年增长到 12 亿美元，其中工业制成品的贸易额增加了 10 倍。

安第斯五国奉行的反帝反殖反霸和反封建等内外政策，对于促进拉丁美洲民族民主运动的发展具有积极意义，在社会历史发展进程中起着进步作用，因此可以称之为民族资本主义国家。当然，这些国家资产阶级本身的局限性，决定了它们不可能彻底地完成民族民主革命的历史任务。这个任务最终只能由无产阶级政党领导广大人民群众去完成。

最后，简单说明一下：为什么说安第斯国家是发展中的民族资本主义国家呢？

发展中的国家，也被称为不发达国家或欠发达国家。我们之所以认为安第斯国家是发展中的民族资本主义国家，正是因为从资本主义生产关系的成熟程度和生产力发展水平等各方面来衡量，它们还没有达到发达资本主义的高度。

第一，安第斯五国至今仍存在着几种生产关系，特别是在安第斯农村，封建关系及其他前资本主义关系的残余较多。因此，五国都存在着多种所有制形式和多种经济成分。第二，它们的经济发展水平远远比不上发达的资本主义国家。委内瑞拉按人口平均国民生产总值在五国中最高，在拉丁美洲也名列前茅，但是同发达国家按人口平均 5900 美元的水平相比，相差甚远。第三，它们原有的不合理的经济结构虽然有所变化，例如工业占国民经济的比重有了增长，但是，单一经济状况仍没有根本改变，一两种或几种农、矿产品占出口和国民收入的比重还是相当大。农业发展缓慢，粮食均需进口。第四，在资金、技术和贸易方面，对外还有不同程度的依赖性。第五，随着城乡资本主义关系的发展，资本主义积累的一般规律发生作用的范围日益广泛，这就必然引起分配不均，两极分化，贫富悬殊，失业加剧。在五国人口中，10% 的富人占有国民收入的 40%—50%，而 50% 左右的穷人却只占有国民收入的 15% 左右。

总之，战后 50 年代至 60 年代，由于资本主义政治制度和经济制度已在安第斯五国基本确立，资本主义生产方式已占主导地位，甚至出现了垄断，因此，安第斯国家已经成为资本主义国家；由于这五国不同程度上奉行反帝反殖反霸和反封建的内外政策，所以说是民族资本主义国家；由于这五国又具有第三世界不发达国家的某些共同特征，面临着发展民族经济、争取彻底的政治独立和经济独立的严重任务，所以它们是发展中的民族资本主义国家。其他拉丁美洲国家的政治经济情况与安第斯国家相比虽各有异，但多数国家也可认为是发展中的民族资本主义国家。

（原载《拉丁美洲丛刊》1981 年第 3 期）

拉丁美洲地区的安全形势与安全合作

2003 年以来，地处安第斯地区的哥伦比亚内战升级，暴力冲突不断，毒品走私猖獗，这不仅威胁哥伦比亚本国的安全，而且使秘鲁、厄瓜多尔、委内瑞拉、巴西、巴拿马等国深感忧虑，担心战火和毒品会蔓延到本国，也担心美国以反恐和扫毒为名扩大其在拉美的军事存在。本文拟简要地介绍目前拉美地区所面临的安全问题和安全形势，着重介绍拉美地区的恐怖主义活动；以及在反恐和安全方面，拉美国家之间和拉美国家与美国之间的合作、矛盾和斗争。

一 拉美地区的安全问题和安全形势

在拉丁美洲，同世界其他地方一样，传统的观点是把安全定为保卫国家免受外来的颠覆和攻击。然而，近十多年来，安全的内涵不断扩大。由领土、资源、民族矛盾等因素引发的军事对抗与冲突尚未消除，以恐怖主义为代表的各种非传统安全问题又日见突出。安全问题已不再是单纯的军事问题，已经涉及政治、经济、金融、社会、科技、文化等诸多领域。

正如墨西哥国际问题专家莫尼卡·塞拉诺所说，"国家安全的概念的意思是指'国家（nacion）'是安全的指示物（referente）"，"从广义上说，安全的概念是指摆脱一切威胁"，莫尼卡指出，"在拉丁美洲，同世界其他地方一样，冷战的结束修改并扩大了关于安全概念的含义，使人们摆脱了传统的认为安全只局限于军事方面的概念，而把视线扩大到包括各种威胁在内"。[①] 美国拉美问题专家安德烈·赫里尔和约瑟夫·图尔钦也认为，拉美越来越多的人承认，毒品走私、移民和难民、环境恶化、公共秩序遭破坏等各种新问题对国家和地区安全是十分重要的。

目前拉美地区所面临的安全问题和安全形势包括国际和国内两个方面，国际安全方面的主要威胁和问题有：恐怖主义、毒品走私、非法移民和难民、边界和领土（领海）的争端和冲突、霸权主义和强权政治的威胁、敌对势力的颠覆和破坏活动等。

拉美的恐怖主义活动常常同反政府游击队及毒品走私联系在一起，恐怖主义组织和游击队组织的活动经费相当一部分来自毒品贩卖。目前拉美的恐怖主义组织和活动主要是在哥伦比亚、秘鲁等一部分国家。

毒品生产和走私在拉美许多国家都存在，最重要的毒品生产和走私国是哥伦比亚、秘鲁、玻利维亚、墨西哥和巴拿马等国。哥伦比亚是世界最大的毒品生产国之一，其可卡因的年产量达580吨，占世界可卡因总产量的90%；秘鲁和玻利维亚的古柯种植面积在世界上名列前茅，墨西哥是世界上最重要的大麻和鸦片生产国，墨西哥是南美贩毒集团向美国运送毒品的重要通道。美国是世界最大的毒品消费国，美国毒品的消费量占世界总消费量

---

① Monica Serrano："Orden publico y seguridad nacional en America Latina", Foro Internacional, enero – marzo, 1998.

的 60% 左右，美国消费的毒品有相当一部分毒品产自拉美国家，有 70% —80% 是经墨西哥进入美国的。毒品的非法生产和走私严重影响拉美国家政治社会的稳定和经济的健康发展。在政治上，贩毒集团凭借其巨额非法收入，形成强大的社会势力，建立"并行国家"，无孔不入地深入社会各个领域，千方百计贿赂和腐败政府官员，为其非法活动开绿灯。拉美一些国家的大毒枭拥有巨额资产和飞机、轮船、汽车和现代化的交通和通信工具，还有专业化的武装武卫队伍，甚至建立"国中之国"。与此同时，贩毒集团常常施用各种手段恫吓、暗杀那些坚决禁毒的人，绑架政府要员、议员、企业家、外国记者和游客，贩毒集团还与游击队组织和跨国犯罪集团勾结在一起，从而直接威胁拉美国家的安全和政局的稳定。

由于经济和政治等原因，多年来，拉美不少国家都有相当多的人移居他国，特别是美国、加拿大、西班牙等国；在拉美地区内部，如墨西哥、委内瑞拉、阿根廷等国也接纳了来自拉美一些小国和穷国或处于动乱国家的移民或难民。在这些移民中，有相当一部分是非法移民。在美国的非法移民有上千万人，目前仅墨西哥一国在美国的无证件的非法移民就有近 400 万人，移民问题是墨美之间的一个老大难问题，长期存在而至今未能解决。这些非法移民为了谋生和"寻梦"，背井离乡，常冒着生命危险，偷渡国境，在美国西部和南部农场里或在一些服务业中打工。他们为美国西部和南部的经济发展作出了贡献，但墨在美移民和劳工的工资十分低廉，长期以来遭受非人待遇，甚至经常遭到暴力攻击。墨西哥方面多年来一直在努力维护墨移民的权利，争取使非法移民得到合法地位。虽然墨西哥和美国于 2002 年 3 月达成了关于建立《美墨边境同盟》，表示两国将共同建立"智能边境"，以有效打击偷渡、贩毒、走私和恐怖活动，以确保合法的商品和人员的正常交流。布什政府曾允诺要与墨方签署一项移民协定，准备给予在美国的墨西哥非法移民以合法地位。然而，布什政府以种种借口，迟迟不同墨西哥签署移民协定。2003年5月，美国众议院外交委员会通过一项决议，提出在与墨西哥签署移民协定时，应以墨西哥石油公司对美国企业的投资开放为条件。这项决议的通过引起了墨西哥方面的强烈反应。墨西哥内政部副部长莫特苏马指出，这种企图是"不能接受的"。他说，解决将近400万墨西哥非法移民的问题不应该以其他东西为条件，移民问题不仅和墨西哥有关系，而且同美国也有关系，因为它和安全问题密切相关。

美国政府在对古巴实施长达40多年的经济封锁的同时，一直纵容古巴非法移民，2003年三、四月份，古巴连续发生多起劫机和劫船案，对古巴的国家安全构成了威胁。古巴政府对被抓获的劫犯判以重刑，对其中3名劫船犯处以死刑，古巴认为这些事件是美国一手策划的，旨在挑起对古巴的侵略，卡斯特罗主席认为这是关系到古巴"生死存亡"的大事。

拉美一些国家之间存在领土或领海的争端，这些争端大多数是历史遗留下来的问题。有些争端如智利与阿根廷有关比格尔海峡的争端、秘鲁和厄瓜多尔的边界争端、洪都拉斯和萨尔瓦多之间的边界争端、智利与阿根廷有关冰河地带的边界争端已先后于1984年11月、1992年9月、1998年10月和1998年12月得到解决，但是，至今，哥伦比亚与尼加拉瓜，哥伦比亚与委内瑞拉，委内瑞拉与圭亚那，委内瑞拉与苏里南，尼加拉瓜与洪都拉斯，哥斯达黎加与尼加拉瓜，危地马拉与伯利兹之间仍存在边界领土（领海）争端，这些争端仍不时引起双边关系的紧张，影响相关国家的安全。

霸权主义和强权政治是影响拉美一些国家安全的主要威

胁，最典型的例子是美国对古巴的霸权主义政策。古巴革命胜利后不久，一直到现在，美国对古巴实行贸易禁运、经济封锁、外交孤立、军事入侵、意识形态渗透、美国支持古巴国内外敌对势力进行颠覆破坏和恐怖暗杀活动。特别是自2002年9月以来，美国政府和美国驻古巴利益办事处明目张胆资助和支持古巴国内的反革命活动。2003年4月9日，古巴外长佩雷斯·罗克在此间举行的记者招待会上，强烈谴责美国这一行径，并表示古巴保留撤销美国驻古巴利益办事处的权利。佩雷斯列举了大量事实和证据，证明美国政府通过其驻古巴利益办事处向古巴国内的反革命分子提供经济和物质支持。他指出，该办事处实际上变成了古巴反革命分子活动的"大本营"。2003年5月13日美国政府下令驱逐14名古巴外交官，其中包括7名常驻纽约联合国总部代表团成员和7名设在华盛顿的古巴利益代表处的官员，指责他们"从事了与其身份不符的、对美国有害的活动"。古巴外交部于5月15日发表声明，谴责美国政府驱逐14名古巴外交官，认为这是美国对古巴"采取敌视态度的进一步升级"。声明说，美国此举的目的是在两国间制造危机，引发对抗。声明表示，古巴不会被美国这样或那样的挑衅行为吓倒，也绝不会放弃捍卫国家主权和独立的斗争。古巴将在必要时采取相应措施回应美国的挑衅。美国对委内瑞拉查韦斯政府采取敌视态度，美国支持委内瑞拉反对派策动2002年4月12日的政变和其他一些倒查韦斯政府的活动。美国还以帮助哥伦比亚扫毒和反恐为名，通过"哥伦比亚计划"，派兵进入哥伦比亚，引起哥伦比亚人民和部分军人的反对和警觉，认为这是对哥伦比亚内政的干涉。

拉美国家国内安全的主要威胁和问题有：政治的脆弱性

（fragilidad politica）、失去治理能力（ingobernabilidad）、经济的
危机、失业和贫困人数的增加、社会的动乱、民族的冲突和生态
环境的恶化等。

　　莫尼卡·塞拉诺认为，"政治的脆弱性会导致不安全的气
候，软弱的或四分五裂的国家引起'政权的跨国平衡'和'否
认的国际化'。国内的失衡和国外的失衡之间界限不明造成国际
不稳定"①。拉美国内安全的问题同国际安全的问题常常很难分
割开来，如一个国家的政府由于官员贪污腐败，或领导层内部争
权夺利，在政治方面很脆弱，政府失去治理能力。在这种情况
下，经济也难以搞好，社会可能发生动乱，公共秩序会遭到破
坏，容易给恐怖主义、毒品走私等跨国犯罪活动提供方便条件，
引发非法移民等问题。

　　近些年，拉美一些国家政治脆弱性明显增加，一些当政者失
去治理能力，政局动荡，经济出现危机，社会动乱。1999 年 3
月因执政党红党内部权力之争，巴拉圭副总统阿加尼亚被暗杀，
从而引发一场严重的政治危机。2000 年 1 月，厄瓜多尔发生政
变，总统马瓦德被赶下台，副总统诺沃亚接任总统；同年 11 月，
秘鲁总统藤森因贿赂丑闻引发政治危机，在出国参加国际会议后
路过日本时滞留不归，后遭议会罢免。2001 年 12 月 19 日，阿
根廷爆发经济、政治和社会危机，总统德拉鲁阿辞职，在半个月
内，先后出现 5 位总统。阿根廷的经济危机还危及巴西、乌拉圭
和巴拉圭等国，从而影响这些国家政治经济的稳定。2002 年 4
月 12 日，委内瑞拉发生政变。查韦斯总统被剥夺权力。两天后，
在拥护查韦斯的部队和民众的支持下，查韦斯于 4 月 14 日清晨

---

　　① 　Monica Serrano："Publico y seguridad nacional en America Latina"，Foro Interna-
cional，enero – marzo，1988.

重新掌权。然而，查韦斯重新执政以来，委内瑞拉局势一直不平静。反对派在美国的公开和隐蔽的支持下，多次发动大规模的群众游行，自 2002 年 12 月 1 日起，又举行了持续两个多月的大罢工，罢工严重影响了委内瑞拉的石油生产和出口，使国民经济遭受了巨大损失。目前委国内朝野严重对立，彼此间的分歧根本难以消除。政局和社会的动荡，经济的危机使国家的安全受到严重的损害。

近年来，由于经济的不景气，拉美的失业人数和贫困人数不断增加；2002 年拉美经济的增长率为负 0.6%，从 1998 年至 2002 年这 5 年拉美的人均国内生产总值不仅没有增长，2002 年的拉美人均国内生产总值反而低于 1997 年，因此，拉美经委会把这 5 年称为"失去的 5 年"。2002 年拉美的贫困人口比上一年增加了 700 万人，到 2002 年年底，拉美地区贫困人口达 2.21 亿人，占人口总数的 44%。拉美的失业率从 2001 年的 8.4% 增加到 2002 年的 9.1%，阿根廷由于经济危机，2002 年的失业率高达 21%。近年来，拉美一些国家如厄瓜多尔、玻利维亚、墨西哥、危地马拉等国的民族矛盾尖锐，印第安农民运动此起彼伏，持续不断。

二　拉美地区的恐怖主义活动

目前国际上对恐怖主义的界定还没有得到广泛的认同。美国国务院 2003 年 4 月 30 日公布的《世界恐怖主义形势　2002 年》报告提出了如下的关于恐怖主义的界定："'恐怖主义'一词是指亚国家集团（subnational group）或秘密代理人攻击非战斗人员的蓄谋的、具有政治动机的暴力行为，这种行为通常是为了影响公众。'国际恐怖主义'一词是指涉及到不止一个国家的公民或领土的恐怖主义。'恐怖主义组织'一词是指任何进行国际恐怖主义的组织，或任何拥有进行国际恐怖主义活动亚组织的组织。"① 我国有的学者认为，"恐怖主义是为了改变某一政治目的而对个人、集团采取的一种极端的行动。国际恐怖主义是指国际社会中某些组织和个人采取绑架、暗杀、爆炸、空中劫持、扣押人质等恐怖手段，企求实现其政治目标或某项具体要求的主张和行动"②。

自冷战结束以来，恐怖主义的凸显是世界局势不稳定和影响国际安全的一个重要因素，自 20 世纪 90 年代以来，几乎每年都要发生重大的恐怖事件，拉美地区也不例外。如 1992 年，恐怖分子在布宜诺斯艾利斯袭击以色列驻阿根廷大使馆，造成 22 人死亡。1994 年，恐怖分子又在布宜诺斯艾利斯用炸药炸毁了旅居阿根廷的犹太人活动中心以色列互济会大楼，造成 35 人死亡，143 人受伤。1996 年 12 月 17 日至 1997 年 4 月 27 日，秘鲁恐怖主义组织"图帕克·阿马鲁革命运动"在秘鲁首都利马攻占日本驻秘鲁大使的官邸并扣留秘鲁政府高级官员和外国驻秘鲁使节 72 名人质长达四个半月之久，后秘鲁政府派军警对日驻秘大使的官邸实施突袭，解救了人质，并将那里的恐怖分子全部击毙。而在哥伦比亚，长期以来，由反政府游击队、贩毒分子和右翼准军事组织构成的"恐怖三角"，不仅威胁哥伦比亚的安全，而且威胁整个拉美地区的安全。哥伦比亚现有两支游击队和一支右翼准军事组织。哥伦比亚的游击队活动由来已久，已有四五十年时间，游击队的力量和影响比较大，控制哥伦比亚不小的地区。多

---

① http://usinfo.state.gov/.
② 俞正梁等：《全球化时代的国际关系》，复旦大学出版社 2000 年版，第 157 页。

年来，哥伦比亚历届政府与游击队打打停停，先后举行了多次对话和谈判，但哥伦比亚和平进程一直极不平静。在美国的干预下，2002年2月，哥伦比亚政府宣布与革命武装力量的和谈破裂；同年5月底，哥伦比亚政府与民族解放军的谈判也告破裂。哥伦比亚每年发生的绑架案的次数，在世界名列前茅，哥伦比亚是拉美地区暴力活动最严重、最不安全的国家。游击队与政府之间，游击队与右翼准军事组织之间冲突持续不断。哥伦比亚每年有2万多人死于枪炮之下，每年因武装冲突和暴力活动造成的物质损失高达数百亿美元。由于哥伦比亚游击队常常在边境地区活动，有时甚至流窜到委内瑞拉、巴拿马等邻国活动，引起邻国的不安，影响地区的安全。

美国国务院2002年5月21日所公布的《2001年世界恐怖主义形势》报告在谈到拉美地区的恐怖主义活动时，主要提到哥伦比亚、秘鲁和在阿根廷、巴西和巴拉圭三国交界地区的恐怖主义活动。报告将古巴与伊朗、伊拉克、利比亚、朝鲜、苏丹、叙利亚一起列为"支持恐怖主义的国家"之一。报告指出，阿根廷、巴西和巴拉圭三国交界地区已成为中东地区一些恐怖主义组织进行活动，特别是进行后勤和金融活动的中心；2001年在哥伦比亚共发生了2800起绑架事件，哥伦比亚成为世界上发生绑架事件最多的国家。报告引用国务卿鲍威尔2001年9月10日的讲话，首次将拥有9000人的哥伦比亚右翼准军事组织哥伦比亚联合自卫队（Autodefensas Unidas de Colombia，AUC）同拥有16000人的哥伦比亚革命武装力量（Fuerzas Armadas Revolucionarias，FAR）和拥有5000人的民族解放军（Ejercito de Liberacion Nacional，ELN）一起，定性为恐怖主义组织。报告指出，2001年，秘鲁共发生了130件恐怖活动，大部分恐怖活动是恐怖主义组织"光辉道路"（Sendero Luminoso，SL）策划和进行的。①

　　美国政府 2002 年 9 月 20 日所公布的《美国国家安全战略》全面系统地总结了布什政府执政以来，特别是"9·11"事件以来美国国家安全战略的调整变化，这些变化主要表现在：美国承认美国安全环境"更加复杂危险"，强调美国拥有全面推进其战略利益的"历史机遇"；以"恐怖分子和无赖国家"作为美国的主要对手，宣布美国将采取"先发制人"战略铲除恐怖威胁；美国将确保美国自身安全列为第一要务，相应进行国家安全机制及军事力量的转型；美国将协调大国关系，以集中力量应对反恐作战的需要；大肆宣扬美国的价值观和政治经济模式，力图为美国的"先发制人"战略披上"为正义和自由而战"的外衣；鼓吹通过自由市场和自由贸易启动全球经济成长。

　　《美国国家安全战略》第四部分在谈到拉美地区的冲突和合作时指出："在西半球，我们与和我们有共同优先考虑事项的国家建立了灵活的联盟，尤其是墨西哥、巴西、加拿大、智利和哥伦比亚。我们将一起支持建立一个真正民主的半球，通过我们的一体化推动安全、繁荣、机遇和希望。我们将与地区机构，如美洲首脑会议制度、美洲国家组织及美洲国防部长级会议等合作，为整个西半球造福"，"拉丁美洲的部分地区面临地区冲突，尤其是由毒品卡特尔及其帮凶的暴力所引起的冲突。这种冲突和无法无天的麻醉品走私会危及美国的健康和安全。因此，我们制定了积极的战略帮助安第斯国家调整经济、加强执法、挫败恐怖组织和切断毒品供应，同样重要的是，我们致力于减少我们国内对毒品的需求"，"在哥伦比亚，我们认识到对该国安全形成挑战的恐怖和极端组织与为此类组织提供经费的贩毒活动之间的联

---

① 　http：//usinfo. state. gov/.

系。我们正致力于通过把有效主权延伸至国家全境，向哥伦比亚人民提供基本的安全，以帮助哥伦比亚保卫其民主制度，挫败左翼和右翼的非法武装集团"。《美国国家安全战略》的第六部分在谈到通过自由市场和自由贸易启动全球经济成长时，特别提到要在年内完成与智利的自由贸易协议，并将中美洲列入美国即将达成自由贸易协议的重点国家之一。①

美国国务院 2003 年 4 月 30 日所公布的《2002 年世界恐怖主义形势》报告在谈到拉美地区的恐怖主义活动时指出，"国际恐怖主义组织将拉美变成在世界其他地区推行其事业的'战场'"，"国内恐怖主义组织仍继续折磨着哥伦比亚，在某种程度上，还折磨着秘鲁"，"三个组织（指哥伦比亚革命武装力量、民族解放军和哥伦比亚联合自卫队）同毒品走私均有联系"，报告怀疑 2002 年 3 月 20 日在布什总统访问秘鲁前两天，在利马美国大使馆对面商业中心发生的造成 10 人死亡的汽车炸弹事件是"光辉道路"一手策划的。② 报告再次将古巴列为"支持恐怖主义的国家"之一。

对美国国务院世界恐怖主义形势的报告和美国国家安全战略中有关拉美部分的内容，拉美一些国家如委内瑞拉和古巴等国有不同的看法。委内瑞拉总统查韦斯和巴西总统卢拉不同意美国将哥伦比亚两支左翼游击队定性为恐怖主义组织，查韦斯反对美国在哥伦比亚推行的"哥伦比亚计划"，他反对美国利用委内瑞拉的领土和领空去干涉哥伦比亚政府的行动，拒绝在反对哥伦比亚游击队的斗争中同美国合作。对美国政府将古巴列为"支持恐怖主义的国家"的指责，古巴外交部于 2003 年 5 月 2 日发表声明

---

① http：//usinfo. state. gov/.

② Ibid.

坚决予以驳斥。声明表示古巴反对任何形式的恐怖主义，古巴自革命胜利后40多年来，一直是美国策划或支持的各种恐怖主义的受害者；古巴政府曾于2001年11月29日首次向美国政府提出签署双边反恐协议的建议，随后，古巴又多次重提这一建议，但均遭美国的拒绝。①

三　拉美国家在安全和反恐方面的国际合作

在反恐的共同斗争中，拉美国家逐步认识到，安全已不再是"零和"游戏，安全的共性在增加，各国的共同安全利益上升，相互依存加深，拉美各国安全对话机制逐步建立，在安全方面的合作不断加强。

1996年美洲国家组织在利马举行第一次关于恐怖主义的专门会议，与会国家代表共同制订了反恐行动计划。这次会议通过的《关于防止、反对和消灭恐怖主义的利马声明》指出，恐怖主义是"旨在居民中制造混乱和恐怖的蓄意和系统的严重的表现"，恐怖主义"造成死亡和破坏，是令人憎恶的犯罪活动"。1998年，在阿根廷马德普拉塔市举行了第二次关于恐怖主义的专门会议，会议提议成立泛美反恐委员会（Comision Interamericana Contra el Terrorismo，CICTE）。会议所通过的《马德普拉塔承诺》指责恐怖主义活动是"破坏和平和文明的生活、影响法律和民主实施、危及由民主选举产生的宪制政府的稳定和美洲国家经济社会发展的严重刑事犯罪"。1999年6月在危地马拉开会的美洲国家组织正式批准成立泛美反恐委员会。同年10月，泛美反恐委员会在美国迈阿密召开了首次会议。

---

① http：//www.granma.co.cu/.

2001 年 9 月 11 日在美国发生恐怖袭击事件时，美洲国家组织正在利马举行第 28 次特别会议，会议立即发表声明，强烈谴责恐怖分子对美国的袭击，并表示全力声援美国政府和人民，声明强调要加强西半球在反恐方面的国际合作。在"9·11"恐怖袭击事件中，拉美有 30 个国家在美国的侨民遇难。2001 年 9 月 19 日，中美洲 5 国首脑在洪都拉斯举行会议，会议决定采取共同行动，打击国际恐怖主义。9 月 21 日，美洲国家组织外长在华盛顿举行咨询会议，会议通过决议，谴责恐怖袭击，号召美洲国家组织成员国采取有效措施阻止恐怖主义组织在各自的领土上进行活动。声明同意相互提供有效支持反对恐怖袭击、维护本大陆的和平和安全。外长们还提议美洲国家组织常务理事会起草一个反恐协定。

"9·11"事件后，美国企图以反恐为中心，加强其控制拉美的战略。美国以反恐和扫毒为中心，通过《哥伦比亚计划》、《安第斯倡议》和《安第斯关税优惠法》等，加强了同中南美洲，特别是同安第斯国家的军事、政治、经贸关系。美国在 1999 年底撤离巴拿马霍华德空军基地后，又在拉美开辟了三个空军基地：厄瓜多尔的曼塔、萨尔瓦多的科纳拉帕和荷属阿鲁巴。"9·11"后，2001 年 10 月，美国在曼塔空军基地新配备了空中预报机，从而加强了防空体制。美国通过《哥伦比亚计划》和《安第斯倡议》，增加了对哥伦比亚等国的军事援助，并扩大美国在拉美的军事存在。

2001 年 12 月 17 日，美国泛美事务助理国务卿利诺·古铁雷斯发表《美国在西半球的政策》的讲话，讲话中提出美国在西半球政策的三个支柱是：促进持续发展，巩固民主，确保西半球安全。在谈到安全问题时，他强调要进行反恐和扫毒斗争；在反恐斗争方面，他向拉美国家提出了四方面的要求：要求拉美各国尽快批准原有的 12 项国际有关反恐的协议；要求核对并没收恐怖主义组织和个人在拉美国家的金融资产；反对恐怖主义的所有各种形式；加强边界的监控。

2002 年 1 月 16 日，布什在美洲国家组织举办的《美洲的未来》的研讨会上发表了关于美国对拉美政策的重要讲话，提出要建立"一个繁荣、自由和民主的西半球"。布什认为，西半球的未来取决于三项承诺：第一项承诺是政治民主和自由。第二项承诺是安全，为此，必须进行反恐和扫毒。由于拉美一些国家如哥伦比亚、秘鲁等国存在恐怖主义组织或游击队，不少拉美国家毒品走私、非法移民等跨国犯罪活动相当猖獗，而国际恐怖主义活动往往与毒品走私、游击活动和非法移民是分不开的。因此，美国必须加强同拉美国家在反恐、扫毒和打击非法移民方面的合作。第三项承诺是经济稳定增长。

2002 年 3 月下旬，布什出访墨西哥、秘鲁和萨尔瓦多 3 国，在短短 4 天时间里会见了拉美 13 个国家的领导人，同他们就反恐、扫毒等问题进行了讨论，并达成了一些协议。布什同福克斯达成了关于建立《美墨边境同盟》协议和关于建立《美墨争取繁荣联盟》协议，发表了联合声明。根据《美墨边境同盟》协议，两国将共同采取"特殊措施"，共同建立"智能边境"，即在边境安装现代化的监测设备，以有效打击偷渡、贩毒、走私和恐怖活动，并确保合法的商品和人员的正常交流。布什同托莱多达成了美秘反恐和扫毒的协议，双方宣布美秘结成反恐和扫毒的战略伙伴。布什答应向秘鲁提供扫毒援助（1.95 亿美元）和其他援助。在秘鲁，布什同秘鲁、哥伦比亚、厄瓜多尔、玻利维亚安第斯 4 国领导人举行了会谈，主要讨论了反恐和扫毒问题。在萨尔瓦多，布什同中美洲国家元首讨论了关于自由贸易协议和移民问题。

2002 年 6 月 3 日，美洲国家组织在巴巴多斯首都布里奇敦举行年会，与会的美洲各国外长通过并签署了《泛美反恐协定》（Convencion Interamericana Contra el Terrorismo），这是"9·11"事件后通过的第一个国际反恐协定。该协定规定美洲国家将切断对恐怖主义的资助，加强对边界的控制，增强美洲国家警察和司法部门之间在反恐斗争中的合作。

2003 年初，在萨尔瓦多首都圣萨尔瓦多举行了泛美反恐委员会第三次会议，会议通过了《圣萨尔瓦多反恐声明》，会议为 2003 年 5 月安全特别会议制定了建议。

2003 年 2 月，哥伦比亚、巴拿马、哥斯达黎加、洪都拉斯、萨尔瓦多、危地马拉、尼加拉瓜的总统和阿根廷外长 8 国在巴拿马城举行会议，会议主要讨论了哥伦比亚的恐怖主义活动、哥伦比亚和巴拿马边境因哥伦比亚游击队活动所造成的紧张局势及其可能对地区安全带来的影响。会议通过的联合声明一致谴责哥伦比亚的恐怖爆炸事件，决心加强拉美各国之间的反恐合作，以避免整个拉美地区的安全受到危害。美洲国家组织即将在墨西哥举行安全特别会议，会议专门讨论美洲国家在安全方面所遇到的挑战和问题和如何加强在安全方面的合作。在谈到西半球安全合作时，美洲国家组织秘书长塞萨尔·加维里亚认为："在最近十年，在西半球安全方面，泛美体系建立了相当数量的机制、手段并提出了相当数量的倡议来对付多种挑战"，"现在已到了将各种机制和想法会集在一个框架里的时候了"。

近年来，委内瑞拉和哥伦比亚两国的关系常常因为活跃在两国边境地区的非法武装组织和贩毒集团的出没而受到影响，哥伦比亚指责委内瑞拉包庇哥游击队，而委内瑞拉则指责哥伦比亚支持在委境内的哥准军事组织。前不久，两国边境地区还因此发生过小规模的军事摩擦。2003 年 4 月 23 日，委内瑞拉查韦斯总统和哥伦比亚乌里韦总统在委内瑞拉奥尔达斯港举行了第二次峰会，两国总统发表了联合声明并就因哥伦比亚内战所造成的难民问题达成协议，这次会议在一定程度上化解了两国政府的误解，加强了两国在安全和经贸方面的合作，有利于地区的安全。2003年4月25日在秘鲁特鲁希略闭幕的第22届里约集团外长会议强调拉美国家应该加强磋商与协作，以共同应对所面临的各种挑战。在会上，巴西外长塞尔索·阿莫里姆呼吁拉美各国采取共同行动，以便有效打击恐怖主义、毒品走私和有组织的跨国犯罪活动。

从总的趋势来看，在"9·11"事件后，拉美各国之间以及拉美与美国之间在安全和反恐问题上的合作在加强。美国从自身的利益出发，需要拉美国家在安全和反恐斗争中同美国进行合作，拉美国家在维护国家和国际安全方面，也需要美国的支持。然而，我们看到，在拉美国家之间，特别是在拉美各国与美国之间，在安全和反恐方面也存在不少矛盾和斗争。拉美不少国家反对美国以帮助扫毒为名，派军队到拉美有关国家去干涉他国内政；美国将古巴列为支持恐怖主义的国家的指责遭到古巴的一再批驳，美国拒不同意同古巴签署双边反恐协议，美国又直接或间接对古巴搞一系列的旨在推翻古巴现政权的颠覆和破坏活动。2003年4月25日卡斯特罗主席发表电视讲话时说，不久前接连发生的古巴飞机和渡船被劫持事件是美国当局纵容犯罪分子、鼓励非法移民的结果。他列举了美国驻古巴利益办事处主任卡森在古巴从事颠覆活动的事实，卡森上任半年多来，频繁与古巴"反革命分子"接触、聚会，并给他们提供活动资金。卡斯特罗指责卡森的行为严重损害了古巴的国家安全。在处理非法移民和难民问题上，美国与墨西哥、美国与古巴、美国与海地等国之间，存在着不少矛盾和问题。委内瑞拉和巴西等国以及哥伦比亚本国部分军人对美国介入打击哥伦比亚游击队和"哥伦比亚计划"的实施，存在不少疑虑。委内瑞拉与哥伦比亚，巴西与哥伦比亚之间对打击游击队和对"哥伦比亚计划"的认识，仍有分歧。

对于美国于 2003 年 3 月 20 日对伊发动的战争，巴西、智利、墨西哥、阿根廷、委内瑞拉、古巴等拉美大多数国家均表示谴责或遗憾，只有中美洲国家、哥伦比亚、玻利维亚等少数国家表示支持。在美国对伊战争基本结束后，美国对支持它的哥伦比亚和中美洲国家增加了援助，4 月 10 日布什专门邀请中美洲 5 国元首访问美国，布什表示希望进一步推进正在谈判中的美国—中美洲自由贸易协议。美国—中美洲自由贸易协议的谈判预计将于年底完成。但是，对于墨西哥和智利，美国对它们没有支持美国对伊动武表示不满，美国迟迟不与墨西哥达成关于移民问题的协议，故意拖延同智利签署已达成的美智自由贸易协议。美国这些做法引起墨西哥、智利和拉美其他国家的愤懑。

（原载《拉丁美洲研究》2003 年第 4 期）

世纪之交墨西哥政党政治制度的变化

　　墨西哥自 1929 年起，一直是由官方党革命制度党一党长期执政。然而，在 21 世纪初，墨西哥的政党政治制度发生了重大变化。在 2000 年 7 月 2 日举行的大选中，由反对党国家行动党和墨西哥绿色生态党组成的变革联盟提名的候选人比森特·福克斯·克萨达获胜，成为墨西哥现代史上第一位反对党总统，从而结束了革命制度党长达 71 年的一党统治和官方党长期执政的总统制政党政治模式。福克斯就任总统以来，墨西哥的政党政治制度发生了重大的变化。分析和研究墨西哥政党政治制度的变化，对发展中国家有一定的借鉴意义。

一　墨西哥独特的政党政治模式：官方党　一党长期执政的总统制

　　长期以来，从 1929 年至 2000 年，墨西哥的政党政治模式一直很独特，是拉美地区独一无二的，在世界上也很少见。墨西哥的政党政治模式可以称为官方党一党长期执政的总统制，也有人称之为"6 年一度的、横向世袭的、独断专行的君主制"①。墨西哥的政党政治模式具有以下特点：（1）官方党革命制度党的领袖一直兼任总统。墨西哥总统既是国家元首，又是政府首脑和武装部队总司令。总统还享有相当大的立法权和司法权。此外，在 6 年的任期快满时，总统有权指定下届总统的官方（党）候选人。但是，根据宪法第 83 条，墨西哥总统只能任一届。总统一任制是墨西哥政治制度的一条重要原则，也是一种权力平衡制度。（2）墨西哥的政党政治模式由三个体系（三大利益团）构成，即党的领袖—总统集权的政权体系属精英主义集团、职团结构的官方党体系属民众主义集团、私人企业主体系属自由主义集团。（3）革命制度党一直是官方党，自 1929 年成立后（1929—1938 年称国民革命党，1938—1946 年称墨西哥革命党，1946 年至今称革命制度党）到 2000 年 12 月，革命制度党连续执政 71 年。革命制度党是这个政党政治制度的核心部分，它与立法、司法及政府各部相并列，成为政党政治制度的核心机构。革命制度党下属的职团结构（工人部、农民部、人民部）为墨西哥政权提供了广泛的社会基础。革命制度党虽然有党的主席和总书记，但他们不是党的最高领导人，党的最高领导人是总统，总统通过对全党实行垂直领导实现中央集权；与此同时，总统通过党内协商制度调整党内不同集团的利益，防止公开冲突和分裂。当党内出现不可调和的冲突时，总统可以做出最后裁决。（4）在相当长的时间里，革命制度党以革命民族主义作为党的基本纲领，对外实行民族主义，对内实行改良主义。该党自认为是墨西哥 1910—1917 年革命传统的继承者。1978 年党的"九大"宣布党的最低纲领是"提高人民大众的政治、经济和社会

---

① Cosio Villegas, Daniel, *El sistema politico mexicano*, *Las posibilidades de cambio*, Institute of Latin American　Studies, The University de Texas at Austin, 1972, p. 22.

地位"，党的最高纲领是"建立社会民主的新社会，即一个独立、主权、平等、自由和繁荣的国家"。

革命制度党的长期执政曾使墨西哥创造了两个奇迹：一个是政治奇迹，当拉美大多数国家政局动荡，政变频仍，出现军人独裁统治时，墨西哥一直保持政局稳定，每6年更换一次文人政府。另一个是经济奇迹，从20世纪40年代到80年代初，墨西哥经济一直保持高速增长。革命制度党历届政府大力推行"进口替代"工业化发展战略，使经济结构发生了重大变化。1946—1956年国内生产总值年均增长6.1%，1957—1970年为6.8%。60年代为7.2%，70年代为5.2%。不少学者把墨西哥保持长期的政治稳定和经济的快速发展称为"墨西哥奇迹"。①

二 墨西哥政党政治模式的危机及其改革进程

墨西哥政党政治模式出现危机的信号是1968年在墨西哥城爆发的学生抗议运动，示威学生要求开放民主，然而，却遭到了残酷的镇压。这一被称为特拉特洛尔科惨案的事件标志墨西哥政局开始由稳定发展走向不稳定发展，它的根本意义在于它把墨西哥政党政治制度的反民主的性质和经济制度的不公正的性质暴露在人民的面前，在墨西哥现代史上第一次向一党制政党政治体制和经济发展模式提出了公开的挑战，从而促进了20世纪后期墨西哥政党政治制度和经济制度的改革。自20世纪70年代起，执政的革命制度党政府迫于形势，逐步进行政治改革。

路易斯·埃切韦里亚总统执政期间（1970—1976），对内实

---

① Hansen, Roger D., *La Politica del Desarrollo Mexicano*, Siglo XXI Editores, 1988, Decima Septima Edicion en espanol, 1988, p. 3.

行"民主开放"，力图改善同知识分子的关系，甚至启用曾领导和参加 1968 年学生运动的人当部长或驻外大使。1971 年和 1973 年两次修改选举法，把获得"党众议员制"众议员的资格的总票数由 2.5% 降至 1.5%，同时，把党众议员的最高限额由 20 名增至 25 名，使国家行动党等反对党在众议院中增加了席位。

洛佩斯·波蒂略总统任内（1976—1982），为进一步创造民主化气氛，于 1977 年 9 月向议会提出《政治组织和选举程序法》，同年 12 月经议会通过后生效。据此法规定，公民可以自由组织政党，并参加其活动，少数派政党只要在全国议会选举中获得 1.5% 的选票或其党员超过 6.5 万人，就可以进行登记，参加竞选。该法还规定，众议院实行部分议员比例代表制，将众议院的席位由原来的 300 个扩大为 400 个，增设的 100 席位由执政党以外、经过登记的政党按比例分配。这次改革使包括共产党在内的一些左翼政党都取得了合法地位，使反对党国家行动党等在众议院中的席位大大增加。

墨西哥国家行动党成立于 1939 年 9 月，该党提出"民族重建"的口号，得到新兴的中产阶级的响应。以蒙特雷财团为代表的企业家支持并参与创建国家行动党。国家行动党反对一党制，主张"在墨西哥建立一种民主的文化"。[①]

从 20 世纪 40 年代初至 80 年代初，历届革命制度党政府在经济上都执行进口替代工业化模式。从实际来看，40 年来，墨西哥经济取得了较快的发展，经济结构进行了调整，工业在国内生产总值中的比重从 1940 年的 25.1% 增加到 1979 年的 38.5%。同期，墨西哥的社会结构也发生了重要变化。城市人口、雇用劳动者和中产阶级在人口中的比重增加。城市人口在总人口中所占

---

① El Financiero, 30de julio.

的比重从 1940 年的 18% 增加到 70 年代末的 50%。80 年代初，墨西哥的中产阶级已占总人口的三分之一。墨西哥从一个以生产农业和初级产品为主的农业国变成一个拥有较完整工业生产体系的新兴工业国。

然而，70 年代末 80 年代初，这一发展模式逐渐暴露出它的不足：政府干预过多，就业增长缓慢，投资水平低，技术发展不快，在政府的高保护政策下，本国的工业产品质量差，成本高，在国际市场上缺乏竞争力。而工业企业的设备和原材料大量依靠进口，从而导致外贸逆差日益扩大。80 年代初，由于国际市场上油价下跌，而国际贷款利率大幅度上升，使墨西哥经济陷入困境，1982 年 8 月，墨西哥爆发了震惊世界的债务危机。同年 12 月，米格尔·德拉马德里就任总统（1982—1988）后，逐渐放弃了进口替代发展模式，转为开放的外向型的面向出口的发展模式。

20 世纪 80 年代上半期，革命制度党党内在如何处理本国严重的社会经济危机问题上，出现了严重分歧和组织分化。1986年 8 月，以前总统拉萨洛·卡德纳斯之子、米却肯州前州长夸特莫克·卡德纳斯和革命制度党前主席穆尼奥斯·莱多为首的革命制度党党内一批知名人士，由于对德拉马德里政府的新自由主义经济政策和党内的专制腐败现象不满公开宣布成立民主潮流派，公开批评政府的政策，要求在党内进行民主改革，党的总统候选人不应由总统一人指定，应由党内民主选举产生。1987 年 8 月，革命制度党宣布将民主潮流派的领导人卡德纳斯、莱多和一批党员开除出党。1988 年 1 月，民主潮流派、真正革命党、重建卡德纳斯阵线党、社会主义人民党等 14 个政党和组织组成全国民主阵线，主张建立一个取代革命制度党的新政府。1988 年 6 月 8日，该阵线与墨西哥社会党（其前身是墨西哥共产党、墨西哥统一社会党）组成选举联盟，推举卡德纳斯为总统候选人，在同年7月的大选中，得票占总数的30.59%居第二位，国家行动党的候选人曼努埃尔·克洛德尔得16.60%的选票，居第三位。在这次大选中，革命制度党的候选人卡洛斯·萨利纳斯首次遇到严重的挑战，得票占50.71%，勉强过半数。1989年5月6日，民主潮流派、社会党等11个政党和组织宣布联合组成民主革命党。作为一个左派党，民主革命党的成立和发展，标志墨西哥的政党政治制度逐步走向多元化。民主革命党在成立时提出的目标是"恢复墨西哥革命的历史理想和1917年宪法的有效性"，"国家和社会民主化"，"反对垂直主义、集权主义、职团主义、世袭主义"，结束革命制度党的一党统治，真正实行政治多元化。自成立以来，该党在几次选举中得票一直占第三或第二位。民主革命党坚定地反对革命制度党的一党统治，对政府的政策错误持批评立场，该党对墨西哥政治的民主过渡做出了贡献。

萨利纳斯执政期间（1988—1994），曾多次修改宪法和选举法，将众议院的席位增加到500席，其中300席由多数票产生，200席为党众议员，由比例代表制产生。1990年颁布联邦选举机构和程序法，成立联邦选举委员会，由内政部领导。1993年通过修改宪法，将参议院席位从64席增加到128席，31个州和首都联邦区各选4席，其中3席由相对多数产生，1席由得票占第二位的党担任。这样，反对党首次可当选为参议员。

萨利纳斯提出了指导其内外政策的新民族主义理论，将革命制度党的指导思想"革命民族主义"改为"社会自由主义"；在经济上，大刀阔斧地推行新自由主义经济改革，实行国有企业私有化，放宽对外资的限制；在外交上，主动改善同美国的关系。1994年1月1日，墨西哥同美国、加拿大签署的北美自由贸易协定正式开始生效。但是，就在这一天，由于萨利纳斯政府的社会政策和对印第安民族政策的不当，墨西哥南部恰帕斯州爆发了一场由萨帕塔民族解放军领导的印第安人武装暴动。这场暴动暴露了萨利纳斯政府所累积的政治、经济、社会问题，给官方的乐观主义以沉重的打击。与此同时，随着大选的临近，革命制度党党内和政府内争权夺利的斗争加剧。同年3月，革命制度党的总统候选人路易斯·唐纳多·科洛西奥被暗杀；9月，该党总书记弗朗西斯科·鲁伊斯·马谢乌又被暗杀，墨西哥政局出现动荡。在萨利纳斯执政的最后一年，经济增长乏力，政局的动荡加上美国利率的提高，大量外国投机资本抽逃，引起金融市场不稳，政府又没有及时调整比索汇率，贻误了时机，埋下了危机的种子。

1994年8月的大选共有9个党参加。在总统选举中，革命制度党的总统候选人埃内斯托·塞迪略得票居第一位，但只占48.77%，是1929年该党成立以来得票率最低的一次。国家行动党候选人迭戈·弗朗西斯科·塞瓦略斯得票占25.94%，居第二位。民主革命党候选人卡德纳斯得票占16.60%，居第三位。

另外，革命制度党的社会基础职团主义受到削弱：由于实际最低工资的急剧下降，官方工会墨西哥工人联合会受到严重影响；宪法第二十七条的修改结束了土改，允许买卖村社的土地，从而使官方农会全国农民联合会受到打击；而革命制度党人民部的唯一全国性组织、代表中产阶级的全国人民组织联合会及改名后的领土与公民运动实际上已不起多大作用。①

塞迪略1994年12月1日就任总统后不久，墨西哥爆发了一场震惊世界的金融危机。1995年，墨西哥国内生产总值下降了

---

① Lorenzo Meyer Cosio, *La Crisis del Presidencialismo Mexicano. Recuperacion Espectacular y Recaida Estructural*, 1982－1996, Revista Foro Internacional, Vol. XXXVI, enero－junio, 1996, Num. 1－2, pp. 27－28.

6.9％。为克服危机，塞迪略政府采取了一系列旨在恢复和发展经济的措施。自1996年起，墨西哥经济恢复增长，1996—2000年经济年均增长5％，在拉美各国中名列前茅。塞迪略任内（1994—2000），政治改革的步伐加快。1996年7月26日，在联邦议会中占有席位的4个主要政党经过长达19个月的磋商，终于达成协议并签署了《为促进决定性的选举改革修改宪法的建议》。随后，众、参两院通过了以上述建议为基础的宪法修正案。

1996年塞迪略的政治改革主要包括以下内容：（1）任何政党在众议院中的席位不能超过300席（共500席）即60％，自1997年起，将有32名参议员按比例代表制产生（参议院共128席）；（2）政府不能干预选举机构，内政部长不再主持联邦选举委员会，该委员会将成为一个独立的机构；（3）各政党和活动经费和竞选费将主要靠公共机构提供，而不是靠私人机构提供，法律将规定适当比例并确定竞选费用的最高限额，对经费的使用进行控制和监督；（4）最高法院主管选举；联邦选举法庭由司法权主管；有关宪法分歧的诉讼由最高法院解决；（5）联邦区（首都）行政长官（市长）自1997年起将由直接选举产生；联邦区代表大会成为地方立法机构（其代表改称议员），但它无权制定联邦区政府法（该法由联邦议会制定）；自2000年起，联邦区代表由直接选举产生。（6）塞迪略表示，他同革命制度党保持"健康的距离"，宣布结束"任命制"，即总统不再指定官方党下届总统候选人。

从总的来看，自20世纪70年代以来革命制度党及其政府迫于形势所进行的政治改革是渐进式的，其本意是要力图保持其优势地位。然而，这些改革措施扩大了反对党在国内政治生活中的活动空间，使国家行动党、民主革命党等主要反对党的影响不断扩大，对革命制度党的一党政党政治制度构成严重威胁。

在1997年7墨西哥中期选举中，革命制度党虽然仍保持了第一大党的地位，但它在众议院中已不占绝对多数，在国内的势力和影响已明显下降，反对党国家行动党和民主革命党的力量大大增强。墨西哥国内政党政治格局已从一党独霸逐渐过渡到革命制度党、国家行动党、民主革命党三党争雄、三足鼎立的局面。

从1939年至1988年，国家行动党一直是墨西哥第二大党，是革命制度党的主要的、"忠诚的"反对党，尽管当时它对革命制度党的统治并不构成真正的威胁。该党反对革命制度党垄断国家政权，主张通过民主途径实现国家的变革，建立全国和解的民主政府；主张维护人权，保护私有制，实行市场经济。自20世纪70年代初起，国家行动党内分成两派，一派是传统派即"学说派"；另一派是"新派"，代表新兴企业家和中产阶级的利益。自80年代后期起，新派在党内逐渐占上风。在1988年大选后，国家行动党领导决定同革命制度党萨利纳斯政府合作，该党本身也从这一合作中得到一定的好处。90年代以来，国家行动党的地位和作用逐渐增强，到90年代后期，该党已控制了下加州、奇瓦瓦、瓜那华托、哈利斯科等一些重要的州，以及蒙特雷、瓜达拉哈拉、梅里达、阿瓜斯卡连特斯、华莱斯、莫雷利亚等重要城市。国家行动党逐渐成为最有可能从革命制度党手中夺取政权的反对党。

三　2000年的大选和革命制度党下野的原因与教训

墨西哥革命制度党既是墨西哥也是拉丁美洲的第一大政党，早在20世纪80年代初，其党员人数就已达1300万人。在拉美乃至世界各国的资产阶级政党中，墨西哥革命制度党有两个突出的特点：第一，它是拉美实力最强的政党，也是世界大党之一，其群众基础之广泛，在国家生活以及在拉美政治舞台中影响之大，都是拉美其他国家的政党不能与之相比的；第二，它是拉美执政时间最长的政党，自该党1929年3月4日建立以来至2000年12月1日，连续执政长达71年。这在政党林立、竞争激烈、政变频繁的拉美政坛上，也是独一无二的。

然而，在2000年7月2日的大选中，革命制度党候选人弗朗西斯科·拉瓦斯蒂达·奥乔亚得票占总投票数的36.10%，以240万多票、6.42个百分点之差输给反对党国家行动党和绿色生态党组成的变革联盟的候选人福克斯（他得票数，占总投票数的42.52%）。[①] 福克斯当选总统。由民主革命党、劳工党等5个党联合组成的墨西哥联盟的候选人卡德纳斯得票占16.64%，居第三位。在众议院中，革命制度党占209席，居第一位；国家行动党占208席，居第二位；民主革命党占53席，居第三位。在参议院中，革命制度党占60席，仍居第一位；国家行动党占46席，居第二位；民主革命党占15席，居第三位。福克斯于同年12月1日就任总统，成为墨西哥现代史上第一位由反对党当选和执政的总统，从而结束了革命制度党长达71年的统治。

革命制度党缘何在大选中失败而下野？革命制度党的下野有些什么教训和启示？

革命制度党在2000年大选中失败而下野的主要原因是：（1）放弃了党的指导思想和原则——革命民族主义。长期以来，

---

① Sergio Aguayo Quezada, *El Almanaque Mexicano*, Editorial Grijalbo, 2000, Mexico, p. 251.

革命民族主义一直是革命制度党的指导思想和原则。然而，从德拉马德里政府开始，特别是在萨利纳斯执政时期，革命制度党逐渐放弃和背叛了革命民族主义，以名为社会自由主义而实际为新自由主义取代革命民族主义。（2）经济社会政策失当，贫富差距加大。由于近20年来执行了新自由主义的经济政策，导致收入分配不均，贫富差距加大，社会矛盾加深。革命制度党在工人、农民、印第安人乃至中产阶级中的支持率下降，使该党的组织基础大大削弱。由于推行私有化，原国有企业职工大批失业。由于修改宪法，允许村社土地自由买卖使村社名存实亡，广大贫苦农民特别是印第安农民失去依托。债务危机和金融危机使大批中小企业破产，广大储户利益受到损害。公众威信的下降，使党在大选中失败。据官方统计，到20世纪末，墨西哥贫困人数达4600万人，其中赤贫人数达2700万人。占全国10%的富人拥有80%的财富。①（3）缺乏自我监督和社会监督机制，党内腐败现象严重。党内贪污腐化丑闻迭起，影响恶劣，党的威信下降，引起人们的不满和愤慨。1995年2月，萨利纳斯的哥哥劳尔·萨利纳斯因涉嫌贩毒和非法致富被捕，至今仍被关在监狱里，此案也涉及萨利纳斯前总统（自1995年起一直"自愿"流亡国外）及其他高级官员。1997年墨西哥全国缉毒局局长古铁雷斯·雷沃略将军及其两名助手因参与贩毒活动被捕。据报刊披露，在塞迪略执政期间，因贪污和涉嫌贩毒而被撤职、法办的还有好几个将军②。此外，曾任革命制度党财务书记，先后任墨西哥联邦区长官、旅游部长的埃斯皮诺萨因涉嫌贪污4.2亿比索（约4500万美元）而逃往国外。（4）党内派系斗争激烈，政见不一。革

---

① El Financiero, 30de Julio, 2000.

② Proceso, No. 1245, 10de Septiembre, 2000, pp. 10 – 13.

命制度党党内派系斗争由来已久。进入 20 世纪 90 年代后，革命制度党内争权夺利斗争有增无减。1994 年党的总统候选人科洛西奥和党的总书记马谢乌先后被暗杀，均与党内斗争有关，党内分成"元老派"（又称"恐龙派"）、"传统派"和"少壮派"、"革新派"、"现代派"、"技术官僚派"。此外，革命制度党 4 位预选总统候选人之间互相倾轧、内耗，直接导致了拉瓦斯蒂达作为该党总统候选人的失败。（5）塞迪略总统未全力支持本党总统候选人。塞迪略所推行的政治改革扩大了反对党的活动空间。塞迪略总统为了表明自己同革命制度党保持"健康的距离"，不仅没有像过去历届总统那样，全力支持本党的总统候选人拉瓦斯蒂达，反而对后者的失败起了推波助澜的作用。因此，有的墨西哥报刊把塞迪略称作革命制度党的"掘墓人"[1]，也有的报刊把塞迪略比作"墨西哥的戈尔巴乔夫"[2]。（6）美国等西方国家支持反对派。（7）革命制度党失去了年轻人的支持。在这次大选中，首次参加投票的年轻人绝大多数都投了福克斯的票。

四　福克斯执政以来墨西哥政党政治制度的变化

自 2000 年 12 月福克斯执政以来，墨西哥的政党政治制度发生了深刻的变化。墨西哥政党政治制度的变化主要表现在以下方面：

（1）行政权和立法权之间的关系发生变化。福克斯虽然已就任总统，但是，无论是国家行动党还是变革联盟在众、参两院中均未占绝对多数席位。议会两院中主要政党的力量对比表明，

---

① Proceso, No. 1256, 26de Noviembre, 2000, p. 8.
② Proceso, No. 1236, 9de Julio de 2000, pp. 10—11.

福克斯作为总统（行政权），其权力受到制约。过去革命制度党为执政党时，由于该党在众、参两院中均占绝对多数席位，因此，总统的提案总能在议会中获得通过。而福克斯总统要想使议会通过其提案，除了国家行动党和绿色生态党的支持外，至少要得到革命制度党和民主革命党两党中其中一个党的议员的支持。议会（立法权）在墨西哥政治制度中的作用增强。福克斯总统所提出的财税改革方案经过多次激烈辩论和几次推迟后，直至2001年年底才被议会通过，原准备对食品和药品征收增值税，后被迫放弃。2002年4月9日，墨西哥参议院以总统没有很好捍卫在美、加的墨西哥侨民利益为由，以71:41票否决了福克斯总统出访美国和加拿大的计划，这在墨西哥历史上是破天荒的第一次。

（2）总统和总统所属的党之间的关系发生变化。福克斯就任总统后，在他所属的国家行动党党内，他并不是党的最高领袖。国家行动党主席布拉沃·梅纳说，现在国家行动党与福克斯总统的关系是"民主的联系"。① 梅纳认为，"官方党和政府党的形象不会再出现……现在党与福克斯政府的关系是民主的联系。党不再是官方党或政府党"，"党应该以民主的方式尊重政府，政府有它自己的职责，应该完全尊重政府履行其职责，使政府为全体墨西哥人服务……党有自己党内的生活，有自己应履行的职责，政府也不应干涉"②。福克斯也表示："执政的将是我，而不是国家行动党。"③ 福克斯就任总统后，他同国家行动党存在一些分歧和距离。国家行动党总书记豪尔赫·奥塞霍承认，"党同

---

① El Financiero, 1 de agosto de 2000.
② Ibid.
③ Proceso, No. 1237, 16 de julio de 2000.

福克斯的立场并不完全一致"。内政部长圣地亚哥·克里尔在谈及政府与国家行动党的关系时说："我不认为是屈从的关系，党和政府各自表达自己的观点。"①

（3）主要政党的力量对比发生变化。随着福克斯的上台，国家行动党成为执政党，党的力量显著增强。而革命制度党不再是官方党，首次成为反对党。民主革命党的力量也有所削弱。截至2002年4月，在墨西哥全国31个州，革命制度党仍占据18个州州长的职位，而国家行动党占据9个州州长的职位，民主革命党占据4个州州长以及首都联邦区长官的职位。总的来看，革命制度党的力量虽然大为削弱，但仍居第一位。国家行动党的力量不断上升，民主革命党的力量呈下降趋势。

（4）联邦政府和州政府之间关系的变化。福克斯在就职演说中承诺将进行7项重大改革，其中一项就是要改革联邦政府和州政府之间的关系，"将联邦政府的权力和资金下放，使各州、各市和各镇更具有活力"，"我们应寻找新的途径来引导联邦政府和州政府的关系"。②福克斯执政后，对于塔巴斯科、尤卡坦州在州选举过程中出现的冲突，不再采取过去革命制度党历届总统所采取的直接干预的做法，而是要求冲突的双方尊重联邦选举法庭的裁决。

（5）联邦政府组成的变化。在革命制度党执政的71年中，墨西哥联邦政府的成员是清一色的革命制度党的党员。然而，在福克斯政府29名成员中，福克斯所属的国家行动党只占6名部长席位，另有5名是支持福克斯竞选的"福克斯朋友"组织成员，3名是革命制度党党员，7名是无党派人士，1名是前墨西

---

① Proceso，No 1259，27de diciembre de 2000.

② El Dia，2de diciembre de 2000.

哥共产党党员（外长豪尔赫·G. 卡斯塔涅达），3 名军人，另有 4 名政党背景不详。但福克斯政府的组成具有两个特点：一是有不少成员来自福克斯曾任州长的瓜那华托州；二是有不少成员是企业家，故被称为"企业家内阁"。关于福克斯政府的组成有各种各样的评论，但是，人们一致认为，现政府的构成比起过去历届政府更为多元化。

（6）思想意识的变化。福克斯执政后，政府的指导思想与历届革命制度党政府的思想已大不相同，已不再是革命民族主义。福克斯自我标榜他是右和左的思想的结合："如果说'左'是指公平分配收入、扶贫和关注人的发展，而'右'是指创造财富，那么我是'左'和'右'两者的结合。"① 福克斯还宣称："我的政府将奉行'第三条道路'"②。墨西哥国家行动党是基督教民主党国际成员。福克斯在当选总统后，曾于 2000 年 10 月出席在智利圣地亚哥举行的第一届基督教民主党、民众主义党和中间党领导人会议。笔者认为，福克斯政府的指导思想已不再是革命制度党政府所奉行的革命民族主义，它也不是有些人所说的极右思想，而是基督教民主主义与中右民众主义的混合体。

福克斯政府的经济模式同其前任塞迪略政府的经济模式无本质差别，依然是新自由主义的经济模式。尽管福克斯本人强调，他并不是新自由主义者，但他主张市场经济。福克斯声称自己信奉"企业哲学和经理纪律"，但他深知财富应公平进行分配，不应让市场为所欲为，"因此，我是反对新自由主义的"。③ 福克斯

---

① Excelsior, 7de agosto de 2000.

② Ibid.

③ El Financiero, 28de noviembre de 2000.

上台后，墨西哥的私有化步伐加快。2001 年 2 月中旬，福克斯总统决定让墨西哥 4 位大企业家参加墨西哥石油公司的管理委员会。福克斯执政后，墨西哥两家航空公司、墨西哥城国际机场等已经私有化，墨西哥贸易银行、伊达尔戈保险公司、20 个港务局、西北部铁路等已部分私有化。通过私有化，联邦政府获得 240 亿比索的资金。①

在外交方针政策方面，福克斯政府对外交政策进行了重大调整。（1）外交更加主动和活跃。在执政头两年，福克斯出访 20 多次，足迹遍及世界各大洲主要国家。2003 年 3 月，墨西哥主办了联合国发展筹资会议。同年 6 月 27—28 日，墨西哥主办了在梅里达市举行的墨西哥和中美洲 7 国首脑会议。10 月，墨西哥又主办了在洛斯卡沃斯举行的第 10 次亚太经合组织领导人非正式会议，再次成为世界关注的焦点。（2）同美国结成战略联盟。福克斯执政后，墨美关系比过去更加密切。就任总统后，福克斯已多次访美。布什总统也已两次访墨。2002 年 3 月，在布什访墨期间，墨美达成了关于建立《美墨边境同盟》和《美墨争取繁荣联盟》的两项协议。但在贸易、移民、扫毒等一些问题上，墨美之间依然存在不少矛盾和冲突，这些矛盾和冲突不可能在短期内得到解决。

在新世纪初，墨西哥的政党政治制度发生了重要变化。墨西哥从革命制度党一党长期执政的政党政治制度过渡到由原反对党出任总统、三个主要政党鼎立的政党政治制度。总的来看，这一的转变过程比较平稳，没有引起政治、经济、社会的动荡。福克斯上台后，墨西哥政治、经济等各项改革正在深入进行。在新的形势下，各主要政党正在总结经验教训，进行反思，制定和提出

---

① El Financiero, 22 de diciembre de 2000.

新的方针政策，准备在未来 2003 年 7 月中期选举和 2006 年大选中再决雌雄。

（原载《江苏行政学院学报》2003 年第 1 期，

总第 9 期）

拉丁美洲左派的近况和发展前景

一　拉美左派重新崛起

本文所说的左派主要包括：左派党（共产党、一部分社会党或社会民主党、一部分民族主义政党）、部分左派政府（古巴、委内瑞拉、巴西、厄瓜多尔、阿根廷），部分左派社会运动（组织）和部分独立的左派人士。

1. 拉美左派的主张和活动

目前拉美左派的主要主张是：反对新自由主义的经济改革；反对新自由主义的全球化；反对建立美洲自由贸易区；反对美国入侵伊拉克；反对美国对古巴的封锁；反对美国提出的哥伦比亚计划；要求惩治腐败、恢复和争取民众权益；提出新自由主义的替代方案等。

苏东剧变曾使拉美左派受到巨大冲击。经过反思和调整，拉美左派的力量逐渐恢复和增长。不少人认为，"欧洲的左派处于危机，拉美的左派正在复兴"。自 20 世纪 90 年代以来，拉美左派所进行的主要活动有：创建圣保罗论坛（1990 年）并定期举行论坛会议；创建世界社会论坛（2001年）并定期举行论坛活动；进行维护本国资源（石油、水、天然气、电力、土地等）的斗争（游行、罢工、占地、拦路等）；开展反全球化运动；进行反战运动和反对美国霸权主义的斗争；反对世界银行、国际货币基金组织、世界贸易组织召开的各种会议和提出的主张等。

2. 拉美左派崛起的标志

自20世纪80年代末90年代初苏东剧变、苏联解体以来，拉美的左派顶住了巨大的国际压力，经受了考验，不仅顽强地坚持和生存了下来，而且获得了重要的发展，这是不争的事实，是当代拉美政治的一个亮点。其主要标志是：

（1）拉美一些左派政党在本国的大选中连连获胜或取得重要进展。在1998年12月大选中，查韦斯作为"第五共和国运动"同争取社会主义运动、大众党、委内瑞拉共产党组成的左派选举联盟"爱国中心"提名的候选人，当选总统，并于1999年2月2日就任总统。2002年6月和8月，在玻利维亚两轮大选中，玻利维亚左派组织社会主义运动和印第安人古柯种植者领导人埃沃·莫拉莱斯得票均占第二位。同年10月27日和11月24日，巴西左翼党劳工党领袖卢拉和厄瓜多尔左翼军官、"1月21日爱国社团"领导人古铁雷斯先后在本国的大选中获胜，当选总统，并分别于2003年1月1日和1月15日就任总统。也有人把2003年5月25日上台执政的阿根廷正义党基什内尔政府称为"左翼政府"。几年前，尚未执政的卢拉曾预言，在6—8年内，拉美大多数国家将由左派党执政，他的这一预言已部分地得到实现。巴西知名学者多斯桑托斯认为，左派党在拉美第一大国巴西获胜，打破了新自由主义在拉美盛行和一统天下的局面，标志拉美反帝政治社会运动的勃兴，使拉美地区的政治、思想发生根本的变化。委内瑞拉总统查韦斯认为，拉美已建立一个"善良轴心"。古巴卡斯特罗主席

说，卢拉的胜利表明，在拉美地区类似巴西这样政治经济制度的
国家里，坚持民族独立和国家权力的政治人物正日益受到爱戴。
在一些拉美国家，左派党已成为主要执政党、参政党、在野党或
反对党，成为本国主要政治力量，在本国政治舞台中起举足轻重
的作用。除前面提到的执政党外，尼加拉瓜桑地诺民族解放阵线、
墨西哥民主革命党、萨尔瓦多法拉本多·马蒂民族解放阵线、乌
拉圭广泛阵线和新空间、玻利维亚社会主义运动、危地马拉全国
革命联盟等党已成为本国第二或第三大党；在墨西哥、哥伦比亚
和萨尔瓦多等国，左派党当选为首都市长。

（2）苏东剧变后，拉美的共产主义运动曾一度受到严重冲
击，经过十多年的反思和调整，拉美共产党的力量有所恢复和扩
大，至今仍有 20 多个共产党活跃在拉美政治舞台上。巴西、智
利、阿根廷、秘鲁等国的共产党经受了考验，坚持了下来，有的
还取得了发展。

（3）由拉美左派创办的圣保罗论坛和世界社会论坛在推动
世界左翼运动方面的影响越来越大，已成为拉美和世界左派活动
的主要舞台。

（4）拉美新社会运动日益壮大，在反对帝国霸权主义、迫
使本国政府改变新自由主义政策、维护国家主权和独立、捍卫国
家资源和维护民众权益方面发挥重要作用。

（5）古巴的社会主义通过改革开放，经受了最严峻的考验，
度过了最困难的时刻，得到巩固和发展；委内瑞拉查韦斯左翼政
权也经受了反对派在美国支持下策动政变的考验。

目前，拉美左派力量在逐渐壮大，其在国际政治舞台的地位
在不断提高，所起作用在增长。正如巴西总统卢拉 2004 年 5 月
31 日会见中央电视台记者时说："自巴西劳工党（1979 年）成
立以后，我们的党和其他拉美的左翼政党一道，通过民主斗争获

得政权，比如在萨尔瓦多、尼加拉瓜的左翼政党现在正在参与竞选，很可能获得选举胜利，这种例子同样适用于阿根廷、乌拉圭、秘鲁等国，我认为，拉美的左翼势力有了很大的发展，而且学会了如何搞政治斗争，参加民主进程。"①

下面分别介绍拉美共产党、社会民主党，其他拉美左翼政党或组织，"圣保罗论坛"、"世界社会论坛"的情况，以及对拉美左派舞台和前景的看法。

二　拉美左派的近况

1. 拉美共产党

1918 年 1 月，阿根廷社会党左派建立了拉美第一个共产党，即阿根廷国际社会党（1920 年改称阿根廷共产党）。在第三国际存在期间（1919—1943），拉美当时 20 个独立国家除玻利维亚以外，先后都成立了共产党。拉美各国共产党成立后，积极宣传马克思列宁主义，开展工人、农民和学生运动。20 世纪 30 年代和 40 年代拉美各国共产党响应共产国际的号召，积极开展建立人民阵线、反对法西斯主义和本国反动势力的斗争，使拉美共产党的力量迅速壮大，拉美各国共产党党员总数从 1937 年的 9 万人增至 1947 年的 46.7 万人。党的政治影响和在群众中的威望显著提高。1947 年，在拉美各国议会中，有共产党议员 72 人。在厄瓜多尔、智利等国，共产党人还一度进入内阁。

但是，40 年代后期，拉美一些共产党受美国共产党白劳德主义的影响，力量有所削弱。第二次世界大战后，拉美各国政府在"冷战"气氛下掀起一股反共逆流，对拉美共产党进行迫害

---

① 　www.cctv.com. 5 月 31 日，高端访问。

和镇压。由于 1956 年苏共二十大以后整个国际共运所出现的复杂形势，使拉美共运内部产生了比较严重的思想混乱，导致拉美各国共产党普遍发生组织上的分裂，党的力量进一步削弱，而且有些党在相当程度上脱离了本国群众。

70 年代初，有些拉美国家的共产党在合法斗争方面取得过一些成效和胜利。例如，智利共产党曾与智利社会党等组成人民团结阵线，在 1970 年大选中获胜，成为 1970—1973 年期间智利的主要执政党之一。又如，乌拉圭共产党也和其他左翼政党组成"广泛阵线"，在 1971 年大选中取得了较大的胜利。然而，1973 年 9 月，智利和乌拉圭都发生右翼军事政变，这两个共产党均遭受了严厉的镇压。

70 年代后期和 80 年代初，拉美地区的形势发生了重大变化。随着民主化进程的发展，拉美共产党绝大多数都已恢复了合法地位，力量有所恢复和发展，并且积极探索适合本国国情的斗争目标与策略。

80 年代末和 90 年代初，苏东国家的剧变和苏联的解体使拉美的共产主义运动受到巨大冲击。经过十多年的反思和调整，不少拉美国家的共产党经受了考验，坚持了下来，有的还取得了发展，除古巴共产党（执政党）外，目前拉美非执政的共产党有 20 多个。但总起来看，除巴西、智利、阿根廷、秘鲁等国的共产党力量较强外，拉美多数共产党力量和影响不大。

2. 拉美社会民主主义政党

拉美社会民主主义思潮源于第二国际。20 世纪 60 年代后，随着拉美民族民主运动迅速发展，这一思潮的影响逐步增加。拉美社会民主主义既批评资本主义，又反对共产主义，主张实现社会民主主义。即在政治、经济、社会和国际关系方面实现民主；宣称多元化和人权是社会民主主义思想的核心，主张实现社会和经济改革，巩固和完善民众参与的政治制度，积极推动拉美地区的一体化。

近一二十年来，社会民主主义的势力在拉美不断发展。20世纪80年代前半期，有18个拉美政党加入社会党国际，其中有11个正式成员党，7个咨询成员党。到2002年社会党国际第21次大会时，加入社会党国际的拉美政党增加到35个。2003年10月27—29日，在巴西圣保罗召开社会党国际第22次大会时，加入社会党国际的拉美政党已增加到38个。

在已加入社会党国际的拉美政党中，有的党如多米尼加革命党、智利争取民主党等目前正在执政。值得一提的是，不少加入社会党国际的拉美政党，如阿鲁巴人民选举运动、玻利维亚左派革命运动（新多数）、尼加拉瓜桑地诺民族解放阵线并不叫社会党或社会民主党，而被称为"运动"、"民族解放阵线"等。此外，还有一些党虽然没有加入社会党国际，但明确主张社会民主主义，也可归属于这类政党。

由于社会民主主义政党的差异很大，因此拉美社会民主主义政党并不一定是左派党，但至少有一部分党，如乌拉圭新空间党、尼加拉瓜桑地诺民族解放阵线、委内瑞拉争取社会主义运动、墨西哥民主革命党等可以看作左派党。

3. 其他拉美左派政党和组织

拉美还有一些左翼政党和组织，它们不是共产党，也没有加入社会党国际，但根据其主张，也可归属于左派党。如巴西劳工党、厄瓜多尔"1月21日爱国社团"、委内瑞拉的"第五共和国运动"、乌拉圭的广泛阵线、危地马拉全国革命联盟、萨尔瓦多法拉本多·马蒂民族解放阵线等，其中有的党已成为执政党，另一些左派党和组织是本国第二或第三大政治力量，在本国政治舞台中起着举足轻重的作用。

4. 拉美新社会运动

拉美各国有不少进步的新社会运动（公民社会、非官方组织），包括一些工人、农民、妇女、青年、学生、印第安人、市民组织也可算作左翼组织。如：巴西无地农民运动；玻利维亚社会主义运动；厄瓜多尔全国印第安人联合会、帕恰库蒂克多元文化运动、人民民主运动；阿根廷"拦路者"（皮克特）运动等。这些新社会运动包括了广泛的社会阶层，它们组织和发起各种形式的抗议或声援活动，有的活动声势浩大，甚至迫使本国总统下台。如 2000 年 1 月，厄瓜多尔印第安人运动迫使马瓦德总统下台；2001 年底，在阿根廷民众一片抗议声中，阿根廷先后出现了 5 位总统；2003 年 10 月，玻利维亚民众抗议政府将天然气出售给智利，迫使桑切斯·洛萨达总统辞职。但是，拉美新社会运动社会成分复杂，各种思潮泛滥，目的也不相同。因此，不能将所有的社会运动或社会行动都归属于左派，应对具体情况作具体分析，不能一概而论。

5. "圣保罗论坛"与拉美左派

圣保罗论坛是拉美地区最具代表性与影响力的左派进步运动。1990 年，正当苏联和东欧国家发生剧变，世界社会主义运动处于低潮时，在巴西劳工党倡议和主办下，拉美 13 个国家的 48 个左派政党和组织在巴西圣保罗召开首次会议，讨论世界和拉美地区政治、经济和社会发展等重大问题。自 1992 年第 3 次会议起，除拉美地区左派党和组织的代表外，圣保罗论坛会议还邀请世界五大洲的共产党及其他左派党和组织与会。迄今为止，规模最大的是 2001 年在古巴哈瓦那召开的第 10 次会议，来自世界 86 个国家的 138 个政党和组织的 3000 名代表或观察员参加了这次会议。圣保罗论坛第 10 次会议将圣保罗论坛定性为"左派、反帝、反对新自由主义、反对一切殖民主义和新殖民主义、团结互助和参与制定'替代方案'的空间"。在近几次圣保罗论坛会议的文件中，均提出了"替代方案"、"替代模式"、"替代战略"、"替代社会"、"替代秩序"等概念，其战略目标是替代新自由主义。

经过十多年的发展，目前圣保罗论坛已发展到112个成员党。在这些拉美左派政党和组织中，既有信仰马克思主义的共产党如古巴共产党，又有不少左派民族主义政党，如巴西劳工党、墨西哥民主革命党、尼加拉瓜桑地诺民族解放阵线、乌拉圭民族解放阵线等，还有由前游击队演变而成的组织，如危地马拉全国革命联盟、萨尔瓦多法拉本多·马蒂民族解放阵线等。圣保罗论坛约每年一次的年会已成为拉美和世界左派政党的重要聚会。最近一次是2002年12月2—4日在危地马拉首都危地马拉城举行的第11次圣保罗论坛会议。来自拉美国家以及欧洲、亚洲、非洲和大洋洲44个左派党和组织的近700名领导人或代表出席了会议。会议通过的最后声明批评拉美国家政府所奉行的新自由主义经济政策，反对美国倡议建立的美洲自由贸易区和"哥伦比亚计划"，谴责美国的单边主义将世界推向战争的边缘，反对美国在中东地区的战争政策，批评国际货币基金组织和世界银行对阿根廷危机见死不救的态度，对古巴革命表示声援，对拉美左派在巴西、厄瓜多尔等国大选所取得的胜利和委内瑞拉查韦斯政权的巩固表示祝贺。声明重申拉美左派党和组织反对帝国主义的决心与建立国际新秩序的愿望，并提出近期的斗争目标是争取和平与民主，寻求一种替代性拉美一体化模式。据悉，原定在厄瓜多尔举行的第12次圣保罗论坛会议因故推迟举行。

6. "世界社会论坛"与拉美左派

近年来，拉美左派在世界政治舞台上所起的重要作用越来越令人刮目相看。正是在以卢拉为领袖的巴西劳工党等拉美左派党的积极倡导和主办下，2001年创办了作为达沃斯世界经济论坛对立面的"世界社会论坛"。"世界社会论坛"自称是世界"平民百姓"的集会，它的中心口号是"另一个世界是可能的"，而与会的拉美左派党和组织的口号是"一个社会主义的新世界是可能的"。世界社会论坛在拉美其他国家厄瓜多尔、哥伦比亚等国，在亚洲的尼泊尔、欧洲意大利和美国的加利福尼亚等地举行了地区性的社会论坛。这说明，被称为"穷人联合国"的"世界社会论坛"的影响越来越大。"世界社会论坛"已成为世界各大洲中左派政党和非政府组织广泛参加的"反帝、反新自由主义性质"（埃及理论家萨米尔·阿明语）的"另一种全球化的具体化"（美国乔姆斯基语）。

2003年1月23日—28日，在巴西南里奥格兰德州州府阿雷格里港举行了举世瞩目的第3届"世界社会论坛"。这次论坛规模空前，来自156个国家、5717个组织，共10万多人参加了这次论坛，其中正式代表20763人，其余为特邀代表、列席代表或观察员。此外，还有来自世界51个国家1423家新闻机构的4094名记者到会采访。同2001年第1届论坛（1.8万人）和2002年第2届论坛（5.13万人）相比，第3次论坛的参加人数大大增加。尽管由这么多政治组织参加的一个广泛的社会运动难免鱼龙混杂，但应该说，它的主流方向是积极的。第4届世界社会论坛已于2004年在印度举行。根据世界社会论坛国际委员会最近的决定，第5届世界社会论坛将于2005年1月26日至31日在巴西阿雷格里港举行。

三　拉美左派面临的问题和前景

1. 目前拉美左派所面临的主要问题

除古巴、巴西、智利等共产党外，拉美多数共产党力量和影响不大；大多数拉美左派组织和社会运动缺乏明确的目标、纲领和有威信的领导人，厄瓜多尔、阿根廷、玻利维亚等国的左翼社会运动曾迫使其总统下台，但随后又将政权拱手交给了当局；拉美左派组织，特别是拉美社会运动鱼龙混杂，各种思潮包括马列主义、民众主义、无政府主义、托派、极左派泛滥；左派内部分歧和矛盾比较突出；卢拉上台后，巴西一些左派组织已开始批评卢拉"向右转"。而厄瓜多尔多数左翼组织已同古铁雷斯政府决裂，指责古铁雷斯不兑现竞选时的诺言，是"叛徒"；古巴《格拉玛报》也已公开批评厄古铁雷斯政府。阿根廷基什内尔政府的某些政策也常常遭到批评。近些年来，拉美一些左派党常常在大选中同本国右翼政党结成选举联盟，在大选后，有的左派党参与议会和政党政治，有的参与组阁。这往往容易引起党内的思想混乱和组织分裂。美国共和党政府干涉委内瑞拉内政、委内瑞拉政局动荡不稳；美国加强对古巴的封锁、社会主义古巴面临严重困难等。

此外，从目前情况来看，拉美左派还只是在一部分拉美国家中得势，拉美地区不会出现整体"向左转"的局面。尽管与美国有这样那样的矛盾，拉美大多数国家在政治和外交方面依然同美国关系密切；在经济方面，尽管拉美国家今后有可能会对某些政策进行一定的调整，但多数国家政府仍会继续奉行新自由主义。被认为是左翼政府的巴西卢拉政府、厄瓜多尔古铁雷斯政府和阿根廷基什内尔政府自执政以来，力图同国内企业界、各种政治力量以及同美国、国际货币基金组织和世界银行等国际组织搞好关系，并正在参与建立美洲自由贸易区的进程。

2. 拉美左派的前景

古巴将坚持并进一步巩固社会主义；拉美左派力量将会继续壮大，有可能在另一些国家如乌拉圭等上台执政；拉美左派政府淡化左派主张并不意味着已经完全右翼化;拉美左派力量和新社会运动的崛起将为拉美国家的发展提供新的选择。拉丁美洲是一个充满希望的大陆。尽管拉美左派力量目前所面临的国际形势并不利,美国正在借反恐和扫毒为名,加强对拉美国家的军事和政治控制,进一步打压古巴和委内瑞拉,遏制拉美进步的社会运动的发展;国际金融垄断资本对拉美左派政权设置重重障碍,但是,拉美左派进步力量有悠久的历史传统和丰富的斗争经验,近20年拉美新自由主义模式所暴露出来的种种弊端,使拉美左派政党和力量不断进行思考和进行理论和实践上的创新。拉美左派力量已逐渐成熟,社会主义依然是不少拉美左派党的政治信念。在今后一段时间里,拉美左派力量对本地区乃至世界政治进程的影响必将逐步增强。

[原载李慎明主编《世界社会主义跟踪研究报告——且听低谷新潮声(之一)》,社会科学文献出版社
2006 年版,第 321—328 页]

古共"六大"与古巴经济模式的"更新"

古巴共产党是西半球美洲唯一执政的共产党，古巴是亚洲以外唯一的社会主义国家。古巴共产党在古巴执政和古巴宣布是社会主义国家已经半个世纪①，古巴共产党的执政经验和古巴社会主义经济模式的更新，对中国共产党和政府，可起重要的借鉴作用。

今年4月16日至19日，古巴共产党成功地召开了举世瞩目的第六次代表大会，"六大"通过了《党和革命的经济和社会政策的纲要》，这一纲领性文件将在今后5年甚至更长时间里指导古巴经济和社会模式的"更新"。"六大"选举产生了以劳尔·卡斯特罗为第一书记的新的中央委员会，顺利地完成了党的最高领导的交接，从组织上使今后古巴模式的"更新"有了强有力

---

① 1961年4月15日清晨，美国飞机轰炸了哈瓦那，造成了7人死亡，53人受伤。1961年4月16日，哈瓦那市民为在美国飞机罪恶轰炸中的7名牺牲者举行了葬礼。菲德尔·卡斯特罗在葬礼仪式上发表了长篇演说，宣布古巴革命是"一场贫苦人的、由贫苦人进行的、为了贫苦人的社会主义民主革命"。这标志着古巴革命的第二阶段即社会主义革命阶段的正式开始。同年5月1日，卡斯特罗宣布古巴为社会主义国家。

的保证。

一　古巴社会主义经济模式的变化

（一）古巴革命胜利后社会主义经济模式的变化（1959—2006）

自 1959 年年初革命胜利以来，古巴的经济发展模式经历了几次变化。革命胜利前，古巴政治上由亲美的巴蒂斯塔独裁政权统治，经济比较落后，经济结构单一，是一个以甘蔗种植和蔗糖的加工和出口占主要地位的单一作物经济的农业国。经济在很大程度上依赖以美国为主的外国资本。

古巴革命胜利初期，由于急于想改变单一经济结构，曾一度大幅度削减蔗糖生产，提出实现农业多样化和短期内实现现代化工业化的目标。

1963 年年底，古巴党和政府又改变经济发展模式，采取发挥"相对优势"的发展战略，集中发展具有优越条件的制糖业。1968 年 3 月，古巴发动"革命攻势"，接管了几乎所有的私人中小企业、手工业作坊和商店，消灭了城市中的私有制。同时，扩大免费的社会服务，用精神鼓励代替物质刺激。1963 年年底，古巴提出要在 1970 年达到年产 1000 万吨糖的生产指标，强调要充分利用古巴生产蔗糖的有利条件和相对优势，集中力量发展糖业，"以糖为纲"，以增加外汇收入、增强进口能力，确保经济的持续发展。为实现这一指标，古巴党和政府集中了大量人力物力，进行突击生产。但由于计划指标订得太高，片面、过分强调发展糖业，致使国民经济各部门发展比例严重失衡，经济遭到破坏。

20 世纪 70 年代，古巴参照苏联和其他社会主义国家的模式，实行了苏联式的政治和经济体制改革。1972 年古巴加入经互会，参与并实现了同苏联、东欧经济的一体化，建立了以糖、镍、酸性水果等专项生产和出口的生产专业化方向，并利用苏联和东欧国家的资金进行国民经济的技术改造。1975年召开了古共"一大"；1976年，召开了全国人民政权代表大会，选举产生了国务委员会及其主席，通过了新宪法和第一个五年计划。经济上，实行新的经济领导和计划体制，实行经济核算制。

1980年古共召开"二大"，肯定了政治和经济体制改革的成绩。80年代前半期，古巴模仿苏联发展模式，全面推行经济领导和计划体制。同时，实行"新经济政策"，如1980年开设农民自由市场，1981年开设农副产品贸易市场；1980年实行新的工资制度。1982年2月，颁布了《外国投资法》，首次正式表示欢迎外资到古巴兴办合资企业，有限度地实行对外开放。

1986年2月，古共召开"三大"，通过了《关于完善经济领导和计划体制的决议》。然而，在"三大"闭幕后不久，同年4月19日，菲德尔·卡斯特罗严厉批评在执行新经济政策中存在的一系列弊端和"不良倾向"，在全国掀起了一场"纠正错误和消极倾向进程"（简称"纠偏进程"），展开"战略大反攻"。[①]随后，古巴政府采取了一系列"纠偏"措施：关闭农民自由市场，恢复国家统购统销制度；限制向工人发放奖金并提高了部分劳动定额；修改住宅制度，禁止私人买卖房屋；禁止出售手工艺品和艺术品；禁止私人行医；调低著作版权费等。

古巴在80年代后期开展纠偏运动的主要原因是，古巴领导人担心如按80年代初新经济政策即按苏联的模式继续进行改革，会影响国内政局的稳定。面临当时古巴国内一部分人要求古巴应

---

① http://www.cuba.cu/gobierno/discursos/1986/esp/f190486e.html。

像苏联一样，搞"公开性"和苏联式的政治经济"改革"，卡斯特罗强调古巴不能照搬苏联、东欧的模式，"古巴环境特殊"，"它受帝国主义封锁、包围和入侵"，因此"不能抄袭别国的经验"，强调古巴建设社会主义现代化需要"寻找一条新的道路"。纠偏进程虽然没有促进古巴经济的发展，但它保证了以卡斯特罗为首的古巴领导人坚持社会主义方向，使古巴没有像苏联、东欧那样搞所谓的"改革"和"公开性"，使古巴在80年代末、90年代初经受住东欧剧变、苏联解体对它的巨大冲击。

1959—1989年年均增长4.3%，人均经济年均增长2.8%。① 20世纪80年代末和90年代初东欧的剧变和苏联的解体是对古巴沉重的打击，使古巴在政治上失去了重要的战略依托，经济上陷入危机，据估计，古巴遭受的经济损失高达约40亿美元。据统计，1990年，古巴经济下降3.1%，出现了自1987年以来第一次负增长。1991年下降25%，1992年下降14%，1993年又下降了10%。② 1990—1993年4年古巴国内生产总值共计下降34%。苏东剧变和美国长期的封锁使古巴人民生活必需品定量供应的数量和品种减少。

1990年9月，古巴宣布进入"和平时期的特殊阶段"。在特殊阶段里，古巴的基本对策是：在坚持计划经济的同时，根据特殊阶段的要求调整经济计划和发展的重点。

在苏联解体后，古巴适时地调整了经济发展模式。先是采取一系列应急措施，实行生存战略，维持国家经济的运转和居民的

---

① Jose Luis Rodrguez: "Cuba en la economia internacional: Nuevos mercados y desafios de los años noventa", *Revista Estudios Internacionales* (Chile), julio – Septiembre, 1993, p. 417.

② 古巴国家统计局历年统计数，Oficina Nacional de Estadisticas，http://www.one.cu/。

基本食品供应。随后，古巴调整经济发展模式，实行变革①开放，逐步恢复和发展经济。古巴改变了过去重点发展糖业的经济发展战略，把经济发展的重点放在创汇部门，特别是旅游、医疗器材和生物制品的医药产品的生产和出口，加快了纳入世界经济体系的进程。

自 20 世纪 90 年代初起，古巴开始变革开放。1991 年 10 月，古巴共产党召开"四大"。这次大会是在古巴面临空前困难的形势下举行的，具有特殊意义。大会提出了"拯救祖国、革命和社会主义"的原则和口号，卡斯特罗在开幕式讲话中明确提出了古巴对外开放的政策："我们正在广泛地实行开放，广泛地对外资实行开放。"1995 年 9 月，颁布了新的外资法（第 77 号法）。

1997 年 10 月，古巴共产党召开"五大"，会议总结了经验教训，制定了跨世纪方针，其要点是：坚持共产党领导和坚持社会主义，反击美国的经济制裁和政治及意识形态攻势，在不改变社会性质的前提下，继续稳步进行经济变革，并尽可能减少由此带来的社会代价。古共"五大"通过的中心文件《团结、民主和捍卫人权的党》明确指出：坚持社会主义和共产党的一党领导，是维护国家独立、主权以及抵抗美国封锁、获得生存的保障；以马列主义、马蒂思想及菲德尔（卡斯特罗）思想为指导的古共，是国家稳定的捍卫者和中流砥柱，社会主义和共产党的领导，是古巴的唯一选择。"五大"通过的《经济决议》指出："古巴的经济政策开始了一个新阶段，它应当包括经济结构方面，如多样化、振兴出口、发展食品基地、提高能源、物资和财

---

① 由于古巴官方不使用 Reforma（"改革"）这个词，一般使用 Cambio（"变化"、"变革"），故在本文中，不使用"改革"，而使用"变革"。

政部门的经济效益等","提高效益是古巴经济政策的中心目标"①。《经济决议》强调"在经济指导中,计划将起主要作用,尽管在国家的调节下,已给市场机制打开了一个空间"。② 古共"五大"后,又继续推出一些新的变革举措。

自 1994 年起,由于实行变革开放,古巴经济开始连续逐步恢复增长,1994 年增长 0.7%,1995 年增长 2.5%,1996 年增长 7.8%,1997 年为 2.5%,1998 年为 1.2%,1999 年为 6.2%,2000 年为 5.6%。据统计,1990—2000 年古巴年均国内生产总值增长率为 - 1.4%。2001 年增长为 3%,2002 年为 1.1%,2003 年为 2.6%,2004 年增长 4%,2005 年增长 11.8%。

(二) 古巴经济模式的"更新"(2006—2011)

2006 年 7 月 31 日,古巴党和政府的最高领导人卡斯特罗因肠胃出血,接受手术,决定把古巴最高行政职权暂时移交给劳尔。2008 年 2 月 24 日,古巴人民政权代表大会举行换届选举,在当天召开的第 7 届人代会上,劳尔当选并就任古巴国务委员会主席和部长会议主席,正式接替他的哥哥、执政长达 49 年的卡斯特罗,古巴最高行政权力顺利完成交替。

劳尔执政以来,古巴采取了一系列新的经济变革措施,主要有:放宽对消费品销售的限制,允许向持有"可兑换比索"(即外汇券)的古巴普通民众销售手机、电脑、DVD 机、彩电等商品;允许古巴本国公民入住涉外旅游饭店(但需支付"可兑换比索",相当于我国曾经使用过的外汇券);取消工资最高限额;

---

① Granma, 7de noviembre de 1997, p. 2.

② Resolucion Economica del V Congreso del Partido Comunista de Cuba, Granma 7de noviembre de 1997, p. 3.

允许职工和大学生兼职，挣两份或两份以上工资；通过第259号法令和282号法令，将闲置的土地承包给合作社或个体农民；大力发展市郊农业；削减不必要的公共事业补贴，关闭免费职工食堂；取消凭本低价供应的芸豆、土豆、香烟等商品；将原国有理发店和美容店承包给原职工；将投资建高尔夫球场的外国投资者土地租用期限从50年增加到99年等。

古巴不得不对原有的经济发展模式进行大幅度的调整。古巴的经济发展模式在苏东剧变前是与苏联东欧经济一体化，重点生产糖、镍和酸性水果。苏东剧变后，转为重点发展创汇部门如镍矿、旅游、医疗器材和生物制品制造和出口等。进入21世纪以来，古巴又实施新的以第三产业（服务业）为主的发展模式。重点发展劳务（医生、教员）的出口。目前古巴的经济在很大程度上依靠输出大量医生、教员来换取委内瑞拉等国的石油和其他产品。据古巴国家统计局统计，2009年古巴的经济结构中，服务业占GDP的75.51%，农业和矿业只占4.86%，工业占13.45%，建筑占6.22%，电力、煤气和自来水只占1.43%。但以劳务为主的发展模式，并没能拉动工业、农业和经济其他部门的增长，工业制成品、粮食和食品需要大量进口，而本国农村的土地有一半闲置，无人耕种。据官方公布，古巴全国劳动力有500多万，在国有部门有400多万，其中有100多万冗员，一些政府部门和国有企业机构臃肿，人浮于事，办事效率低下。

此外，调整经济发展模式也是为了改善人民的生活。劳尔等古巴领导人承认，"古巴面临极端的客观困难：工资不足以满足全部需要，没有履行'各尽所能，按劳分配'的社会主义原则；社会纪律松弛、自由放任等"。古巴职工的平均月工资不到20美元，而除定量供应的商品外，购买其他商品必须用外汇或可兑换比索，对大部分没有外汇来源，仅靠死工资收入的居民来说，生活困难相当大，古巴社会存在着事实上的不平等。

自 2006 年以来，劳尔先后发表了多次重要讲话①，论述了他对古巴经济变革和"更新"社会主义经济模式的看法。与此同时，古巴党和政府采取一系列经济变革措施，以"更新"古巴的经济和社会模式。

劳尔强调必须进行经济结构和观念的变革，强调经济工作和粮食生产是党和政府工作的重点，明确提出满足民众的需要是当前的"要务"，强调社会主义不能搞平均主义，社会主义不能培养懒汉。强调必须逐步"完善"和"更新"社会主义模式。2010 年 10 月 31 日，劳尔在古巴中央工会第 86 届全国理事会扩大的全会的闭幕式上说，"古巴不抄袭任何其他国家（的模式），在更新古巴经济模式的进程中，绝不会放弃社会主义建设"，他强调古巴的做法是根据本国特点的"土生土长的产物"。2010 年 12 月 18 日，劳尔在人代会上说："我们正在采取的措施和所做的修改都是更新经济模式所必需的，是旨在维护和巩固社会主义，使社会主义不可取代"，"社会主义建设应该根据各国的特点来进行。这一历史的教训我们已经很好地吸取。我们不会照抄任何国家，过去我们照抄给我们带来了不少问题，很多时候是因为我们照抄照搬得不好，尽管我们并不是不了解别人的经验，我们学习别人的经验，包括学习资本主义国家的好的经验"。劳尔表示要承认并纠正错误，吸取经验教训。劳尔说："我们十分清楚我们所犯的错误，我们现在讨论的《纲要》标志着纠正错误的道路和必须更新我们社会主义经济模式的开始"，"要么我们纠正错误，不然我们在悬崖边徘徊的时间已告结束，我们就会沉

---

① 劳尔·卡斯特罗的重要讲话的原文，请查阅古巴网站：http：//www.cubadebate.cu/。

没下去，并且会葬送几代人的努力"①。

　　2010 年以来，古巴政府出台一系列"更新"（actualizar）社会主义发展模式的新举措。8 月 1 日，劳尔发表重要讲话，宣布古巴将分阶段逐步减少在国有部门工作的职工，扩大个体劳动者的数量，并称这是"结构和概念的变革"。9 月 13 日，古巴官方宣布，到 2011 年 3 月底，在半年时间内，国有部门（包括各部委及其下属单位和国有企业）将有 50 万人下岗，其中约 25 万人将从事个体劳动。为此，政府于 9 月 24 日在党报《格拉玛报》上公布了为个体户开放的 178 项经济活动，放宽了对个体工商户的限制。根据新的规定，在 178 种允许个体户从事的经济活动中，有 29 种是新开放的，有 83 种允许雇佣劳动力。10 月初，古巴政府开始启动个体户注册登记。10 月 25 日，古巴官方公报上正式公布了有关个体户纳税的具体规定。自 2011 年 1 月 4 日起，古巴国有部门正式开始裁员，裁员先从糖业部、农业部、建设部、公共卫生部四个部和旅游业开始，然后将波及其他部门。

　　古巴大批国有部门人员的下岗、放宽个体户从业，是解决剩余劳动力、调整就业结构、降低国家财政支出、增加税收收入的必要措施，是古巴新的经济变革的重头戏，是一剂猛药，其成功与否将对古巴未来的经济改革进程起关键作用。

　　这次古巴新的经济变革措施来势凶猛，牵涉面大；触动了经济结构和观念问题。评论认为，随着个体户的扩大和允许雇工和国家银行准备向私企贷款等措施，私人中小企业和城市合作社将逐步在古巴涌现，这将使古巴所有制的结构发生变化，使古巴经济逐步向市场经济过渡。此外，以往只有在外企工作的古巴人缴

---

　　①　徐世澄：《劳尔·卡斯特罗有关古巴经济变革的论述和古巴经济变革的最新动向》，《当代世界》2011 年第 3 期。

纳所得税，而绝大多数的古巴职工不用缴纳所得税，而最近公布的有关纳税条例，将从根本上改变古巴民众不纳税的观念。据官方统计，到2011年3月底，古巴已有12.8万户农民承包土地，有20万户新个体户进行了登记注册。

2006年以来，古巴经济每年都有增长，但增长的速度呈下降趋势：2006年增长12.5%，为革命胜利后经济增长速度最快的一年。2007年增长7.5%。2008年增长4.3%，2009年只增长1.4%，2010年为2.1%。目前古巴的经济相当困难，受国际金融危机的影响，在国际市场上古巴的重要出口产品镍价格下跌，而古巴所需要大量进口的粮食和食品价格上涨；去古巴的旅游人数减少，旅游者在古巴的人均消费减少，古巴旅游收入减少；2008年连续三次的飓风使古巴遭受了100亿美元的损失；美国对古巴连续半个多世纪的经济封锁、贸易和金融禁运以及古巴本身经济政策方面的失误使经济困难加剧。在这种形势下，古巴党和政府下决心要通过召开古共"六大"，加快经济模式"更新"的步伐。

二　古共"六大"的召开和意义

去年11月8日，古共中央第二书记、国务委员会和部长会议主席劳尔·卡斯特罗向古巴全党和全国发出关于召开古共"六大"的号召。第二天11月9日，古巴公布了准备在"六大"讨论通过的主要文件《经济和社会政策的纲要》（以下简称《纲要》）草案①。随后，先是在高级党校举办了两期高级干部的培

---

① 《纲要》草案的原文全文请参见古巴《格拉玛报》网站：http://www.granma.cubaweb.cu/。

训班，学习和讨论《纲要》，之后从12月1日起至今年2月底，在全国各地组织党内外群众对《纲要》进行了广泛的讨论，并普遍地征求意见和建议。据统计，共有891万多人次参加讨论，召开了16.3万次会议，有300万人在会上发言，提出了78万多条意见和建议。3月，古共近80万党员和61000个党支部经过选举，产生了1000名"六大"代表和1280名中央委员的预选候选人。3月19日—20日，古共政治局、中央书记处成员、部长会议执行委员会成员、工会、共青团和其他群众组织负责人在一起开会讨论《纲要》草案，达成一致意见。

4月16日至19日，古共成功地召开了"六大"，这是自1997年古共"五大"召开14年之后首次举行代表大会。劳尔·卡斯特罗在4月16日"六大"开幕式上作了中心报告①，报告强调"六大"的宗旨是讨论和通过《纲要》草案，就古巴经济和社会模式的"更新"达成共识和选举产生新的中央领导。在报告中，劳尔就古巴模式的"更新"提出了重要看法和指导性意见，他的中心报告的要点如下：

经济和社会模式"更新"的目的是继续实现社会主义，社会主义是不可逆转的；是为了发展经济，改善人民的生活水平，弘扬社会主义的道德和政治价值；凭购货本低价计划供应日用必需品的制度已成为政府财政难以承受的沉重负担，它是平均主义的表现，与"各尽所能，按劳分配"的社会主义的分配原则相矛盾，起着消极的作用，因此，必须予以取消，但不会一下子马上取消；在社会主义的古巴，不会实施国际货币基金组织等主张的"休克疗法"，政府绝不会抛弃任何无依无靠的人；已经开始

---

① 劳尔的中心报告、闭幕词和古共"六大"的其他文件请参见古巴共产党网站：http://www.pcc.cu/。

的精简国有部门冗员的工作将继续进行，但不能操之过急，也不要停顿；非公有部门的扩大是受有关法律保护的一种就业的出路，应该得到各级领导的支持，同时，也要求个体户必须严格遵守法律，履行包括缴纳税收在内的义务，扩大非国有部门经济并不意味着所有制的私有化；古巴政府将继续保证全体居民享受免费医疗和免费教育，通过社会保障和社会救济制度对居民适当地进行保护；逐步实行权力的下放，要实行政企分开；古巴仍将以计划经济为主，但应考虑市场的趋向；要逐步有序地实现权力的下放；要重视合同制的作用；要少开会、开短会，不在上班时间开会；反对搞形式主义的纪念活动和发表空洞的讲话，反对搞没有实质内容的义务劳动和变了味的竞赛活动；"更新"经济模式不是一朝一夕、一年两年能完成的事，至少需要五年时间，《纲要》中有关"更新"经济模式的方针和政策并不是能解决所有问题的万能药方；反对一些地方政府部门对个体户登记和营业采取官僚主义作风；要求党员干部克服形式主义，密切联系群众，深入了解群众的疾苦和不满，以取得群众对党的信任；要改变思想，抛弃以教条和空洞口号为基础的因循守旧、墨守成规；主张党政职能分开；要注意提拔年轻干部，使干部队伍年轻化；提议今后党和国家主要领导人任期最多为两届，每届任期五年。

　　4月17日至18日，与会代表分成五组，对劳尔的中心报告和《纲要》进行了讨论。根据会前党内外群众提出的意见和建议以及"六大"代表们的意见和建议，对《纲要》草案进行了修改和补充。"六大"代表最后通过了修改后《纲要》。① "六大"通过的《纲要》共313条，比原《纲要》草案增加了

━━━━━━━━━━

　　① 古共"六大"通过的《党和革命的经济和社会政策纲要》的原文已于2011年5月9日正式公布，其全文请参阅：http://www.granma.cubaweb.cu/。

22条。

《纲要》涵盖了经济社会的各个方面，包括经济管理模式、宏观经济、对外经济、投资、科技创新、社会、农工、工业和能源、旅游、运输、建筑、住房、水力资源、贸易政策等。其要点是：古巴将继续以计划经济为主，同时也考虑市场的趋向；社会主义国有企业是所有制的主要形式，此外，承认并鼓励合资企业、合作社、土地承包、租赁、个体劳动者等其他所有制形式，使所有制多样化；将继续保持免费医疗、免费教育等革命的成果，但将减少过度的社会开支和不必要的政府补贴；将逐步取消低价定量供应日用必需品的购货本；政府将调整就业结构，减少国有部门的冗员，扩大个体劳动者的活动范围，并向其提供银行贷款和允许其进入原材料批发市场；将继续吸引外资、寻找资金来源来遏制生产部门的资金流失；将重新安排其所欠外债的偿还期，严格履行其承诺以改善诚信；将创建一个更加先进的金融制度，控制货币政策；将向个人的消费进行贷款；逐步取消货币双轨制；放松对买卖房子的限制，以解决严重的住房不足的问题；将研究给古巴公民出境旅游提供方便的政策；将给农业以更大的自主权以减少对进口的依赖，并增加和巩固商品和劳务的出口。

从《纲要》来看，古巴将坚持社会主义，坚持共产党的领导；将坚持社会主义计划经济，而不是市场经济；将继续实行全民免费医疗和全面免费教育，将重视发展农业，进一步吸收外资，扩大个体户，削减政府的补贴。

4月19日，"六大"举行闭幕式，卡斯特罗出席了闭幕式，受到与会代表的热烈欢迎。

劳尔在闭幕词中说："我们开了一次很好的大会"，"为了成功地落实《纲要》，我们必须做到：秩序、纪律和要求"，"古巴是世界上少数几个具备条件改变自己经济模式和摆脱危机而不会引起社会创伤的国家之一",他说,2012 年 1 月 28 日将举行的党的代表会议将是"六大"的继续,会议将现实地评估党的工作和确定必要的变革,使党能起社会和国家的领导作用;讨论有关"更新"党的工作方式和风格、干部政策和增补中央委员。劳尔强调新的中央委员会在干部政策方面要做的第一步是逐步使党政领导干部年轻化。劳尔说,今后,古共中央委员会每年定期召开两次全会,古共中央政治局委员会将定期每周与部长会议执行委员会召开一次会议,商讨国家大事;每个月同部长会议成员定期召开一次会议,根据会议的主题,邀请政治局委员、中央书记处书记、国务委员会委员、全国人大主席、工会、青年团和其他群众组织的领导人、各省的省委第一书记和省长参加,这表明今后古共将加强党的集体领导制度。

古共"六大"选举产生了以劳尔·卡斯特罗为第一书记、马查多·本图拉为第二书记的,由 115 人组成的新的中央委员会,比五届中央委员会 150 人减少了 35 人。新的中央委员中,有女性 48 人,占总数的 41.7%(上届为 13.3%),比上届增加了两倍;黑人和混血种人的有 36 人,占总数的 31.3%,比上届增加了 10%。原有中央委员中,有 59 人这次没有当选,占实际中委人数的一半("六大"召开前夕,古共中央委员会实际人数为 106 人)。新的中央委员会中,大多数为中青年,但仍保留了一些老一代的革命者。

新的中央政治局由 15 人组成,其中 12 人为原政治局委员,新当选政治局委员有 3 人,他们是 45 岁的哈瓦那省省委第一书记梅赛德斯·洛佩斯·阿塞阿(新政治局中唯一的女性)、50 岁的部长会议副主席兼新成立的贯彻落实《纲要》的常务委员会主任马里诺·穆里略·豪尔赫和 65 岁的新任命的经济和计划部部长阿德尔·伊斯基尔多·罗德里格斯。政治局委员平均年龄为

68 岁，60 岁以下的有 3 人。新当选的中央书记处由 7 人组成，劳尔·卡斯特罗不再兼任书记处成员，比 2006 年 7 月 1 日古共五届五中全会决定恢复中央书记处时的 12 人减少了 5 人，比"六大"召开前夕的 10 名书记处成员减少了 3 人。古共中央新的领导班子的选举产生从组织上使今后古巴模式的"更新"有了强有力的保证。

在古共"六大"，菲德尔·卡斯特罗正式卸任党中央第一书记的职务，他在新的中央委员会里不再担任任何职务，也不担任任何名誉职务。在闭幕式上，卡斯特罗与劳尔一起高举双臂，向与会代表致意，这标志着古共最高领导职位已顺利地交接。正如劳尔在"六大"中心报告和闭幕词中所说的，"只有古巴共产党才有条件继承菲德尔·卡斯特罗的权威和人民对革命和唯一的总司令的信任"，卡斯特罗在古巴无可争议的领袖地位并不在于他是否担任什么职务。今后，卡斯特罗作为一名思想的战士，将继续为古巴革命事业和人类的事业继续斗争。劳尔说："菲德尔就是菲德尔，他不需要担任什么职务，他永远在古巴历史上、在今天和在将来占据最高的地位。"

古共"六大"在政治方面，确立了以劳尔·卡斯特罗为第一书记的新的党中央领导班子，宣布实行党和国家最高领导人的任期制，取消了事实上的终身制；健全了党的集体领导制度和党内的民主集中制；在经济和社会方面，就"更新"经济和社会模式的方针政策，统一了思想，达成了共识。古巴共产党是古巴社会主义革命和建设事业的核心力量，古共"六大"是一次承前启后的、继往开来的、具有重大历史意义的大会，它将对古巴社会主义事业持续发展产生重大和深远的影响，劳尔在"六大"的重要讲话和"六大"通过的《纲要》，为古巴未来的经济变革确定了方向。

　　古巴共产党在探索符合本国国情的建设社会主义的道路方面取得了显著的进展，古巴已踏上了一条在变革开放中坚持、巩固和发展社会主义的道路。目前古巴在坚持社会主义的前提下，正在"更新"其社会主义发展模式，以适应新的世界格局，使本国经济同世界经济接轨。展望未来，古巴的"更新"社会主义发展模式的进程将是渐进、稳步和谨慎的，古巴社会主义建设的道路不可能是一帆风顺的，还会出现曲折，但古巴社会主义的前景是令人乐观的。

（原载《拉丁美洲研究》2011 年第 3 期）

委内瑞拉查韦斯"21 世纪社会主义"初析

自 2005 年初以来，查韦斯多次提出要在委内瑞拉实现"21世纪社会主义"。为此，查韦斯所领导的委内瑞拉政府和执政党（1999 年至 2008 年为第五共和国运动，2008 年后为委内瑞拉统一社会主义党）正在采取一系列的措施，以实现他所提出的"21 世纪社会主义"。

一 从"第三条道路"、"玻利瓦尔革命"到"21 世纪社会主义"

查韦斯在 20 世纪 90 年代中后期和 21 世纪初，曾一度是英国布莱尔"第三条道路"的热情追随者。他曾表示，自己所主张的既不是"不现实"的共产主义，也不是"野蛮"的资本主义，而是一条有拉美和委内瑞拉特色的"第三条道路"。2005 年8 月，查韦斯在接受智利《终点》杂志社社长采访时说："有一时期，我考虑过第三条道路。当时我在认识世界方面遇到问题。我认识不清，看了一些错误的书刊，我的一些顾问使我越来越糊涂。我甚至建议在委内瑞拉举行一次关于布莱尔第三条道路的讨论会。我当时说了很多'人道资本主义'的话，也写了很多关于这方面的文章。今天，我深信这是不可能的。但这是我6年来艰苦努力和认真向许多人学习的结果。我深信，社会主义才是出路，我在阿雷格里港是这么说的，在国民大会也是这么说的。我已号召全国进行讨论。我认为，应该是新的社会主义，提出符合刚刚开始的新纪元的新的主张。因此，作为一个计划，我把它称为'21世纪的社会主义'。"①

查韦斯于1998年12月当选总统并于1999年2月首次就任总统后，实行了一场以和平民主方式进行的"玻利瓦尔革命"，目的就是对国家的政治、经济和社会结构进行全面调整。其具体措施包括：在经济方面，兴办国有企业，把废弃的工厂收归国有；推动企业实行"共同管理"，在城市和乡村扶持建立各类合作社；以适当途径收回被非法占用或是长期闲置的土地，将其分配给缺地农民；在社会方面，查韦斯利用石油收入在教育、医疗、住房、就业等领域实施一系列社会"计划"，以改善中下层民众的福利。例如，在社区推行免费医疗，进行教育改革，帮助穷人的孩子上学，为国有商店提供资金，使医疗卫生和教育条件大幅改善，贫困人口的比例显著下降，所有这些都赢得了穷人的广泛支持。在外交方面，委内瑞拉积极推动地区经济一体化进程，与古巴、玻利维亚、厄瓜多尔、尼加拉瓜、巴西、阿根廷和乌拉圭等国保持密切关系，共同探索一条符合自身特点的发展道路；还在拉美能源合作进程中扮演"发动机"角色，以能源一体化推动拉美经济一体化；在拉美之外，继续加强与发展中国家

---

① Manuel Cabieses Donoso, *Socialismo del siglo XXI Donde va Chavez?*, Revista Punto Final, No. 598, 19 de agosto, 2005.

的关系，推动世界格局朝着多极化方向发展。

尽管执政以来，查韦斯经历了一次政变（2002 年 4 月 11 日）、一次大规模的石油工人罢工（2002 年 12 月 2 日至 2003 年 2 月 3 日）和多次示威游行、一次决定其去留的罢免性全民公决（2004 年 8 月 15 日）和一次修宪公投的失败（2007 年 12 月），但是因为有了广大穷苦民众的支持，他不仅经受住这些考验，还赢得了一个又一个总统任期。

自 2005 年初以来，查韦斯把寻求新发展道路的目光投向社会主义，希望能够在新任期把"玻利瓦尔革命"导向"21 世纪的社会主义"。尽管这一理念的具体内容尚处形成阶段，但它可被视为拉美国家对发展模式进行的一次有益尝试。

二　首次提出"21 世纪的社会主义"

一般认为，查韦斯首次提出"21 世纪的社会主义"是在 2005 年 1 月 26 日在巴西阿雷格里港举行的第 5 届世界社会论坛。例如，委内瑞拉驻华大使罗西奥·马内罗 2007 年 7 月 26 日在中国社会科学院拉丁美洲研究所所作的报告说，"'21 世纪的社会主义'是一个理论概念，是由乌戈·查韦斯总统于 2005 年在巴西阿雷格里港举行的第 5 届世界社会论坛期间首次提出的"。① 经查，查韦斯在论坛上的讲话的原文是："我日益坚信的是，我们需要越来越少的资本主义，越来越多的社会主义……资本主义需要通过社会主义道路来实现超越。超越资本主义模式的道路在于真正的社会主义。"在这里，查韦斯提出"真正的社会

---

① 见委内瑞拉驻华使馆提供的西班牙文原文讲话稿第 6 页和中文参考译文第 6 页（均为打印稿）。

主义",但并没有提到"21世纪的社会主义"。

委内瑞拉国内不少人认为,查韦斯首次明确提出"21世纪的社会主义"是2005年2月25日在加拉加斯举行的第4届社会债务峰会开幕式上。他说,委内瑞拉的"革命应该是社会主义性质的,否则就不是革命","这一社会主义应该是21世纪的社会主义"。2005年以来,查韦斯多次表示,"我是21世纪的社会主义者","社会主义是我国人民和人类唯一的解决办法","解决目前世界上存在的问题,依靠资本主义是行不通的,而是要靠社会主义"。

2006年12月3日,委内瑞拉再次举行大选,查韦斯获得62.57%的选票,以绝对优势击败对手,第三次当选总统,并于2007年1月10日就任。查韦斯在当选总统和就职后,加快了在委内瑞拉建立"21世纪的社会主义"的步伐。他在大选获胜后明确表示,他将努力把他所倡导的"玻利瓦尔革命"推向"21世纪的社会主义"的新高度,并振臂高呼"社会主义革命万岁!一个新的时代已经开始"。

查韦斯在大选获胜的主要原因,一是2004年至2006年委内瑞拉经济增长速度很快。2004年增长17.9%,2005年9.4%,2006年10.3%,在拉美名列前茅。二是查韦斯政府出台了多项造福于民的社会计划。例如,对贫困居民实行免费医疗的"深入贫民区"计划,扫除全国文盲的"罗宾逊计划";进行土地改革,把土地分给贫苦的农民的"萨莫拉计划"等,使中下层平民取得了实实在在的好处。三是在外交方面敢于同美国霸权主义抗衡,开展多边外交,使委内瑞拉的国际地位显著提高。

三 "21 世纪的社会主义"的主导思想和主要主张

查韦斯领导的党（2008 年前为第五共和国运动，2008 年以来为委统一社会主义党）和他所提出的"21 世纪的社会主义"的指导思想并不十分明确，2006 年 12 月和 2007 年 1 月，查韦斯在几次讲话中号召委内瑞拉执政党党员、政府官员和民众既要学习马克思、列宁著作，又要学习圣经，说"耶稣基督是社会主义的先锋"。他说，社会主义接受私有制，应该吸收天主教真正的思潮，实行参与和主角民主，应将平等与自由相结合。

查韦斯再次当选总统后不久，2006 年 12 月 15 日，他在一次讲话中说："那些想知道我准备把委内瑞拉建设成什么样的社会主义国家的人，应该去读马克思和列宁著作。"

查韦斯强调，委内瑞拉的社会主义计划是有机地从委内瑞拉人民的传统和信念中衍生出来的，是"印第安—委内瑞拉的、本土的、基督教的和玻利瓦尔的"。他在讲话中说，"我们可以从圣经中找到社会主义思想"，他引用了圣经中的一些段落来加以说明。查韦斯说，"你们注意先知以赛亚说的在穷人与富人之间的阶级斗争：'祸哉！那些以房接房，以地连地，以致不留余地的，只顾自己独居境内。'，接着，他又说：'祸哉！那些设立不义之律例的和记录奸诈之判语的，为要屈枉穷乏人，夺取我民中困苦人的理，以寡妇当作掳物，以孤儿当作掠物'①"。查韦斯说："先知以赛亚和其他许多先知传达了平等的、明确的社会主义精神的信息"，"耶稣在山上布道祝福穷人而指责富人：'你们

---

① 《旧约全书》以赛亚书，第十章。

富足的人有祸了！因为你们将要饥饿。'"① 查韦斯说："耶稣是一个激进的叛逆者、主持正义者，正因如此，他被那个时代的资本家和帝国主义者钉死在十字架上。"查韦斯指出，以早期的基督教会为例，引用圣经内的故事指占有土地和其他财产的信徒将之奉献给集体，"并照各人所需用的，分给各人"。

查韦斯认为，西蒙·玻利瓦尔"是一名主张社会主义的思想家"，"因为他相信社会必须建立在平等的基础之上"；西蒙·罗德里格斯的社会主义思想比玻利瓦尔更加深刻；而巴西的何塞·伊格纳西奥·阿布雷·德利马（Jose Ignacio Abreu de Lima）将军写了"美洲第一部社会主义的著作"；秘鲁的何塞·卡洛斯·马里亚特吉（José Carlos Mariátegui）是 20 世纪初伟大的社会主义思想家，查韦斯还引用了马里亚特吉的名言："我们确实不想在美洲照搬照抄马克思主义，它应该是一种英雄的创造性事业。我们必须用自己的现实和自己的语言创造出印第安美洲的社会主义。"②

查韦斯指出，委内瑞拉的社会主义计划的根源可追溯至美洲的印第安人社会，他列举了几个委内瑞拉的印第安人社区，包括了"在那里我们赢得 100% 选票"的阿马库罗三角洲。查韦斯称那里是"孕育我们土地上、我们家园、我们美洲的社会主义种子的地方"，"我们要提倡印第安—委内瑞拉的社会主义"，查韦斯说："我们会将这些模式带进社区近邻，带进房屋的发展去。我们要为社会主义开创空间。"

查韦斯还说，"空想的社会主义解决不了问题，只有在马

---

① 《新约全书》路加福音，第六章 20。
② ［秘鲁］何塞·卡洛斯·马里亚特吉：《关于秘鲁国情的七篇论文》，白凤森译，商务印书馆 1987 年版，第 2 页。

克思和恩格斯发表《共产主义宣言》这部科学社会主义纲领之后，人们才找到解决的办法"。他说，马克思和恩格斯两人开始提出的解答是以"经济模式的变革"为基础的，"如果我们想建立真正的社会主义，这是根本的，所以我们必须把经济体社会化"，包括把土地社会化，并且建立一个"新的生产模式"，所有"我们创造和重新取回的新空间"，都是"社会主义建设的内核"。

查韦斯说，"我认为，这种畸形发生在社会主义革命的最初时期，而我们在 70 年之后，从苏联解体中看到了后果。工人们并未站出来保卫苏维埃制度，因为它已异化成为一个不能建设社会主义的精英结构"。查韦斯强调："我们在这里将建立委内瑞拉式的社会主义，一种独特的委内瑞拉模式。"

查韦斯强调，委内瑞拉"21 世纪的社会主义"从本质上来说是民主的，他认为马克思所提出的无产阶级专政在委内瑞拉是不可行的，它不是委内瑞拉的道路。"21 世纪的社会主义"是人民民主、参与民主和（人民当）主角的民主。要建设"21 世纪的社会主义"必须进行经济改革，必须具有社会主义道德，必须有爱心，讲团结，实现男女平等。查韦斯认为，耶稣是最早的社会主义者；玻利瓦尔、西蒙·罗德里格斯也是主张社会主义的；查韦斯认为委内瑞拉的社会主义是印第安社会主义，它不是空想社会主义，而是科学社会主义；委内瑞拉要建设的是委内瑞拉的社会主义，是委内瑞拉独特的社会主义模式。[①]

查韦斯总统在 2007 年 1 月 8 日在主持其新内阁宣誓就职时

---

① Hugo Chávez, *El discurso de la unidad*, 15 *de diciembre de* 2006, Ediciones Socialismo del Siglo XXI, No. 1, enero de 2007, pp. 29 – 30, 37, 41 – 42, 46.

发表了重要讲话表示，要加快改革的步伐，把前任几届政府实行
私有化的主要产业如通信和电力公司国有化，同时扩大政府对石
油业的产权，而国家（中央）银行的独立性会被削减。同年4
月查韦斯总统下令，政府部门的工作人员，军队、学校、国有企
业和私人企业中的雇员都要学习马列主义理论，而且每周学习的
时间不得少于4小时。同年6月28日，查韦斯在访问俄罗斯期
间参加了莫斯科外国文学图书馆拉美文化中心成立仪式时，号召
与会者学习"关于马克思和列宁预言资本主义必然灭亡的著作，
战胜美帝国主义"。他还指出，"我们应当记住列宁，重拾他的
思想，特别是关于反帝国主义斗争的内容。世界是多极的，要么
是我们战胜美帝国主义，要么是它战胜世界"。

2008年7月20日，乘庆祝委内瑞拉儿童福利节之际，查韦
斯告诉孩子们，要阅读马克思、恩格斯以及其他社会主义思想家
的经典著作。同年8月10日，查韦斯总统访问玻利维亚时再次
强调，"只有社会主义才能挽救人类，我们正在建设我们的社会
主义，书写历史的新篇章，过去邪恶的资本主义模式为少数人创
造财富，给大多数人带来贫困"，实现正义和和平的唯一方式是
社会主义道路，只有社会主义才能使人类摆脱贫困、饥饿和
破坏。

2009年11月20日，查韦斯在加拉加斯举行的第一次左派
党国际会晤上倡导成立"第五国际"，他主张"第五国际"应该
将马克思、恩格斯、列宁的思想与玻利瓦尔、莫拉桑（1830—
1840年中美洲联邦总统、自由派领袖）、桑地诺（尼加拉瓜民族
英雄）、格瓦拉以及主张"解放神学"的托雷斯、阿连德和毕晓
普（格林纳达前总理、新宝石运动领导人）等人的拉丁美洲思
想相结合。

值得一提的是，早在20世纪80年代，查韦斯青年时代从

军后就阅读了不少毛泽东著作，尤其是毛泽东关于政治、军事问题的深刻论断，受益匪浅。1992—1994年，查韦斯服刑期间，由于时间充裕，阅读了所有已译成西班牙文的毛泽东著作，系统地研究了这位东方伟人的思想体系。查韦斯执政后，继续认真学习毛泽东著作，他对毛泽东关于"在战略上藐视敌人"等论断，经常脱口而出，甚至还能说出某段语录出自《毛泽东选集》第几卷。2009年4月9日，查韦斯在访问中国期间，在中共高级党校发表讲话时表示："少年时代，生活就使我成为了毛泽东主义者。我是伟大舵手毛泽东的崇拜者和追随者"，"我认为，毛泽东过去、现在和将来都是正确的，时间将证明他是正确的。大家可以看看现在的帝国主义是何等模样！正如毛泽东所预言的那样，帝国主义是纸老虎！纸老虎！而我们要成为钢老虎！钢老虎！"查韦斯说，"毛泽东曾说过，中国学会了用自己的脚走路。委内瑞拉正在学着用自己的脚走路。拉丁美洲已经开始学着用自己的脚走路了"。查韦斯在结束讲话时还振臂高呼："毛泽东万岁！中国万岁！"① 2010年3月26日，查韦斯在出访厄瓜多尔期间，号召人们学习马克思、列宁和毛泽东的著作，他说他刚刚拜读毛泽东的《矛盾论》，获益匪浅。

查韦斯"21世纪的社会主义"的主要主张是：第一，以"玻利瓦尔和平民主革命"替代"新自由主义改革"。查韦斯是一个坚定的反新自由主义者，他认为自己是一个玻利瓦尔主义者。他受玻利瓦尔思想影响，希望"彻底改革国家体制，实现真正参与式民主"，"建立自由、主权、独立的国家"和"造福

---

① 委内瑞拉玻利瓦尔共和国驻华大使馆编：委内瑞拉—中国建交35周年纪念特刊，2009年7月，第31页。

于民",进行"和平民主革命"。查韦斯执政以来,实行大刀阔斧的反新自由主义的政治、经济和社会改革。第二,以"美洲玻利瓦尔替代方案"(ALBA)替代"美洲自由贸易区(ALCA)计划"。查韦斯把实现拉美国家的大联合作为他对外政策的最高目标,希望建立一个类似于欧盟的大联邦。查韦斯倡导"美洲玻利瓦尔替代方案",得到古巴卡斯特罗等的积极响应。第三,以"21世纪的社会主义"替代"资本主义";第四,成立委内瑞拉统一社会主义党来一统革命力量。

四　建立"21世纪的社会主义"的步骤

查韦斯在2007年1月8日的讲话中说,从他1999年当政至2006年,是玻利瓦尔革命的一个过渡时期,如今这个过渡时期已经顺利完成,自2007年起,委内瑞拉将进入一个新的历史时期,这就是建设"21世纪的社会主义"时期。他强调要建设委内瑞拉式的社会主义,他说:"社会主义才是拯救我们人民,拯救我们国家的唯一道路。"

查韦斯为在委内瑞拉建立"21世纪的社会主义",在政治、经济、社会等采取了一系列措施。在政治方面,首先,建立人民政权社区委员会。以参与制和主角民主代替代议制民主,鼓励社会各阶层广泛参与国家决策。其次,修改宪法。查韦斯于2007年8月提出宪法修改方案,提交给国民大会讨论获得通过。这一宪法修改草案允许总统无限期连选连任,但不允许省长和市长连选连任。修宪案的重点是有关所有制的改革,据此修宪案,在委内瑞拉将不再由私有制占优势,将由国有制和社会所有制即集体所有制和合作制占优势,但仍允许私有制存在。查韦斯说:"我们的社会主义接受私有制,只要它符合宪法、法律和社会利益"，"不会取消私有制"。① 同年12月，修宪案提交全民公决，但未能获通过。随后，查韦斯又提出一个新的修宪案，并于2009年2月15日再次进行全民公决，这次的修宪案获54.86%的支持票获得通过。该修宪案对现行宪法的第230条内容进行修改，取消对委总统连选连任的限制，同时对州市议员、国会议员、市长、州长的连选连任一并纳入此次宪改公投内容。这一宪法修正案的通过，意味着已执政10年的总统查韦斯2012年仍可作为总统候选人寻求连任。公投结果宣布后，查韦斯总统立即发表讲话指出，这是人民和委内瑞拉民主的胜利，委内瑞拉玻利瓦尔革命的进程将得到保证。最后，建立委内瑞拉统一社会主义党的工作也取得了进展，2008年委内瑞拉统一社会主义党正式在第五共和国运动的基础上建成。

在经济方面，首先，查韦斯加快了能源、电力和电信等行业的国有化。查韦斯在能源、电力、电信业等战略性部门采取了一系列加强国有化（能源）或实现国有化（电力、电信业）的措施；2007年1月7日，他宣布委内瑞拉的主要电信公司国有化。同年2月，宣布电力国有化，并加强国家对天然气项目的控制。他发布的一项法令，规定委重油带的外资控制项目都必须转为由委国家石油公司控制的合资项目，其中委方股份不低于60%，使委方在上述项目中的平均股份已从原来的39%上升到78%。委国家石油公司已于2007年4月25日正式开始委重油带战略合作项目和风险开发项目的国有化进程，并于2007年5月1日凌晨接管了奥里诺科重油带项目的控制权，查韦斯宣布委已全部收回石油主权。委国家石油公司于2007年6月26日与美国雪佛

---

① Prensa Latina, *Socialismo venezolano acepta la propiedad privada*, asegura Chavez, http: //www. rebelion. org/noticia. php? id = 53981, 2007 - 7 - 23.

龙—德士古石油公司、挪威石油公司、法国道达尔石油公司等7家跨国企业签署谅解备忘录，把奥里诺科重油带战略合作项目和风险开发项目改组为委国家石油公司控股的合资企业。至此，委内瑞拉奥里诺科重油带的国有化过程正式完成。加拿大石油公司决定撤出委内瑞拉，双方已经就赔偿达成了协议。美国埃克森—美孚公司和康菲石油公司也退出了奥里诺科重油项目以及风险开发项目，但是撤资细节还有待双方谈判代表进一步商定。

其次，着手进行土地改革。2007年3月25日查韦斯宣布没收大庄园的200万公顷空闲的土地，并表示作为向社会主义方向改革的一部分，该国政府计划实行"集体所有制"。

在社会方面，强调社会公正、平等和互助，开展扶贫工作，缩小贫富差距，实施新的社会保障制度，为所有公民提供非歧视性的终身保障。政府还实行了各种社会计划，如通过"食品商场计划"，政府建立了食品商场网，政府对这些商店的食品提供一定的补贴，使民众特别是低收入的民众能购买到廉价的食品；通过"罗宾逊计划"扫除了文盲，通过第二个"罗宾逊计划"，使数十万人达到小学毕业文化水平，目前正通过实施"里瓦斯计划"和"苏克雷计划"使数十万成年人和青年开始中学和大学课程的学习；通过"深入贫民区计划"建立了国家公共卫生网，保障所有的委内瑞拉人都能免费得到医疗救助。政府还多次宣布提高委内瑞拉最低工资标准，使委最低月工资居拉美国家最高水平。

五　实施"21世纪的社会主义"过程中遇到的阻力和问题

查韦斯在实施"21世纪的社会主义"过程中，遇到不少阻力和问题。美国公开指责查韦斯是"灾难"，千方百计想颠覆查韦斯政权。委内瑞拉是美国石油的主要供应国之一，到目前为止，委内瑞拉仍照常向美国供应石油，但查韦斯曾多次警告美国，如美国不停止干涉委内瑞拉，委将中止对美的石油供应。委美之间控制与反控制斗争仍将延续，两国关系还将面对新的挑战。委内瑞拉国内反对派在美国或明或暗的支持下，正在聚集力量伺机反扑。

当查韦斯宣布将把所有的革命政党和组织都统一合并到新成立的委内瑞拉统一社会主义党之后，委内瑞拉共产党、委内瑞拉争取社会民主党和"大家的祖国"党这三个左翼政党宣布将不考虑合并到委内瑞拉统一社会主义党之中，这自然引起查韦斯的不快。后来，由于"大家的祖国"党在 2007 年 12 月修宪公投中，不支持查韦斯提出的修宪案，被查韦斯指责为"玻利瓦尔革命的叛徒"。在委内瑞拉统一社会主义党成立后，党内有一些人不同意查韦斯把耶稣说成是社会主义者，也有人指责查韦斯权力过于集中，对私人中小企业的政策偏左。①

此外，查韦斯在 2007 年提出的大力推行社会主义民主、社会主义经济的修宪案在同年 12 月修宪公投中遭到失败，这无疑是对查韦斯在委内瑞拉实现"21 世纪的社会主义"的计划的一个巨大打击。然而，查韦斯并没有因此而灰心，2007 年修宪公投失败后，他仍坚定地表示，他将继续向委内瑞拉人民提出建设社会主义的计划决不收回这个计划的哪怕一个逗点，并认为"这项计划仍然有效"。他认为，21 世纪将是委内瑞拉社会主义的世纪。2009 年 9 月 28 日，查韦斯与利比亚领导人卡扎菲举行

---

① Vicente Portillo, *Surgen críticas dentro del partido chavista*, *que se unen a las de los empresarios*, *Todos contra Chavez*, http: //www. americaeconomica. com/portada/reportajes/julio07/270707/rrVenezuela. htm.

会晤时还坚定地表示，"我们正在写下历史的新篇章，我们在改变历史，我们创造新的社会主义和新的世界"。

六　对查韦斯"21世纪的社会主义"的基本看法

查韦斯多次表示："我不是共产党人"，"社会主义不是马克思主义的同义词"。他强调，委内瑞拉的"21世纪的社会主义"植根于委内瑞拉和拉美的历史，它受到基督教的深刻影响；委内瑞拉的社会主义的基督社会主义、玻利瓦尔社会主义，是区别于苏联东欧社会主义的社会主义。查韦斯表示，"耶稣是我们时代的第一位社会主义者"，"玻利瓦尔是社会主义者"，"'21世纪的社会主义'不是马克思主义的"。[①]　总的来看，查韦斯"21世纪的社会主义"尚在探索中，从目前来看，它尚不是科学社会主义。从某种程度上来看，它是基督教教义、印第安主义、玻利瓦尔主义、马克思主义、卡斯特罗思想和托洛茨基主义等各种思想的综合体。查韦斯一方面规定所有职工每周必须至少用4小时时间学习马克思主义理论，同时又号召大家学习托洛茨基主义，又要求大家讨论耶稣是不是社会主义者，查韦斯说："真正的基督比任何社会主义者都更加具有共产主义思想。"

被认为是查韦斯"21世纪的社会主义"理论的主要顾问主要有两个人，一个是在墨西哥首都自治大学任教的德国教授海因兹·迪特里希（Heinz Dieterich）和智利学者、已故的原古共党中央国际部拉美局局长曼努埃尔·皮内罗的夫人玛尔塔·哈内克（Marta Harnecker），他们两人曾多次访问委内瑞拉并同查韦斯总

[①]　Mary Oili Hernandez, Que es el Socialismo del siglo XXI http：//www. aporrea. org/ideologia/a28332. html.

统会见，发表了多部关于委内瑞拉玻利瓦尔革命和"21 世纪的社会主义"的著作和文章。

但是，2009 年以来，海因兹·迪特里希对委内瑞拉查韦斯的玻利瓦尔革命和"21 世纪的社会主义"持批评和悲观的态度。2010 年 1 月 4 日，他在接受阿根廷《经济圈报》记者访谈时竟说，如果查韦斯领导的党（委内瑞拉统一社会主义党）在 2010 年议会选举中失败，那么，玻利瓦尔革命进程将会终结。①

拉美左翼崛起有其深刻的历史和现实背景。查韦斯"21 世纪的社会主义"是拉美新自由主义发展模式变革过程中产生的一种新社会运动，是用"另一个世界""替代资本主义"的社会思潮的反映。查韦斯和拉美一些左派人士试图以"21 世纪的社会主义"替代"新自由资本主义"，反映出社会主义对资本主义世界中那些追求社会进步的人们的吸引力和生命力，也表明新世纪世界社会主义运动在多样性中不断发展。

查韦斯声称"21 世纪的社会主义"绝不是照搬曾经的社会主义模式，"我们的社会主义是原生的社会主义，印第安人的、基督徒的和玻利瓦尔的社会主义"，"这是崭新的、委内瑞拉特色的社会主义"。查韦斯的思想虽然受古巴社会主义的影响，但他并没有照搬古巴模式。查韦斯的"21 世纪的社会主义"含有国有和集体所有制、以人为本、团结、平等、公正、共同发展等内容，但到目前还只是一个新生事物，没有形成一个完整的理论体系，尚不能视为科学社会主义。

（原载《马克思主义研究》2010 年第 10 期）

---

① http：//www. ambito. com/diario/noticia. asp？ id＝501128。

古巴民意调查研究

古巴和几乎所有的拉丁美洲国家都有民意调查机构，这些机构在平时，特别是在发生重大事件（如大选）时，都会进行各种民意调查。

古巴是西半球即美洲唯一的社会主义国家，与其他拉美国家的民意调查不同的是，古巴的民意调查一般是由官方机构或半官方机构进行的，而其他拉美国家的民意调查一般是由非官方机构进行的。

一 古巴的民意调查研究的历史发展

1959年1月1日，古巴人民在菲德尔·卡斯特罗领导下，推翻了巴蒂斯塔独裁统治，取得了革命的胜利。1965年10月3日，在古巴原有三个革命组织即"七·二六运动"、人民社会党（老共产党）和"三·一三革命指导委员会"三个革命组织合并而成的社会主义革命统一党的基础上，正式建立了古巴共产党（即新的共产党），由卡斯特罗担任党的第一书记。

在古巴共产党成立后不久，为了使党掌握民众的情况，1967

年古共党中央便成立了"全国人民舆论研究中心",这是古巴革命胜利后,最早成立的官方民意调查机构。

1991 年,全国人民舆论研究中心改名为政治社会和舆论研究中心,中心由古共中央领导,中心人员为 30 多人。此外,在古巴全国 14 个省①均有省的政治社会和舆论研究中心,归各省古共省委领导,省的中心人数一般不超过 10 人。

政治社会和舆论研究中心主要调查的内容,是了解人民是否拥护古巴革命和社会主义制度,是否拥护古巴党和政府的领导以及了解人民群众有些什么要求、意见和建议等。通过民意调查,问政于民、问需于民、问计于民,有效收集和分析相关信息资料,以使党和政府在作决策、定政策时,充分考虑群众利益和承受能力,统筹协调各方面利益关系,切实有针对性和科学性地办好顺民意、解民忧、惠民生的实事。

二　基本理论与实践

古巴民意调查的理论依据是古巴现行党章,党章第一条规定:"古巴共产党的主要目标是建设社会主义、发动群众参与经济和社会的发展。古巴共产党是团结的政党,是工人阶级和劳动人民最广泛的阶层和所有的爱国者和革命者有组织的先锋队。古巴共产党有义务在它的行动、运作和组织机构中,给予它所代表的人提供提出建议,发表意见、观点和合法愿望的空间。这意味着古巴共产党和人民之间是团结一致、密不可分的,党的干部和党员应该向人民学习,听取人民的评价、看法和意见,在党内活动中经常同群众进行对话。"

---

① 2010 年 6 月,原哈瓦那省分成两个省,现古巴共有 15 个省。

党章规定，要给人民群众"提供提出建议，发表意见、观点和合法愿望的空间"和党的干部和党员要"听取人民的评价、看法和意见"。①

20世纪80年代末和90年代初，苏联和东欧社会主义国家发生剧变、苏联解体。当时国际上和古巴国内不少人认为，古巴也会像东欧国家一样改变颜色。苏联解体后，俄罗斯宣布停止对古巴的一切援助，撤走援古技术人员，贸易关系仅限于以国际市场价格用石油交换古巴的糖，而糖和石油的交易额也大幅度下降。东欧剧变和苏联解体使古巴在政治上失去了重要的战略依托，经济上陷入危机，1990—1993年古巴国内生产总值累计下降34%。卡斯特罗认为，"苏联消失的时刻发生了真正急剧的变化，我们实际上不得不承受双重的封锁。社会主义阵营的垮台使我国在各方面遭受到沉重的打击，我们遭受到政治上的打击，军事上的打击，尤其遭受到经济上的打击"。②

为应对东欧剧变和苏联解体，卡斯特罗领导的古巴共产党和政府采取的主要对策是：政治上，坚持、改善和加强党的领导，坚持一党制，坚持马列主义，坚持社会主义。经济上，进行逐步的、适度的改革开放；社会方面，坚持全民免费教育、免费医疗和普遍的社会保障制度，外交方面，调整外交政策，积极发展对外关系，推进外交关系多元化。

当时，有一部分党员和群众产生了思想混乱，对古巴过去所走的道路产生了怀疑，进而对古巴的未来失去信心。古巴的一些

---

① *Resolucion sobre el Programa del Partido Comunista de Cuba*, *Este es el Congreso mas democratico*, Editora Política, Cuba, 1991, pp. 36 – 47.

② Granma, 27 de julio de 1993.

非政府组织和反对派发言人乘机加紧活动，反对现政权。美国加大了对古巴的封锁与和平演变的力度，通过各种手段千方百计在古巴社会中制造裂隙，妄图分裂古共，使古共与社会、与人民脱离，与武装力量脱离。

为了更好地掌握人民群众的思想动向和要求、意见和建议，制定正确的方针政策，自 1993 年以来，古共领导的政治社会和舆论研究中心进行了多次民意调查。主要调查的问题是：您在什么场合或在什么组织的会议上可以自由地发表意见？古巴共产党是否继续是古巴社会的领导力量？古巴共产党是否代表古巴广大人民的利益？古巴的选举制度是否符合人民的利益？您对全国人民政权代表大会选举的兴趣如何？您对古巴社会制度的看法如何？与其他国家的政治制度相比，您认为古巴的政治制度如何？您对个人生活满意度如何？您是如何看待古巴的自由的？您认为您所在的市所推举的省人民政权代表大会代表候选人的质量如何？您对古巴党和政府所采取的经济措施如何看？您认为应该不应该开放农牧业市场？应该如何进行工资改革和社会保障法改革？等等。通过这些问题，古巴党和政府可以了解民众对党、对古巴政治制度、选举制度、经济改革和对生活满意度等重大问题的看法，并在制定相应的政策时做参考。古巴民意测验所调查研究的是公众普遍关心的政治、经济、社会和外交问题。

三 主要类型和特点

除古共政治社会和舆论研究中心外，古巴科技部的心理和社会宗教研究中心、哈瓦那大学等大学的一些研究中心、古巴共产主义青年联盟、古巴工人联合会、古巴妇女联合会、古共党报

《格拉玛报》、《起义青年报》、《劳动者报》、《波希米亚》等报刊和一些网站也常常进行民意调查。

古巴进行民意调查的主要类型有：发调查问答卷、直接与民众交谈与采访、通过网络提出问题、通过报刊提出问题、通过各种群众团体和组织进行调查等。

古巴民意调查的主要特点是：调查的范围比较广泛，一般都在全国各省，每个省选择3个城市，调查人数为2000—4000人；调查的对象具有代表性，各阶层、各行业都有；每次调查的问题比较集中、针对性比较强；调查过程的规范性。据笔者访古时，古巴政治社会和舆论研究中心前主任达里奥·马查多向笔者介绍说，古巴民意调查的结果一般不立即公布，以不给敌人利用；过了一定的时候，再有选择地进行公布。不仅是推进党务公开、发展党内民主的一个重要举措，也是保障人民群众对组织工作知情权、参与权、表达权、监督权，提高组织工作公众参与度的重要渠道。

四　运作方式方法

古共政治社会和舆论研究中心等机构进行民意调查的主要运作方法是进行抽样调查。根据需要，制定调查问题，采用抽样问卷调查的方式（包括发调查表、进行实地调查、进行对话、召开会议等），征询调查对象的意见、观点或想法，然后将调查结果进行汇总，进行分析和推论，然后有选择地公布调查结果，以期说明和解释问题的趋势或倾向，引起社会公众或被调查者的关注和重视，借此造成舆论并形成影响。

古共政治社会和舆论研究中心的民意调查一般准确度比较高，如1993年对古巴选举事先进行过民意调查，调查的结果与后来实际结果的误差只有一个百分点。

每次抽样调查的对象 2000—4000 人不等，采用国际通用的调查方式方法，调查结果通过计算机计算。

五 应用情况

古共政治社会和舆论研究中心和其他一些民意调查机构和媒体的调查结果主要是向党和政府和相应的决策机构提供参考，并有选择性地进行公布。

古巴政治社会和舆论研究中心前主任达里奥·马查多在他所著的《在古巴有可能建设社会主义吗?》[①] 一书中披露了1993—2000 年期间，该中心所进行的一系列民意调查的具体结果。

表 1　民意调查：古巴共产党是否继续是古巴社会的领导力量?

单位:%

	1993 年	1994 年	1995 年	1996 年	1997 年
完全是	85.5	77.5	79.3	85.4	83.6
不完全是	8.8	13.4	12.5	9.0	10.6
有点是	1.4	2.3	1.7	1.2	1.3
不是	5	2.3	2.3	1.1	1.3
不知道	0.7	2.6	2.2	1.6	1.5
不回答	3.0	2.1	2.0	1.7	1.7

---

① Dario L. Machado, *Es posible construir el socialismo en Cuba?* Casa Editora Abril, La Habana, 2004.

表 2　民意调查：古巴共产党是否代表古巴广大人民的利益？ 单位:%

	1993 年	1994 年	1995 年	1996 年	1997 年
完全是	83.4	72.4	72.2	82.3	89.0
不完全是	11.8	16.9	16.1	10.8	6.2
有点是	1.3	3.1	2.5	1.7	1.7
不是	0.9	1.7	1.9	1.2	1.2
不知道	1.5	2.5	1.8	1.3	1.4
不表态	1.2	2.5	4.7	2.8	0.6

表 3　民意调查：有多少人支持一党的现实？ 单位:%

	1993 年	1994 年	1995 年	1996 年	1997 年
绝大多数	71.3	58.4	58.6	67.0	66.9
大多数人	21.3	27.8	27.8	25.8	26.4
少数	2.3	4.1	4.1	2.4	2.0
没有人	0.4	2.4	1.5	0.9	1.0
不知道	2.9	4.4	3.4	2.8	3.0
不表态	1.7	2.8	4.6	1.2	0.7

注：以上三个民意调查问卷每次都在古巴 14 个省、每省选择 3 个市共对 1762 人进行。

表 4　1997 年民意调查：对古巴省人民代表候选人由市人代会根据群众组织的建议提名、半数必须来自基层的评价 单位:%

这是好的方法	58.3
这是比较好的方法	31.1
这不是好的方法	4.1
这是坏方法	1.2
不知道	4.2
不表态	1.2

注：以上民意调查是在古巴 169 个市对 2544 人进行。

表5 1997年12月民意调查：对古巴选举制度是否

符合人民利益的看法 单位:%

不符合人民的利益	2.0
与人民的利益关系不大	4.3
基本符合人民的利益	28.2
完全符合人民的利益	61.2
不知道	2.0
不表态	2.1

表6 1997年12月民意调查：您对1998年1月11日的

选举感不感兴趣？ 单位:%

很感兴趣，选举是公民重要的义务	64.5
比较感兴趣，选举是一项义务	26.5
兴趣不大，选举并不重要	3.4
不感兴趣，不认为选举是义务	1.1
不知道	2.4
不表态	2.1

表7 1997年和1998年的民意调查：您对古巴社会制度意见如何？

单位:%

它不是民主的	2.2
与大多数其他国家的社会制度相比，它不大民主	3.1
它与大多数其他国家的社会制度的民主程度相同	12.2
它比大多数其他国家的社会制度更加民主	71.5
不知道	6.9
不表态	4.1

表 8　　　　1998 年民意调查：与您知道的世界其他国家的
政治制度相比，您认为古巴的政治制度如何？　　单位：%

它更加民主	82.3
与与其他国家的政治制度一样民主	6.6
它不如其他国家的政治制度民主	2.4
它不民主	2.1
不知道	6.8
不表态	0.9

表 9　1997 年民意调查：您在多大程度上对目前个人生活感到满意？

单位：%

完全满意	21.0
比较满意	59.4
相当不满意	13.7
完全不满意	2.4
不知道	2.3
不表态	1.2

表 10　1995 年和 1997 年的民意调查：您对哪些方面感到不满意？

单位：%

不满意的方面	1995 年	1997 年
对国家经济形势	63	43
对生活水平	45	26
对住房	36	14
对人际关系	10	5
对政治体制	10	2
不表态	14	11

表 11 2000 年民意调查：古巴人如何看待自由？ 单位:%

	不可能	可能	不知道	不表态
没有社会平等能有自由吗？	76	11	9	4
没有社会正义能有自由吗？	84	3	8	4
没有国家的主权能有自由吗？	83	3	9	4
没有国家的团结能有自由吗？	81	4	8	6

表 12 1998 年 1 月民意调查：您对您所在的市人民政权代表
大会提名的省人代会代表候选人的质量意见如何？ 单位:%

他们都是很好的候选人，都具有良好的条件	59.5
总的来说是好的，但某些候选人，似乎可以提名更好的候选人	29.1
他们不是很好的候选人，只有少数人具备条件	4.5
他们不是很好的候选人，没有一个人具备条件	0.6
不知道	4.9
不表态	1.5

表 13 1997 年年中和年底民意调查：您的思想属于哪一种思想？

单位:%

	1997 年年中	1997 年年底
革命的、共产主义或社会主义的思想	81.2	86.7
爱国主义的思想	6.9	3
保守的、自由主义的、资本主义的思想	6.8	5.3
不知道	3.9	3.7
不表态	1.2	1.3

　　根据古共民众舆论调查中心所作的上述民意调查结果，古巴
大多数人认为，古共继续是古巴社会的领导力量，古共代表广大
人民的利益。这些结果充分说明，古巴绝大多数的民众是拥护古

巴共产党和古巴政府的领导，是支持古巴的政治制度和社会制度的。

古共的政治社会和舆论研究中心和其他一些机构组织和媒体，通过民意调查，定期了解古巴的民情民意，向古巴党和政府的领导机关和有关部门提供信息。古巴有成千上万的志愿者参与民意调查。民意调查的意见通过计算机进行整理，有些意见会直接送交到古巴领导人菲德尔·卡斯特罗和劳尔·卡斯特罗那里，由他们亲自审阅。如仅2004年一年，卡斯特罗就看了1800多份群众意见。通过民意调查，古巴党和政府及时掌握广大民众的思想动态，有针对性地进行舆论引导，做好思想政治工作。如1998年，古巴邀请罗马教皇二世访问古巴，古共政治社会和舆论研究中心事先在群众中进行民意调查，了解群众对此事的反应，接着由古共中央根据民调结果有针对性地作思想政治工作，卡斯特罗亲自通过电视向干部、群众做接待动员工作，解除了群众中存在的顾虑和疑惑，既圆满完成了接待工作，又保持了古巴社会的稳定。

六　主要问题以及发展趋势

古巴的民意调查存在的主要问题是官方色彩过于浓厚，调查机构的独立性不太强；此外，由于民意调查的问题有限，而问题的答案又往往只简化为"是"、"否"两类，加之被调查人文化水平和关心程度各不相同，因此揭示问题的深度有一定的限制。

古巴党和政府十分重视民意调查，把民意调查看成是加强同群众的联系的一种重要方式和手段，是发展党内民主的一个重要举措，因此，古巴党和政府仍将继续进行民意调查。

古共"五大"通过的党章规定，党的组织"必须同劳动者、社区民众保持经常的联系，了解他们的疾苦，倾听他们的意见，向他们学习"。古共还通过它领导和指导的若干群众组织和社会团体贯彻执行党和国家的方针政策，对全体人民进行社会主义和爱国主义教育；了解群众的呼声，倾听和征求群众的意见和建议，不断改进党政部门的工作。这些群众组织和社会团体包括古巴工人中央工会、保卫革命委员会、古巴妇女联合会、古巴大学生联合会、古巴中学生联合会、古巴共产主义青年联盟、古巴少先队员联盟、全国小农协会、古巴作家和艺术家联盟以及古巴记者联盟等。这些组织覆盖了全国各阶层人士，这些组织不仅给古共提供了强大的政治支持，而且为古共同广大民众之间保持密切联系提供了桥梁和纽带。

应该看到，通过民意调查只是古巴党和政府联系群众，了解群众意见的一种方式，古巴党和政府还通过其他方式，如通过发动群众，进行广泛讨论，征求意见等来了解社情民意。为了集思广益，古共特别注意尊重广大党员的民主权利，党的每项重大决策出台前，首先要在广大党员中进行讨论，征求意见，将意见统一后再对决策加以确定和实施。

（原载中共中央组织部党建研究所编：
《中外民意调查方式比较研究》，
党建读物出版社 2011 年版）

拉美学者对"后新自由主义"和"新发展主义"的探索

近年来，拉美一些进步学者提出了后新自由主义和新发展主义，以替代在拉美国家逐渐式微的新自由主义与发展主义。

2008 年 8 月，巴西学者、现任拉美社会科学理事会执行秘书埃米尔·萨德尔发表了《重建国家 拉丁美洲的后新自由主义》一书；2010 年 4 月，古巴出版了由古巴哲学研究所研究员希尔韦托·瓦尔德斯·古铁雷斯主编的《后新自由主义与反体制运动》一书。这两本书的出版在拉美世界引起不小的反响，并将后新自由主义理论带进人们的视野。而在委内瑞拉、玻利维亚等国，人们在讨论"21 世纪社会主义"时，也提出了两种主张，一种主张进行不断的、激进的变革；另一种则主张在实施21 世纪社会主义之前，先经历一个新发展主义资本主义阶段。新发展主义，成为国家发展主义与新自由主义之后的"第三种理论"。本文将分别介绍后新自由主义和新发展主义这两种思潮，供国内学界讨论。

一　取代新自由主义的"后新自由主义"

后新自由主义，是拉丁美洲学者提出的替代新自由主义的一种理论。从 20 世纪 70 年代中期到 21 世纪头十年中期，新自由主义在拉美国家实施了近 30 年，尤其是在 20 世纪八九十年代，新自由主义在大多数拉美国家盛行。然而，新自由主义并没能促进拉美国家经济和社会的发展，反而使拉美国家接二连三地发生了债务危机、金融危机和经济危机。

自 21 世纪初以来，拉美和美国的一些进步学者，如巴西著名左翼学者、现任拉美社会科学理事会（CLACSO）执行秘书埃米尔·萨德尔，墨西哥国立自治大学经济研究所研究员安娜·埃斯特尔·塞塞尼娅，阿根廷布宜诺斯艾利斯大学经济学教授和社会活动家克劳迪奥·卡兹，古巴哲学研究所研究员希尔韦托·瓦尔德斯·古铁雷斯，危地马拉社会学家卡洛斯·菲格罗阿·伊瓦拉和美国著名左翼学者、美国纽约州立大学社会学教授詹姆斯·佩德拉斯等纷纷著书立说，对拉美新自由主义发展模式提出了批评，并提出了后新自由主义的主张。上述学者对后新自由主义的看法不尽相同，但他们都认为新自由主义给拉美国家带来了负面效应，后新自由主义将取代新自由主义。这里将简要介绍上述学者对后新自由主义的主要观点。

（一）后新自由主义政策的性质、目的和主要特征

1. 关于后新自由主义的性质

2008 年 8 月，巴西学者萨德尔发表了《重建国家　拉丁美洲的后新自由主义》一书。他认为，后新自由主义是反资本主义的，但它不是社会主义。最近十年拉美左派政府的出

现使拉美进入了一个后新自由主义的时期，其特点是否定新自由主义模式和力图实现拉美一体化，其弱点是新的模式尚未形成，社会主义理想还很遥远，实现拉美团结还面临着很多挑战。但是，这是一个不容否认的进步。在拉美一些国家，如巴西、委内瑞拉、玻利维亚、厄瓜多尔等国，现在正通过民主的机制重建国家，将国家建成多民族、多种族的，更加公正，更加团结的社会。这将在拉美建立一个新的集团，将把新自由主义彻底抛弃，建立一个新的世界，建立后新自由主义。拉美各国建立后新自由主义的途径各不相同，但一般都是将人民起义与制度解决相结合，重建国家，建设一个多民族的国家。①

2. 后新自由主义的目的

美国左翼学者佩德拉斯认为，后新自由主义政府调整政策的目的是要取代人民运动，推动经济的复苏和发展，促进政治和社会的稳定，使资本主义正常增长，在工人农民与国内外投资者之间建立社会和政治的平衡。

阿根廷学者克劳迪奥·卡兹认为，拉美大陆已经普遍抛弃新自由主义，但是，拉美后新自由主义在有关未来发展道路问题上，却存在着走向社会主义还是新发展主义（利用国家发展民族资本）的争论。②

3. 后新自由主义的主要特征

美国学者佩德拉斯在《拉美执政的中产阶级：稳定、增长

---

① Emir Sader, Refundar el Estado. El Posneoliberalismo en America Latina, Buenos Aires, septiembre de 2008.

② Claudio Katz, Socialismo o Neodesarrollismo, 1de diciembre, 2006, http://www.rebelion.org/noticia.php? id = 42281.

和不平等》一文①中指出，自 2000 年至 2005 年，在阿根廷、厄瓜多尔、玻利维亚等拉美国家爆发了大规模的反新自由主义的人民运动和起义，先后推翻了十多个新自由主义政府。通过选举，中左派领导人纷纷在拉美国家上台执政，建立了后新自由主义政府。在他看来，后新自由主义有以下八个特征：（1）后新自由主义是反新自由主义及其精英的人民运动的产物；（2）后新自由主义政府是拉美国家发生的深刻的经济和社会危机的产物；（3）后新自由主义政府推行了一系列鼓励国有的经济政策，但并没有没收本国私人银行和外国银行的资产，也没有使私人企业重新国有化；（4）后新自由主义依然维持了新自由主义的阶级不平等，但实施了反贫困、贴补失业者、支持中小企业和促进就业的计划；（5）后新自由主义要求跨国公司支付更多的资源开发税，提高农工业产品的出口税，但在重新分配土地和收入方面没有作出努力；（6）建立了国有企业与私人企业的合资企业，同外国跨国公司建立了联盟，特别是在矿业和能源方面；（7）政治机构取代了人民运动，成功地推动了国家、企业和人民运动三方的协调进程，实施了建立在"社会契约"基础上的"职团政治"，以调整工资，而不是调整收入；（8）后新自由主义政府提出了发展主义战略，这一战略的基础是扩大出口和使出口多样化，实施严格的货币主义的财政政策和增加收入。

（二）拉美学者眼中的后新自由主义实践

2010 年 4 月，古巴出版了由古巴哲学研究所研究员希尔韦

---

① James Petras, Las nuevas clases medias dominantes de Latinoamérica: Estabilización, crecimiento y desigualdad, 06 - 11 - 2010, http://www.rebelion.org/noticia.php? id = 116156.

托·瓦尔德斯·古铁雷斯主编的《后新自由主义与反体制运动》一书。古铁雷斯认为，当今世界的经济危机已经引导人们进入一个新的时代——后新自由主义时代，在20世纪末和21世纪初，在玻利维亚、厄瓜多尔、委内瑞拉等拉美国家，兴起了大规模的反体制运动，斗争的矛头指向新自由主义，在反体制运动推动下，拉美出现了一系列左派执政的国家，这些国家现正在实施后新自由主义模式。

同年，危地马拉社会学家卡洛斯·菲格罗阿·伊瓦拉出版了《处在后新自由主义门槛？拉美左派和政府》一书。伊瓦拉认为，拉美现在出现了一个新的社会模式，即后新自由主义模式，这是因为旧的新自由主义模式已经失败，拉美左派正在拉美建立新的模式。

巴西学者萨德尔认为，拉丁美洲正在通往后新自由主义。目前拉美的分界线不在于一个好的左派和一个坏的左派，而在于有些国家同美国签署了自由贸易协议，而另一些国家则重视地区一体化和建设一个多极化的世界。他认为，在拉美一些国家正在建立一个新的世界，建设一个后新自由主义。萨德尔认为，克服新自由主义不仅要建立一个新的经济发展模式，而且要建立一个新的政治模式，使国家结构深刻地民主化，以适应社会完全民主化需要的模式。①

（三）应注意区分三种不同的后新自由主义

墨西哥学者安娜·埃斯特尔·塞塞尼娅在《拉美后新自

---

① Luis Hernandez Navarro, América Latina, rumbo al posneoliberalismo, Entrevista a Emir Sader, http://www.jornada.unam.mx/2007/10/12/index.php?section = politica&article = 007e1pol.

由主义及其分岔》一文①中认为，后新自由主义有多种可能，拉美后新自由主义可分为"资本后新自由主义"、"国家替代后新自由主义"和"人民后新自由主义"。所谓"资本后新自由主义"是指新自由主义在拉美失败后，拉美一些右翼执政国家的资本家正在调整政策，强化国家机器，使国家军事化。所谓"国家替代后新自由主义"是指拉美一些国家（委内瑞拉、玻利维亚和厄瓜多尔等）实施的国家的、替代的后新自由主义。这些国家的政府宣称自己正在实施社会主义或正在过渡到社会主义，它们反对世界银行和国际货币基金组织提出的新自由主义政策。所谓"人民后新自由主义"是指拉美人民，特别是拉美印第安人反对资本主义和新自由主义的抵抗和起义。

二　取代新自由主义与发展主义的"新发展主义"

新发展主义，是拉丁美洲学者提出的一种取代发展主义和新自由主义的理论。最早于1987年由巴西经济和社会学家、依附论的创始者之一鲁伊·毛罗·马里尼（Ruy Mauro Marini，1932—1997）提出。1987年，马里尼在墨西哥《墨西哥社会学》杂志发表了《新发展主义的理由》一文，提出要用新发展主义取代发展主义。21世纪初，拉美一些国家的进步学者再次提出新发展主义，以替代20世纪八九十年代在拉美盛行的新自由主义。巴西、阿根廷、厄瓜多尔、委内瑞拉和玻利维亚等国的进步

---

① Ana Esther Ceceña, El postneoliberalismo y sus bifurcaciones, http：//www. rebelion. org/noticia. php？ id = 81642&titular = el – postneoliberalismo – y – sus – bifurcaciones.

学者，在讨论如何用"21世纪社会主义"来替代新自由主义发展模式时，出现了两种主张：一种主张进行不断的、激进的变革；另一种主张在实施"21世纪社会主义"之前，先经历一个新发展主义的资本主义阶段。

阿根廷学者克劳迪奥·卡兹指出，"在讨论'21世纪社会主义'时，两种战略发生了对立"，"一种是开展民众斗争，鼓励社会改革。这一过程需要剖析中左领导人的两面性、质疑新发展主义的出路，并把玻利瓦尔美洲替代计划（AL-BA），作为实现地区后资本主义一体化的有利环节加以强化。另一种战略倾向于新发展主义，积极推动南方共同市场，期望地区企业界的壮大，倡导社会运动和中左政权的联合阵线，而把社会主义作为实现国家管控新资本主义之后的发展阶段。而走新发展主义的道路必将在对抗资本主义的斗争中摇摆不定"。"许多拉美左派认同在社会主义之前必须实践资本主义模式的'革命阶段论'。支持者提出，在开始任何社会主义变革前必须清除封建遗毒，而这一点必须求助于各国的民族资产阶级。另有观点认为不应局限于促进国家资本主义的壮大，还应形成地区企业主集团。民族资本主义在20世纪并未盛行，在目前亦有许多阻碍。南美资产阶级不仅要同北美和英法的公司竞争，还要同地区性帝国主义集团和全球化中的金融对手较量。拉美资本主义要复兴也就意味着在接下来的数十年中，国际多极化的趋势将占主导，那么谁将是失败者，帝国主义列强？或是其他依附地区？地区资本主义的战略回避了这些问题。尽管新发展主义在拉美并非完全不可行，但拉美外围集团欲通过此路径实现整体提升的希望不大，且这一路径的牺牲者和受益者显而易见。任何资本主义的代价都将由人民承担，而银行家和工业资本家只会分享利润，因此，社会主义者主张反资本主义的模式。"①

（一）新发展主义的理论基础及主要代表人物

新发展主义的理论基础之一是古典政治经济学，主要是亚当·斯密的《国富论》和马克思的《资本论》。因此，社会结构和制度是最基本的因素。此外，新发展主义还吸取了 20 世纪初德国历史学派关于制度学方面的观点和美国制度学派的观点，认为制度很重要，制度改革是一种长期需要，经济活动和市场都需要不断地进行调整。因此，新发展主义是一种改革学派。

新发展主义的主要代表人物是巴西经济学家路易斯·卡洛斯·布雷塞尔—佩雷拉，他曾任巴西财政部部长、国家改革部长、科技部部长，现为《圣保罗报》专栏作家，《政治经济学》杂志主编。其主要代表作是：专著《停滞的宏观经济》和论文《新发展主义中的国家与市场》②

（二）新发展主义的主要观点

布雷塞尔—佩雷拉比较全面地阐述了新发展主义，他认为，新自由主义失败后，一个新的发展战略正在拉美兴起，这就是新发展主义。布雷塞尔—佩雷拉有关新发展主义的主要观点如下。

1. 新发展主义是一种国家发展战略

新发展主义不是一种单纯的经济学理论，而是一种国家发展战略，"它基于现有的经济学理论，试图提出一种能使所有外围

---

① Claudio Katz, Socialismo o Neodesarrollismo, 1de diciembre, 2006, http：//www. rebelion. org/noticia. php？ id = 42281.

② Bresser – Pereira, Luiz Carlos. "Estado y mercado en el nuevo desarrollismo", julio – agosto, 2007, Nueva Sociedad, disponible en , http：//www. bresserpereira. org. br/ver_ file. asp？ id = 2412，译文请见《拉丁美洲研究》2008 年第 1 期。

国家逐渐达到中心国家发展水平的战略。它以市场为基础，但它将主要作用赋予国家"。①

新发展主义与20世纪50年代拉美盛行的奉行进口替代战略的发展主义都强调国家作用的重要性，但它认为国家要实现发展目标必须得到稳定的融资和实施有效的行政管理，它没有为保护弱小的工业制定广泛的措施。新发展主义不认为市场能够解决一切，也不认为制度仅仅应该保障私有财产及合同的实施。

2. 新发展主义是"第三种理论"

新发展主义是介于国家发展主义和新自由主义之间的"第三种理论"，它既区别于民众主义提倡的发展主义，又区别于新自由主义，它是为巴西、阿根廷等中等发达国家在21世纪赶上发达国家而提出的一整套制度改革和经济政策的建议。新发展主义已经在整个拉美兴起，它在阿根廷等国正在实践。但是，只有在国内达成共识，新发展主义才有意义，才能成为一种真正的发展战略。新发展主义可以在企业家、劳动者、政府专家和中产阶级自由职业者之间达成共识，达成国家契约，以建立一个能够推动经济发展的国家。

新发展主义认为，要实现发展，提高投资率和引导经济向出口转向很重要，而投资的增加取决于降低利率和有竞争力的汇率。货币的高估趋势的原因有三，一是"荷兰病"②，它出现在主要生产廉价的自然资源性产品的国家，其汇率高估影响其他工

---

① Bresser – Pereira, Luiz Carlos. "Estado y mercado en el nuevo desarrollismo", julio – agosto，2007，Nueva Sociedad，disponible en ，http：//www. bresserpereira. org. br/ver_ file. asp？id = 2412，译文请见《拉丁美洲研究》2008年第1期。

② "荷兰病"（the Dutch disease）是指一国特别是指中小国家经济的某一初级产品部门异常繁荣而导致其他部门衰落的现象。

业部门；二是汇率的民众主义倾向；三是缺乏国家规划而使发展变得复杂，收入的集中不仅不公正，还是形形色色民众主义的温床。

3. 新发展主义与发展主义有所区别

发展主义所处的是资本主义的"黄金时期"，而新发展主义所处的是全球化时代，因此它们的时代背景不同。

此外，新发展主义不是保护主义，但它强调竞争性汇率的必要性。它需要对汇率进行管制，既要维持浮动机制，又要避免市场的严重失误。新发展主义不把增长的基础建立在低附加值初级产品的出口上，而是主张出口工业制成品和高附加值的初级产品。新发展主义摈弃把增长建立在需求和公共赤字的基础上，它主张财政平衡，减少公共债务，变短期债务为长期债务；认为国家是最好的集体行动的工具，国家具有战略意义的作用，应该加强国家的作用。

新发展主义与发展主义都承认国家重要的经济作用是保证市场的良好运作，为资本积累提供一般的条件：教育、卫生保健、交通、电信设施和能源。发展主义认为，国家可以推动强制储蓄，并在某些战略领域内进行投资。但新发展主义认为，现在私人部门已经拥有资源，企业有足够的能力来进行投资。

4. 新发展主义与新自由主义有所区别

新自由主义是市场原教旨主义，而新发展主义则相反。新发展主义认为，市场可以充分协调经济体制的有效机制，但它具有局限性。在经济资源的配置方面，市场可以发挥作用；但在鼓励投资和创新方面，市场的作用远非那么理想，而且在收入分配方面，市场也并不是令人满意的工具。因此，新发展主义主张建设一个强大的政府，但不是以牺牲市场为代价，而是使市场得到加强。新发展主义反对新自由主义关于国家已经失去这些资源的论调，因为这一资源取决于国家管理公共财政的形式。但新发展主义认为，在那些存在合理竞争的领域，国家不应成为投资者，而应成为竞争的保护者。因此，新发展主义把市场看作能够协调经济体系的有效机制，但并不像新自由主义正统学派那样信奉市场万能。

在宏观经济政策方面，新自由主义强调控制公共债务和通货膨胀，为确保宏观经济的稳定，国家应实现财政的盈余，将债务与GDP的比重控制在债权人可以接受的范围内，中央银行唯一的职责是反通货膨胀，使用的唯一工具是短期利率。新发展主义更加关注利率和汇率，认为财政调整不仅是为了实现财政盈余，而且还要实现正的公共储蓄，除了要减少经常性支出外，还要降低利率；认为中央银行有两个工具，一是利率，二是购入储蓄或对资本收入进行监督；认为中央银行有三项职能：控制通货膨胀；将汇率保持在既有利于国际收支平衡又能刺激投资出口所需要的水平上，主张浮动汇率，但应受到管制，以防止"荷兰病"；促进就业。

在经济发展战略方面，新自由主义主张弱化国家，强化市场，在投资和工业政策方面，赋予国家很小的作用，主张开放资本项目和依赖外部储蓄的增长。而新发展主义主张不仅要强化市场，而且要强化国家，因为一个拥有高效率的政策工具和法律制度的国家才能成为社会的工具。国民（团结的国民社会）是发展的基本力量。为了实现发展，不仅要保护财产与合同，而且还必须制定国家发展战略，鼓励企业家投资，优先发展出口和具有高附加值的知识和技术密集型的产业。增长不仅可以而且可以以国内储蓄为基础。

（三）拉美左翼眼中的新发展主义

2007 年 11 月 21 日，厄瓜多尔总统科雷亚在中国社会科学院发布了《厄瓜多尔的"21 世纪的社会主义"》的报告，在报告中，他强调要提出"新的发展观"，他说："西方的发展模式、发展观对我们是很有害的。所以我认为，传统社会主义的缺陷在于没有提出新的发展观，而只是提到经济要发展、生产力要提高等。我们现在要做的是提出新的发展观，以前的发展观是不可持续的。"①

巴西社会学家若泽·毛里西奥·多明格斯认为："拉美抛弃了新自由主义，但不清楚是否会做出克服新自由主义的选择"，"拉美现在谈论新发展主义，但不知道它能不能运转"。②

阿根廷学者卡兹认为，巴西总统卢拉和阿根廷总统基什内尔所奉行的政策就是新发展主义，认为新发展主义与新自由主义之间差别往往并不明显："卢拉和基什内尔为首的中左政府是新发展主义在南美的集中体现。支持者们认为，这些政府代表了工业力量对金融投机者的反对、进步势力对右翼寡头的抵制。但新发展主义和新自由主义之间有明显的区分吗？工业家和金融家之间不存在千丝万缕的联系吗？两者间有很强的交叉，如新发展主义者卢拉，目前同金融资本的关系就比同工业部门更为密切。就算接受了这两派资本主义间有很大的不同，那么新发展主义又会在多大程度上靠近贫苦大众的社会主义目标呢？在现有的制度下，强权者的利益从来都不会惠及社会，

---

① 科雷亚演说的译文请见《拉丁美洲研究》2008 年第 1 期。
② http://edant.clarin.com/suplementos/zona/2010/02/07/z-02135149.htm.

而是引发更激烈的剥削竞争和更大的危机，再转嫁给民众。目前，被压迫人民缺少为社会主义斗争的行动纲领是他们最大的障碍"；另外，卡兹认为，"走新发展主义的道路必将在对抗资本主义的斗争中摇摆不定"。①

（原载《毛泽东邓小平理论研究》2011 年第 4 期）

---

①　Claudio Katz, Socialismo o Neodesarrollismo, 1 de diciembre, 2006, http：// www. rebelion. org/noticia. php？ id = 42281.

经　济　篇

拉丁美洲国家发展战略的经验与教训

拉丁美洲和加勒比地区（以下简称拉丁美洲或拉美）包括北美洲（墨西哥）、中美洲、南美洲和西印度群岛，共 33 个独立国家和 12 个未独立地区。2004 年拉美经济总量达 2 万亿美元，人均 3636 美元，在发展中国家和地区是比较高的。2004 年进出口总额为 8595 亿美元，2005 年年中拉美外债总额为 7800 亿美元。拉美幅员辽阔，资源丰富，具有巨大的发展潜力。它的耕地面积约 7 亿公顷，人均耕地面积达 1.4 公顷，大大高于亚洲和欧洲的水平，它的牧场和草地面积占世界牧场和草地总面积的 17.2%；森林面积占世界森林总面积的 24%；它的矿藏丰富，其中白银储量约占世界的 1/5，铜储量约占世界的 1/3，铝土储量约占世界的 26%；拉美是仅次于中东的世界第二大储油区；它的水力资源约占世界的 10%。

一　拉美国家发展战略的演变

拉美国家的发展战略大体经历了三个时期。

第一时期，从 19 世纪 20 年代独立后至 20 世纪 30 年代，是初级产品出口发展战略时期。

第二时期，从 20 世纪 30 年代至 80 年代，是进口替代工业化战略时期。20 世纪 30 年代世界经济发生危机后，阿根廷、巴西、墨西哥等国开始实行进口替代工业化战略。"二战"后，拉美各国从零星地发展到普遍地采用进口替代工业化的战略，许多国家开始了大规模以工业化为主导的现代化建设。1950—1980年的 30 年间，拉美经济经历了一个相对较快的持续增长时期，全地区国内生产总值（GDP）年均增长 5.4%，人均 GDP 年均增长 2.7%。人均 GDP 从 1950 年的 396 美元增至 1980 年的 2045美元，使拉美地区从落后的农业经济向先进的工业经济逐步过渡。巴西、阿根廷、墨西哥等国进入了新兴工业国的行列，大多数国家的经济结构发生了深刻的变化。在生产结构方面，工业取代了农业成为经济发展的主导部门，制造业在 GDP 中的比重，从 1950 年的 17.5%，提高到 1980 年的 23.8%。工业内部的生产结构也逐步从传统的劳动密集型工业生产结构向技术密集型工业转变。在就业结构方面，出现了劳动力从传统的、生产率低下的经济部门向现代的、生产率较高的经济部门转移，农业劳动者在经济自立人口中的比重显著减少，工业、服务业就业人员所占比重明显增加。此外，在城乡结构、消费结构等方面也发生了深刻变化。

然而，拉美经济在取得较迅速发展的同时，也日益显露出不少问题。首先，经济发展不平衡，既包括拉美各国间经济发展不平衡，又包括各国经济内部发展不平衡；其次，一些国家过急、过快地扩大国有经济，国家对经济干预太多，造成公共开支不断增加，政府财政负担过重，赤字猛增，不少国有企业管理不善，亏本严重，生产下降，同时还影响了国内外投资者的利益和积极性，造成投资下降、资本外流；最后，由于片面强调进口替代，国民经济的内向性愈益严重，从而使出口部门缺乏活力。由于国家对国内市场的长期保护，国民经济抵御外部冲击能力不断减弱。

进口替代工业化发展模式的弊端与 70 年代后期出现的一系列不利因素结合在一起，导致了拉美地区经济形势的急剧变化。70 年代后期，为解决资金的不足，不少拉美国家实行负债发展经济战略，过分依靠举借外债来发展经济，拉美所欠外债总额从 1975 年的 685 亿美元迅速增至 1982 年的 3287.11 亿美元。1982 年，拉美偿债率（债务偿付占出口总额的比重）高达 41%，负债率（债务总额与同期出口总额的比率）高达 331%。1982 年 8 月，债务大国之一的墨西哥首先宣布无力偿还到期债务，紧接着，几乎所有拉美国家都先后陷入了一场严重的债务清偿危机。拉美所欠外债 1986 年增加到 3994.29 亿美元，1989 年又增加到 4175.25 亿美元。与此同时，拉美外债的结构也发生变化，中短期债务所占比重增加。外债负担越来越沉重，其偿债率远远超过国民经济的承受能力。80 年代拉美经济的发展受到严重影响，发展停滞，整个 80 年代拉美 GDP 只增长了 1.2%，人均 GDP 增长为 -0.9%，使 80 年代对拉美来说成为"失去的十年"。地区年通货膨胀率从 1980 年的 57.6%，上升到 1989 年的 1161%。居高不下的通货膨胀率使经济形势不稳，投资减少，失业率增加，人民生活水平下降，贫富差异悬殊，社会更加动荡。

第三时期，新自由主义外向型发展战略（20 世纪 80 年代中期至今）。20 世纪 80 年代这场债务危机使拉美国家深刻地认识到其发展战略和经济政策的失误和缺陷。为了克服经济危机，自 80 年代中期起，拉美多数国家对本国原来实行的进口替代工业化内向型发展模式进行调整，开始实施以贸易自由化和国有企业私有化为主要内容的新自由主义外向型发展战略，大刀阔斧地进行了经济改革，减少国家对经济的干预，实行市场化的经济体制；大力推行国有企业私有化；实行对外贸易自由化，大幅度降低进口关税，取消出口管制；减少或取消对外资的种种限制，全面开放资本市场，实现国民经济外向发展。尽管80年代以来拉美国家发展战略的调整并没有在发展速度上得到体现，但是，多数拉美国家的经济调整是有成效的，它使拉美国家变更了发展模式，逐步从严重的困境中摆脱出来，为90年代及后来的发展打下了一个比较坚实的基础。

二　对拉美国家近20年经济改革的评价

20世纪80年代拉美国家逐渐从被动地进行应急性经济调整开始，对传统的发展战略和模式，以及与之相应的政策和措施进行了全面的调整和改革。在实行经济稳定化计划的基础上，加快了经济市场化和自由化的进程，加大了结构性改革和对外开放的力度。进入90年代之后，拉美国家在更广泛的领域内，进行了更加深入的改革。尽管在这期间墨西哥和巴西都曾先后出现过金融危机，但是拉美国家经济改革的步子并没有因此而停顿。

经过将近20年的经济改革，拉美国家在建立适应现代经济发展需要的新机制方面取得了很大的进步，但同时在社会领域中也出现了收入分配两极化进一步扩大、贫困化程度加剧、失业人口增加、社会矛盾更加突出的问题，拉美社会对改革的承受能力正在逐渐减弱。尤其是2001年阿根廷爆发了其历史上最为严重的政治、经济和社会的全面危机之后，拉美其他一些国家也在不同程度上出现了政治、经济和社会形势全面紧张的局面，拉美经济改革模式的利弊成为社会关注的焦点。

在"华盛顿共识"①的影响下，拉美国家自 80 年代中期开始实施以贸易自由化和国有企业私有化为主要内容的经济改革。拉美的经济改革大致分以下 7 个方面：

（1）贸易自由化。贸易私有化是拉美经济改革最重要的举措。拉美国家大幅度降低贸易壁垒，以促使贸易自由化。拉美地区的平均关税已从改革前的 44.6% 降低到 13.1%；最高关税从平均 83.7% 降低到 41%。此外，拉美国家还降低了非关税壁垒。

（2）国有企业私有化。拉美国家国有企业私有化主要通过以下几种形式来实施。①直接出售；②公开上市，即把企业的股份在国内股票市场上出售，有时也在国际市场上出售；③由管理人员和雇员购买，即把国有企业直接出售给本企业的职工；④合资，即把国有企业的部分产权直接出售给私人投资者，其余部分由政府保留；⑤特许经营权和租赁。

（3）稳定宏观经济，降低通货膨胀率，减少财政赤字。

（4）税制改革。拉美的税制改革主要包括：①多征国内税，少征外贸税；②为了减缓征税对生产和储蓄的扭曲效应，20 多个国家对消费采纳为了实现公平，个人所得税仍然保留着多种不同的税率，但税率已被降低；③降低公司的利润税率；④为了改善征税工作，拉美 14 个国家建立了监督大税户的特殊机构。大

---

① 所谓"华盛顿共识"，是指英国经济学家、华盛顿国际经济研究所高级研究员、国际货币基金组织顾问约翰·威廉姆森（John Williamson）1989 年在《拉美政策改革的进展》一书中所提出的十条：①遵守财政纪律；②削减公共开支；③实行税制改革；④金融自由化；⑤竞争性汇率；⑥贸易自由化；⑦对外国直接投资开放；⑧私有化；⑨非调控或放松控制（英语 Deregulation，西班牙语 Desregulacion）；⑩牢固确立资产所有权。"华盛顿共识"这十条，被称为"新自由主义的政策宣言"。不少人认为，"华盛顿共识"是拉美大多数国家经济改革的指导思想。"华盛顿共识"被一些人认为是导致拉美现代进程受挫的"祸水"。

多数税收管理机构已放弃了过去那种根据税收划分功能的做法，采用了更为有效的组织形式。

（5）劳工制度改革。改革的重点是减少解雇雇员的成本和简化招聘临时工的程序，使雇员和雇主的关系更加适合市场经济体制的要求。

（6）养老金制度改革。改革的共同点是建立一个以个人资本化原则为基础的私人养老金基金。一些国家在改革中力求用各种方法使新的资本化制度与旧的公共制度联系在一起，以使改革在一定程度上纠正了旧制度的财政失衡，新建的养老金基金还为提高储蓄和发挥私人资本的作用开辟了新的途径。

（7）金融改革。改革的重点是取消或减少强制性的信贷配给项目，取消利率管制，降低存款准备金的要求，加强中央银行的独立性，强化对金融机构的监督和管理等。

如何评价拉美经济改革？

对拉美经济改革的评价主要有两种：一种是全盘否定，认为20年来的事实说明，拉美的新自由主义经济改革遭到了失败。另一种是认为拉美经济改革既有成效，也有失误；既有成功的经验，又有失败的教训。本人倾向对拉美近十年的经济改革应该一分为二。

拉美经济改革是一场深刻的经济体制和经济结构的改革，是从内向发展战略向外向发展战略的转换。应该说，经过十年的改革，拉美多数国家的经济体制和结构确实经历了深刻的变革，它们的经济发展战略也在不同程度上实现了从内向到外向的转换。应该说，这场改革是有积极意义的，拉美国家基本上适应了世界经济全球化的趋势。拉美经济改革增强了拉美各国国民经济的活力，使宏观经济失衡的局面得以恢复，经济有一定的增长，近20年拉美经济年均增长2.5%，2004年增长5.8%，2005年增长

4.5%。拉美通货膨胀率显著降低，财政赤字减少；经济结构和经济体制经历了改革。但是，拉美国家的新自由主义经济改革也产生了以下一些副作用：（1）由于收入分配不公越来越明显，社会问题日益严重。（2）随着国内市场的开放，许多竞争力弱的民族企业陷入了困境。（3）在降低贸易壁垒后，进口大幅度增加，从而使国际收支经常项目处于不利的地位。（4）国有企业私有化使私人资本和外国资本的生产集中不断加强。此外，私有化使失业问题更为严重。

联合国拉美经委会官员认为，在拉美七方面的改革中，比较成功的是税收改革、贸易开放、养老金改革，其次是私有化；改革不太成功的是稳定宏观经济和金融自由化。拉美经济改革的成效在不同国家以及在一国的不同阶段是有所不同的。如在智利，改革的成效相对要大一些，在阿根廷、墨西哥，改革在有些年份成效要好一些，在有的年份要差一些，甚至很差，爆发了危机。另外，各国改革的成功与失误的原因也不尽相同。

目前拉美国家正在总结自80年代中期以来以新自由主义为主导的经济改革的经验教训，继续探索适合本国国情的发展道路，在发展经济的同时开始注重与社会发展相协调，解决贫富差异悬殊，并重新确定和发挥政府的作用，调整产业结构，加强金融安全，提高国内储蓄率，扩大国内需求，保持国际收支相对平衡，制定合理的汇率，不断提高科技水平，保持宏观经济形势的稳定和经济的适度增长。拉美国家目前正在进行"改革的改革"，即所谓"第二代改革"或"第三代改革"。拉美有的学者提出要用新民族主义或新社会主义来取代新自由主义。

表 1　　　　　拉美经济（GDP）增长率（1950—2005 年）

1950—1965年	1965—1974年	1974—1980年	1980—1990年	2001年	2002年	2003年	2004年	2005年
5.2%	6.7%	5.1%	1.0%	0.4%	-0.4%	1.9%	5.8%	4.5%

三　拉美国家发展战略的主要经验和教训

拉美发展战略的转变和调整主要有三方面的经验：

（1）拉美国家传统的进口替代内向型发展战略发生了根本的变化，经济实现了由内向型发展向外向型和开放型发展的转变。拉美国家不再刻意寻求发展战略和模式的一致性，而是以更加务实和灵活的态度发展各自的经济，并积极地融入经济全球化的潮流之中。拉美经济与世界经济的联系更加密切了。

（2）拉美国家的产业结构，特别是工业结构发生了明显的变化。一些国家按照新的发展战略对资源重新进行了配置，出现了非工业化的趋势。另一些国家在削弱传统的进口替代工业的同时，加快了面向出口的工业部门的发展。

（3）随着经济改革的深化，市场机制在拉美国家经济中的地位和作用得以确立和巩固，国家在经济中的调控作用弱化，政府对经济进行调控的方式也发生了根本的变化。

主要的教训有：

（1）必须正确处理社会发展与经济发展之间的关系。拉美国家在人均 GDP 达到 1000 美元后，忽视经济与社会的协调发展，实施了一系列有利于中高收入阶层的政策，政府在调节收入分配方面作用不够，结果加大了贫富差距，很多拉美国家的基尼系数在 0.5 以上，从而加剧了社会矛盾，使拉美成为"世界上收入分配最不公平的地区"，甚至引发了激烈的社会动荡，并由此形成了独特的所谓"拉美化"或"拉美现象"。我国不少学者认为，拉美在这方面的教训是深刻的，中国应该防止"拉美化"。

（2）政治稳定是经济发展的前提。分析拉美经济发展中的危机与风险，其中一个重要的诱因是一些国家政府更迭频繁，政局不稳，破坏了投资的稳定性和连续性，干扰甚至阻断了储蓄向投资的转化过程，并使投资的结构更趋短期化。政局不稳加剧了社会动荡，社会动荡又加快了政府的更迭，也难以使宏观经济保持持续稳定的发展。

（3）必须正确处理工业化和农业发展之间的关系。拉美国家在进行经济结构性改革过程中，重工轻农政策使农业部门处于十分不利的地位，使广大农民失去了政府的保护，农业边缘化的趋势进一步加强。

（4）正确处理政府干预与市场经济机制两者之间的关系。一些拉美国家在改革过程中，政府没能充分发挥应有的调节和指导作用，而是过多地强调减少政府干预。

（5）正确处理利用外资与提高国内储蓄率两者之间的关系。拉美国家的资本积累能力很低，这导致它不得不大量依赖外资，大量引进跨国公司的投资，大量向外国商业银行借债，一旦外资撤走，国民经济就陷入危机。墨西哥金融危机说明，过度依赖外资特别是短期外资并非上策。在积极引进外资的同时，应该努力提高国内储蓄率，以减少对外资的依赖。

（6）正确处理发挥本国资源比较优势和提高产业结构之间的关系。应该通过改善产业结构和提高科技水平等途径来强化自身的竞争力。

（原载《紫光阁》2006 年第 5 期）

新自由主义对拉美的影响

一　新自由主义在拉美的传播和扩散

新自由主义理论早在 20 世纪 70 年代初就传入拉美，但传播范围当时仅限于智利、阿根廷和乌拉圭等少数拉美国家。70 年代阿根廷、乌拉圭的新自由主义改革"试验"以失败告终，智利的新自由主义改革虽取得了一定成效，但也付出了高昂代价。

1976 年到 1983 年 7 年中，阿根廷军政府执政了新自由主义的经济政策，开放商品市场，造成许多民族企业破产；开放资本市场，纵容了国际金融资本在阿根廷的猖狂投机活动；残酷镇压劳工和反对派，留下了 3 万多失踪者。军政府被迫于 1983 年在经济、社会和军事（马岛战争）灾难中下台，造成阿根廷工业能力缩减 30%、资本外逃、外债猛增、收入分配极不平等等灾难性的影响。

1973 年皮诺切特将军在智利通过政变推翻社会党阿连德政府上台后，立即将一大批从美国芝加哥大学等欧美高等院校学成回国的经济学家安排在政府部门，并委以重任。这些被称为"芝加哥弟子"的"海归派"通晓市场经济理论和西方经济学，认为只有新自由主义理论才能使智利的经济走出困境。因此，在他们的影响下，皮诺切特军政府实施了以开放市场和减少国家干预为主要内容的经济改革。尽管未能避免80年代初的债务危机和经济衰退，但是，智利经济于1984年就率先恢复增长，1981—1989年，智利经济累积增长27.5%，比同期整个拉美地区经济平均累积增长11.7%高出1.35倍。[①] 这种情况显然得益于智利前期经济改革所创造的条件和80年代改革的继续深化。与拉美大部分国家经济形势形成鲜明对照的是，智利宏观经济自20世纪80年代中期以来却一直比较稳定（尽管1999年曾有过短暂的衰退，经济增长率为负0.8%）。皮诺切特一直执政到1990年，同年，智利"还政于民"，民选政府执政后，基本上仍奉行新自由主义主义经济政策，只是比较重视解决社会问题。1984—1997年，智利经济以年均7%的速度增长，被世界银行和西方国家誉为拉美新自由主义改革的样板，许多国家都借鉴了智利改革的成功经验。米尔顿·弗里德曼便把智利称为新自由主义的实验场。

二　"芝加哥学派"对智利和拉美的影响

为了支持"芝加哥弟子"在智利推出的政策，新自由主义的"芝加哥学派"的代表弗里德曼、哈伯格以及哈耶克都访问了智利并发表了大量的演讲。这些政策虽然在控制通货膨胀、促

---

① 苏振兴主编《拉丁美洲的经济发展》，经济管理出版社2000年版，第164页。

进非传统性的出口增长方面取得了一定的效果，但与此同时，使失业率大幅度攀升、贫富差异急剧加大。此外，为了维护统治，皮诺切特军政府在政治上，加紧残酷迫害国内的批评者和反抗者。

随着开放政策的实施，外国投资开始增加，智利经济开始增长，美国媒体以及芝加哥学派的经济学家开始鼓吹所谓的"智利奇迹"，片面宣传自由市场经济在智利取得的成就。

与此同时，面对20世纪70年代加剧的一系列经济问题，以金融资产阶级为首的美国统治阶级开始意识到必须打垮本国工人阶级的力量，并摧毁社会主义国家和第三世界国家发展民族经济的努力，而新自由主义芝加哥学派的经济学正好提供了相应的理论支持。因而，从70年代开始，大量的资金被投向芝加哥大学经济系，资助其研究、学术会议、杂志和招收留学生。美国的媒体则越来越多地给芝加哥学派的经济学家提供发表见解的机会。在这种背景下，哈耶克和弗里德曼分别在1974年和1976年获得诺贝尔经济学奖。芝加哥学派在经济学界的影响越来越大，新自由主义也从被个别国家所接受发展到被很多国家所接受。

随着1990年皮诺切特的下台，"芝加哥弟子"被迫从智利政府中退出，但其制定的政策大部分仍被保留了下来。此后，虽然他们在学术界和商界仍然很活跃，但在政界已很难见到其身影。

随着"智利项目"的成功，美国把该项目扩展到了其他拉美国家。除了从拉美国家招收本科生到智利天主教大学学习和选送其中的优秀者到芝加哥大学留学外，美国还在一些拉美国家"复制"智利项目。例如，在阿根廷，美国国际发展署资助设立了库依欧项目，让库依欧大学与芝加哥大学和智利天主教大学合作培养经济学家，仅1962年至1967年即选送了27名阿根廷学生到芝加哥大学学习经济学。

随着芝加哥大学培养的大量经济学家回到拉美国家，"芝加哥弟子"在拉美的影响也逐渐增大。这种影响不仅表现在拉美的学术界和商界，还表现在政界。他们对新自由主义在拉美的传播和泛滥起了关键的作用，也为"拉美化"的出现立下了汗马功劳。

在推行新自由主义的过程中，美国政府的国际援助机构，国际合作局及其后继者，国际发展署、福特基金会、富布赖特基金会以及洛克菲勒基金会通力合作，牵线搭桥，提供资助。随着美国经济学界的"新自由主义化"，美国的合作教育机构也不再仅限于芝加哥大学，而是扩展到了其他的大学，如哈佛大学、耶鲁大学、斯坦福大学等。①

从 20 世纪 80 年代中期开始，新自由主义理论在整个拉美地区迅速传播和扩散。它在拉美的流行与以下几个原因有关：第一，20 世纪 80 年代的债务危机和经济危机迫使拉美国家在理论上寻求摆脱危机的出路；第二，拉美"新一代领导人"的出现为新自由主义理论的传播提供了必不可少的"土壤"；第三，新自由主义思想在拉美的传播与美国政府、世界银行和国际货币基金组织对拉美国家施加的压力有密切的关系；第四，"东亚奇迹"与苏东剧变的示范效应在传播新自由主义理论时发挥了一定的作用；第五，美国学术界和拉美学术界为新自由主义理论的传播推波助澜。例如，90 年代初美国学者 F. 福山的《历史的终结与最后一个人》一书的西班牙语版在智利等国发行时，曾连

---

① 朱安东：《"芝加哥弟子"与新自由主义在拉丁美洲的泛滥》，载李慎明主编《2006 年：世界社会主义跟踪研究报告》，社会科学文献出版社 2007 年版，第 566—572 页。

续数周名列畅销书排行榜之首。福山认为，信奉国家干预或市场机制的不同意识形态经过长时期的较量和争论之后，自由市场经济终于取胜。在福山眼中，这象征着历史的终结。著名的秘鲁学者埃尔南多·德索托于 80 年代后期出版了《另一条道路》一书。他在书中提出了政府应该减少对经济生活的干预和大力发展市场经济的主张。该书出版后立即在许多拉美国家成为畅销书。这些宣传新自由主义理论的著作经拉美媒体和学术界的炒作，在拉美的影响不断扩大。

三 "华盛顿共识"与拉美经济改革

所谓"华盛顿共识"（El Consenso de Washington），是指英国经济学家、美国华盛顿国际经济研究所高级研究员、国际货币基金组织顾问约翰·威廉姆森（John Williamson）1989 年在《拉美政策改革的进展》（*The Progress of Policy Reform in Latin America*）一书中所提出的十条：（1）加强财政纪律，压缩财政赤字，降低通货膨胀率，稳定宏观经济形势；（2）削减公共开支，把政府开支的重点转向经济效益高的领域以及有利于改善收入分配的领域（如文教卫生和基础设施）；（3）开展税制改革，降低边际税率，扩大税基；（4）实施金融自由化、利率市场化；（5）实行一种具有竞争力的汇率制度；（6）实施贸易自由化，开放市场；（7）放松对外资的限制；（8）对国有企业实施私有化；（9）非调控；（10）牢固确立资产所有权。

1990 年，美国国际经济研究所在华盛顿召开了一个讨论 80 年代后期以来拉美经济调整和改革的研讨会。出席会议的有拉美国家的政府官员、美国财政部等部门的官员、金融界和企业界人士以及世界上若干高等院校和研究机构的经济学家。世界银行、国际货币基金组织以及面向拉美的美洲开发银行等国际机构的代表也参加了会议。会议的最后阶段，约翰·威廉姆森所提出的上述十条政策主张经过若干修改成为会议的共识。由于上述国际机构的总部和美国财政部都在华盛顿，加之会议也是在华盛顿召开的，因此这一共识被称做"华盛顿共识"，"华盛顿共识"这十条，被称为"新自由主义的政策宣言"。

威廉姆森在会后将会议论文汇编成册，并于同年出版。在这本题为《拉美调整的成效》的论文集中，威廉姆森更加明确地阐述了拉美国家在经济调整和改革过程中应该采纳的"处方"。威廉姆森认为，上述政策工具不仅适用于拉美，而且还适用于其他有意开展经济改革的发展中国家。在他看来，"华盛顿共识"似乎是放之四海而皆准的"灵丹妙药"。

但是，"华盛顿共识"从其问世之日起就受到了来自多方面的猛烈批评。例如，诺贝尔经济学奖得主、原世界银行副行长兼首席经济学家约瑟夫·斯蒂格利茨教授批评国际货币基金组织与美国财政部不遗余力所推崇的"华盛顿共识"是"市场原教旨主义"，他把"华盛顿共识"概括为这样一种教条："主张政府的角色最小化、快速的私有化和自由化"，他认为"华盛顿共识""往好里说，它是不完全的；往坏里说，它是误导的"，"这既是不良的经济政策，也是不良的政治政策；它建立在与市场运作有关的立论之上，这些立论甚至在发达国家也是不成立的，更不用提发展中国家了"；有人认为，"华盛顿共识"的十个主张是以新自由主义为理论基础的，发展中国家实施其"处方"的后果，必然是贫富差距越来越大，贫困化现象越来越严重，经济主权不断弱化。还有人认为，"华盛顿共识"是一种"新帝国主义"，是美国及被美国操纵的国际金融机构迫使发展中国家开放市场的"敲门砖"，是"后冷战"时代资本主义向处于低潮的社会主义发起攻击的"进军曲"。

对于来自各方面的批评，威廉姆森认为批评者曲解了他的用意。他指出，"华盛顿共识"不等于新自由主义，因为他在"发明""华盛顿共识"的时候，美国总统里根推行的"市场原教旨主义"政策已开始走下坡路，因此他没有必要去重蹈里根经济学的"覆辙"。他甚至在一篇为"华盛顿共识"辩解的文章中指出，新自由主义政策不能解决贫困问题，而"华盛顿共识"中的一些政策取向则有利于减少贫困。1996 年，威廉姆森发表《修改华盛顿共识》一文，为自己进行辩护，声明自己不属于新自由主义学派，声称"共识"中的十条政策是对拉美国家当时已在实施的改革政策的归纳，不是他本人的观点，也不存在"由华盛顿制定和强加的改革计划"。在他的这篇文章中，他对原提出的 10 条加以修改或补充，形成了新的十条，即（1）通过恢复财政纪律增加储蓄；（2）公共开支向社会计划再投资；（3）开征土地使用税；（4）强化银行监督；（5）保持竞争性汇率，排除浮动汇率或将汇率用作名义锚；（6）继续地区内部贸易自由化；（7）通过私有化和自由化建立竞争性市场经济；（8）重新界定产权并使全社会都有可能获得产权；（9）创建诸如自主的中央银行、强有力的预算委员会、独立和廉洁的司法部门等战略性机构；（10）加大中小学教育开支。[①] 在新十条中，针对他忽视社会问题的责难，强调公共开支要向社会计划和增加教育支出倾斜，由于拉美一些国家发生金融危机，强调要加强对银行的监督和放弃固定汇率等。

毫无疑问，"华盛顿共识"提出的政策主张以新自由主义理

---

① 转引自苏振兴主编《拉美国家现代化进程研究》，社会科学文献出版社 2006 年版，第 238 页。

论为基础，片面强调市场机制的功能和作用，忽视保护市场的重要性，轻视国家干预在经济和社会发展进程中的重要性和必要性，因此，造成拉美一些国家的民族企业不敌外来竞争，纷纷倒闭，国民经济外资化现象越来越严重。

1998 年 4 月在智利首都圣地亚哥举行的美洲国家首脑会议，明确提出了以"圣地亚哥共识"替代"华盛顿共识"的主张。"圣地亚哥共识"的含义是：（1）必须减少经济改革的"社会成本"，使每一个人都能从改革中受益；（2）大力发展教育事业和卫生事业；（3）不应该降低国家在社会发展进程中的作用；（4）健全法制，实现社会稳定；（5）提高妇女和少数民族群体的社会地位和经济地位；（6）完善和巩固民主制度。

四　新自由主义与拉美的经济改革

国内外有相当一部分人认为，"拉丁美洲是世界上最早进行新自由主义改革的地区"①、"拉美是新自由主义的实验场"②，"拉美是新自由主义的重灾区"③。古巴学者奥斯瓦尔多·马丁内斯认为，"新自由主义主导着近 30 年来世界历史的发展。对拉美而言，这一论断尤为正确。在拉美，新自由主义一度是居于统治地位的先锋力量。随后，在拉美国家实行新自由主义'休克疗法'的教条主义实践中，新自由主义的地位

---

① 陈平：《新自由主义兴起与衰落　拉丁美洲经济结构改革（1973—2003）》，世界知识出版社 2008 年版，第 1 页。

② 冰河：《拉美国家新自由主义改革的教训》，《中国社会科学院院报》，2004 年 2 月 19 日。www.cass.net.cn/file/2004021912766.html - 10k - 。

③ 何秉孟主编：《新自由主义评析》，中国社会科学出版社 2004 年版，第 147 页。

更为显赫"①。

对新自由主义在拉美兴起和发展的原因，西方主流经济学家和我国国内一部分学者认为，主要是由于拉美进口替代工业化模式在 20 世纪 70 年代的衰落，认为 80 年代拉美大多数国家债务危机的爆发暴露出这一发展模式的缺陷，为了摆脱经济危机的困扰，进行新自由主义改革，建立开放和外向型的市场经济体制，是拉美国家唯一的选择；然而，拉美和西方一些左翼学者认为，拉美向新自由主义转轨是由多种因素造成的，债务危机只是其中之一，而意识形态、政治和外部因素起着重要作用。

关于拉美国家经济改革的指导思想是什么？有两种看法。多数人认为，拉美大多数国家经济改革的指导思想是新自由主义，是"华盛顿共识"。② 他们把拉美的改革直接称为"新自由主义的结构改革"③ 或"新自由主义改革"。④

也有人认为，拉美国家经济改革的指导思想是"新自由主义和新结构主义思想相结合的、具有拉美特点的新自由主义"。⑤ 20 世纪 90 年代以来，联合国拉美经委会先后发表了关于拉美必须"有公正的发展"、"稳定的发展"的主张，这些主张在一定的程度上受到拉美国家的重视。

应该说，大部分拉美国家经济改革的主导思想是新自由主

①　Osvaldo Martínez: La muerte compleja del neoliberalismo, Editorial de Ciencias Sociales, Cuba, 2007.

②　Ricardo Ffrench – Davis: Reformas economicas para crecer con equidad, Notas de la CEPAL, mayo de 2003, No. 28, p. 2.

③　Joseph Ramos: Un balance de las reformas estructurales neoliberales en America Latina, Revista de la CEPAL, agosto de 1997, No. 62.

④　Ricardo Ffrench – Davis: Las reformas economicas en America Latina y los desafios del Nuevo decenio, julio – septiembre de 2002, Estudios Internacionales, No. 138.

⑤　江时学主编:《拉美国家的经济改革》，经济管理出版社 1998 年版，第 7 页。

义，但在拉美不同国家，或在某一国家的不同时期，在采用新自由主义经济政策的同时，也采取了一些可称为新结构主义的经济政策。即使实行新自由主义政策，在具体做法上、程度上也不尽相同。

值得一提的是，尽管拉美国家实行新自由主义的经济改革，但不少拉美国家领导人都不承认自己实行的改革是新自由主义的。

新自由主义理论对拉美的影响是十分巨大的，毫无疑问新自由主义理论是拉美经济改革的重要理论基础之一。

对于拉美新自由主义改革的成效和问题，国内外学者看法也不尽相同。如美洲开发银行认为，尽管拉美新自由主义改革总体效果"不甚理想"，但在恢复经济增长、稳定宏观经济、遏制收入分配不公方面仍然是积极的、有成效的；[1] "总的来说，拉美的经济改革取得了明显的积极的成效"[2]；而拉美一些左翼学者以及我国有些学者的观点截然相反，他们认为，经过10年的结构改革以后，拉美地区所能看到的"仍然是许诺，而不是实际的理想的结果"。[3] "毫无疑问，站在拉美国家的立场上，拉美新自由主义的改革总体上说是失败的"，[4] "从总体来看，拉美地区10多年来，'改革'的动作大、发展成效小。不仅如此，拉美新自由主义改革还带来了一系列严重问题"，"新自由主义在拉美

---

[1]　参见美洲开发银行《拉美改革的得与失》，社会科学文献出版社1999年版，第190—256页。

[2]　江时学：《新自由主义、"华盛顿共识"与拉美国家的改革》，载何秉孟主编《新自由主义评析》，中国社会科学出版社2004年版，第200页。

[3]　Joseph Ramos, *Neoliberal Structural Reforms in Latin America*: the current situation, ECLAC Review, No. 62.

[4]　陈平、王军：《拉美新自由主义改革：为什么必然失败?》，《拉丁美洲研究》2004年第4期。

的蔓延既取得一定的成效，更遭到严重的失败"①；有学者认为，新自由主义对拉美经济改革的影响主要表现在：（1）限制拉美国家经济改革的自主性；（2）在改革与发展关系上的误导；（3）在国家与市场关系上的误导。②

应该说，自20世纪80年代中期以来和整个90年代拉美经济改革的声势之大、范围之广、影响之深，不仅在拉美历史上是前所未有的，而且在整个第三世界来说也是非常引人注目的。

新自由主义的经济改革的主要措施是：

（1）贸易自由化。贸易自由化是拉美经济改革最重要的举措。在经济改革中，拉美国家大幅度降低贸易壁垒，以促使贸易自由化。拉美地区的平均关税已从改革前的44.6%降低到13.1%；最高关税从平均83.7%降低到41%。此外，拉美国家还降低了非关税壁垒。

（2）国有企业私有化。拉美国家国有企业私有化主要通过以下几种形式来实施。第一，直接出售，即把企业直接出卖给私人投资者。第二，公开上市，即把企业的股份在国内股票市场上出售，有时也在国际市场上出售。第三，由管理人员和雇员购买，即把国有企业直接出售给本企业的职工。第四，合资，即把国有企业的部分产权直接出售给私人投资者，其余部分由政府保留。出售的那部分通常会成为一个新的公司。第五，特许经营权和租赁。即私人公司在特定时间内（通常为15—30年）向国有企业租赁资产并接管其经营活动；有时还可在租赁期满时购买这家企业。私人公司在支付租金后可保留所有经营利润。

---

① 何秉孟主编：《新自由主义评析》，中国社会科学出版社2004年版，第22—23页。

② 苏振兴：《改革与发展失调——对拉美国家经济改革的整体评估》，载何秉孟主编《新自由主义评析》，中国社会科学出版社2004年版，第163—166页。

（3）稳定宏观经济。改革前拉美多数国家通货膨胀率居高不下，财政赤字严重，宏观经济严重失衡。经过改革，宏观经济状况好转。地区通货膨胀率从 90 年代初的 3 位数降低到 10％ 左右，财政赤字降到占国内生产总值的 2％ 左右。

（4）税制改革。改革前拉美税制的不合理性表现在许多方面。它的多重税率无功效可言，复杂的税率居于很高的水平，从而扭曲了企业的决策，也使居民的储蓄积极性受到了损害。政府试图通过税收的杠杆作用促进投资或发展某些部门。进入 90 年代后，拉美税制改革全面展开。税制改革的方向是实现中性化，并在立法和行政管理方面使税制简化，扩大税基，统一税率，力求获得更多的税收。

（5）劳工制度改革。改革前，拉美各国政府对劳动力市场进行有力的干预，工会组织具有相当大的权力。拉美旧的劳工制度的原则是确保劳动力市场的稳定，使工人不因失业、疾病和年老而蒙受损失。但是，这些目标并没有达到。进入 90 年代后，越来越多的拉美国家开始进行劳工制度改革。改革的重点是减少解雇雇员的成本和简化招聘临时工的程序，使雇员和雇主的关系更加适合市场经济体制的要求。

（6）养老金制度改革。改革前拉美的社会保障制度具有以下特点：社会保障机构主要由政府部门管理；社会保障制度所提供的好处与个人缴纳的份金没有联系，从而增加了未来支付巨额养老金的义务，降低了财政储备的水平；覆盖面小。智利的养老金改革起步较早，始于 1980 年，也比较成功。进入 90 年代后，其他一些拉美国家也加快了社会保障制度改革的步伐。这一改革的共同点是建立一个以个人资本化原则为基础的私人养老金基金。为了尊重养老金制度业已承担的义务，同时保证提供基本的或最低的养老金，阿根廷、哥伦比亚、墨西哥、秘鲁和乌拉圭等国在改革中力求用各种方法使新的资本化制度与旧的公共制度联系在一起。这种做法至少使改革在一定程度上纠正了旧制度的财政失衡。此外，新建立的养老金基金还为提高储蓄和发挥私人资本的作用开辟了新的途径。

（7）金融改革。改革前拉美国家的金融体系受政府垄断的程度很高，金融体制高度分割，"金融压抑"司空见惯，银行效率低下。进入 90 年代后，拉美国家加快了金融改革的步伐。改革的重点是：取消或减少强制性的信贷配给项目，取消利率管制，降低存款准备金的要求，加强中央银行的独立性，强化对金融机构的监督和管理等。这些改革措施使拉美的金融体制朝着金融市场的自由化和建立一个有效的管理体系这两个方向迈出了重要的一步。但是，金融改革后，自由化程度的提高同时也使银行危机的"传播效应"更大、更快。

笔者认为，对拉美经济改革的成效与问题应该采取"一分为二"的态度和看法。[①] 拉美经济改革增强了拉美各国国民经济的活力，使宏观经济失衡的局面得以恢复，经济有一定的增长，1991—2000 年年均增长率为 3.2%；通货膨胀率降低，财政赤字减少；经济结构和经济体制经历了改革。但是，不可否认，拉美国家的新自由主义经济改革也产生了以下一些副作用：（1）由于收入分配不公越来越明显，社会问题日益严重；（2）随着国内市场的开放，许多竞争力弱的民族企业陷入了困境；（3）在降低贸易壁垒后，进口大幅度增加，从而使国际收支经常项目处于不利的地位；（4）国有企业私有化使私人资本和外国资本的生产集中不断加强。此外，私有化使失业问题更为严重；

---

① 　徐世澄：《一分为二看待拉美的经济改革》，《拉丁美洲研究》2004 年第 2 期。

（5）不成熟的金融自由化和过早开放资本项目增加了金融风险，在推进金融自由化的过程中，政府未能有效地对金融部门加以监管，这无疑是 1994 年墨西哥金融危机，1999 年巴西的金融动荡以及 2001 年阿根廷危机的主要原因之一。

五　新自由主义在拉美开始"退潮"

自 20 世纪末开始，新自由主义在拉美开始"退潮"。"退潮"的主要原因和表现是：

（1）拉美左派的崛起。自 1999 年查韦斯在委内瑞拉执政以来，拉美左派和中左派纷纷通过选举在拉美 10 多个国家上台执政，如巴西的卢拉、乌拉圭的巴斯克斯、玻利维亚的莫拉莱斯、厄瓜多尔的科雷亚、智利的巴切莱特、阿根廷的克里斯蒂娜、尼加拉瓜的奥尔特加、巴拉圭的卢戈、萨尔瓦多的富内斯等。这些政府大多数是在民众抗议新自由主义运动的支持下，举起变革的旗帜而赢得大选胜利而上台的。其中，"激进"左派政府如委内瑞拉查韦斯、玻利维亚莫拉莱斯和厄瓜多尔等国政府公开宣布与新自由主义决裂，他们提出要建立"21 世纪社会主义"或"社群社会主义"的口号，实行石油和天然气等部门的国有化，扩大国有经济和社会所有制，发展合作经济，推行多项社会计划；而"温和"左派政府如巴西卢拉政府、智利巴切莱特政府等，虽然没有公开与新自由主义决裂，但都在不同程度上与其前任的新自由主义政策拉开距离，如强调经济的自主性，注重发挥国家宏观经济的调控作用；改进社会政策，关注民生等。

（2）新自由主义在拉美的影响力明显下降。由于新自由主义恶化了拉美国家的社会形势，加剧了社会冲突，导致拉美各国民众抗议新自由主义政策的运动不断兴起，一些积极推行新自由主义的政府和政党逐渐失去民众支持，而拉美各国学术界对新自由主义的批评声音日益高涨。

（3）拉美新结构主义思想开始复兴。拉美结构主义学派的经济学家一方面对结构主义理论进行反思与扬弃，另一方面，在与新自由主义的交锋中，继续进行理论方面的探索，提出了新结构主义的主张。在 20 世纪 90 年代初，拉美经委会的经济学家提出了《生产改造与公正相结合》的文件，在 1998 年和 2001 年，时任拉美经委会执行秘书的哥伦比亚经济学家安东尼奥·奥坎波先后发表了《超越华盛顿共识——来自拉美经委会的观点》和《再论发展议程》两篇重要文章，对新自由主义提出了批评，系统地提出了关于经济发展的新结构主义的基本主张，主张在生产现代化的前提下，形成经济增长与社会公正之间的"正向协同"，强调提高竞争力，关注宏观经济平衡，强化参与和包容的政治民主。

新自由主义虽然在拉美已开始退潮，但它在拉美依然顽强地存在着。正如古巴著名经济学家、古巴全国人民政权代表大会经济委员会主席奥斯瓦尔多·马丁内斯 2007 年 9 月 23 日在中国社会科学院拉美所发表的《新自由主义对拉美的影响》的报告所说的，新自由主义"已经失败但还没有被击溃，新自由主义仍然在拉美存在，战胜它还需要时间"，"它在拉美仍然顽强地存在，这表现在某些国家的候选人（在竞选时）批评新自由主义，但在当选后仍然实行新自由主义。乌拉圭和巴西现在发生的就是如此……新自由主义已经失败，需要新的思想来代替，这样的思想已经有了，但还没有完全形成"，"现在，拉美的人民开始反对新自由主义，新自由主义的阵线也已经被打破。委内瑞拉、厄瓜多尔、尼加拉瓜和玻利维亚政府反对新自由主义；巴西、乌拉圭和阿根廷政府则批评新自由主义，但不愿与之决裂。在选举中，拉美人民愿意支持非新自由主义候选人，这主要是因为新自由主义的承诺没有兑现"，"新自由主义毫无争议的主导地位已经成为过去"。①

（原载徐世澄主编《拉丁美洲现代思潮》，
当代世界出版社 2010 年版）

---

① 杨建明：《"新自由主义对拉美的影响"研讨会综述》，《拉丁美洲研究》2007 年第 6 期。

拉美：新崛起的能源大陆

拉丁美洲是世界重要的能源生产和出口地区之一。近年来，拉美国家之间在能源方面的合作进一步加强。与此同时，拉美一些国家还采取了一些能源国有化的措施，引起了国际社会的关注。

一　拉丁美洲：世界重要的石油产地

拉丁美洲地区是各种能源蕴藏量丰富的地区，其中石油的蕴藏量尤为丰富。据统计，目前拉美已探明的石油储量占世界石油总储量的 12% 左右，居世界第二位，仅次于中东地区。目前已探明的石油储备量为 1170 亿桶，可能的储备量有 1140 亿桶。拉美的原油产量每天约 900 万桶，未来有可能增加到 1400 万桶以上。拉美石油主要生产国和出口国是委内瑞拉、墨西哥，其次是厄瓜多尔、秘鲁、特立尼达和多巴哥等。近年来，随着新技术的开发、运用和投资的增加，巴西、哥伦比亚、阿根廷等国相继发现了新的大油田，据美国能源部能源情报署最近一份报告预测，巴西、哥伦比亚和阿根廷在未来 20 年内将成为拉美石油生产大国。

委内瑞拉是拉美石油储量最多的国家,是拉美第二大石油生产国,仅次于墨西哥。是世界第五大石油出口国。委内瑞拉是欧佩克创始国和成员国之一,在欧佩克中发挥着重要作用。据委内瑞拉国营石油公司负责开发和生产的副总裁今年7月初宣称,委目前已探明的常规石油储量为805.82亿桶,重油储量为2350亿桶,合计3155.82亿桶。委内瑞拉包括重油在内的石油总储量已超过沙特阿拉伯,居世界第一。目前委内瑞拉日产原油330万桶,计划在2012年达到日产580万桶,2020年日产720万桶。委内瑞拉的石油收入占出口收入的80%以上,占政府的财政收入的40%。

墨西哥是拉美第一大石油生产国,其石油储量占拉美第二位。据墨西哥国营石油公司2005年统计年鉴统计,2005年初墨西哥原油的全部储量为469.141亿桶,可供开采29年;其中已探明的储量为176.498亿桶,可供开采11年。目前日产原油700多万桶,石油收入占政府财政收入的40%左右。墨西哥不是欧佩克成员国。厄瓜多尔曾是欧佩克的成员,1992年因为没有履行官方的石油配额而退出。玻利维亚已提出要求,希望成为欧佩克的观察员。近十多年来,巴西石油业也发展迅速。20世纪90年代初,巴西石油日产量仅有67万桶,只能满足国内的一半需求,所需石油的48.3%要靠进口,每年需花费上百亿美元进口石油。由于巴西75%的石油储量位于深海,巴西国营石油公司自1986年开始实施"深水油田开采技术创新和开发计划",全面加强科研和加大资金投入。经过20年的努力,巴西的深水石油勘探和生产技术跃居世界领先地位,这一技术使巴西石油产量连年大幅增长,2006年石油日均产量达到191万桶,而目前巴西国内日均消费量为180万桶,自给有余还可实现少量出口。巴西人民终于圆了"石油完全自给"的梦。卢拉总统说，巴西实现石油自给是巴西经济稳定和安全的一张"强有力王牌"，"就如巴西再次获得独立一样，将书写出新的历史"。巴西现已探明的石油储量达135亿多桶，可供开采21年。据巴西石油公司宣布，至2010年，巴西将日产原油230万桶。此外，巴西还实行能源多样化政策，石油、天然气、煤炭、水电、核能齐头并进，再加上巴西早就推广甘蔗酒精等生物燃料作为替代能源。

二 拉美国家加强能源合作

近年来，拉美国家之间在能源方面的合作不断加强。其主要标志是：

第一，能源合作已成为拉美地区和小地区首脑会议优先讨论的重要议题。各国政府对能源问题和加强能源合作作为政府工作的重点。今年4月19日，巴拉圭、玻利维亚、乌拉圭和委内瑞拉4国首脑和阿根廷、巴西总统代表在亚松森举行能源首脑会议，讨论兴建南方天然气管道问题，将玻利维亚的天然气输送到巴拉圭和乌拉圭。6月3日，墨西哥、中美洲6国、哥伦比亚和多米尼加共和国在多米尼加拉罗马纳市举行第二次中美洲能源首脑会议，会议评估了一项地区能源计划，准备投入90亿美元以减轻高油价对这些国家的经济带来的负面影响。7月3日，在圣克里斯托瓦尔和内维斯举行的加勒比国家共同体的国家元首和政府首脑会议也把能源作为主要议题之一。

第二，委内瑞拉等国积极开展"能源外交"。查韦斯以优惠价格向古巴、加勒比小国供应原油，目前委内瑞拉以优惠价格每天向古巴供应9万桶原油。2005年6月29日，委内瑞拉总统查韦斯同13个加勒比国家领导人签署协议，答应向这个地区供应委内瑞拉的低价石油。这一协议将会帮助减少加勒比小国的石油支出，预期每桶节省6美元。今年5月，查韦斯访问玻利维亚，委、玻两国签署一项协议，两国将组成一个"能源联盟"，建立了一个名为安第斯石油公司的合资企业，从事石油和天然气的贸易与供应。委内瑞拉石油公司将投入15亿美元用于石油天然气的各项计划，从勘探、生产到加工与贸易。5月30日，查韦斯访问厄瓜多尔，与帕拉西奥斯总统签署两项能源合作协议，促进双边关系的发展和一体化。6月15日，委内瑞拉外长和哥伦比亚外长在加拉加斯会晤，两国决定铺设两国之间长230公里的天然气管道。7月8日，查韦斯、哥伦比亚总统乌里韦和巴拿马总统托里霍斯在委内瑞拉参加了天然气管道的开工仪式，委、哥两国天然气管道在2007年3月建成后，将从哥伦比亚延伸到巴拿马。今年6月22日，查韦斯访问巴拿马，同巴拿马总统托里霍斯签署一项合作框架协议、一个建立磋商和政治协商一致机制的谅解备忘录、一项能源部门实施合作的协议。7月4日，查韦斯同巴拉圭总统杜阿尔特举行会晤，会晤后查韦斯宣布，委内瑞拉将向巴拉圭提供1亿美元贷款，并派遣委国营石油公司的有关人员提供技术支持，以帮助巴拉圭勘探和开发石油资源。7月5日，巴西和乌拉圭在里约热内卢签署一项两国实施能源一体化的谅解备忘录。墨西哥与中美洲国家、哥伦比亚等国也加强了能源合作。

第三，纷纷成立各种区域性能源合作组织和机构，如南方石油公司、加勒比石油公司等，实施能源合作项目，如南方天然气管道计划、墨西哥和中美洲能源合作计划等，积极推动地区能源一体化，以确保地区经济可持续发展。2005年5月，巴西、阿根廷和委内瑞拉三国决定成立南方石油公司，联合开展石油勘探、加工、运输和油轮建造项目。今年6月下旬，阿根廷、玻利维亚、巴西和委内瑞拉4国举行部长级会议，落实建设南方天然气管道计划，该计划从委内瑞拉开始，经过阿根廷和巴西，长7000多公里，将跨越南美洲三个主要的流域：奥利诺科河流域、亚马孙河流域和拉普拉塔河流域。

三　能源国有化的影响

2006年以来，南美洲一些国家对能源实行国有化的一系列举措，对国际能源，特别是石油市场，产生了不小的影响，引起国际社会广泛的关注。

自2006年1月起，委内瑞拉石油公司收回了所有出售给外国公司的32个油田，这是查韦斯政府资源国有化的重要行动。委内瑞拉1976年就已实行石油业国有化，国家对外国石油资产实行赎买政策，石油生产、加工和贸易进入国有化阶段。但由于国有化后管理和技术水平无法满足石油工业发展的需求，委不得不重新对外开放石油工业，1993年，当时的议会通过立法，以国际招标方式选择外国石油投资者。

自4月1日起，委内瑞拉大幅上调外国石油公司的税率和特许权使用费，并加快了石油国有化的进程。与此同时，委内瑞拉政府还要求外国与委内瑞拉国家石油公司（PDVSA）签署将服务合同变为合资公司的临时协议，期限为20年，使委政府对石油产权进行全面控制，PDVSA持股60%—80%，政府大幅上调税率和石油特许权使用费率，将石油企业的税率由原先的56.6%提高到了83%，重油矿区使用费率翻番至33.3%。

2006年4月，厄瓜多尔议会也通过了一项石油改革法案，规定外国公司必须将获得的50%利润交给厄瓜多尔政府，政府根据修改后的石油法同外国公司重新进行石油合同的谈判。5月

15日，厄政府宣布废除与美国西方石油公司签订的在厄运营合同，没收其资产以及各种机械设施。

5月1日，玻利维亚总统莫拉莱斯也签署最高法令，宣布对本国石油天然气资源实行国有化，并派军队控制了全国油气田。莫拉莱斯表示："从现在起，石油天然气已回归我们了，外国公司掠夺我们资源的时代结束了！"玻利维亚政府要求外国公司在6个月内和玻政府签署新的协议，宣布国家将谋求取得更多的销售所得，外国公司将生产和经营的控制权交给玻利维亚国营石油矿业公司，然后从这家玻国有企业获得部分利润。如果外国公司不愿接受这样的条件，那么他们必须离开玻利维亚。同时强调，玻利维亚政府不会没收这些外国公司的财产。在玻投资的有巴西、西班牙、阿根廷、美、英、法等国的约20家外国公司，总投资额超过30亿美元。

拉美一些国家实行能源资源国有化的主要原因是，国际市场上油价的上涨使外国石油公司在拉美产油国赚取丰厚的利润，但拉美产油国所获好处不多，因此，这些国家的政府采取措施，以获得产油国应得的利润。莫拉莱斯在竞选时曾允诺在当选总统后，实行石油国有化，以捍卫国家的资源，他履行了自己的承诺。

拉美能源资源国有化举措引起了国际社会强烈的反响，使国际原油价格一度上升。对于拉美能源国有化的举措，一些国家的领导人、知名能源企业家和专家纷纷发表评论。有的对此表示比较理解，认为在国际能源价格不断走高的情况下，拉美能源生产国采取加强对本国能源的控制，以免造成外国公司不断受益，本国却没有得到任何好处的结果；美国和欧洲一些国家官方持反对和批评态度，它们表示担心，拉美石油民族主义以及同西方石油公司的冲突，将导致拉美石油资源的开采投资不足和生产能力不足，随之带来的将是石油供应的更加紧张，油价继续上涨。多数拉美国家对石油国有化措施表示同情和支持。但是，玻石油和天然气的国有化直接影响到巴西和阿根廷这两个在玻天然气业有大量投资的国家的经济利益。因此，尽管在政治上这三国都是左派或中左派掌权的国家，在经济方面，石油国有化引起了一些矛盾，现三国正在努力解决这些矛盾。最近，玻利维亚和阿根廷已就玻天然气价格涨价问题达成协议。

这次拉美能源国有化与20世纪六七十年代拉美的国有化运动有显著不同，这次拉美能源国有化的特点是这次国有化的举措是有限度的，并没有采取没收外国资本或驱赶外国公司的做法，没有排挤外国投资者的参与，依然允许外国公司保留生产和经营的份额。实际上拉美这些国家所谋求的是一种新的合作模式，使本国政府在资源的开发、经营和销售领域起控制的主导作用，并要求分享外国石油公司从高价原油中获得的超额利润，增加本国的收益。

拉美国家的能源资源国有化对于中国来讲，也有一定的影响。拉美地区是中国石油能源企业根据"走出去"战略而设定的战略地区之一，中国的国际能源合作从拉美起步，并已初步见到了成效。中国同委内瑞拉、秘鲁、厄瓜多尔、巴西、古巴等国都已有了合作的项目，同玻利维亚也开始了在能源领域进行合作的接洽。拉美正逐步成为中国石油能源产业对外投资和合作的重要地区。中国政府表示理解并尊重拉美各国政府捍卫国家对石油资源的控制权的举措，与此同时，我国的相关公司正在研究应对拉美一些国家国有化举措的对策。拉美正逐步成为中国石油能源产业对外投资和合作的重要地区，中国政府和企业正在努力使中拉在能源领域的合作取得双赢的结果。

（原载《当代世界》2006 年第 8 期）

墨西哥经济发展模式转换的经验和教训

墨西哥于 1821 年获得独立，独立后的头 50 年到 1876 年，奉行的是外向型初级产品出口的经济发展模式。1876—1911 年波菲里奥·迪亚斯独裁统治期间，即"波菲里奥时期"，奉行的是出口飞地模式。这一时期，墨西哥开始了早期现代化的进程。但是，迪亚斯时期的早期工业化，不是自主型的工业化，而是在原料出口产业部门的带动下，为适应出口农业、矿业和交通运输业需要而发展起来的依附性的、畸形的工业化。就整个经济来说，墨西哥经济仍然是很落后的，国家的经济命脉掌握在外国资本手中。

1910—1917 年的墨西哥革命为墨西哥现代资本主义的发展奠定了基础。但直到 20 世纪 30 年代中期拉萨罗·卡德纳斯执政时期（1936—1940），墨西哥的发展模式才开始发生重要的转换。具有民族主义倾向的卡德纳斯政府进行了广泛和深刻的社会经济改革，打破了迪亚斯时期的飞地经济模式，为墨西哥实行进口替代工业化内向发展模式奠定了基础，这标志着墨西哥现代化时代的真正开始。

从 20 世纪 40 年代起至 80 年代中期，墨西哥进入了一个新的经济发展时期。这一时期，墨西哥历届政府大力推行进口替代工业化内向型发展模式，工农业生产取得稳定持续增长，经济结构发生了重大变化，与此同时，也逐步暴露出不少问题。墨西哥进口替代工业化发展模式大体经历了三个阶段：第一阶段（1940—1956 年）是进口替代开始阶段。第二阶段（1957—1970 年）是进口替代工业化迅速发展阶段。第三阶段（1970—1982 年）是进口替代和鼓励出口阶段。

一　从初级产品出口的发展模式到进口替代工业化发展模式

为推行进口替代工业化内向型发展模式，墨西哥几届政府主要采取了以下措施：

1. 国家对宏观经济实行强有力的干预，国有经济在整个国民经济中占有主导地位

国家通过将石油、铁路、电力等部门的外国企业实行国有化，将国家经济命脉掌握在手中。这一时期的几届政府都制定了各种经济发展战略和计划。在 20 世纪五六十年代，实行"稳定发展"战略。70 年代前半期执政的埃切韦里亚政府实行"分享发展"战略。70 年代后期和 80 年代初执政的波蒂略政府实行以开发石油资源为动力促进经济发展的战略。此外，政府通过大量公共投资，在钢铁、机器制造、化工等基础工业部门兴建大型国有企业，加快了国家工业化进程。国家还大规模兴建铁路、公路、水利、电力等基础设施，兴办商业、公用事业和社会福利事业在控制物价、调节市场、扩大就业等方面发挥了积极作用。然而，由于政府对经济过分干预，公共投资增加过快，国有企业经营不善，引起财政赤字加剧，通货膨胀攀升，外债迅速增长。

2. 以经济民族主义为指导，实行严厉的保护主义政策

为保护本国民族工业免受外来的竞争，政府实行高保护政策，严格限制国内已能生产的工业制成品和奢侈品的进口。这一政策使墨西哥工业化取得了巨大的发展，使墨西哥在 70 年代后期已建立起比较齐全的工业体系，逐步实现了非耐用消费品、耐用消费品、中间产品以及部分资本货的进口替代。但是，在高保护政策下，本国工业企业产品质量差、成本高，在国际市场上缺乏竞争力。

3. 国民经济长期保持高速稳定的增长

1945—1980 年墨西哥国内生产总值年均增长率达 6.7%。1950—1980 年，制造业年均增长率达 7%，明显高于同期世界制造业的年均增长率（5.7%）。墨西哥的经济结构进行了调整，工业在国内生产总值中的比重从 1940 年的 25.1% 增加到 1979 年的 38.5%。墨西哥从一个以生产农业和初级产品为主的农业国变成一个拥有较完整工业生产体系的新兴工业国。

然而，这一发展模式逐渐暴露出它的不足：（1）进口替代在替代消费品和中间产品方面取得了进展，但在取代资本货（技术和重型机器）方面收效甚微。工业企业的设备和原材料仍大量依靠进口，从而导致外贸逆差日益扩大。1977—1981 年墨西哥外贸逆差由 13.6 亿美元增加到 49.7 亿美元。（2）资金长期短缺，外债不断增加。进口替代工业化需要大量资金，为弥补外贸和国际收支越来越多的逆差，也需要大量资金。除了吸收外国直接投资外，墨西哥举借外债越来越多。20 世纪 60 年代墨西哥开始举借外债，但规模很小，到 1970 年累计外债约 32 亿美元。从 70 年代起，外债增长迅速，1976 年达 258 亿美元。1980 年分别达 574 亿美元，1981 年达 782 亿美元，1982 年达 860 亿美元，

分别占当年国内生产总值的 30.3%，32.5% 和 52.5%。1982 年墨西哥由于借债过度而陷入债务危机。（3）就业增长缓慢，失业率增加。到 70 年代中期，公开失业率约 10%，但未充分就业率或许高达 40%，实际失业率为 20% 左右。（4）政府干预过多，在政府的高保护政策下，本国的工业投资水平低，产品质量差，技术含量低，成本高，在国际市场上缺乏竞争力。此外，由于政府过于强调工业化，忽视了农业发展。工农业发展比例失衡。自 60 年代中期起，国家对农业的投资减少，农业增长速度减慢。1965—1970 年农牧业年均增长率下降到 2.7%，1970—1975 年又降为 2%。80 年代，农业年均增长率仅为 0.8%。粮食从自给有余到需要大量进口。

80 年代初，由于国际市场上油价下跌，石油出口外汇收入减少；国际贷款利率大幅度上升，外债负担加重，墨西哥经济陷入困境，1982 年 8 月，墨西哥爆发了震惊世界的债务危机。债务危机的爆发表明，进口替代工业化的发展模式已不能适应变化了的形势，实行经济发展模式的转换是摆脱危机的根本出路。

二　从进口替代工业化发展模式到以市场经济为导向的外向型发展模式

自 1982 年底上台的德拉马德里政府（1982—1988）开始，接着，萨利纳斯政府（1988—1994）、塞迪略政府（1994—2000）和福克斯政府（2000—）逐步将原有的进口替代工业化发展模式转换为以自由市场为导向的外向型经济发展模式。为此，近 20 年来，墨西哥进行了全面的经济改革，主要改革措施是：

1. 改革外贸体制，开放国内市场，引进竞争机制，实行贸易自由化

自 1984 年开始，开始进行外贸体制的改革，逐步取消进口许可证制度，不断降低关税。1984 年 12 月，政府宣布取消 711 种进口商品的进口许可证，其总值相当于进口额的 16.4%。1985 年 7 月 25 日，政府又颁布法令，取消对 3064 种进口商品的许可证。到 1986 年 4 月，总共取消了 7512 种商品的进口许可证。同期，关税税率从 1982 年的 16.4% 降低到 1986 年的 13.1%。1986 年 7 月 24 日，墨西哥正式加入了关税和贸易总协定，入关后，墨西哥更加放宽了对进口的限制。

萨利纳斯任内，1992 年 8 月 12 日，墨西哥同美国和加拿大三国达成北美自由贸易协定，1994 年 1 月 1 日，该协定正式生效，北美自由贸易区建立。根据协议规定，自协定正式生效时起，在三国贸易所涉及的 9000 多种商品中，65% 的商品立即取消了关税，15% 的商品在 5 年内取消关税，其余 20% 的商品在 10—20 年取消关税。萨利纳斯政府任内，将关税种类从 1986 年的 11 种减少到 5 种，固定最高关税税率为 20%。平均关税税率从 1986 年的 22.6% 降到 1989 年的 13.1%；同期，加权平均关税税率从 13.1% 降到 9.7%。1993 年，只有对 101 种进口商品征收关税，只占进口商品总数的 5%。萨利纳斯任内，墨西哥还同智利、哥斯达黎加、哥伦比亚和委内瑞拉签订了自由贸易协定。1993 年墨西哥加入了亚太经合组织。塞迪略政府继续贸易开放，任内，墨西哥同欧盟、许多拉美国家和一些亚洲国家或集团签订了自由贸易协议。福克斯政府加快了以自由贸易促结构改革的步伐，任内，墨西哥又同巴西、日本等国达成了双边自由贸易协议。

2. 放宽对外资的限制

1984 年德拉马德里政府放宽对外国投资的限制，政府修改了 1973 年的外资法，取消了关于外资在企业中的股份不得超过 49% 的规定；在某些部门，政府允许外国资本占 100% 的股份。1983 年和 1985 年，德拉马德里政府（1982—1988）又修改了有关客户工业的法律，先后允许客户企业可将其 20% 、50% 的产品销到国内市场，允许在内地也可建立客户工业。由于政策的放宽，1986—1988 年对墨西哥的外国直接投资年均达 24.547 亿美元，超过波蒂略任内的石油繁荣时期。萨利纳斯任内，为吸引更多的外资，墨西哥多次放宽对外资的限制。1989 年墨西哥对原有的外资法进行了修改。1993 年又颁布了新的外资法。根据新的投资法，外商在墨西哥可享有国民待遇，除石油、电力、核电等有关国家经济命脉的部门外，其他一切部门均向外资开放，外资参股的比重放宽到 100% 。由于放宽了限制，外资流入大大增加。对墨西哥的累计外国直接投资从 1988 年的 240.87 亿美元增加到 1994 年的 504.01 亿美元。新的外资法还放宽了对外资参与墨西哥证券市场的限制。随后，又允许外国人可在墨西哥证券市场购买证券。萨利纳斯任内，流入墨西哥的短期证券资本共达 716.09 亿美元，占期间流入墨西哥的外国资总数的 70.3% 。外资特别是外国短期投机资本的大量流入，对墨西哥经济发展起消极作用。1994 年由于美国利率上涨，加上墨西哥政局不稳等原因，外国短期投机资本迅速抽逃，使墨西哥国际储备大幅度减少，在萨利纳斯卸任后不久、塞迪略刚就任不到一个月，墨西哥就爆发了金融危机。在金融危机克服后，塞迪略政府继续对外资开放，特别是进行资本项目的开放。私人外国资本的流入继续成为弥补国际收支经常项目逆差的主要手段。1999 年年底，墨西哥所吸收的外国直接投资相当于国际收支经常项目逆差的 80% ，比 1994 年增加了一倍多。

3. 转变政府职能，改造国有经济，强化市场经济在宏观调控中的作用

为推行新的经济发展模式，1983 年，德拉马德里政府开始实行国有企业私有化。在其任内，国有企业从 1155 家减少到 412 家，将 743 家企业私有化。同期，国有企业在国内生产总值中所占的比重从 18.5% 减少到 13.5%。在除石油工业以外的制造业和矿业，私有化企业所占比重比较大，分别占 31.7% 和 29%，萨利纳斯任内，墨西哥国有企业私有化进入高潮，所出售的国有企业的范围扩大到除石油、电力、核工业以外的所有部门。国有企业总数从 1988 年的 412 家减少到 1994 年的 209 家。国有企业私有化收入共 200 亿美元，相当于国内生产总值的 7.6%。塞迪略政府继续进行私有化。私有化扩大到铁路、机场、港口、卫星通信、石化、墨西哥社会保险委员会的养老金保险和社会保险机构的医疗保险等部门。福克斯执政后，加快私有化步伐。他鼓励在石油业和电力工业的私人投资，决定让墨西哥 4 位大企业家参加墨西哥石油公司的管理委员会，对两家航空公司、墨西哥城国际机场、墨西哥贸易银行 12% 的股份、伊达尔戈保险公司、20 个港务局、西北部铁路、墨西哥铁路运输集团 25% 的股份、墨西哥山谷铁路局 25% 的股份，瓦哈卡和南方铁路局等实现私有化。福克斯还向议会提交改革电力部门的提案，拟将国家电力部门向私人资本开放，但这一改革方案涉及宪法中某些条款的修改，至今议会尚未通过此提案。

4. 重新安排外债，改革金融体系和财政、税收制度，实行宏观经济的稳定

20 世纪 80 年代末，墨西哥成为拉美第二大债务国，1989 年底债务总额达 930 亿美元。萨利纳斯任内，1989 年 7 月 23

日，在"布雷迪计划"的框架内，经过艰苦谈判，墨西哥政府与代表近500家债权银行的国际银行顾问委员会达成减免债务的原则协议，协议的签订和执行对墨西哥来说，意味着每年可减少36.73亿美元外债的还本付息，减少13.01亿美元的利息支出和推迟偿还21.54亿美元的外债。这一协议虽然不能彻底解决墨西哥的债务问题，但使沉重的外债负担暂时得到减轻，有利于墨西哥经济的恢复、稳定和增长。萨利纳斯政府还开始了银行私有化和外国化进程。从1991年6月至1992年7月，共有以下18家商业银行实现了私有化。允许在墨西哥成立10家外国金融集团，批准13家外国保险公司的分公司在墨西哥开业。塞迪略政府取消了对外资在金融领域投资的限制，允许外资进入墨西哥银行体系。从1995年起，允许外资在墨开办独资银行或金融公司；1996年又允许外资收购墨资银行的股份和兼并墨银行，允许合资银行通过扩大外资股份比例扩股增资。到1997年，外资占墨西哥商业银行资产总额的25%，在墨西哥信贷银行市场占据的份额达22%。在汇率政策方面，塞迪略不再实行固定汇率的政策，而是实行自由浮动汇率政策，比索与美元的汇率根据市场条件、在墨西哥银行的监督和干预下进行调整和确定。福克斯政府执政后，继续进行财税改革，他向议会提出全面财税改革方案，准备统一增值税，取消对食品和药品的免税，但这一方案遭到反对党和公众的强烈反对，至今没能获得议会通过。

三　墨西哥经济发展模式转换的经验和教训

　　1993年世界银行在其年度报告中，把墨西哥和智利这两个国家看作经济改革"最为明显的成功的例子"。然而，由于

1994 年年末和 1995 年年初墨西哥金融危机的爆发，又有不少人把墨西哥说成是新自由主义经济改革在拉美试验失败的牺牲品。

笔者认为，应该一分为二地看待此问题，首先，由于国际形势的变化和世界经济全球化的发展，墨西哥必须对原有的经济发展模式进行转换，才会使它的经济和社会继续发展。其次，尽管 1982 年和 1994 年年底墨西哥两次在模式转换进程中先后爆发了震惊世界的债务危机和金融危机，但经历了两次危机后，近 10 年墨西哥的经济发展基本上是稳定的，说明其经济发展模式的转换总的来说是成功的。其主要经验是：

（1）通过经济改革，基本实现了经济战略和发展模式的转换，从进口替代国有化内向型发展模式转换成以市场经济为导向的外向型发展模式。

（2）宏观经济状况有根本的改善，使墨西哥在世界经济中的地位不断上升，1980 年为第 28 位，1990 年为第 18 位，2000 年为第 15 位。2002 年 5 月，墨西哥宣布提前偿还总额达 5.89 亿美元的布雷迪贴现债券。

（3）由于实现了贸易自由化和加入了北美自由贸易协议，墨西哥的外贸迅速增长。目前已成为拉美第一大出口国和世界第八大出口国。2000 年进出口总额达 3760 亿美元，占世界贸易总额的 2.7%，居世界第 11 位。加入北美自由贸易协定后，2001 年墨西哥对美国和加拿大的出口达 1390 亿美元，比 10 年前增加了 225%。非石油产品，特别是制成品的出口在墨西哥总出口中所占的比重逐步增加，从而改变了依赖石油出口的局面。

（4）由于放宽了对外资的限制，改善了投资环境，墨西哥成为发展中国家中吸收外资最多的国家之一。

四　墨西哥经济模式的转换和经济改革的主要失误

（1）墨西哥历届政府尽管推出了多项扶贫计划，但收效有限。贫困的人数不仅没有减少，反而增加。墨西哥的经验教训告诫我们，在发展经济的同时，必须注意社会的发展。

（2）对农业、农村和农民"三农"问题和中小企业的发展关注不够。贸易的迅速自由化使墨西哥国内生产体系逐步瓦解，由于政府只支持出口农业，而粮食则大量从美国进口，致使种粮食的农民生活困难，甚至破产，许多人被迫移民到国内经济比较发达的地区或移居国外。城市里不少原来的进口替代中小工业企业破产了，取而代之的是从事出口加工的客户工业。客户工业与国内生产系统脱节，对国民经济的拉动作用很有限。

（3）墨西哥经济越来越依赖美国经济。1993—2001 年，美国在墨西哥出口中所占的比重从 83% 增加到 88.7%。在外国对墨西哥的直接投资中，美国占 72%。20 世纪 90 年代，美国经济的状况对墨西哥经济影响的程度为 38.5%。21 世纪初，尽管墨西哥政府在对外经济和贸易关系多元化方面，做出了不少努力，但是没能摆脱对美国的依赖。

（原载张小冲、张学军主编《走进拉丁美洲》，

人民出版社 2005 年版）

墨西哥与泰国金融危机的异同

1994 年年底和 1995 年年初，墨西哥爆发了震惊世界的金融危机。两年半后，1997 年 7 月初，泰国也发生了金融危机。在不到两年的时间内墨西哥已迅速克服危机，并在 1997 年成为拉美经济发展最快的国家之一。然而，泰国的金融危机至今不但未见缓解，而且蔓延到其他东南亚国家乃至东北亚国家。墨西哥和泰国为什么会先后发生金融危机？这两次金融危机有些什么异同？分析和探讨这些问题，对于其他发展中国家防止类似的金融危机，大有裨益。

一　危机前墨、泰两国情况的比较

墨西哥 1938—1988 年一直执行进口替代工业化的内向型发展模式①。1988 年 12 月初萨利纳斯执政后，大刀阔斧地改变经济发展模式，加大经济改革和开放的力度，实行贸易自由化、国

---

① ［墨］M. 德尔加多：《墨西哥的政治、经济和社会结构》，阿兰布拉出版社西班牙 1996 年版，第 164—165 页。

有企业私有化，放宽对外资的限制，积极参与双边及多边国际经济组织，不断扩大对外开放。从经济增长速度来看，在萨利纳斯执政（1988—1994）的 6 年中，墨西哥的国内生产总值年均增长不到 3%，增长最快的 1990 年也不过是 4.4%，最低的 1993 年只有 0.1%，经济增长速度不算快，经济不能说是"过热"。但是，由于这几年墨西哥的经济模式发生了根本变化，其新自由主义改革取得了引人注目的成效，所以被视为拉美经济改革的"样板"。

泰国在 70 年代初就开始从进口替代工业化的内向发展转向出口替代的外向发展。自 60 年代以来，泰国的经济发展速度一直比较快，保持在 7%—8%。1980—1985 年速度有所放慢，但 1986—1995 年，泰国连续 10 年保持 8% 以上的高增长率，被称为亚洲"第五小虎"。

表 1 　　1960—1997 年墨西哥和泰国的国内生产总值增长率　　（%）

年份	1960—1970年均	1970—1980年均	1980—1991年均	1992	1993	1994	1995	1996	1997
墨西哥	7.2	5.2	1.2	3.4	0.1	3.7	-6.9	5.2	7.0
泰国	8.4	7.2	7.9	8.1	8.3	8.7	8.6	6.7	1.0

资料来源：西班牙《伊比利亚美洲思想杂志》，1996 年 1—6 月半年刊，第 166 页；联合国拉美经委会 1993—1997 年总结、世界银行年度报告等。

二　墨西哥、泰国金融危机的爆发

泰国爆发的金融危机同墨西哥爆发的金融危机有惊人的相似之处。泰国从 80 年代初到 1997 年年中，连续 13 年实行本国货币泰铢与美元挂钩的"联系汇率制"（又称"盯住汇率制"）。

在这一制度下，泰铢汇率是由泰国中央银行确定的，泰铢与美元挂钩，汇率基本固定，每天允许很小幅度的浮动。

萨利纳斯执政的最后一年（1994 年），大量外国投机资本纷纷外逃，墨西哥在萨利纳斯执政期间，累计额达 750 亿美元。但是，在 1996 年泰国出口增长减缓，经济增长速度放慢，房地产市场前景暗淡，形成了对泰铢贬值的压力。1997 年 2 月，泰铢受到国际金融投机集团的冲击，泰国政府不得不动用大量外汇储备干预市场，力求维持汇率稳定，保护泰铢。同年 5 月，以美国的乔治·索罗斯为首的国际金融投机者再次冲击泰铢，使美元与泰铢的汇率从年初的 1：25.51 降到 10 年来的最低点 1：26.75。泰国中央银行动用 40 亿美元的外汇储备再次干预外汇市场，但不仅未能奏效，反而使泰国国内美元与泰铢的汇率，同国际市场上的这一汇率相比，形成 1.8 泰铢的差价。这就助长了国际投机者的冲击：国际投机者大量抛售泰铢债券和股票，购买美元。为了遏制国际金融投机者的冲击，刺激出口，7 月 2 日，泰国政府被迫放弃与美元挂钩的联系汇率制，宣布实行泰铢浮动汇率制。当天，泰铢就贬值了 17%，与美元的汇率达到 28：1 的水平。但这一措施仍未能挽救泰铢贬值的趋势，[①] 到 7 月 25 日，泰铢与美元的汇率又跌到 32：1 的水平。泰铢的迅速贬值终于引发了泰国及东南亚的金融危机。

由于国内政局动荡，经济增长乏力，加上美国利率提高等不利因素，引起金融市场不稳。萨利纳斯执政时期，墨西哥本国货币比索也实行与美元挂钩的"准固定汇率制"（即爬行幅度汇率

---

① 据《工商时报》1997 年 10 月 24 日报道，索罗斯在 1997 年 6 月 16 日抛售了相当于 1000 万美元的泰铢。在东南亚金融风波的头 1 个月他就赚了 20 亿美元。因此，马来西亚总理马哈蒂尔点名批评索罗斯是"幕后黑手"，泰国前财长谴责他是"金融强盗"。

制），每天实行极小幅度的浮动。1991 年 11 月美元与比索的汇率为 1:3.06，到 1994 年 12 月初为 1:3.46。在萨利纳斯执政后期，比索本应适度贬值，但当时萨利纳斯想竞选世界贸易组织的总裁，迟迟不对比索汇率进行调整，从而错过了时机。

1994 年 12 月 1 日，塞迪略就任墨西哥总统。12 月 19 日，塞迪略迫于比索抛售的压力，突然决定比索贬值 15%。结果在几天内引起全国抢购美元的高潮，股市狂泻，政府动用外汇储备 40 多亿美元，仍未能遏制比索抛售浪潮。12 月 22 日，墨西哥政府宣布不再干预比索买卖，实行浮动汇率制。此后，比索迅速贬值，与美元的汇率由危机前的 3.46:1 跌至 12 月 27 日的 5.65:1，不到一个月跌幅高达 63%，国际储备从 1994 年年初的 280 亿美元减至年底的 60 亿美元，当年外逃资金达 234 亿美元，外贸逆差达 280 亿美元，国际收支经常项目逆差约 297 亿美元。墨西哥已无法支付 1995 年年初到期的 280 亿—290 亿美元的短期债务。1995 年 1 月 10 日，墨西哥股市一度下跌 11%，被称为"黑色的星期二"。墨西哥的比索危机迅速波及巴西、阿根廷、秘鲁等国，也使美国投资者受到损失。

从以上情况来看，墨西哥和泰国的金融危机都是由本国货币贬值所引发的，而国际金融投机者对这两次危机都起了推波助澜的作用。

三　墨西哥、泰国金融危机的主要原因

分析酿成这两次金融危机的主要原因，不难看出，墨西哥和泰国有不少相似之处。

（一）两国本国货币币值的持续高估

如前所述，墨西哥和泰国长期采取盯住美元的汇率制度，大大高估本国币值。危机前，墨西哥比索高估约 30%，泰铢高估28%。墨西哥自 1988 年起实行准固定汇率制。从 1992 年起，比索每天以 0.0004—0.0006 的幅度贬值。但是，美元与比索的实际差价已大大超过这一水平，使比索长期处于定值过高的状态。泰国的盯住汇率制度，实行时间更长，达 13 年。自 1988 年以来，外国资本大量涌入泰国，使泰铢面临升值压力。由于泰国中央银行限制泰铢浮动幅度并一度实行中和干预，导致国内利率与国际利率差异不断扩大，进一步刺激资本流入。在中央银行放弃中和干预后，国内货币供应量过大，进一步刺激国内需求和对非重要部门的投资，使中央银行难以实行有效的货币政策，影响了本国经济的发展。

（二）两国经常项目逆差急剧增加

近年来，两国国内市场开放力度过大，进口增长速度大于出口增长速度，导致外贸逆差庞大，国际收支经常项目逆差急剧增加，经济脆弱性明显增加。墨西哥在危机前的贸易逆差从 1991 年的 110 亿美元猛增到 1994 年的 280 亿美元；经常项目逆差从 1993 年的 234 亿美元增至 1994 年的 297 亿美元，占国内生产总值的 8%。泰国经常项目也连年出现逆差，其逆差占国内生产总值的比重，1992—1996 年 5 年分别为 5.8%、5.6%、5.9%、8.1% 和 8.3%。这一逆差主要靠外资来弥补。到 1994 年年底，墨西哥外债达 1398 亿美元。而在 1996 年年底，泰国的外债也已高达 930 亿美元，相当于国内生产总值的 50%。泰国 1996 年遇到出口危机，由于受世界性电子产品需求下降的影响等原因，其出口不仅没有增长，反而比 1995 年下降了 2.1％，经常项目逆差达 162 亿美元。

（三）经济过分依赖外资，投机性短期资金占的比重过大，缺乏有效的金融监管，是造成墨西哥和泰国两国金融危机的直接原因

泰国于 1992 年对外开放资本市场，成立了曼谷国际银行，专管吸收国际资金。泰国由于实行泰铢与美元挂钩汇率制度，因而为维持固定汇率，支持泰铢币值稳定，不得不维持高利率（13.8％）。这就引起套利短期"飞燕式"投机资本的大量涌入，而政府和中央银行对这些资本又缺乏有效的监管和调控。1996 年年底泰国所欠的 930 亿美元的外债中，约有一半为短期债务。

墨西哥在 1989 年以前吸收的外资中大部分以直接投资为主，自 1989 年起转为以证券投资为主。1990—1993 年，证券投资在流入外资中的比重年均达 67％，直接投资只有 21％。[①] 证券投资流动性大，主要靠高利率来维持。因此，当 1994 年美国利率提高以及年底墨西哥比贬值后，墨西哥的外国证券投资便大量抽逃，使局势难以驾驭。

（四）国内政局动荡，社会不稳定，加速了两国危机的爆发

泰国政府频繁更迭，从 1988 年 7 月至 1997 年 11 月，政府总理更迭 7 次。政府内部党派倾轧，金权政治严重。泰国政界不少要人与银行界，特别是财务证券公司有密切的联系，很多人本身就是财务证券公司的大股东。政府治理危机的政策措施，一旦

---

① 《拉美经委会评论》，1996 年 12 月，第 160 页。

牵涉这些人的利益，就难以贯彻下去。

对墨西哥来说，1994 年是政局动荡的一年。由于萨利纳斯总统没有处理好改革、稳定和发展三者之间的关系，国内各种矛盾激化。由于收益分配不均，地区经济发展不平衡，贫富差异悬殊，印第安民族权利没有受到尊重，社会发生动荡。年初，墨西哥东南部恰帕斯州印第安农民武装萨帕塔民族解放军举行武装暴动；3 月，执政党革命制度党总统候选人科罗西奥被暗杀；7 月，党的总书记马谢乌又被暗杀；12 月初，塞迪略就任总统。由于政局不稳，外国投资者实际上从 1994 年三四月起就开始撤走资本。

墨西哥和泰国两国的金融危机有其各自的原因和特点。

墨西哥金融危机的深层次原因，在于资金积累基础不稳。墨西哥作为自然资源出口国参与世界经济，形成了以原油、矿产品和农牧产品出口为基础的资金积累体制，国内产业结构尚未形成自我积累的良性循环。它的经济发展的基础建立在大量利用外资和过度依赖资源产品出口收入之上。由于出口收入常常受国际市场价格波动的影响，因此基础比较脆弱。此外，1994 年美国联邦储备局 6 次提高利率，使美国长期利率上升到 8%，引起大量外国资本从墨西哥撤走流向美国，这也是墨西哥爆发金融危机的原因之一。

泰国金融危机的深层次原因，在于国内经济结构不合理。泰国经济的高速增长主要靠出口推动，但泰国的出口产品比较单一，主要是电子产品和来料加工产品，其技术含量较低。这种经济结构，使泰国经济易受国际市场需求的影响和国外竞争的制约。1996 年美国等国对电子产品需求骤减，严重动摇了泰铢稳定的基础。

泰国发生金融危机的另一个重要因素是泰国出口额急剧下

降，在于投资结构不合理。由于政府的错误导向，1990—1996年流入泰国的141亿美元外资没有被用来缓解基础设施的不足和加强教育及职业培训，而是大量流向房地产业，特别是高级商场、旅馆、办公楼、豪华住宅和高级医院等。1996年贷款的50%流入房地产部门，泰国730亿美元的私人外债中约1.3流入房地产业，造成房地产泡沫经济，供过于求，1996年年底楼房空置率达22%。企业债台高筑，金融部门坏账、呆账高达310亿美元，不少金融公司不得不停业。

泰国等东南亚国家的金融危机与90年代初以来日本经济的不景气有关。东亚地区的经济经过30年的发展，已形成了以日本为领头雁的"雁行模式"。从90年代初起，由于日本经济进入衰退期，泡沫经济越来越明显，经济结构矛盾突出，至今仍未调整好，新兴龙头产业尚未形成，因而这种"雁行模式"已难以为继。这对一直以日本为样板的泰国等国不能不产生消极影响。

四　墨西哥、泰国金融危机的影响

总的来看，墨西哥和泰国的金融危机都对本国经济和金融造成巨大负面影响，不仅引起本地区（拉美或东亚）金融市场的剧烈动荡，而且也引起发达国家股市的动荡，其波及面之广、影响之大是战后以来所少见的。

然而，当我们回想一下人们对这两次金融危机的影响前后的认识和估计，不难发现有一个有趣的、恰好相反的过程。简单说来，在墨西哥金融危机爆发后，人们一开始对它的负面影响和严重性估计偏高；而在泰国金融危机爆发后，则对它的负面影响和严重性估计不足。

墨西哥金融危机给本国经济造成了700亿美元的损失，使

1995 年国内生产总值下降了 6.9%，通胀率高达 52%，资本大量外流，国际储备一度减少到只有 35 亿美元，大批工厂企业倒闭，失业人数剧增。这次金融危机也殃及拉美一些国家的股市。1995 年 1 月 10 日"黑色的星期二"，墨西哥股市下跌 11%，巴西圣保罗和里约热内卢证券交易所股市分别下跌 9.8% 和 7.1%，阿根廷布宜诺斯艾利斯股市下跌 9.2%，秘鲁利马证券交易所指数下跌 8.42%。墨西哥的金融危机也一度波及美国、亚洲和欧洲一些国家的股市和汇率。但是，从实际情况来看，它除了对阿根廷和巴西的影响比较大、影响时间比较长以外，对其他国家的影响并不大、影响的时间也较短。

比较起来，在一开始，人们对泰国及东南亚金融危机的严重性和影响估计不足。如国际货币基金组织专家曾认为，泰国金融市场的情况并没有 1994 年比索危机前墨西哥的情况那样严重，亚洲金融形势不像两年前墨西哥的形势那样可怕。[①] 美国摩根公司专家哈格里夫曾认为，"泰国的问题比较容易纠正，而又不会发生一场可怕的经济衰退"。美国报刊认为，1997 年的泰国不是 1994 年的墨西哥，泰国比墨西哥小，欠外债没有墨西哥多，其经济增长速度迅速，通货膨胀适中，国内存款多，因此问题容易解决。[②] 中国有的专家也认为，"由泰铢贬值引发的东南亚外汇市场动荡尚未停止，东南亚外汇市场动荡不会像 1994 年年底爆发的墨西哥金融危机那样严重"。[③]

直到 1997 年年底和 1998 年年初，中国国内金融界和学术界对泰国和东南亚金融危机的严重性和估计仍很不一致。一种意见

---

① 法国《论坛报》，1997 年 7 月 15 日。
② 美国《华尔街日报》，1997 年 7 月 21 日。
③ 《东南亚外汇市场动荡的启示》，《经济参考报》，1997 年 7 月 28 日第 3 版。

认为，泰国和东南亚发生的是"金融风波"或"金融动荡"，"从全球范围观察，此次金融风波依然仅仅是市场动荡，而并非金融体系本身受到根本性冲击"，因此"没有理由称之为一场'全球金融危机'"。①另一种意见则认为，对泰国和东南亚金融危机的影响不可低估，东南亚货币金融危机"很快演化成为一次严重的经济危机"②；泰国金融风暴的性质是"货币危机、银行危机、宏观危机和政策危机"③；是"以货币危机为突破口，继而出现金融危机的波及整个社会的经济危机"。④

笔者认为，从实际情况来看，泰国所发生的是一场由货币危机引起的金融危机，其负面影响和严重性要比墨西哥金融危机大得多。

首先，这次金融危机使泰国经济发展停滞。国内生产总值增长率从1996年的6.7%下降到1997年的不到1%，为近20年来的最低点；通货膨胀率同期从5.8%上升到10%；国家外汇储备从1996年年底的392亿美元减少到1997年年底的263亿美元；投资出现全面萎缩，1997年全年短期外资撤走约75亿美元；投资信用下降，长期投资者普遍信心不足，裹足不前。金融危机爆发后，不少公司倒闭，许多公司裁员，失业人数剧增；不少消费品价格上涨，引起居民不满。金融危机也引起政局动荡。1997年6月，财政部长辞职；7月底，中央银行行长辞职。11月6日，差瓦立总理宣布辞职，其辞职的主要原因是他无法解决所面

---

① 齐文：《动荡还是危机》，《国际金融研究》1997年第12期。

② 庞中英：《东南亚金融危机的成因、教训与影响》，《国际问题研究》，1998年第1期。

③ 朱民、方星海：《货币危机、银行危机、宏观危机和政策危机》，《国际金融研究》1997年第11期。

④ 王华庆：《东南亚金融危机及我国的对策》，《文汇报》1998年2月9日。

临的经济困难。

其次，泰国金融危机对区域经济和世界经济的影响要比墨西哥金融危机的影响大得多。

1997年7月泰国金融危机爆发后不久，很快就波及菲律宾、印度尼西亚、马来西亚、新加坡等其他东南亚国家，使中国的香港特区和台湾地区股市动荡，日本、韩国等也相继爆发金融风波，1997年10月底、11月初还一度引起全球性的股市动荡。进入1998年，东亚金融市场承接上年走势，继续波动。1月初，在不到一周时间里，泰铢、印尼盾、菲律宾比索在1997年贬值30%—50%的基础上继续下跌了10%以上。由于受泰国和东南亚金融危机的影响，1997年东亚地区国内生产总值增长速度从1996年的7.4%下降到6.5%。据亚洲开发银行估计，在金融危机等因素影响下，今后两三年，亚洲发展中国家的经济增长幅度将明显趋缓，低于1995年和1996年的水平，1998年将继续降至4%—5.5%。日本《世界经济评论》月刊1998年1月号刊登的日本经济学家加藤义喜的一篇文章认为，受东南亚货币危机和股市动荡的影响，1998年世界经济的增长率将从1997年的3.5%左右降至2%。1998年1月底2月初，在瑞士达沃斯举行的"世界经济论坛"上，一些西方经济学家认为，这次东南亚金融危机是1945年布雷顿森林协定以来最严重的一场危机；有的甚至认为，这是30年代经济危机以来最严重的危机。

五　墨西哥、泰国金融危机发生后的国际反应

美国对墨、泰两国金融危机的反应截然不同。墨西哥金融危机发生后，美国既担心这场危机的加剧会使刚生效不久的北美自由贸易协定陷入困境，又担心墨西哥经济形势的恶化会引起更多

的墨西哥人非法进入美国南部各州。因此，克林顿政府很快做出反应，决定给予墨西哥一切必要的支持，帮助墨西哥稳定金融和经济，渡过难关，并促使外国投资者恢复信心。克林顿总统在他提出的向墨西哥提供 400 亿美元贷款保证的一揽子计划在国会讨论时受挫后，决定使用总统特别权力，从"外汇平准基金"中拿出 200 亿美元作为美国给墨西哥的贷款保证基金。此外，美国还积极促使国际货币基金组织和国际清算银行分别向墨西哥提供了 178 亿美元和 100 亿美元的贷款。再加上拉美各国提供的 10 亿美元的贷款，墨西哥共获得约 500 亿美元的资金援助。美国联邦储备局多次采取干预，以维护墨西哥金融市场的稳定。美国还在北美自由贸易区框架内，为墨西哥开放市场，使墨西哥出口迅速增加，国际收支经常项目很快从逆差转为顺差，经济迅速得到恢复。

然而，美国一开始对泰国金融危机的反应迟钝冷淡，与对墨西哥金融危机的态度形成鲜明对比。当泰国和东南亚金融危机尚未波及美国及全球股市时，美国未对泰国提供任何额外援助。1997 年 10 月 26 日，美国财政部长鲁宾还说："不要指望美国（向泰国和东南亚）提供墨西哥式的紧急援助。"直到 10 月 27 日，泰国和东南亚金融危机波及美国道·琼斯指数、使之下跌 7.2% 创历史日跌点最高水平后，克林顿才改变态度，在他给泰国总理的信中表示，泰国必将在以国际货币基金组织为代表的国际金融机构的帮助下恢复经济。泰国政府在 1997 年 8 月 15 日同国际货币基金组织达成协议，承诺接受该组织提出的苛刻条件，执行经济紧缩政策，以换取该组织及亚太地区一些国家和地区提供的 172 亿美元左右的一揽子紧急援助贷款（其中中国提供了 10 亿美元）。1998 年 3 月，克林顿总统在接见来访的泰国总理川立派时，表示美国将向泰国提供 17 亿美元的援助贷款，帮助泰国克服金融危机。

泰国和东南亚金融危机发生后，东盟国家设想建立一个"亚洲基金"。对此，日本表示支持，但美国和西方其他工业国则表示反对。日本主要是出于本国经济和政治利益的考虑。日本想利用机会，加速日元的国际化，开展以日元为中心的亚洲货币合作。1997 年 11 月 18—19 日，亚太国家及美国的副财长、中央银行副行长，世界银行、国际货币基金组织的代表在马尼拉开会，讨论关于建立"亚洲基金"的设想。经各方让步和妥协，最后决定建立"地区金融合作的新框架"。新框架承认国际货币基金组织在国际货币体系的主导作用，在新框架内，建立独立的"亚洲基金"。美国改变了过去反对建立"亚洲基金"的态度，显示出促成建立新框架的态度，一是可以再次表现出美国在国际金融合作中的作用和经济实力；二是可以挽回一点面子，缓和东盟国家对美国对东南亚危机态度冷淡的抱怨；三是美国也认识到东南亚经济的问题会影响美国的经济利益；四是美国不愿意看到日本单独在亚洲经济中称霸。

六　克服危机的条件和措施

应该说，墨西哥和泰国具有各自克服危机的有利条件和不利条件，但比较起来，墨西哥的有利条件似乎更多一些。

从泰国来看，经过二三十年的高速发展，泰国已有了相当雄厚的经济实力，许多有利于经济发展的基本因素依然存在，如高储蓄率、通胀率适中、预算平衡、外债偿付能力较强、劳动力市场活跃等。

比起泰国来，墨西哥的经济基础似乎更强一些。墨西哥的基础工业较为稳固，轻工业较为发达，石油产品在国民经济特别是外汇收入中占有重要地位和比重。邻国美国是墨西哥最大的贸易伙伴、最主要的投资国，墨西哥同美国都是北美自由贸易区的成员国。所以，在金融危机发生后，墨西哥的调整和改革能力较强，经济恢复较快。而泰国工业基础相对薄弱，主要以出口加工的电子产品为主，房地产泡沫经济严重，农业机械化程度偏低，贸易伙伴国以日本为主，投资也主要依靠日本，因此，泰国经济调整起来困难较大。近几年美元的坚挺和日元的下滑，无疑有助于墨西哥金融危机的缓解而不利于泰国金融危机的缓解。

两次危机发生后，墨西哥和泰国各自都采取了反危机的措施。

从墨西哥来看，塞迪略政府采取了一系列严厉的旨在稳定金融市场和减轻通胀压力的财政政策和措施。国家对制造业、矿业、旅游业和农牧业实行特殊政策，以增强出口创汇能力和创造更多的就业机会；实行一系列稳定社会的政策措施，以缓和社会矛盾；政府注意协调同企业界和劳工界的关系，充分利用墨西哥作为北美自由贸易区的有利条件，扩大对美国和加拿大的出口，以出口为动力，促进经济的恢复和增长。实践证明，由于这些反危机措施比较得力和到位，墨西哥在不到两年的时间里就迅速地克服了危机，其经济很快恢复增长，外资大量回流。1997 年年初，墨西哥提前几年还清了美国所提供的全部紧急贷款。继 1996 年国内生产总值 5.2% 的增长后，1997 年增长率达 7%，为 17 年来增长最快的一年。1997 年流入墨西哥的外国资本达 180 亿美元，其中约一半是直接投资。[①]

1997 年 7 月泰国金融危机爆发后，差瓦立政府曾采取了一

---

① 联合国拉美经委会：《1997 年拉美和加勒比经济初步总结》，1997 年 12 月，第 34—35 页。另据巴西《商业新闻》1998 年 1 月 6 日报道，墨西哥 1997 年共获得外资 283.9 亿美元。

系列与墨西哥当初相似的经济紧缩政策，如提高增值税、保持高利率、控制经济增长速度、整顿金融秩序、实施国有企业私有化等。但由于种种原因，这些措施贯彻不力。10 月 15 日，政府宣布"泰国财政改革计划"，再次削减财政年度预算，调高部分奢侈品的进口税和烟酒等部分商品的消费税，进一步整顿金融秩序，大力振兴出口，积极发展旅游业。但是，这些措施未能取得预期的效果，差瓦立被迫于 11 月 6 日辞职。11 月 9 日，川立派领导的民主党奉命组阁。川立派执政后，努力整顿金融秩序，建立健康的金融机制，以消除金融危机影响；削减公共开支，减少驻外机构人员，减少公务员出国出差；促进出口，促进旅游业等创汇产业，以增加外汇收入。然而，目前泰国经济尚无复苏迹象，据估计最早要到 1998 年下半年才能开始复苏。对泰国来说，经济能否复苏，金融危机能否化解，取决于它的外债（现已达 1000 多亿美元）能否减少，外汇储备（现只有 260 亿美元）能否增加，银行呆账（约 300 亿美元）能否减少，国际上能否提供更多的援助（目前只得到 172 亿美元），泰铢的汇率（1998 年 1 月 5 日为 1 美元兑 50 泰铢）能否稳定，出口能否有较大的增加，等等。当然，最主要的还在于泰国政府能否适时调整经济结构，整顿金融体系，加强对银行和金融机构的监管，控制房地产市场规模，使本国经济进入良性循环。

　　泰国克服金融危机所需的时间很可能要比墨西哥长。但是，对泰国和东南亚国家来说，这次金融危机并不一定都是坏事。它可能使这些国家的经济进入一个新的转轨时期。经过一定时间（两三年或更长一些时间）的阵痛，，泰国和东南亚仍将是 21 世纪世界经济中增长最快的国家和地区之一。

（原载《拉丁美洲研究》1998 年第 3 期）

西班牙经济的发展与启示

西班牙经济是在 20 世纪 50 年代末 60 年代初开始崛起的。自 1959 年西班牙改变原闭关自守政策，开始执行开放政策以来，在不到 40 年的时间里，西班牙已跃居成为工农业都较发达的国家。据世界银行 1994 年世界发展报告，1992 年西班牙人均国内生产总值已达 13970 美元。

一 西班牙经济的发展

1959 年佛朗哥政府改变了闭关锁国政策，制定并执行了"稳定发展计划"，开始对外国资本和商品实行开放政策。1963—1975 年又执行了 3 个发展计划，西班牙逐步走上现代化的轨道。1960—1965 年西班牙国内生产总值年均增长 8.6%，1965—1974 年，年均增长 6.3%。1975 年人均国内生产总值增至 2704 美元。

从 1975 年至 1995 年的 20 年是西班牙政治经济发生深刻变化的 20 年。

从经济发展来看，这 20 年大致可分为 3 个时期：1975—

1985 年是经济危机和调整时期；1985—1989 年是经济迅速增长时期；1990—1995 年为平稳增长时期。

1. 危机和调整时期（1975—1985）

1973—1974 年国际市场上石油价格大幅度上涨，使能源短缺的西班牙经济受到巨大冲击。然而，西班牙政府不仅没有对以耗油量大的冶金、造船等重工业为主的工业结构及时进行调整，反而给予大量补贴。能源危机和结构危机使西班牙经济陷入"滞胀"的泥潭，经济停滞与高通货膨胀率并存。为扭转这一局面，1977 年上台执政的中间偏右的民主中心联盟政府采取了一些调整措施。同年 10 月，政府同主要政党达成"蒙克洛亚协定"，决定采取一系列措施，如将本国货币比塞塔贬值；实施税收改革，增加个人所得税；工资的调整不再根据现有通胀率，而是根据预期的通胀率等。这些措施曾一度使通胀率下降，使国际收支经常项目出现顺差。但是，由于没有对工业结构进行改革，反而将相当数量的私人亏损企业转为国有，致使公共开支剧增。加上 1979 年第二次石油危机的冲击，西班牙通胀再度上升，外贸逆差增加，失业人数剧增，经济形势恶化。1975—1982 年，国内生产总值年均只增长 1.5%，而投资年均递减 2.5%。

1982 年 10 月 28 日工人社会党在大选中获胜并开始执政。工社党政府接受了国际机构的建议，采取了中期逐步调整政策。为刺激出口，将比塞塔贬值 8%，压缩对私营部门的国内贷款，控制利率上涨。政府还同企业主、工会就控制工资增长幅度达成协议。为使西班牙早日加入欧共体，政府对工业结构、劳工市场等进行了改革。政府颁布了全国能源计划，对能源部门进行了调整。对耗能大的工业企业（冶金、造船业等）进行适当的关、停、并、转，优先发展耗能小的技术密集型工业企业；政府不再将亏损的私营企业转为国有，开始将一些亏损的国有企业私有化。政府对退休制度进行了改革，以减少社会保障费用的逆差。政府还对金融体制进行了调整。1985 年国内生产总值增长 2.6%，通胀率下降到 8.8%。这些调整和改革措施为西班牙加入欧共体打下基础。1986 年 1 月 1 日，西班牙正式加入欧共体。

2. 经济迅速增长时期（1986—1989）

西班牙加入欧共体后，实行全面的开放政策，开始了一个快速发展的新阶段。在 1986 年大选中，工社党再次获胜，连续执政，使国内政局保持稳定，保证了调整与开放政策的连续性。1986 年世界石油价格从每桶原油 27 美元跌到 15 美元，这对石油进口国西班牙来说，十分有利。根据欧共体对成员国的有关要求，工社党政府采取了以下措施：以国营企业私有化、工业结构改革来提高生产率，创造条件使企业参与国际市场的竞争；将比塞塔再度贬值，以扩大出口；紧缩政府开支，减少财政赤字；降低关税，放开金融市场，大力吸收外资，为 1992 年欧洲统一大市场的建立和运转作准备。1989 年 6 月，西班牙货币比塞塔加入欧洲货币体系。

1986—1989 年西班牙国内生产总值年均增长率达 4.8%，超过欧共体平均增长率（3.1%），被视为西班牙的"经济奇迹"。经济形势好转还表现在：本国私人投资和外国私人直接投资迅速增加；就业增加，失业率从 1985 年的 21% 下降到 1989 年的 16.9%；同期，通货膨胀率从 8.2% 降到 6.9%，公共财政赤字占国内生产总值的比重从 6.9% 降到 5.9%。

3. 平稳增长时期（1990—1995）

随着经济的迅速增长，西班牙出现了一些"过热"的征兆，如国内需求和进口增长过快，通胀重新抬头，国际收支经常项目逆差增加等。为防止经济"过热"，政府加强了宏观经济的调控：采取紧缩的金融政策，限制公共开支；同时又采取了一系列结构改革措施，使本国经济既能保持适度增长，又能避免通货膨胀加剧，使西班牙经济能同欧洲联盟其他国家的经济接轨。1991年 12 月欧共体 12 国首脑达成《马斯特里赫条约》（简称《马约》），12 国将逐步实现经济、货币和财政政策的统一，实行共同的外交和安全政策。西班牙参议院于 1992 年 11 月 25 日批准《马约》。西班牙同其他欧盟国家一样，进一步调整本国经济结构和经济政策朝着建立欧洲经济货币联盟和政治联盟的方向努力。

从最近 6 年的情况来看，西班牙经济增长速度放慢，1990—1993 年国内生产总值年均增长率只有 1.4%（其中 1993 年为 1.1%），1994 年和 1995 年逐渐回升，增长率分别为 2% 和 3.2%。通货膨胀率呈下降趋势，从 1990 年的 6.7% 下降到 1995 年的 4.8%。公共财政赤字占国内生产总值的比重 1990 年为 4.1%，1993 年和 1994 年分别上升到 7.5% 和 6.7%，1995 年略有下降到 5.9%。

二　西班牙经济改革成功的原因、目前 存在的问题和发展前景

纵观战后特别是近 20 年来西班牙经济调整和改革的历程，应该说西班牙的经济调整和改革是成功的。西班牙政府特别是西班牙工社党政府执政 13 年来为振兴经济所作出的不懈努力，有的已取得明显成效或初见成效。西班牙已不再是一个落后的农业国家，已跻身到工业发达国家的行列。

西班牙经济改革比较成功的主要原因有：（1）政局比较稳定。1975 年以来，除了在 1981 年 2 月曾发生过一次未遂政变以外，西班牙政局一直比较稳定。自 1982 年以来，一直是工社党

执政。工社党执政期间，西班牙顺利地加入了欧共体（欧盟）和北约，经济持续增长，投资增加。政局相对稳定，无疑有利经济发展。（2）经济政策的目标比较明确：保持宏观经济的稳定和提高企业的效率。为此，政府采取了抑制通货膨胀、减少公共开支、将部分国有企业私有化、进行税收和财政改革等措施。这些措施对保持宏观经济稳定起了积极作用。此外，政府、企业主和工会多次达成的有关工资的协定对抑制工资增加幅度过大，保障社会和政治的稳定和经济改革的进行起了重要作用。（3）西班牙经济改革的国内外条件比较有利。从国内条件来说，70年中期西班牙公共债务比较少，有利于采取财政税收改革措施。从外部条件来看，1983—1985年世界经济的复苏和1985年国际市场上石油价格的下降对西班牙经济的调整和改革均起了积极影响。（4）欧共体（欧盟）效应。70年代末80年代初，西班牙为加入欧共体，采取了一系列调整改革措施。1986年加入欧共体后，欧共体、欧洲统一大市场和正在酝酿中的欧洲经济和货币联盟分阶段对各成员国提出了进行经济调整和改革的日程表，因此，对西班牙来说，不断进行调整和改革，使之与欧盟其他成员国接轨，已成为不可逆转的进程。

目前西班牙经济发展仍存在着不少困难和问题。如近几年居高不下的公共财政赤字问题、私人消费回升乏力、社会福利问题，特别是长期困扰西班牙社会的严重结构性失业问题等。在欧盟各国和所有工业国家中，西班牙的失业问题最为严重。失业率一直上升，1977年不到5%到1986年上升为21.6%。1975—1985年丧失200万个就业机会。80年代后期，失业率略有下降，但仍不低于15%。1992年西班牙经济出现衰退，失业率又急剧上升，1994年达创纪录的24.2%，1995年失业率仍达23.1%。

西班牙高失业率是由多种原因所造成的：（1）经济自立人口特别是妇女从业人口的增加，加大了对就业的压力。（2）西班牙经济迅速现代化使农业和传统基础工业中的就业人数大幅度下降。（3）由于西班牙的地下经济规模相当大，失业救济金的发放范围和程度过于慷慨，致使西班牙"自愿"失业者的人数有所增加。（4）劳动力市场比较僵化，设置了很多对功能性和地理流动的限制，提高了雇用工人的成本，从而减少了雇用工人的积极性。此外，西班牙的工资也极为僵化，使在职人员有可能要求并获得较高工资，而不必担心被失业工人取代。

自1993年起，西班牙政府已开始对劳动力市场的规章进行一系列改革，如强化对失业补偿的资格审查，降低失业补贴的水平，缩短补贴的平均期限，对雇用程序和雇工条件作了若干修改，临时就业机构首次获准成立；使工作条件更加灵活，增加功能性流动，取消地理流动的限制等。所有这些改革措施的目的是减少扭曲现象和降低劳动力市场的僵化程度。这些改革措施取得了初步成效。但是，为把西班牙的失业率进一步降到欧洲其他国家水平，还需要进一步改革。

据国际货币基金组织统计，1995年西班牙经济增长率为3.2%，比1994年增长1.2%；通胀率为4.8%，公共预算赤字占国内生产总值的5.9%，国际收支经常项目逆差占国内生产总值的0.4%。1995年保持了1994年的经济稳步增长的势头。

1996年3月3日西班牙即将举行大选。大选中无论哪一个政党获胜，未来的西班牙政府将继续举行近十多年来西班牙工社党政府的基本经济政策，西班牙经济在今后几年内将保持2%—4%低速稳定增长，其通胀率、公共预算赤字、失业率、国际收支经常项目逆差将逐步降低或减少。

三　西班牙经济发展的启示

综观战后西班牙经济发展过程，可以说是在波浪起伏中不断前进，既有成功的经验，也有挫折的教训。西班牙在发展生产力、国家宏观经济管理、充分利用欧共体（欧盟）一体化条件等发展经济方面有不少经验，我们从中可得到有益的启示。

1. 加速工业现代化，适时进行工业结构的转换和升级

战后西班牙加速工业现代化过程，也是工业结构不断向高层次调整的过程。直至 1959 年，西班牙的工业一直在国家干预和保护之下发展，当时西班牙的工业生产率低，技术落后，缺乏竞争力。1959 年佛朗哥实施"稳定发展计划"，结束了闭关政策，开始实行开放政策。从 60 年代初起，特别从 70 年代中期以来，西班牙历届政府通过国家的中期经济计划实施产业结构政策，规定不同时期内国家重点发展的产业或主导产业群，实行动态中的倾斜式增长，以诱导产业结构的转移。对重点发展部门，政府给予保护和扶持，而对不希望发展的部门则采取限制政策。在工业现代化不同阶段，政府根据欧洲工业国家的经验和欧共体的要求，制定了与之相适应的不同工业结构演进目标。

60 年代和 70 年代为工业现代化起飞时期，新兴制造业如汽车、机械等成为这一时期的主导产业群，逐步实现由劳动密集型向资本和技术密集型为主的结构转移。80 年代以来，高技术的新兴产业（电子、通信、信息、核电、生物工程等）被列为重点发展部门，推动向以知识和技术密集为主的结构升级。

1992 年 7 月，西班牙议会通过新的工业法，加快了本国工业现代化进程。目前，西班牙政府的新工业政策主要表现在以下4 个方面：（1）努力增强本国工业的竞争力。（2）扶植中、小

企业。（3）改造和更新原有的设备比较陈旧、技术比较落后的冶金、造船和煤炭业。（4）改善工业地区布局，如将纺织企业过于集中的地区的部分纺织企业关闭或转移到其他地区，并使该地区工业多样化和现代化。

1994 年颁布了一项新的工业技术改造计划（1994—1996）和一项新的全国工业质量计划（1994—1997），旨在改进西班牙工业企业的技术，提高产品的质量和档次。西班牙还积极地参加了欧洲的尤里卡计划，至 1995 年，西班牙共参与了尤里卡计划的 214 个项目。西班牙在发展工业的同时，十分重视生态环境问题。1994 年颁布一项新的环保工业技术计划，进一步保证本国新兴和原有的企业符合本国和欧洲联盟的工业环保方面的要求。

2. 重视开发和发展第三产业

西班牙从 60 年代初开始重视利用本国秀丽的自然景色、温和的气候和迷人的海滩以及绚丽多彩的历史文化遗迹等开发旅游业，通过旅游业带动旅馆业、餐饮业、商业、银行业、邮电通信、交通运输等第三产业和其他经济部门的发展。

旅游业已成为西班牙经济各部门中，最具有特色和活力的部门。1993 年旅游业所创造的价值已占国内生产总值的 8%，在旅游业从业的人员已占全国就业人口的 11.3%，占全国经济自立人口的 9.2%。1994 年全国旅游收入达 2.8 万亿比塞塔（约 224 亿美元）。无论从旅游外汇收入和从旅游者目的地来看，西班牙均占世界第三位，全世界旅游者有 8.1% 到西班牙旅游，西班牙旅游创汇占全世界旅游创汇总额的 6.9%。到西班牙旅游的人数逐年增加，到 1994 年增至 6100 万，为本国人口的 1 倍半。

3. 优化农业结构，转变农业增长方式

直到 50 年代，西班牙仍是一个落后的农业国，农产品缺乏竞争力。50 年代后期，西班牙农业开始对外开放。80 年代中期在西班牙加入欧共体前后，西班牙加快了农业现代化的步伐，注重优先农业结构，适时转变农业增长方式。西班牙政府采取了以下调整措施：（1）从1983年起，政府增加对农业的投资。（2）调整农业政策，使本国农业政策与欧共体农业政策逐步接轨，并从欧共体获取大量农业援助。仅1989年，西班牙就从欧共体获得近28亿美元的农业援助。（3）重点发展具有相对优势、竞争力强的产品的种植和加工生产，如居世界第一位的橄榄油，位居世界第三、欧洲第一的酸性水果，居世界第四位的葡萄酒以及蔬菜等，建立有西班牙特色的农业。（4）加速农业产业化进程，加快农业经营方式的变革，组织农工联合体、农业合作企业等。西班牙目前有622个农业生产者组织，共有33万农业企业家加入到这些组织，其产值约4000亿比塞塔。西班牙在农工联合体就业的有40万人，年产值6万亿比塞塔，每年在农工联合体的投资达2500亿比塞塔。随着农工联合体的建立和发展，在西班牙穆尔西亚、巴伦西亚、安达卢西亚等地区涌现了一批居民人数达1万至5万的"农业城镇"。

西班牙从事农业的经济自立人口占经济自立人口总数的比重不断减少，1970年为25%，1994年只占8.9%。1994年西班牙农业就业人数仅115万人。尽管从事农业的人数减少，由于采取了调整措施，1982—1991年的10年间，西班牙农业收入翻了一番（扣除物价上涨因素，实际价值增加42%），农业生产率显著提高，集约化、资本化程度逐步增加。

4. 不断变革和改善宏观经济管理

1982年年底工人社会党执政后，一开始同法国社会党政府一样，主张凯恩斯主义的经济"扩张"政策，追求"高增长"、充分就业和保护实际工资。但是，"密特朗试验"导致法国宏观经济严重失衡的教训使工社党很快改变其经济发展战略并转变经济政策，逐步实现经济发展由"数量型"、"速度型"向"质量型"、"效益性"转变，由凯恩斯主义的经济"扩张"政策转向经济"紧缩"政策，从控制社会总需求入手，把抑制通货膨胀和恢复财政金融平衡作为政府的长期国策，把结构改革和机构改革同稳定措施相结合，以科技进步为动力，加速产业结构调整，大力改造效益低下的传统部门；变革和改善国家宏观经济管理体制，注重转向间接调控，提高政府计划指导的效率；改革国有企业管理体制，推行国有企业私有化，扶助私人中小企业发展；加强市场竞争机制的作用，大力推进"经济自由化"，对劳工市场进行改革，使之比较灵活。

5. 充分利用加入欧共体（欧盟）一体化的有利条件，不断增强本国经济的竞争能力

1986 年西班牙加入欧共体，对经济比较落后的西班牙来说，既是一个挑战，又提供使经济现代化的极好机遇。

西班牙在加入欧共体前，它的基础设施差，生产要素市场运转不灵，国内储蓄率低，企业界缺乏创新和到海外开拓的精神，农业集约化程度低，生产率不高。加入欧共体后，西班牙加快了经济开放步伐。

西班牙工社党政府加强了宏观调整，按照不同阶段一体化的要求，使西班牙经济同欧盟其他国家接轨，充分利用比本国市场大 15 倍欧洲大市场提供的难得的机遇，有条不紊地使西班牙走上经济现代化的道路。

工社党政府按照加入欧共体条约的规定，对西班牙与欧共体其他国家之间工业、农业、渔业等产品的自由流通，对劳动力的自由流动，对资金的流动，区别不同的情况，规定了一定的过渡期限。为使西班牙参与欧洲统一大市场，工社党政府又采取了一系列结构改革措施：实现部分重要国有企业私有化；改造钢铁、

造船、化肥、家电等传统工业；进行劳工制度、住房、商业、税收、金融改革。西班牙在加入欧共体后头几年，经济发展迅速，创造了"奇迹"。西班牙人均国内生产总值在 1986 年是欧共体平均水平的 72.8%，而 1991 年已上升到 79.2%。

目前，西班牙正在进行第三场经济革命。根据马约第 109 条 J 款的规定，为加入欧洲货币联盟必须达到 4 项财政标准：（1）通货膨胀率不得超过欧盟通胀率最低的 3 个国家平均数的 1.5%。（2）政府预算赤字必须低于国内生产总值的 3%，公共负债率不准超过国内生产总值的 60%。（3）在欧洲货币联盟建立前两年，各国间货币汇率波动保持正常的上下幅度（目前上下幅度达 15%）。（4）长期利率不能超过欧盟 3 个价格较稳定国家平均利率的 2 个百分点（据欧盟委员会最新材料，为 10.5%）。现在西班牙在通膨限额、预算赤字限额和国债率限额方面尚未达到马约规定的指标。对西班牙来说，最重要的是在保持宏观经济稳定的前提下，增强本国经济各部门的竞争力。为此，政府在工业方面，大力支持"研究＋发展"投资计划，重点扶植优先发展的工业，鼓励企业间的合作、合并、集团化等；在农业方面，改善农业结构，增加农业资本化和集约化程度；鼓励储蓄；改进教育和职业培训；加强基础设施建设；完善行政管理等。同时，西班牙又从欧盟获得大量的援助，是获得欧盟援助最多的国家之一，1994 年获欧盟 5299.55 亿比塞塔援助，1995 年获 6624.70 亿比塞塔援助。近年来，西班牙不少新建铁路（如马德里—塞维利亚高速火车）、公路、港口、机场、污水处理站、研究中心等均得到欧盟地区发展基金的援助。

（原载《世界经济与政治》1996 年第 5 期）

古巴求变

半个多世纪以来，社会主义的古巴一直巍然屹立在加勒比海，在美国的鼻子底下"求生存、谋发展"。美国的经济封锁、贸易禁运、外交孤立和军事威胁没有能够压垮它，东欧的剧变和苏联的解体也没能动摇它。古巴是世界上现存五个社会主义国家中唯一一个不在亚洲的国家。

2006年7月底，近半个世纪来一直是党政军第一把手的古巴革命领导人菲德尔·卡斯特罗（简称卡斯特罗）因病将大权暂时移交给他的弟弟劳尔·卡斯特罗（简称劳尔）。2008年2月24日，通过选举，劳尔当选并就任古巴国务委员会主席和部长会议主席，正式接替卡斯特罗的最高行政职务。三年后，2011年4月16—19日，古巴共产党召开六大，选举产生了以劳尔为第一书记的新的中央委员会，卡斯特罗不再担任党的最高领导。至此，古巴党政军最高领导顺利完成了权力的交替。

劳尔执政以来，特别是在古共六大后，古巴全党全民正在认真落实六大通过的《关于党和革命的经济和社会政策纲要》（简称《纲要》），"更新"古巴的经济模式。由311条政策组成的《纲要》，在坚持社会主义计划经济，强调国有企业是所有制的主要形式和继续实施全民免费医疗和免费教育的同时，提出了精简机构、下放权力、扩大企业自主权、允许和鼓励个体经济、大力发展农业、实施粮食与食品进口替代战略、取消不必要的供应与补贴、逐步取消购物本和货币双轨制，以及逐步实行党政分开、政企分开等重要政策措施。

劳尔多次强调，要进行"结构性和观念上的变革"。古巴求变。最近五六年，古巴发生了一系列重大的变化。但值得一提的是，古巴领导人一般不提古巴是在进行改革（reforma），而是强调目前古巴所做的是在"更新（actualizar）社会主义"。古巴主管经济的部长会议副主席穆里略强调，"古巴不会进行经济改革，而是进行不向市场让步的古巴社会主义经济模式的更新"。一位古巴著名学者对笔者说，中国在进行"改革"，越南在进行"革新"，而古巴在进行"更新"。实际上"更新"就是改革，但古巴不愿意重复使用别人使用的名词。

古巴发生什么样的变化？这些变化会产生什么影响？

一　变化之一：开始打破铁饭碗，大幅度减少国有部门冗员

古巴全国人口 1123 万，约有劳动力 500 万，其中 420 万人（84%）在国有部门（包括各部委及其下属单位和国有企业）就业。2010 年 9 月 13 日，古巴政府宣布，到 2011 年 3 月底，在半年时间内，国有部门将有 50 万人下岗，其中约 25 万人将从事个体劳动。自 2011 年 1 月 4 日起，古巴国有部门正式开始裁员，裁员先从糖业部、农业部、建设部、公共卫生部四个部和旅游业开始，然后波及其他部门。2011 年 9 月和 11 月，古巴先后将糖业部和邮电总局改制为企业集团。

然而，劳尔在古共六大所作的报告中承认，减少国有部门冗

员的工作遇到巨大阻力，因此减员的工作，不能操之过急，但也不能停顿。今年 5 月 1 日，古巴中央工会总书记瓦尔德斯对《工人报》记者说，到目前为止，已减少冗员 14 万人，今年计划再减少 11 万人，到 2015 年共减少国有部门冗员 50 万人。这意味着，原来打算在半年内完成下岗 50 万人的计划，已推迟到 2015 年完成。

古巴减少冗员的办法是：在一个国有单位（如工厂、机关）成立一个评委会，评委会由该单位党支书、行政负责人（厂长或其他）、工会主席和职工代表等人组成。职工在考评时，对自己的业绩进行陈述，然后由评委进行提问，最后由评委进行评议，并最终得出去留意见，报上级领导审批。政府向下岗人员提供务农或去建筑业等急需劳力的部门就业的机会。一般下岗人员只能拿到一个月的工资作为补偿，一个月后，如不愿意去政府提供的就业岗位，则可以自谋出路，干个体。即使工龄满 30 年的下岗人员，最多也只能领取 5 个月的工资补偿。

今年 4 月 27 日，古巴官方主要媒体古巴电视台播放了一位名叫阿列尔的经济学家评论，批评劳工部在裁减国有部门冗员时"暗箱操作"、"不透明"，这在古巴是十分罕见的。

二 变化之二：个体户人数激增

如今，在首都哈瓦那和大小城镇的主要街道两侧，都可以看到星罗棋布、熙熙攘攘的小商小贩和门面不大的饭店、咖啡店、修理店或裁缝铺等。古巴政府于 2010 年 9 月 24 日出台了新的政策，为个体户开放了 178 项经济活动，放宽了对个体户的限制。但政策规定，个体户必须交纳个人所得税、销售税、公共服务税、社保费，如果雇人，还得交纳雇工税等。平均税率将高达

25%—45%。2011年一年内，政府颁布了与个体户有关的10项法令和60多项决定，进一步放宽了对个体户的政策。如一开始规定，个体饭店只能允许最多12人同时用餐，后来允许20人同时用餐，根据修改后的规定，允许50人同时用餐。过去经营餐馆只能由本人和家庭成员，现在允许雇用少量非家庭成员。过去只允许在服务性行业从事个体劳动，现在允许私人进行食品加工、酿酒、修理汽车、电器，生产和销售鞋子、手工艺品、家庭日常用品、生日和宗教用品等生产部门。最初规定个体户不准雇工，后规定178项经济活动中有83项可雇工，随后又允许全部178项经济活动都可雇工。

由于政策的放宽，古巴个体户人数激增，从2010年年底的157371户，增加到2012年3月的371200户，翻了一番多。其中75%从事餐饮业，其次是运输、出租房、出售农产品等。2011年12月，政府先后通过法令，将原国有理发店、美容店、各种修理店、照相馆等承包给原商店的职工，并将这些商店的职工转为个体户。

不久前，古巴国务委员会副主席拉索说，再过四五年，古巴非公有部门的产值将占古巴国内生产总值的40%—45%。这表明，古巴政府决心在最近几年里大力发展个体经济，以解决下岗人员的就业和解决国计民生问题。目前个体户面临的主要问题是没有批发市场，原料来源得靠自己；国家征收的税收负担过重，对个体劳动仍抱有成见等。

三 变化之三：逐渐取消计划供应的购物本

古巴自1962年起，开始实行配给制，为保证居民的日用消费品和生活用品的供应，对每家每户发放购物本，凭本供应廉价的生活必需品。21 世纪初，一般每人每月 6 磅大米、6 磅糖、1.5 磅芸豆、2—3 月每人半磅食用油、7 个鸡蛋、每人每 2 月一块肥皂和一块香皂、每人每 45 天一支牙膏、每人每月 1 盎司盐、每人每天一个小面包；7 岁以下儿童每人每天 1 磅牛奶、不管是否吸烟，每人每月 4 盒香烟等。凭"购物本"购买所有以上商品只需花 30—40 比索。

凭本定量供应在一定程度上保证了民众，特别是低收入民众的基本生活物资供应。但是，为此，政府每年得拿出 10 多亿美元进行补贴。古共六大通过的《纲要》规定，政府将逐步缩小配给供应制的范围和品种，并最终取消购货本。取消凭本配给制和购货本有利于终结历史遗留下来的平均主义政策带来的诸多弊端，有助于减轻政府的财政负担。事实上，在六大召开前，政府已取消了芸豆、食盐、糖、香烟、肥皂、香皂、牙膏等的配给。这些商品不再凭本供应后，现在在市场上敞开销售的价格，比凭本供应时的价格高出 5—10 倍。因此，对约 2/3 的没有外汇收入的家庭来说，加重了它们的经济负担。由于这一制度直接关系到每个古巴人的基本食品保障，是否取消在古巴国内引起重大反响和激烈争论。劳尔在六大报告中承认，民众对取消计划供应的购货本的意见最多，但购货本肯定是要取消的，因为国家每年需要大量财政补贴，国家已不堪重负，但将逐步取消。

与此同时，古巴政府开始逐步削减不必要的公共事业补贴，如关闭免费职工食堂等。

四　变化之四：允许承包土地

农业问题是古共六大的重要议题之一，也是古巴经济模式更新的的核心之一。

古巴有可耕种土地660万公顷，其中有360万公顷土地闲置没有耕种或没有充分利用。一方面是农田无人耕种，另一方面，古巴每年都得花费15亿美元左右进口粮食和食品。为改变这一状况，2008年7月10日，劳尔签署第259号法令，允许农民承包闲置土地，给农业生产者以更大的自主权，以增加农业生产，减少粮食进口。根据法令，个体农民可承包13.42—40.26公顷的土地，承包期限为10年，到期后可延长。对合作社和农场承包闲置土地的面积没有上限，承包期限为25年，到期后也可以顺延。在闲置农田承包方面，根据官方统计，到2010年年底，共有11万农民和1700多个合作社或农场共承包了约120万公顷土地。到2011年年底，原闲置农地的80%已经承包给17万农民、合作社和农场，但目前已经承包的土地仍有相当一部分没有很好开发利用，此外，还有不少土地尚未被承包，仍闲置着，无人耕种。主要原因是由于古巴缺乏农业生产资料供应的市场，农民所需的农具和农业机器等生产工具、农药、化肥等的供应得不到保证，农产品的收购不及时，价格过于低廉，从而影响了生产积极性。因此，土地承包的效益并不显著。劳尔在古共六大闭幕词中承认，"尽管2008年颁布259号法令以来至今土地承包的状况还可以，但是，依然还有数十万公顷土地等待劳动力去开发"，他说，古巴正在修改259号法令，对那些生产效益好的农民将允许他们承包更多的土地。

五　变化之五：为私人买卖住房和汽车开放绿灯

2011年9月28日，古巴政府颁布法令，解除了近半个世纪的禁令，为私人买卖汽车打开了绿灯。此前，古巴政府只允许买卖1959年以前生产的老爷汽车。

同年 11 月初，政府又颁布法令，允许住房买卖和转让。但限制一户最多只能占有两处房子，一处在市区，另一处在郊区。但由于古巴大部分居民收入很有限，买不起房子和汽车。所以，住房和汽车买卖的禁令解除以来，交易并不兴旺。

此外，2011 年 11 月，政府允许银行向个人发放小额贷款，并决定给个人建房或修房有困难者发放补贴。自 2011 年 12 月 1 日起，政府取消国家对农产品收购后销售的垄断，允许农民直接将农产品销售给旅游饭店或旅游公司。目前政府正在研究放宽对公民因私出国的限制。

从以上几个方面古巴的变化来看，虽然古巴依然强调以计划经济为主，但实际上，古巴经济已向市场经济迈出了一步。古巴的这些变化，受到了多数民众的拥护，但与此同时，也有一些党员和群众，对扩大个体户、取消购物本等措施存有疑虑和意见。

六　困难与挑战

除了美国长期的经济封锁、国际金融危机等外部困难和挑战外，古巴目前国内面临的主要问题有两个，一个是高层领导年龄偏高，领导干部青黄不接的问题。古巴目前第一、二、三把手年龄均已过 80；二是经济增长缓慢，老百姓的吃饭问题没能很好解决。2009 年古巴经济增长 1.4%，2010 年增长 2.1%，2011 年增长 2.7%，均没有完成原定增长的指标。古巴这几年的经济增长率均不到拉美地区经济增长率的一半。另外，古巴经济严重依赖委内瑞拉，如委内瑞拉总统查韦斯的病情恶化、委今年 10 月的大选结果出现逆转，这将对古巴经济产生极为不利的影响。此外，尽管古共六大仍强调今后古巴的医疗和教育还是全民免费的，但古巴的一部分领导人和普通民众都认为，这种大包大揽的制度已使古巴财政不堪重负，造成不必要的"浪费、挪用资金和盗窃的现象"，古巴的医疗卫生和教育制度的改革也势在必行。

目前古巴党和政府已经认识到上述问题，正在采取相应的措施，以解决这些问题。

古巴不少民众经常在一起议论"后菲德尔·卡斯特罗时代"或"后卡斯特罗时代"。但没有人否定卡斯特罗兄弟，特别是老卡斯特罗给古巴带来的独立、民族尊严、主权和平等，许多古巴人都高兴地认为，菲德尔·卡斯特罗的康复对于古巴人民而言是民族的骄傲。卡斯特罗现在仍经常不断地发表他的思考文章，并不时会见到访的外宾，前不久，他会见了100多位日本的客人和智利共青团代表团。今年4月初，古巴全国人大主席阿拉尔孔在回答法国记者提问时说，卡斯特罗现在虽然不担任任何具体职务，但在一些战略性的重大问题上，仍起决策作用。而对于启动目前这场模式"更新"的继任者劳尔，多数古巴人认为，劳尔的的确确在使古巴发生"真正的变化"。但与此同时，他们又毫不掩饰地对工资低、物价上涨、生活维艰的抱怨和对下岗的担忧。

总之，古巴正在发生不小的变化，古巴面临不少国内外的困难和挑战，但古巴"更新"社会主义经济模式的前途还是值得期待的。

（原载《同舟共济》2012 年第 7 期）

对外关系篇

世界格局的变化对拉丁美洲的影响

20世纪80年代末和90年代初，世界格局发生急剧变化。战后形成的美苏两极对峙格局即雅尔塔体系已经瓦解，世界多极化的趋势有了明显发展，但新的格局尚未形成。世界各国，尤其是大国和强国都在为建立新的世界格局调整战略，谋划对策，力图使国际局势朝着有利于自己的方向演化，以便在未来新格局中争得优势地位。

拉丁美洲有33个发展中国家，其中多数国家经济实力欠强，对外依赖性较大，是最易受外来影响的地区之一。世界格局的变化对拉美已经并将继续产生巨大和深远的影响，向拉美国家提出了新的挑战，同时也给它们提供了机遇，激励它们加速地区合作和一体化进程，促进社会经济改革。拉美地区正处在独立后的一个新的十字路口。

一 世界格局变化对拉美政治的影响

世界格局的变化对拉美政治的影响是双重的，一方面有利于拉美地区热点（主要是中美洲）形势的缓和，另一方面又给不少拉美国家的政局带来动荡和增添新的不稳定因素。

（1）使中美洲这一热点地区降温。中美洲自 1979 年 7 月尼加拉瓜革命胜利以来，一直是美苏争夺的热点地区之一。随着美苏关系的缓和和美国在中美洲加紧推行"以压促变"的策略，1990 年中美洲政治形势发生重大转折。中美洲地区各国新保守派相继上台执政。继萨尔瓦多右翼民族民主共和联盟克里斯蒂亚尼于 1989 年 3 月获胜，6 月就任总统后，1990 年 2 月哥斯达黎加亲美的基督教社会团结党卡尔德隆当选总统，并于 5 月就职。尼加拉瓜桑解阵在大选中败北，全国反对派联盟候选人查莫罗夫人获胜，并于 4 月 25 日就任总统，建立了亲美政权。洪都拉斯、危地马拉偏保守的势力也相继取得政权。这样，中美洲 5 国都已由亲美和温和保守派执政。由于尼加拉瓜政权的更迭，原先中美洲其他 4 国同尼加拉瓜在政治、意识形态和军事方面的对立消除，地区形势趋于稳定，热点已经降温，美国在中美洲的影响得到加强。

桑解阵在尼加拉瓜失去政权后，中美洲各国游击队因失去了重要支持而受到削弱。萨尔瓦多游击队自 1990 年 5 月起，曾多次与政府举行和谈，双方曾达成停火协议。后因双方在军队改组等问题上存在较大分歧，停火协议未能执行。危地马拉游击队全国革命联盟同本国政府也于 1990 年 3 月 30 日首次达成通过政治途径实现国家和平的协议。5 月底 6 月初，游击队又与危地马拉 9 个政党、全国和解委员会在马德里举行会谈，寻求结束长达 30 年内战的途径，并达成"埃尔埃斯科里亚协议"。

（2）对古巴产生强烈冲击波。国际格局的变化，特别是苏联、东欧的急剧变化，对古巴产生广泛、深刻和严重的影响。古巴是西半球唯一的社会主义国家，一直同苏联、东欧国家保持最密切的关系。自 1972 年古巴加入经互会起，在古巴的对外贸易中，同苏联的贸易占 70%，同东欧国家的贸易约占 15%。古巴的中、长期综合发展计划一向都是根据经互会生产专业化和国际劳动分工的原则制定的。随着东欧国家的急剧变化，经互会已名存实亡。1990 年苏联减少了对古巴的石油供应，从 1991 年起，苏古贸易不再以转账卢布方式结算，并且苏联明显削减了对古巴的援助和补贴；东欧国家同古巴的经贸关系也明显减少，对古巴的援助已基本停止。这一切使古巴面临严峻的经济形势。

布什执政以来，美国对古巴的政策日趋强硬。美国对古巴施加高压，不断进行军事威胁、经济封锁和贸易禁运，同时还加强对古巴的意识形态渗透，形成一股强大的压力，试图从外部颠覆古巴政权。

面对这两方面的压力，为适应变化了的新形势，古巴党和政府在坚持社会主义的前提下，逐步调整内外政策，以促使国内政局稳定和经济发展。

（3）美国对巴拿马继续推行强权政治。1989 年岁末，在世界形势日趋缓和的情况下，美国悍然派兵 3 万入侵巴拿马，使数百名巴拿马人死亡，造成高达 20 亿美元的经济损失。一年后，1990 年 12 月 5 日，美国军队又应恩达拉傀儡政府的要求，再次对巴拿马进行武装干涉，出动装甲车平息以原巴拿马警察署署长埃雷拉为首的数百名警察的哗变。这说明美国为维护和扩大它的政治、经济和战略利益，在它认为必要时会不惜采取军事行动。

（4）促使拉美国家"新一代领导人"的出现。世界格局的变化，特别是苏联东欧形势的剧变，在拉美和第三世界其他地区形成巨大的冲击波，给美国推销西方的价值观和政治经济体制提供了时机。在这一大气候下，最近一两年，拉美不少国家通过选举，更迭了政府，出现了"新一代领导人"。在这些新一代领导人中，有一些是从政时间不长、比较年轻的总统，如秘鲁的藤森，是一名年仅53岁的大学教授，1989年开始从政，创建"变革90"独立运动。藤森的获胜引起拉美社会的广泛关注，被称为"藤森现象"。年仅41岁的巴西新总统科洛尔是1982年才创建的国家复兴党提名的候选人，他也是战胜了传统政党的候选人之后，当选总统的。这种"藤森现象"在拉美的出现反映了拉美国家人民群众对传统政党领导人无力解决长期困扰国家的政治、经济和社会问题的失望情绪。而另一些拉美国家新当选的总统则是传统政党的领导人，如阿根廷总统梅内姆（兼任正义党主席）、墨西哥总统萨利纳斯（革命制度党领导人）、委内瑞拉总统佩雷斯（民主行动党领导人）、乌拉圭总统拉卡列（白党领导人）、智利总统艾尔文（基督教民主党主席）等，但他们都在不同程度上调整乃至放弃了其所领导的党和政府原来的政策，因而也被称为"新一代领导人"。智利一家杂志说，"新一代的领袖""正领导着拉美的一场深刻的改革"，"这些总统，除政治上务实外，远远不同于那些传统的政党，也没有那种反美偏见，他们正在使他们的国家沿着一条新的道路：经济开放的道路前进"。① 布什总统1990年12月8日在结束他的南美5国之行时，赞扬拉美"新一代的勇敢的领导人"已成为新的发展道路的"先锋"，他说，这些领导人懂得，发展的道路，创造就业和增加收入，只能通过获得新的投资、扩大贸易和活跃企业生产才能得到实现。②

（5）对拉美共产主义运动和革命运动的影响。苏联东欧形势的剧变无疑对拉美共运和革命运动产生深刻影响，使拉美共产

---

① ［智利］《新情况》1990年6月21日。
② 埃菲社加拉加斯1990年12月8日电。

党和左派力量受到很大冲击。正如危地马拉《中美洲新闻》周
刊的一篇评论所说，"在世界性调整中，社会主义力量的削弱对
拉美各革命运动产生了影响。它们失去了国际上对它们反对敌对
军事强国斗争的支持"。这家刊物认为，"苏联对各国共产党的
相对抛弃对其前景来说，也是一个极大的不稳定因素。一些观察
家认为，这意味着各国共产党在国内的影响将会大大削弱，以致
有消失的危险。但是，也有人认为，在武装道路在左派运动中失
势的情况下，各国共产党在政治方面将会起到比到目前为止更重
要的作用。"①

　　拉美共产党和左派力量在受到冲击之后，并没有消沉，它们
在进行深刻反思并采取行动。一年来，拉美共产党和左派党举行
了几次重要会议，研究讨论拉美和国际形势，社会主义的现状及
其前景，拉美革命运动在国际新格局下的目标、战略和战术。
1990 年 2 月初，在厄瓜多尔首都基多召开了南美共产党第 4 次
会议。7 月初，近 60 个左派党和组织参加了由巴西劳工党发起
的在巴西圣保罗召开的拉美左派政党会议。11 月 26 日至 30 日，
拉美和加勒比 18 个政党的近百名代表在墨西哥城出席了由墨西
哥社会主义人民党和阿根廷共产党发起的拉美和加勒比地区共产
党会议，与会代表一致认为社会主义仍充满活力，马列主义仍具
有强大的生命力，重申马列主义革命思想仍将是拉美革命政党和
力量的行动指南，坚信历史总要朝着更加高级的社会生产阶段发
展，社会主义必将取代资本主义。这次会议还决定在 1991 年 2
月底至 3 月初在墨西哥城举行一次拉美左派党会议。值得一提的
是，在 1990 年，乌拉圭共产党、阿根廷共产党等拉美共产党先
后举行了党代会，乌共党员的队伍还有了显著的壮大。

---

　　① ［危地马拉］《中美洲新闻》，1990 年 5 月 3 日。

二　世界格局变化对拉美经济的影响

拉美经济形势本来已十分严峻。联合国拉美经济委员会认为，整个80年代，对拉美来说，是"失去的10年"。在这10年中，拉美人均国内生产总值下降8%。1990年拉美经济形势未见好转。拉美地区债务负担日益沉重，成为经济复苏和发展的严重障碍。资金外流现象十分严重，1982年至1989年共外流2031亿美元，相当于1989年外债总额的48.8%。不少国家为振兴经济，获取新的资金，被迫实行世界银行和国际货币基金组织的经济结构调整计划，但除个别国家外，效果并不理想，反而加剧了一些国家的经济困难和引起严重的社会问题。

国际格局的变化，特别是国际经济格局的变化，对拉美的经济发展究竟是有利还是不利，是利大还是弊大，正引起拉美和关心拉美的各界人士的关注、思考和忧虑。总的来看，国际格局的变化对拉美经济主要有以下几个方面的影响：

（1）拉美在世界经济中的地位下降。拉美在国际贸易中所占的比重，从1980年的5.5%，下降到1989年的2.8%。80年代拉美国内生产总值年均增长率不到1%，大大低于70年代5.9%的水平。但是，拉美的通货膨胀率却从1980年的56.1%上升到1000%，成为世界上通货膨胀率最高的地区。

（2）流入拉美的私人资金有减少的危险。拉美国家为恢复和发展经济急需资金，但由于苏联东欧的剧变，西方一部分资金流向苏联东欧。1990年10月3日联邦德国和民主德国实现统一，也影响了德国对拉美的投资。拉美国家领导人普遍担心，西方国家会把注意力转向苏联、东欧地区，增加对那里的投资和援助，从而使拉美受到忽视。墨西哥总统萨利纳斯在1990年1月底 2 月初访问西欧 5 国的多次讲话中，对欧美国家可能将更多的资金转向变化中的东欧而减少对拉美国家的投资表示忧虑，他指出，发达国家不应把眼光局限在东欧，而忽视拉美和世界其他地区。巴西当选总统科洛尔在 1990 年 2 月访问意大利时，也向意大利总理表示，希望东欧的变化不至于影响西方国家对第三世界的援助。

从近年来的实际情况来看，苏联、东欧国家所吸收的发达国家资金确有增加，在一定程度上可能对拉美和第三世界其他地区的资金流入造成影响。但从全球资金流动来看，目前西方向苏联、东欧的直接投资还很有限。东欧国家在吸收外资方面有一些有利条件，如劳动力素质较高、工业基础较雄厚等，但东欧国家政局不稳，加上它们原有计划经济体制被打乱，而新的体制短期内难以确立，因此，目前西方国家不可能将大量资金投入东欧。而拉美不少国家近年来不断改善投资环境，修改对外资政策，对外资仍有吸引力。如墨西哥 1990 年共获得 42 亿美元的外国直接投资，使目前在墨西哥的外国直接投资达 308 亿美元。

（3）海湾危机使拉美多数国家经济困难加重。海湾危机是世界格局变动的表现和反映，同时，又影响世界格局的变化。伊拉克入侵并占领科威特之后，国际市场上油价暴涨，拉美一些石油生产国如委内瑞拉、墨西哥等从中受益，但对拉美绝大多数非石油生产国来说，意味着能源费用的增加，财政负担加重，经济更加困难。据拉美经委会估计，由于油价上涨和出口量的增加，到 1990 年年底，委内瑞拉石油出口收入增加 18 亿美元，墨西哥增加 14 亿美元；哥伦比亚 2.5 亿美元；厄瓜多尔 2 亿美元。但是，对拉美大多数国家来说，经济困难加重。据拉美能源组织的估计，油价上涨到每桶 30 美元会使巴西外贸盈余减少 10%，中美洲各国的外贸逆差则会扩大 9%—150% 不等，这将大大削弱这些国家的偿债能力。巴西是受海湾危机影响最严重的拉美国家，因油价上升，1990 年将多支出 15 亿美元。另一方面，由于停止了对伊拉克的武器和其他商品及劳务的出口，巴西少收入 30 亿美元。另据拉美经委会估计，国际石油价格每上涨一美元，拉美国家石油进口要增加 3800 万美元。由于油价上升，每月能源费用支出智利增加 6500 万美元；多米尼加共和国 3500 万美元；乌拉圭 1700 万美元；中美洲国家共 4500 万美元。此外，国际油价上涨和海湾危机军费开支的增加还会对拉美国家产生间接影响。西方国家经济增长速度放慢，通货膨胀上升，随之而来的是利率上升，缩减从拉美国家的进口，提高对拉美出口产品的价格，这对拉美所有国家都会产生不利影响。

（4）经济区域化、集团化对拉美经济的影响。当今世界经济区域化、集团化的趋势显著增强。西欧加快了于 1992 年年底建立欧洲统一大市场的步伐；德国统一已经完成；日本正在积极谋划东亚经济圈或亚太经济圈；美国继 1989 年 1 月 1 日同加拿大达成美加自由贸易区协定之后，正在同墨西哥举行谈判，力图建立包括墨西哥在内的北美自由贸易区。1990 年 6 月 27 日，美国总统布什又提出"美洲事业倡议"，倡议建立一个包括整个美洲在内的自由贸易区。

世界经济区域化、集团化对拉美经济既有消极作用，也会产生有利的影响。具体来看，欧共体一体化进程的加快和欧洲大市场的确立，将加强欧共体国家的贸易保护主义，从而产生强烈的排他性，对拉美同西欧国家的贸易和经济关系起消极影响。实际上，80 年代西欧国家同拉美的贸易已呈下降趋势，欧共体对拉美的出口，从 1980 年的 191 亿美元减少到 1989 年的 98.8 亿美元；而欧共体从拉美的进口，从 1980 年的 232 亿美元减少到 1989 年的 181 亿美元。拉美在欧共体对外贸易中所占的比重，从 1980 年的 6% 下降到 1989 年的 4.5%。墨西哥《至上报》1990 年 8 月 1 日发表的一篇题为《拉美担心孤立：欧洲不管它；欧共体忘了它》的署名文章认为，拉美"将被欧洲所抛弃，只能得到日本的附带的关心"。这种担心并非没有道理。

世界经济区域化、集团化对拉美也有有利的一面，它使美拉关系趋于改善。在区域化、集团化的趋势下，美国、西欧和日本争夺市场和势力范围的斗争加剧，美国为保住和加强它在全球竞争中的地位，应付一个统一的欧洲和强大的日本的经济挑战，需要调整和改善同拉美国家的关系，特别是同拉美主要国家的关系。布什的新倡议就是美国出于自身利益，对拉美政策的重大调整，同时它也迎合了一些拉美国家改善和加强同美国的经济贸易关系，以克服目前经济困难的心理和愿望。在国际经济格局重新调整的转折时期，拉美国家虽然不愿沦为发达国家的经济附庸，但更不愿被排斥在世界经济之外。事实上，在 80 年代，拉美经贸关系多元化的趋势就已开始发生逆转，它们同美国的贸易有了大幅度增长。美国在拉美进口中所占的比重，从 1980 年的 30% 增至 1989 年的 59.6%；美国在拉美出口中的比重，从 1980 年的 34% 上升到 1989 年的 52.6%。这表明拉美国家由于经济衰退、外债负担沉重等原因，加深了对美国在经济贸易方面的依赖，"被迫再次回到仰赖美国市场的老路上去"。[①]

近年来，墨西哥、巴西、秘鲁、哥伦比亚、阿根廷等不少拉美国家领导人出访美国、日本和西欧国家，特别是出访美国，意在谋求新的资金，缓和债务危机和促进贸易。美国总统布什也于

[①]　参见《经济世界》1989 年 12 月，第 13—15 页。

1990年11月和12月分别出访了墨西哥和南美洲5国（巴西、阿根廷、乌拉圭、智利和委内瑞拉）。虽然舆论界对布什拉美之行评价不一，此行的具体成果确实也不多，但它至少表明，在世界格局发生急剧变化的情况下，美国更需要拉美国家，需要拉美的石油以弥补因海湾危机造成的石油缺口。因此，尽管布什倡议的建立整个美洲的自由贸易区还遥遥无期，但预计90年代美国和拉美的经济贸易关系将会有较大的发展。

三 拉美国家正积极谋划应变对策

面对世界格局的急剧变化和挑战，拉美国家并未消极等待、束手无策，而是密切关注事态的发展，积极谋划应变对策，努力摆脱被动局面，争取有利的发展前景。总的来看，拉美国家主要采取以下对策：

（1）加速地区合作和经济一体化进程。1990年拉美地区的合作和经济一体化进程取得了明显的进展。10月，里约集团第4次首脑会议在加拉加斯召开。面对当今世界格局的变化，各国总统更加强调加强拉美团结合作的重要性，纷纷要求把实行一体化从言辞变为实际行动。委内瑞拉总统佩雷斯在会上指出，拉美国家如果不努力实行一体化，就有可能被别人吃掉。会议对一体化采取了一些具体措施，如接受墨西哥提出的在拉美一体化协会范围内加强一体化的10点建议；开始磋商如何利用原料价格上涨所获资金建立旨在加强投资和实行一体化的战略基金，由拉美能源组织着手研究海湾危机对拉美的影响及需要采取的具体互助行动等。会议还强调必须发挥拉美国家在国际事务中的作用，提高在世界新秩序下对形势的应变能力。会议决定接纳玻利维亚、巴拉圭为新成员国，并邀请中美洲地区和加勒比地区各选派一个国家参加集团工作，这样将使里约集团从8国增加到13国，[①] 成为拉美地区具有广泛代表性的高级政治磋商和协调机构，对加速拉美一体化进程将产生重大影响。

1990年拉美小地区一体化进程明显加快。8月1日，巴西、阿根廷、智利、乌拉圭4国外长同意在1995年1月1日前建立南锥体共同市场；8月2日，加勒比共同体12个成员国首脑在牙买加首都金斯敦举行第11次会议，决定从1991年1月起开始实行统一关税，并从同年7月起取消成员国之间的贸易壁垒，以加快加勒比共同市场的最后建成；8月，中美洲5国经济部长在洪都拉斯开会，决定逐步取消关税壁垒，于1992年建立中美洲自由贸易区；11月底，安第斯集团5国首脑在拉巴斯开会，决定于1991年底建立安第斯自由贸易区，1995年形成安第斯关税同盟，建立共同市场。1990年拉美小地区一体化进展的加快，充分说明拉美国家为迎接挑战，正在做出不懈的努力。正如巴西和智利两国总统在1990年7月26日发表的联合声明所说的，"区域联系已成为当今世界经济发展的主流，任何一个拉美国家都不可能单枪匹马地迎接这一挑战"，"国际体系上这一巨大变化需要拉美国家进行有效的协调行动，加强该地区参与决定全球重大经济、政治问题的能力"，为此，"必须加快地区一体化的步伐"。

（2）根据各自国情加快实行政治和经济改革，调整对外关系。巴西科洛尔总统1990年5月执政后，对经济政策作了调整，实行"新巴西"经济计划，削减政府公共赤字、减轻外债负担、

---

① 又称八国集团，创立于1986年，创始国有原孔塔多拉集团4国和利马集团4国。1988年巴拿马因政局动乱，被停止与会资格。1990年9月，智利、厄瓜多尔加入该集团。在第4次首脑会议后，集团成员国将增至13国。

摆脱经济指数化以压缩通货膨胀，宣布取消对 2500 种商品的进口限制，并修改信息工业保护法，逐步开放巴西市场。在外交方面，加强同美国和西方其他国家的关系，"在优先发展同邻国经济一体化的同时，将外交政策的重点转向西方发达国家"；墨西哥萨利纳斯总统 1988 年 12 月初执政以来，在政治上通过宪法修改案，促进民主和政治多元化，在经济上，与外国债权银行签署减债协定，按照国际货币基金组织的要求，放松对外国投资的限制，加速国营企业私有化进程，实行贸易开放政策；在外交上，在强调墨西哥的拉美属性的同时，密切了同美国的关系，开始进行墨美自由贸易谈判，并开展太平洋外交，阿根廷梅内姆总统执政后，采取了一系列整顿经济的措施，精简机构，压缩公共开支，进行国营企业私有化和推行自由市场经济，对外积极支持布什的倡议，恢复同英国中断 8 年的外交关系。其他拉美国家也根据本国情况，加速进行政治经济改革，调整对外关系。

世界正处在新旧格局转换的过程中，各种力量在错综复杂的利害矛盾中重新分化和组合，整个形势动荡多变。对拉美来说，90 年代将是十分关键的 10 年。只有进行符合本国国情的政治经济改革，加快经济一体化和加强本地区的合作，才能使政治相对稳定，经济稳步发展，才能在今后充满激烈竞争的世界舞台上占据有利地位，发挥应有的作用。

（原载《拉丁美洲研究》1991 年第 1 期）

拉丁美洲与国际经济新秩序

拉丁美洲国家是第三世界的一支重要力量。长期以来,拉美人民遭受殖民主义、帝国主义和霸权主义肆无忌惮的奴役、掠夺和剥削,是国际经济旧秩序的受害者。战后,随着民族民主运动的高涨和民族经济的发展,拉美国家成为国际经济新秩序的倡导者和推动者,目前正以崭新的姿态活跃在世界舞台上。拉美国家同第三世界其他国家一起,为捍卫国家主权、维护民族资源、发展民族经济、破除旧的国际经济关系和建立新的国际经济秩序而坚持不懈地斗争。

一 拉美人民是国际经济旧秩序的受害者

不公正、不平等、不合理的旧的国际经济秩序,是在殖民主义和帝国主义的统治下形成的,其实质是国际金融资本的垄断统治和残酷剥削。长期以来,拉美人民一直是国际经济旧秩序的受害者。从 15 世纪末至 19 世纪初,以西班牙、葡萄牙为主的西方老牌殖民主义国家对拉美统治了长达三百多年,它们横征暴敛、贪得无厌,从拉美掳掠了大量财富,为欧洲资本主义的原始积累提供了无数的贵金属，但却使拉美的社会经济畸形发展，形成了单一产品制。

拉美各国独立较早。但独立后，帝国主义仍然在不同程度上控制着它们的经济命脉。英、美帝国主义采用新殖民主义形式，通过跨国公司等国际垄断组织及其所控制的国际金融机构，向拉美输出资本，掠夺原料，推销工业品，操纵国际市场，榨取高额垄断利润，在政治上进行干涉，经济上进行剥削。在旧的经济关系桎梏下，许多拉美国家至今仍未摆脱经济上的依附地位。没有经济上的独立，便不可能有完全的政治独立，也不能彻底改变贫困落后的地位。

战后，以美国为主的外国垄断资本对拉美国家的控制、剥削和掠夺，主要通过以下几种手段：

第一，恣意掠夺拉美各国的原料和能源。战前，拉美一直是西方资本主义国家的原料供应地。在资本主义国际分工的束缚下，拉美国家长期依赖少数几种农、矿业产品的生产和出口，形成以初级产品生产和出口为基础的单一制经济结构。战后30多年来，拉美的制造业有较快的发展，但是，除了阿根廷、巴西和墨西哥等少数国家外，旧的经济结构并没有根本改变，大多数拉美国家至今仍是热带作物、矿产品或燃料的供应地。在拉美的出口中，原料（包括燃料）和初级产品仍占85%，即使在阿根廷和巴西出口也占75%。[①] 拉美出口的铝土、香蕉、咖啡、鱼粉和蔗糖均占这些产品的世界出口总额的一半以上，牛肉占30%左右，铁、铜、铅、锌、可可、棉花、皮革、花生油等占10%—

---

① 《跨入80年代的拉丁美洲》，拉美经委会1979年11月，第109页。

20％，石油占 10％。① 不少拉美国家的一种或几种农产品或矿产品仍占其出口总额的一半，甚至 90％ 以上。近些年来，初级产品价格的下跌和需求的减少，不但加剧了拉美国家国际收支的困难，而且使许多中小企业破产后失业人数增加。

外国垄断资本对拉美的资源巧取豪夺，它们霸占大量土地和矿产，进行掠夺性的开发，直接控制原料生产。如被人们鄙称为"绿色魔鬼"的美国联合果品公司（现名联合商标公司）就在中美洲好几个国家霸占了几百万公顷沃地，大规模经营香蕉种植和贸易，成为"国中之国"；该公司制定垄断价格，使香蕉生产国所得收入仅及零售价格的 11.5％，其余 88.5％ 均为跨国公司所有。在 1976 年委内瑞拉石油国有化前，以美国为主的 19 家外国公司霸占了 216 万公顷租让地；它们在 50 年中总共投资 50 亿美元，但却榨取了 5 倍于此的利润。外国垄断资本从 1930 年至 1972 年 42 年中，只是在开始时对智利采铜业投资 3000 万美元，后来没有再投入新资本，但却抽回来 40 亿美元的巨额利润。②

第二，利用在国际市场的垄断地位，通过商品的不平等交换，谋取暴利。西方发达的工业国一直是拉美的主要贸易对象，在拉美的进出口贸易中约占 1/3 强。在 20 世纪 50 年代，拉美出口贸易的一半销往美国，进口贸易的 40％ 来自美国。60 年代以来，西欧和日本在拉美进出口贸易中的比重逐渐上升，但美国仍是拉美最大的贸易对象国，1979 年分别占拉美进口的 29.3％，出口的 36.7％。③ 发达的工业国利用它们在国际市场上的垄断地位，不断抬高售给拉美工业制成品的价格，低价收购拉美的初级

---

① 参阅拉美经委会丛书《国际经济新秩序问题》，1976 年圣地亚哥版，第 26—27 页。

② 《人民日报》，1972 年 4 月 15 日。

③ ［墨］《对外贸易》杂志，1981 年 12 月。

产品。五六十年代拉美和亚非产油国的油价不断被压低，一吨原油价格只有 10—12 美元，比一吨欧洲次煤的价格还要低 4—6 美元。[①] 廉价的原油是西方资本主义国家经济发展的重要支柱，石油利润是帝国主义发财致富的重要源泉。1979 年拉美出口的大部分原料（除石油外）和初级产品，价格都低于 1950 年的水平。[②] 拉美主要出口商品之一的咖啡价格，自 1972 年至 1980 年平均每年下降 5%，咖啡生产国所得价格收入只占零售价格的 14%，其余 86% 落入了跨国公司的腰包。[③] 10 年前，一吨香蕉可换一吨钢，现在要用 2 吨香蕉才能换一吨钢。[④] 1981 年因贸易条件恶化，拉美损失了 50 亿美元。[⑤]

近几年来，西方资本主义国家由于经济衰退，在对拉美贸易中采取保护主义措施，限制对拉美商品的进口。美国对拉美向它出口的 1051 项商品采取了 400 项非关税壁垒措施；欧洲经济共同体对拉美向它出口的 479 项商品采取了 300 项非关税壁垒措施。[⑥] 工业国家通过种种非关税壁垒的限制措施，把自身的困难转嫁给拉美国家，使拉美外贸连年出现巨大逆差。此外，美国还将它储备的锡、铜和银等抛到国际市场来压低这些矿产品的价格。1974 年美国的贸易法还对积极参加石油斗争的委内瑞拉和厄瓜多尔加以歧视和报复性的限制，对它们施加压力。

第三，通过跨国公司来控制、掠夺和剥削拉美国家。拉美是以美国为主的西方工业国家在第三世界最重要的投资场所，约占

① 《第三世界的石油斗争》，生活·读书·新知三联书店 1981 年版，第 97 页。

② 《巴拿马声明》，参见［墨］《对外贸易》杂志，1982 年 3 月。

③ 同上。

④ 同上。

⑤ ［墨］《对外贸易》杂志，1981 年 3 月。

⑥ 《跨入 80 年代的拉丁美洲》，拉美经委会 1979 年 11 月，第 109 页。

它们在第三世界投资的一半。美国私人直接投资的一半。美国私人直接投资的80%集中在拉美。战前，投资部门主要集中在采矿和公用事业；60年代后，由于拉美不少国家将采矿、石油业和交通运输业收归国有，外国投资又转到制造业和金融业。随着外国直接投资的迅速增长和资本的日益国际化，跨国公司在拉美的势力得到加强。它们既能利用当地廉价的原料和劳动力，占领当地市场，又可逃避所在国的关税壁垒和其他贸易限制，大大降低成本，加强在国际市场上的竞争力，获取高额利润。60年代以来，外国垄断资本已将一些耗费劳动力多、消耗原材料和能源大以及污染程度高的工业（如化学和钢铁工业）转移到拉美一些国家。

据美洲开发银行统计，1970—1976年跨国公司在拉美共投资100亿美元，汇走利润370亿美元。这笔利润相当于玻利维亚、哥伦比亚、智利、厄瓜多尔、哥斯达黎加和萨尔瓦多6国当年国内生产总值之总和。跨国公司每投资1美元，汇走利润3.7美元。拉美的每1美元外债中，有78美分用于支付外国投资的利润。[①] 据美国官方统计，1980年美国对拉美直接投资总额为383亿美元，利润达68.5亿美元，利润率高达18.7%。[②]

为了攫取垄断利润，跨国公司还对拉美的贸易、金融进行控制。70年代中期，美国跨国公司控制了拉美生产总值的1/5，工业生产的1/3，出口的40%，银行业资产的一半。跨国公司在拉美一些国家实现国有化以后，通过对技术、专利、许可证、商标、行政管理和运输等方面的控制，继续获取大量收入。

第四，以援助为名向拉美国家输出资本，控制拉美各国的财政经济，为私人垄断资本的经济扩张开道。60年代美国政府向

---

① ［墨］《对外贸易》杂志，1978年10月。
② ［美］《商业现状》杂志，1981年8月。

拉美提供的贷款和"援助"不断增加，贷款的很大一部分以美国进出口银行的商业信贷和借款方式提供。几乎所有接受美国政府信贷和借款的国家，都与美国签订了投资保证协定和互惠贸易协定，从而为美国资本和商品流入打开了方便之门。美援有利于商品输出。近些年来。美援几乎有一半是以美国商品支付的。此外，美国和西方资本主义国家对拉美的政府投资，有相当一部分投放在公路、港口、电站、石油和天然气管道等基础设施上，其目的是替它们的跨国公司提供动力和运输方面的方便条件。

70 年代以来，特别是 1973 年以来，美国等西方资本主义国家发生经济危机，减少了对拉美国家的政府借款。而拉美国家由于西方资本主义国家转嫁经济危机，造成国际收支困难，不得不更多地向国际和私人银行借债；向私人借款在拉美外债中的比重不断增加，1980 年已占 80%，而同年向政府借款只占 20%，这一比重正好同 50 年代相反。[①] 西方私人银行的贷款一般比官方贷款的期限短、利息高，[②] 致使拉美国家的债务负担越来越重，被迫借新债还旧债。到 1981 年年底，拉美所欠外债共达 2400 亿美元，外债还本付息加上跨国公司的利润汇出约占拉美出口外汇收入的 1/3 以上。[③]

值得注意的是，自称为第三世界"天然盟友"的苏联自 60 年代以来，以古巴为据点，以加勒比地区为重点，加紧利用美国和拉美的矛盾以及拉美的经济困难，对拉美进行政治、经济、军事等各方面的渗透和扩张，同美国在这一地区的争霸愈演愈烈。苏联霸权主义在经济方面进行扩张所采用的手段同西方资本主义

---

① ［墨］《对外贸易》杂志，1982 年 2 月。
② ［墨］《对外贸易》杂志，1982 年 3 月。
③ 同上。

国家大同小异，只不过有时候更隐蔽、更狡猾，其目的都是为了掠夺和剥削拉美各国人民。

二　拉美是国际经济新秩序的倡导者

正是由于拉美深受国际经济旧秩序之害，深受帝国主义、殖民主义和霸权主义的剥削、压迫和掠夺，所以拉美国家迫切要求改变旧的国际经济关系，建立国际经济新秩序。战后，拉美经济发展比较快，民族民主运动的日益高涨，拉美各国要求发展民族经济、反对经济殖民主义的呼声越来越强烈。许多拉美国家感到，如果长期在经济上依附外国，其政治独立必然有名无实，经济也难以取得独立的发展。因此，拉美国家成了国际经济新秩序的倡导者和推动者。

我们在探讨拉美国家为什么成为国际经济新秩序的倡导者这个问题时，自然应该首先从拉美经济和社会发展及其内在的冲突和矛盾中去寻找根本原因，不能把它看作是拉美某些著名人士的偶然发现。但是，我们也并不否认一些代表时代进步潮流的拉美有识人士在这方面所起的历史作用。这里着重对阿根廷著名经济学家劳尔·普雷维什和墨西哥前总统路易斯·埃切韦利亚的贡献作些介绍。

以普雷维什为代表的拉美发展主义思潮，反映了拉美新兴民族资产阶级对美国等大国控制和剥削的不满以及发展民族经济的愿望。普雷维什在1948年至1962年任联合国拉美经委会执行秘书，1949年发表《拉美经济的发展及其主要问题》一文，提出了著名的"普雷维什命题"。他认为，拉美落后的根源是中心（资本主义工业大国）和外围（发展中国家）之间在经济上的不平等，以及美国等中心国家的霸权和剥削。他指出，在旧的经济格局中，贸易比价一贯对生产初级产品的国家不利。中心国家技术进步和生产率的提高使工业品成本降低，但中心国家并没有降低工业品的价格，因此造成富者越富，外围国家越来越穷。"普雷维什命题"中所提出的贸易比价不公正、不平等问题，后来成为第三世界国家反对大国霸权主义和争取建立国家经济新秩序的理论根据之一。

　　1964 年至 1969 年普雷维什担任了联合国贸易和发展会议的第一任秘书长。贸发会议这个重要的经济组织，是在发展中国家，特别是拉美国家的倡议和推动下建立的。1964 年在日内瓦召开的贸发会议第一次会议上，普雷维什作了题为《谋求发展的新贸易政策》的重要报告。[①] 这个报告所提出的旨在建立国家经济新秩序的行动建议，为目前对这一问题的讨论和行动奠定了基础。[②] 报告强调建立新秩序的必要性："大萧条促成了旧秩序的崩溃"，"从解决困扰着全世界的严重的贸易和发展问题着眼，建立一种新秩序是十分紧迫的"。报告列举了发展中国家所普遍遇到的新的困难和问题：初级产品出口增加缓慢、工业国对发展中国家的制成品采取歧视政策、贸易比价继续恶化、资本货进口剧增、国际收支出现逆差和外债负担越来越重等。为了解决这些困难和问题，普雷维什主张改变现有的国际贸易格局，提出了国际贸易和经济关系的指导原则：订立国际贸易协定，规定初级产品的最低价格，逐步建立一个有利于初级产品的国际贸易体制；工业国应给予发展中国家以普遍优惠，为发展中国家的制成品开辟市场，逐步消除障碍；工业国为发展与提供额外的资金以补偿

　　① 劳尔·普雷维什：《谋求发展的新贸易政策》，［墨］经济文化基金出版社 1964 年版。
　　② ［墨］《对外贸易》杂志，1981 年 12 月。

贸易比价恶化所遭受的损失；发展中国家进行国内改革，改革土地所有制和收入不均等不合理状况；实现工业化；制订发展计划等。普雷维什的上述主张，有的已经付诸实践，有的正在为越来越多的人所接受。

正是贸发会议第一次会议上，发展中国家为了能够"用一个声音说话"，组成了"七十七国集团"，并发表了《七十七国联合宣言》，《宣言》指出，这次会议是"走向建立新的、公正的国际经济秩序的一个有意义的步骤"。在后来举行的贸发会议上，讨论的范围逐步从贸易领域扩大到资源、工业化、金融、货币、海洋权、航运、保险、技术转让、援助和债务、最不发达国家及整个国际经济结构的改革问题。贸发会议不仅成为有关国际经济新秩序各项问题的辩论会谈判中心，而且成了一些新思想和新方案的发源地。

1972 年 4 月 19 日，墨西哥总统的埃切韦利亚在智利首都圣地亚哥举行的联合国贸发会议第三次会议上发表了重要讲话。[1]他在讲话中倡议制定各国经济权利和义务宪章，以法律形式肯定广大第三世界发展中国家发展民族经济的权利，在公正与平等的基础上建立国际经济新秩序。

埃切韦利亚提出了指导各国经济关系的基本原则：各国有权自由支配自己的自然资源；尊重各国人民采取适合他们的经济结构的权利；停止使用经济手段和压力来削弱各国的政治主权；外国资本必须服从所在国的法律；明确禁止跨国公司干涉各国内政；取消歧视非工业国家商品出口的贸易措施；按发展水平分配相应的经济利益；签署保障初级产品的稳定和合理价格的协定；以较

---

① 参阅墨西哥外交部 1975 年汇编的《各国经济权利和义务宪章的来龙去脉和全文》，第 27—54 页。

低的费用和较快的速度向落后国家传授科学技术成果；提供更多的长期、低息和无条件的贷款来资助发展。在墨西哥等国的推动下，1974 年 4—5 月召开的第六届特别联大通过了《关于建立国际经济新秩序的宣言》和《行动纲领》；同年 12 月，联大通过了墨西哥倡议的、由"七十七国集团"提出的《各国经济权利与义务宪章》。这三个文件是第三世界声讨旧的国际经济秩序的重要檄文，是第三世界为争取国际经济新秩序而斗争的纲领性文件。

1975 年 10 月，在埃切韦利亚总统和委内瑞拉总统佩雷斯的积极发起下，23 个拉美国家成立了拉美经济体系（现已发展到 27 个成员国）。墨西哥、委内瑞拉等拉美国家还积极促进南北对话。在墨西哥总统洛佩斯·波蒂略的倡议和斡旋下，1981 年 10 月在墨西哥的坎昆召开了举世瞩目的关于合作与发展的国际会议（南北会议）。

巴西一位经济学家谈及拉美在这方面的作用时说："在 50 和 60 年代，拉美是第三世界在智力方面的领导力量。实际上，大多数关于富国和穷国不平等关系的思想起源于拉美地区，尤其是拉美经委会。众所周知，联合国贸发会议的建立在很大程度上应该归功于拉美，拉美力图表明：现存的国际经济秩序损害第三世界的根本利益。"[①]

三　拉美为建立国际经济新秩序而斗争

战后，第三世界为打破旧的国际经济秩序、建立国际经济

[①]　[巴西] 佩德罗·马兰：《拉丁美洲和国际经济新秩序》，《拉美经委会评论》1980 年 4 月。

新秩序而进行的斗争，涉及原料、贸易、工业化、金融、海洋权、技术转让、援助、债务、区域性经济合作等十分广泛的领域。这里着重谈一下拉美地区在这场斗争中表现比较突出的几个方面：

（1）维护和收回本国资源主权，实现国有化政策。拉美在实现国有化方面开始之早、采取行动之多是最为突出的。早在1938年墨西哥就实现了石油国有化。战后，特别是60年代以来，已有十多个拉美国家相继把长期控制在外国公司手中的矿山、工厂企业收归国有，实现了不同程度的国有化。据联合国统计，1960—1976年拉美各国共接管了200多家外国企业被收归国有，其中美资企业占158家。[1] 实行国有化的途径主要有限制和收回租让地；通过参股办法，逐步收回外资企业的部分或全部股权；通过赎买、征用或没收办法，将外资企业收归国有。拉美国家这些维护民族利益、保护本国资源的正义行动，对削弱和打击外国垄断资本势力、促进民族经济发展起了推动作用。当然也有的国家在国有化过程中操之过急，在一定程度上影响了本国经济的发展。近几年来，拉美一些国家如秘鲁、阿根廷等国对国营企业作了一些调整，将一部分经营不善、亏损严重的企业"私有化"。尽管这样，那些关系到国计民生的要害部门仍然掌握在国家手中。

（2）对跨国公司实行利用、限制和监督政策，反对跨国公司的掠夺和盘剥。为了发展本国经济，拉美国家需要利用外资和引进先进技术，同时又必须对跨国公司的活动加以限制和监督。70年代以来，多数拉美国家都根据本国利益程度不同地制定了

---

[1]　联合国：《在世界发展中的跨国公司——再审查报告》，1978年3月，第233页。

对跨国公司的限制政策，主要包括：废除租让制或永久开采权；在外资企业中逐步参与本国股份；掌握控股权；限制外资投资范围，不准外资投放到影响国计民生、国防安全的部门；对外资所获利润的汇出、再投资、抽回股本等方面实现限制等。1977 年 4 月，拉美经济体系通过了《关于跨国公司活动的法律草案》，提出了跨国公司应尊重所在国的主权、遵守法律、不得干涉所在国事务的原则，以及建立多国企业等新的合作计划。这一措施有力地打击和限制了跨国公司在拉美的非法活动。

值得注意的是，拉美各国在利用、限制和监督外国垄断资本跨国公司的同时，大力发展由拉美两国或两国以上合资公司。据拉美一体化研究所 1977 年统计，这类多国公司已有 170 多家，包括大规模的耗资几十亿美元的巴西和巴拉圭联合兴建的伊泰普水电站。这些企业的大多数（75%）是制造业，多数（70%）是私人资本办的；从发展趋势来看，在矿业、能源部门和农业部门的联合企业增多。① 近几年来，拉美经济体系成立了区域性渔业公司、拉美肥料销售多国公司、拉美多国农药公司、加勒比多国海运公司等。1981 年 10 月，墨西哥、巴西和委内瑞拉三国的国营石油公司还联合成立了拉美第一家多国石油公司。这些多国公司的成立有助于拉美各国取长补短，共同发展民族经济，其性质与外国垄断资本跨国公司是有根本区别的。

（3）建立各种经济合作组织，联合起来捍卫民族权益。战后拉美各国为促进本国和地区的集体自力更生，不断加强南南合作，联合开展在经济领域中的反帝反霸斗争。

在地区经济合作方面，拉美是第三世界经济一体化兴起最早的地区。早在 1960 年就创建了中美洲共同市场和拉丁美洲自由

---

① ［美］《拉美商情》杂志，1977 年 8 月 31 日。

贸易协会（1981 年正式改组为拉美一体化协会）。其后，又陆续成立了拉普拉塔河流域协定组织、安第斯条约组织、加勒比共同体、拉美经济体系和亚马孙合作条约组织。1981 年又正式成立了乌（拉圭）巴（拉圭）玻（利维亚）集团和东加勒比国家经济组织。这些组织的一体化程度虽然有所不同，但总的说来，都是通过逐步取消成员国之间的关税和贸易限制，扩大地区贸易；互通有无，取长补短，合理使用自然资源、人力和资金，充分发挥地区经济潜力，促进经济共同发展，以减少对发达国家的依赖，增强同外国垄断资本抗衡的力量。尽管在经济一体化进程中存在这样或那样的问题，但总起来看，一体化在推动拉美地区经济贸易的发展、改革旧的资本主义国际贸易秩序方面起着积极作用。

　　拉美国家还积极创建和参加各种原料生产国和出口国组织，以维护原料出口收入，不断改善贸易条件，保卫资源主权，这是争取建立国际经济新秩序斗争的一个重要方面。世界上第一个原料出口国组织——石油输出国组织（欧佩克）在 1960 年诞生，最初是由委内瑞拉提出的倡议；委内瑞拉矿业和石油部长佩雷斯·阿方索，为该组织的建立做了一系列准备工作。1973 年，委内瑞拉、厄瓜多尔同欧佩克其他成员国一起，以石油为武器，实行了减产、禁运、提价，震撼了整个西方世界。这一斗争从稳定石油标价和提高税率，逐步扩展到夺回石油生产的控制权和原油标价的决定权，在旧的国际经济秩序链条上打开了一个缺口，加深了西方资本主义经济的矛盾和危机，改善了产油国的经济地位，为国际经济新秩序的建立指明了方向。

　　在石油斗争的鼓舞下，原料生产国和出口国组织纷纷出现。属于拉美国家发起或参加的组织还有：可可生产国联盟、拉美国家石油互助协会、铜出口国政府间联合委员会、国际铝土生产国协会、国际水银生产国协会、肉类生产国组织、香蕉出口国联盟、拉美和加勒比食糖出口国集团、拉美咖啡多国组织、铁矿砂出口国协会、钨砂生产国协会，以及拉美和菲律宾甘蔗生产国协会等。① 这些组织虽然至今尚未能收回定价主权，但通过协调生产、限制出口、增加出口税、规定最低限价、建立缓冲存货等措施，同跨国公司进行了有效的斗争，取得了一定的成果。同时，通过这些组织，使拉美同第三世界其他国家，以及同第二世界国家的经济贸易关系有了进一步加强。

（4）带头兴起保卫 200 海里海洋权的斗争。拉美国家有着漫长的海岸线和广阔的近海海域，海洋资源极为丰富。长期以来，美国一直把拉美的沿海视为它的"内湖"，恣意掠夺拉美的海洋资源。60 年代以来，苏联加入争夺海洋霸权的行列，它的捕鱼船队和"考察"船经常出没在拉美海域。为了维护领海主权和海洋资源，拉美国家带头掀起保卫 200 海里海洋权的斗争，坚决反对海洋霸权主义。

早在 1952 年 8 月，智利、秘鲁和厄瓜多尔就签署了《关于海洋区域的圣地亚哥宣言》，宣布"对邻接本国海岸延伸不大于 200 海里的海域享有专属主权和管辖权"，该权利"并及于上述海域的海床和底土"。1970 年 5 月，拉美 9 国又联合签署了《蒙得维的亚海洋法宣言》，重申了保卫 200 海里海洋权的决心。同年 8 月，拉美 14 国共同发表《拉丁美洲关于海洋法的宣言》，重申各国有权确定其领海范围的正义立场。许多拉美国家对于非法闯入其领海、专属经济区捕鱼的美、苏等国的船只，还采取了拘捕、罚款等措施。

在维护海洋权的斗争中，许多拉美国家不仅在有关国际会议

---

① 《新华月报》1975 年 9 月；《经济导报》1976 年第 17 期。

上据理力争，寸步不让，而且在实践中不断加强自身的海防建设，积极进行海上巡逻，并对非法闯入其领海、专属经济区捕鱼的美国、苏联的船只采取拘捕、罚款等措施。

从 1958 年起，在历次联合国海洋法会议上，拉美国家同广大发展中国家一起，围绕着制定新海洋法及维护海洋资源问题，同美苏两个超级大国之间展开了尖锐的斗争。1982 年 4 月 30 日，第 3 届联合国海洋法会议第 11 次会议终于通过了《海洋法公约》草案，公约规定沿海国家有权确定至多达 12 海里的领海宽度，有权确定至多达 200 海里的专属经济区。沿海国在专属经济区内拥有勘探、开发资源等主权。公约还规定，沿海国的大陆架延伸到 200 海里，在特殊情况下延伸到 350 海里。沿海国对其拥有的大陆架有进行勘探和资源开发的主权。国际海底区域及其资源是人类的共同继承财产。这个公约的产生是拉美国家同第三世界其他国家长期斗争的结果。在表决这一公约草案时，美国投了反对票，苏联等国投了弃权票。公约的通过只是建立新的海洋法律秩序的第一步，拉美国家将同第三世界其他国家一道为维护公约的宗旨和原则，为建立新的海洋法律秩序而持续不断地进行斗争。

在国际经济领域，拉美国家和第三世界其他国家所进行的这场"破旧立新"的斗争是正义的、合理的，然而也是曲折和复杂的。但是，不管还要经历多么艰难曲折的道路，新的国家经济新秩序必将冲破各种障碍，在斗争中胜利地建立起来。

（原载《拉丁美洲研究》1982 年第 4 期）

美国对拉美霸权政策的演变

　　拉丁美洲在美国的全球战略中占有重要地位。曾任美国参议院外交委员会委员、约翰·霍普金斯大学巴西研究中心副主任玛格丽特·戴利·海斯在《拉丁美洲和美国国家利益：美国外交政策的基础》一书中写道，"从经济上说，拉丁美洲对美国是重要的，由于该地区力量迅速发展，它对美国将越来越重要"；"拉丁美洲在政治上对美国极为重要……在衡量美国在世界上的力量和影响时，保持美国在西半球的优势是重要的"。她还认为，"美国的国家利益是要在西半球存在稳定的、友好的和繁荣的国家，使商品和劳务能在地区内外自由流动，并不许任何敌对外国在拉丁美洲施加影响"。[①]

　　美国一直把拉丁美洲视为自己传统的势力范围和它称霸世界的战略后方。拉丁美洲是美国南面的屏障，中美洲和加勒比地区，特别是巴拿马运河，是美国西海岸与欧洲之间的主要通道，对美国具有十分重要的战略意义。1982 年 2 月 24 日，里根总统

---

　　①　Margaret Daly Hayes, *Latin America and the U. S. National Interest A Basis for U. S. Foreign Policy*, Westview Press, 1984, pp. 5 – 6.

在美洲国家组织常设理事会上提出"加勒比盆地倡议"时声称："加勒比地区对美国来说，是极端重要的战略和商业干线。美国近一半的贸易，三分之二的进口石油，一半以上的进口战略矿物是经过巴拿马运河或墨西哥湾运进来的。"①

拉丁美洲是美国重要的原料供应地、出口市场和投资场所。美国是拉美第一大贸易伙伴。1996 年，美国占拉美出口总额的48.7%，占拉美进口总额的 41.4%。② 美国是拉美最大的投资国。1997 年，美国在拉丁美洲的直接投资达 237.84 亿美元，占当年拉美所吸收外国直接投资 651.99 亿美元的 36.5%。③ 对美国来说，在拉丁美洲，美国有重要的经济利益需要保护。

一　从拉美各国独立至第二次世界大战

（一）门罗宣言

19 世纪 20 年代，西班牙、葡萄牙在美洲的殖民地人民经过长期不懈的斗争，取得了独立战争的伟大胜利，先后建立了 18 个独立的拉丁美洲国家。

拉美国家独立后不久，纷纷同美国建立外交关系：1822 年 6 月 19 日大哥伦比亚④同美国建交；随后，墨西哥（1822）、拉普

---

① Sergio Bitary Carlos Moneta, Politica Economica de EE. UU. en America Latina, Documentos de la Administracion Reagan, GEL, Buenos Aires, 1984, pp. 278—290.

② SELA, Dynamic of the External Relations of Latin America and The Caribbean, Ediciones Corregidor, 1998, p. 278.

③ Alvaro Carderon y Michael Mortimore, La inversion extranjera en America Latina, CEPAL, 1998, p. 207；另见《拉丁美洲研究》1999 年第 5 期。

④ 大哥伦比亚包括今哥伦比亚、厄瓜多尔、委内瑞拉、巴拿马 4 国。大哥伦比亚分裂后，美国分别于 1832 年、1835 年、1836 年、1903 年承认哥伦比亚、委内瑞拉、厄瓜多尔和巴拿马。

拉塔省（即阿根廷，1823）、乌拉圭（1852）、海地（1862）、多米尼加（1866）等先后同美国建交。

刚刚获得独立的拉美国家仍然面临着西班牙殖民势力和欧洲神圣同盟国家侵略的威胁，存在着被颠覆的危险。美国于1776年7月4日独立，独立时间也不长，拉美国家迫切希望同美国一起，共同抵御欧洲列强的干涉。

1823年，英国为防止神圣同盟以帮助西班牙为名干涉拉美各国事务，邀请美国共同发表声明反对这一干涉，并保证自己不占有拉美领土。在国务卿约翰·昆西·亚当斯坚持下，美国总统决定单独发表宣言。同年12月2日，门罗在致国会咨文中提出，"今后欧洲任何列强不得把美洲大陆上业已独立自由的国家当作将来殖民的对象"，"我们应当声明：我们认为列强方面把它们的政治制度扩展到西半球任何地区的企图，对于我们的和平和安全都是有危害的。我们没有干涉过任何欧洲列强的现存殖民地和保护国，将来也不会干涉。但是，对于那些已经宣布独立并保持着独立的、同时它们的独立，我们经过仔细考虑，根据公正的原则，加以承认的国家，任何欧洲列强为了压迫它们或以任何方式控制它们的命运而进行的任何干涉，我们只能认为是对合众国不友好的态度的表现"；"同盟各国把它们的政治制度扩张到美洲的任何地区而不危害我们的和平与幸福是不可能的"；"让我们坐视欧洲列强对它们进行任何方式的干涉而不加过问，也同样是不可能的"。①

门罗总统的这一咨文被称作"门罗宣言"，亦称门罗主义。门罗宣言宣称"美洲是美洲人的美洲"，其实质是"美洲是美国

① 王绳祖主编：《国际关系史资料选编》，武汉大学出版社1984年版，上册，第62—64页。

人的美洲"，即排斥欧洲势力，为美国在美洲扩张制造根据，是美国把西半球划成美国势力范围的一个正式声明。从客观上说，门罗宣言的发表对于当时刚刚独立或即将独立的拉丁美洲国家和地区具有一定的积极作用。正如美国共产党前主席福斯特所说，门罗主义"对拉丁美洲各国也是有利的，因为它们处在虎视眈眈的列强中间，门罗主义多少给它们一种保护"①。

门罗宣言发表后的头 20 年，美国因羽毛未丰、国力有限，还没有能力对外进行大举扩张。然而，即使在这段所谓"静止时期"，美国并未停止它的领土扩张。美国在向墨西哥购买得克萨斯的企图落空后，于 1836 年策划得克萨斯"独立"，并于 1845 年将得克萨斯合并到美国。②

紧接着，1846—1848 年美国又挑起美墨战争，墨西哥战败后，被迫同美国签订瓜达卢佩—伊达尔戈条约。条约规定，墨西哥承认美国吞并得克萨斯，确立布拉沃河（即格兰德河）为墨西哥与得克萨斯的边界；把包括今美国加利福尼亚、新墨西哥、亚利桑那等州的全部，以及怀俄明、科罗拉多、犹他、内华达等州的一部分割让给美国。19 世纪四五十年代美国通过战争、掠夺、"购买"等手段，使墨西哥丧失了 230 万平方千米领土，占全国总面积 55% 以上。③

（二）"天定命运"

19 世纪 40 年代，从门罗宣言渐渐衍生出种种扩张主义理论。1845 年，美国纽约《联邦杂志和民主评论》主编约翰·奥

① ［美］福斯特：《美洲政治史纲》，人民出版社 1956 年版，第 336 页。
② ［古巴］安东尼奥·努涅斯·希门尼斯：《美帝国主义对拉丁美洲的侵略》，世界知识出版社 1962 年版，第 17 页。
③ 目前墨西哥面积为 197.25 万平方千米。

萨利文提出"天定命运"的理论，鼓吹"上帝赋予我们在整个大陆发展的权利是天定命运"。波尔克总统也声称，美国人要控制北美洲和南美洲，是"上帝订好的计划"，美国是"由上帝指定来实现它的"。波尔克说："本大陆的人民单独有权决定他们自己的命运。如果他们中的某一部分组成一个独立国家而建议要和我们的联邦合并时，这将是由他们和我们来决定而毋庸任何外国插手的一个问题。"[1]

奥萨利文和波尔克所说的美洲人民的"命运"，不过是最终合并于美国；所谓"毋庸任何外国插手"，只不过是不准欧洲干预美国在美洲任意合并他国的权利。

（三）"大棒政策"

19 世纪末，美国已从自由资本主义进入帝国主义阶段。美西战争的结束，美国霸占了波多黎各、关岛等原西属殖民地，并通过"普拉特修正案"，成为古巴的保护国。

1900 年，当时任副总统的西奥多·罗斯福在一次演说中引用非洲一句谚语"言语柔和，手持大棒"来说明他对外政策，特别是对拉美政策的主张。1901—1909 年西·罗斯福任总统期间，积极推行这一扩张主义政策。1903 年美国策动巴拿马独立，侵占运河区；1906 年，又直接出兵进驻古巴镇压人民起义。"大棒政策"也泛指美国以后的武力威胁和战争讹诈政策。

（四）"金元外交"

1912 年 12 月 3 日，为加强美国在拉美的经济势力和政治影

---

① 王绳祖主编：《国际关系史资料选篇》，武汉大学出版社 1984 年版，上册，第 65 页。

响，美国总统威廉·霍华德·塔夫脱在国情咨文中提出"现政府的外交一直是以金元代替枪弹为其特征的"。实际上，美国的金元并没有代替枪弹，而是金元与枪弹并用。据统计，1898—1932 年间美国干涉加勒比地区 10 个国家（包括古巴、西印度群岛、中美洲和墨西哥）达 34 次之多。①

（五）"睦邻政策"

20 世纪 30 年代资本主义世界经济危机严重恶化了美国与拉丁美洲之间的经济关系。拉美民族民主运动的兴起和各国反美情绪的滋长，迫使美国不得不调整它对拉美的政策。

1933 年 3 月 4 日，美国民主党人富兰克林·罗斯福在总统就职演说中正式提出"睦邻政策"，他说："在对外政策方面，我认为我国应该奉行睦邻政策——决心尊重自己，从而也尊重邻国的权利——珍视自己的义务，也珍视与所有邻国和全世界各国协议国所规定的神圣义务。"② 同年 12 月 28 日，富·罗斯福宣布："从现在起，美国的坚定政策就是反对武装干涉"，他说，如果需要干涉的话，那将是整个大陆协调一致的行动，而不是美国的行动。③

罗斯福的"睦邻政策"推行期间，美国并没有停止对拉美国家内政的直接干涉。如美国派遣 30 艘战舰到古巴海面进行威胁，反对古巴的格劳·圣马丁政府（1933 年），帮助尼加拉瓜国民警卫队镇压起义和杀害起义军领袖桑地诺（1934 年），支持镇压巴

---

① Benjamin Keen and Mark Wasserman: *A Short History of Latin America*, Second edition, Rutgers University, p. 504.

② 《罗斯福选集》，关在汉编译，商务印书馆 1982 年版，第 16—17 页。

③ Federico G. Gil, Latinoamerica y EE. UU. – Dominio, cooperacion y conflicto, Editorial Tecnos, Madrid, 1975, p. 147.

西民族解放联盟的起义（1935 年），策动反对墨西哥卡德纳斯政府的武装叛乱（1938 年）等。正如美国学者托马斯·帕特森所说，（"睦邻政策"）"改变了的不是美国称霸拉丁美洲的目标，而是确保这种霸权的方法"，"睦邻政策意味着新的策略，而不是新的目的"①。美共前主席福斯特深刻地指出："睦邻政策只是把旧的帝国主义改头换面一下，以便更有效地对付拉丁美洲各国人民日益增长的民族主义和民族精神，并且更有效地击败增强了的帝国主义竞争。这是实行帝国主义侵略的更有效的方法。"②

二 从第二次世界大战至 20 世纪末

（一）从二战至 50 年代末

二战期间，美国与拉美国家作为"战争伙伴"，配合密切，相互关系得到加强。战争开始头两年多时间里，拉美多数国家同美国一样，采取中立立场。1941 年 12 月太平洋战争爆发后，随着美国的参战，拉美多数国家也纷纷向轴心国宣战并同轴心国断交。墨西哥和巴西还直接派兵参加反法西斯战争。拉美国家向美国提供了大批战略物资。战争期间，美拉关系在政治、经济、军事等各方面都得到加强。

从战后至 50 年代末，拉美多数国家的政府奉行亲美外交政策，在联合国，在投票表决时都同美国投同样的票；在美洲国家组织中，多数拉美国家追随美国。1954 年在加拉加斯举行的第 10 次美洲国家会议上强行通过了一项旨在为武装干涉危地马拉

---

① ［美］托马斯·帕特森：《美国外交政策》，中国社会科学出版社 1989 年版，下册，第 491 页。

② ［美］福斯特：《美国政治史纲》，人民出版社 1956 年版，第 579 页。

内政、推翻危地马拉民主政府制造借口的反共决议。

在这一时期，美国在政治、经济、军事和文化等各方面对拉美进行全面扩张。美国对拉美的方针是，竭力巩固和加强它在拉美的霸权地位，维护和扩充它在战时所获得的种种特权，打着"反共"的旗号，企图遏制拉美各国民族民主运动和民族经济的发展，排斥战后卷土重来的英国等西欧国家和日本势力。

在经济上，美国进一步加强对拉美各国经济命脉的控制。1945 年 3 月，在墨西哥城召开的美洲国家关于战争与和平特别会议通过了以主张"自由贸易"、"自由投资"和"自由企业"的《克莱顿计划》为基础的《美洲经济宪章》。《宪章》规定，美洲国家应采取有效措施以减少妨碍发展国际贸易的各种障碍，必须消灭各种形式的"经济民族主义"。这些规定有利于美国商品的倾销和美国资本的输出。

在政治上和军事上，美国通过《美洲国家间互助条约》（1947 年）即《里约热内卢条约》（又译《泛美联防公约》）和在泛美联盟基础上于 1948 年成立的美洲国家组织，同拉美国家组成了一个符合美国称霸全球目标的政治军事集团。美洲国家组织在相当长时期成为美国用来控制、干涉拉美的工具。自 1952 年至 1958 年，先后有 13 个拉美国家同美国签订了双边军事互助协定。

战后初期，阿根廷、墨西哥、危地马拉等少数拉美国家在外交上表现出一定的独立性。危地马拉阿雷瓦洛和阿本斯两届民主政府时期（1944—1954）进行了一系列民主改革，并同苏联建交。美国以防止"国际共产主义"为借口，1954 年策动危地马拉流亡国外的亲美分子武装颠覆危地马拉民主政府。美国为了保持和加强它对拉美的控制和掠夺，经常策动政变，扶植亲美独裁政权上台。到 1954 年年底，拉美 20 个国家中，有 17 个国家处在独裁统治之下。

与此同时，50 年代，拉美各国反美反独裁斗争日益高涨。1952 年玻利维亚发生革命，推翻巴利维安独裁政府；1956 年秘鲁发生反对独裁暴君奥德利亚的军事政变；1957 年哥伦比亚独裁者罗哈斯·皮尼利亚在人民运动压力下被迫辞职；1958 年年初，委内瑞拉希门尼斯独裁政权被人民武装起义推翻。同年 4 月至 5 月，美国副总统尼克松在出访拉美 8 国时，遭到拉美国家人民群众的强烈反对；1959 年 1 月 1 日古巴革命的胜利把拉美人民反美反独裁的斗争推向高潮，迫使美国政府不得不调整它对拉美的政策。

（二）60 年代初至 80 年代末

1. 美国对古巴的干涉和侵略

古巴革命的胜利及古巴革命胜利后美古之间干涉和反干涉、颠覆和反颠覆的斗争对美拉关系产生重大影响。

古巴革命胜利后不久，艾森豪威尔政府怂恿多米尼加共和国和危地马拉独裁政府干涉古巴。接着美国又要求古巴对土改中被没收的美国企业的土地予以高价赔偿。1960 年 5 月，美国宣布停止对古巴的一切经济援助；7 月，美国取消古巴对美国的蔗糖出口份额；10 月，对古巴实行完全禁运。1961 年 1 月，艾森豪威尔总统签署了美国同古巴断交的法令。同年 4 月，刚就任总统不久的肯尼迪执行其前任批准的通过雇佣军武装入侵古巴的计划，遭到可耻失败。

2. 肯尼迪的"争取进步联盟"

为遏制古巴革命对拉美的影响，1961 年 3 月 13 日，肯尼迪总统正式提出"争取进步联盟"的国际合作纲领，其两大目标是在拉美实行代议制民主和促进拉美社会经济发展。美国承诺在

10 年内向拉美提供 200 亿美元的援助，但拉美国家必须保证在 10 年内从自己的资金中调拨 800 亿美元，进行配套，用于经济发展和社会进步的计划。①

"争取进步联盟"的提出和推行，暂时缓和了美国和拉美各国之间的矛盾，使美国得以拉拢一些拉美国家反对古巴，并于 1962 年 1 月把古巴排除出美洲国家组织。在 1962 年 10 月古巴导弹危机中，美国和苏联在拉美进行了第一次直接较量，美国挡回了苏联在西半球对美国霸主地位提出的一次严重挑战，但美国在对古巴采取直接军事干涉方面不能不有更多的顾忌。

"争取进步联盟"并未取得预期的成效。"这一纲领失败了，因为传统的寡头集团绝无意自愿让出或出售其土地，向自己征课更多的税款，或与更广泛的居民分享权力。争取进步联盟创建 10 年之后，军事独裁政权比近期任何时候都多，而民主制的迹象则比近期任何时候都少。"② 1963 年 11 月 22 日肯尼迪遇刺身亡，使"争取进步联盟"计划的执行受挫。

3. "约翰逊主义"

约翰逊继任总统之后，奉行"约翰逊主义"，积极向拉美国家提供军事援助，镇压巴拿马人民的反美爱国正义斗争（1964 年 1 月）；操纵美洲国家组织通过对古巴进行"集体制裁"的决议（1964 年 7 月）；出兵镇压多米尼加反对美国武装干涉的斗争（1965 年）。

4. 尼克松的"低姿态"政策

60 年代末、70 年代初，世界格局发生重大变化。美国由于

---

① Department of State Bulletin, Vol. 44, No. 1136, April 3, 1961, pp. 471—478.

② ［美］E. 布拉德福德·伯恩斯：《简明拉丁美洲史》，湖南教育出版社 1989 年版，第 389—390 页。

侵越战争失败，内外矛盾重重，被迫进行战略调整。1969 年 1
月尼克松就任总统后，开始进行战略收缩，推行多极均势外交。
对拉丁美洲，尼克松政府采取"低姿态"的新政策，强调同拉
美国家建立一种"少指手画脚，多倾听意见"的"更加成熟的
伙伴关系"。①

　　对 60 年代末兴起的拉美国有化运动，美国根据不同情况采
取了削减配额、限制进口、停止贷款、贸易禁运、经济制裁和施
加政治、军事压力等报复性措施，如对秘鲁贝拉斯科政府的国有
化措施，美国采取了减少贷款，削减购买秘鲁食糖的份额，停止
向秘鲁出售武器装备等措施；对智利阿连德政府铜矿国有化等民
族主义措施，美国采取了停止援助和贷款、逼债、禁运，甚至通
过中央情报局支持智利右翼军人于 1973 年 9 月发动政变推翻阿
连德政府。②

　　5. 卡特的"新方针"和"人权外交"

　　1977 年 1 月卡特就任总统后，采纳了以美国前驻美洲国家
组织代表利诺维茨为首的美拉关系两党委员会两份报告所提出的
建议，"抛弃建立在统治和家长作风的基础上的过时政策"，对
拉美采取"新的方针"，"同拉美国家进行合作"。③ 卡特政府调
整了美国对拉美的政策，放弃了尼克松的"低姿态"，对拉美给
予比他的前任较多的关注。

　　1977 年 9 月 7 日，卡特同巴拿马政府首脑托里霍斯正式签

---

①　G. Pope Atkins, America Latina en el Sistema Politico Internacional (Buenos Ai-
res, Argentina: Grupo Editor Latinoamericano, 1991), p. 174；［美］亨利·欧文：《七
十年代的美国对外政策》，生活·读书·新知三联书店 1975 年版，第 138 页，147
页。

②　［美］J. 斯帕尼尔：《第二次世界大战后美国的外交政策》，商务印书馆
1992 年版，第 320—321 页。

③　Diario Opinion (Argentina), 22de Diciembre, 1976, p. 20.

署新的《巴拿马运河条约》和《关于巴拿马运河永久中立和运河营运条约》。运河新条约规定，在新条约于 1999 年 12 月 31 日期满后，巴拿马将完全控制运河和运河区。[①]

同年 5 月，卡特总统还签署了拖延多年未签署的拉美禁核条约第一号附加议定书。1978 年卡特在出访委内瑞拉时，提出了以资本援助、建立合理贸易制度、保证初级产品价格稳定和提高发展中国家技术能力为主的 5 点计划，以缓和同拉美国家的矛盾。

卡特总统于 1977 年 4 月下令停止对古巴的侦察飞行；9 月 1 日，美、古两国分别在对方的首都互设了照管利益办事处。但是，两国关系的缓和持续时间不长，卡特执政后期，美古关系又趋恶化。

在尼加拉瓜人民反对索摩查独裁统治的斗争取得节节胜利时，卡特政府停止了对索摩查政权的军援；卡特政府曾企图用"换马"的办法，让索摩查下台，由索摩查家族另一名成员上台，执行"没有索摩查的索摩查主义"，但遭到失败。尼加拉瓜革命于 1979 年 7 月 19 日胜利后，卡特政府被迫承认尼加拉瓜新政权。

卡特政府打出"人权"旗帜，在加强同拉美代议制民主政府关系的同时，对拉美一些国家的军政府施加压力，如停止向智利和阿根廷军政府提供军援和停售武器，限制向阿根廷和巴西军政府转让核技术等，企图迫使它们改善本国的人权状况，致使美国同这些国家的关系一度恶化。

6. 里根的"低烈度战争"

1981 年 1 月至 1989 年 1 月，美国共和党的极端保守派代表

---

① 两个条约的全文，参见 William J. Jorden, Panama Odyssey（Austin, USA：University of Texas, 1984），pp. 701－719。

里根连任两届美国总统。里根政府外交政策的主旨是"重振国威"，加强美国的经济和军事力量，遏制苏联的扩张以夺取世界霸权，里根政府从维护美国全球利益出发，力图扭转美国在西半球霸权衰落的局面，把遏制苏联在美国后院挖墙脚的活动作为其对外政策的中心环节之一。里根采纳了极右智囊机构圣菲委员会报告的建议，对苏联在拉美的扩张采取较卡特更为强硬的政策。①

里根政府强调，维护中美洲和加勒比地区的安全是其拉美政策中最紧迫的目标，并赋予这一地区以全球战略意义。里根政府对这一地区政策的核心是不惜代价维护该地区安全，防止出现第二个古巴或尼加拉瓜。为此，里根政府在军事上步步进逼，对中美洲和加勒比地区采取军事和政治并用的"低烈度战争"战略。1983年美国同洪都拉斯搞大规模军事演习；大力支持萨尔瓦多政府镇压游击队；公开支持反政府武装反对尼加拉瓜桑地诺民族解放阵线政府；1983年10月，美国直接派兵入侵东加勒比海岛国，被视为"古巴卫星国"的格林纳达，这标志着里根政府重新走上武装干涉的老路。在经济上软硬兼施，1981年2月，里根政府提出了"加勒比地区倡议"计划②，其主要内容是：在12年内对加勒比国家向美国的出口商品逐步实行免税；鼓励向这一地区进行投资；增加经济援助。但美国将古巴、尼加拉瓜、格林纳达（在美国入侵前）3国排除在该倡议的计划之外。在政治上施加压力，成立"中美洲民主共同体"（1982年），恢复中美洲防务委员会。在外交上进行周旋，成立以基辛格为首的中美

① 圣菲委员会报告的全文，参见 Envio（Nicaragua），enero de 1989。

② "加勒比地区倡议"的全文，参见 Sergio Bitar, ed., La Politica Economica de Los Estados Unidos Hacia America Latina（Buenos, Aires, Argentina, Grupo Editor Latinoamericano, 1984），pp. 278 – 290。

洲问题两党委员会，派遣特使出访有关国家等。1987 年 8 月，在孔塔多拉集团、利马集团的积极斡旋下，中美洲 5 国排除美国的干涉和干扰，终于达成了中美洲和平协议。

里根政府把打开墨西哥的石油市场、争取墨西哥对美国中美洲政策的支持、劝说墨西哥加入"北美共同市场"作为其对墨外交的主要目标，采取了一系列行动来改善和加强同墨西哥的关系。墨西哥波蒂略政府（1978—1982）和德拉马德里政府（1982—1988）也将与美国保持良好关系作为其外交政策的基础，但是，墨美两国在移民、贸易、能源和中美洲政策等问题上有不少分歧和矛盾。有关建立"北美共同市场"的建议，墨西哥一直予以拒绝，直到 1988 年 12 月 1 日新总统萨利纳斯执政后，墨西哥政府的这一立场才开始改变。

里根政府执政初期，注意修复同巴西、阿根廷、智利等军政府的关系，以确保南大西洋海上通道安全。然而，由于美国在1982 年马岛战争中偏袒英国，使拉美国家与美国关系一度恶化。为弥合美拉关系产生的裂痕，里根总统于同年 11 月底至 12 月初访问了巴西、哥伦比亚、哥斯达黎加和洪都拉斯等国。80 年代后期，南美洲大多数军人政府迫于形势，先后让位给民选文人政府，里根政府表示支持并促进南美的民主化进程。

对拉美国家为解决 80 年代债务危机所提出的建议和要求，里根政府在 1984 年前坚持债务国的债务问题须通过与国际货币基金组织的债务谈判"逐个"解决。1985 年 9 月，美国财政部长贝克提出了解决债务问题的新战略即"贝克计划"，美国开始改变僵硬态度，承认美国在解决债务问题上也负有责任，部分采纳了拉美国家提出的"以发展促外债"的合理要求。

里根执政期间，对古巴采取强硬政策。卡斯特罗指责里根政府是美国最"残暴和凶恶的政府"，"执行公开好战的政策"。

1984 年 12 月，古美两国签署了关于移民问题的协议，然而，由于 1985 年 5 月美国开设专门对古巴进行颠覆性宣传的"马蒂电台"，古巴宣布中止执行移民协议。

（三）20 世纪 80 年代末至 20 世纪末

1. 布什的"美洲倡议"

布什执政的 4 年（1989 年初至 1993 年初）正是世界格局发生重大转折的时期。东欧剧变、苏联解体，冷战结束，世界朝多极化发展。布什政府对美国对外政策作了重大调整，以确保美国在世界经济、军事和政治上的主导地位，力图建立以美国为主导的"世界新秩序"。与此同时，布什政府对拉美的政策也逐步作了重大调整。

布什执政初期，尽管多次强调要在西半球"寻求一种新的成熟伙伴精神"，要同拉美国家建立"新伙伴关系"，以改变里根执政期间美国的干涉主义形象。但是，当时美国对拉美政策的重点仍是"国家安全"。1989 年 12 月 20 日，布什政府以扫毒、恢复巴拿马"民主秩序"为借口，悍然入侵巴拿马，以武力推翻了桀骜不驯的诺列加政权，这是美国强权政治和霸权主义的又一大暴露。拉美各国纷纷谴责美国对巴拿马的入侵，指责美国"重操久为拉美国家痛恨与唾弃的大棒政策"。同年 12 月 22 日，美洲国家组织通过决议，谴责美国入侵巴拿马。

布什政府调整了对尼加拉瓜的政策，把支持的重点从反政府武装转到尼国内反对派，并且改变了里根的"低烈度战争"战略，侧重于用"民主化"和"和平演变"手段，迫使桑解阵政府不断作出让步。在 1990 年 2 月大选中，亲美的尼反对派全国联盟获胜，其候选人查莫罗夫人于同年 4 月 25 日就任总统，当天，布什政府宣布取消 80 年代美国对尼加拉瓜的制裁。

布什政府对中美洲的政策已从里根执政时期的以军事手段为主转到以政治和外交途径为主的轨道上来。布什政府对萨尔瓦多政府施加压力，促使其同游击队进行和谈。由于国际社会和萨尔瓦多冲突双方的共同努力，1992 年 1 月，萨尔瓦多政府与"法拉本多·马蒂"民族解放阵线（游击队）终于签署和平协议，从而基本结束了长达 12 年的内战。

布什政府对古巴继续施加高压。布什利用东欧剧变的有利时机，运用一切手段，企图在短期内搞垮卡斯特罗政府。1990 年 3 月，美国政府在迈阿密开播"马蒂电视台"，对古巴加强颠覆性宣传攻势。1992 年 9 月，美国国会通过了加强对古巴全面禁运的"托里切利法"，古巴对此表示强烈抗议。

布什政府重视改善美墨关系。1992 年 8 月 12 日，墨西哥同美国、加拿大达成关于建立北美自由贸易区的协定，同年 12 月 17 日，3 国领导人分别在各自首都签署了《北美自由贸易协定》。

布什政府任内，1989 年 3 月 10 日，美国财政部长布雷迪宣布了一项旨在减轻发展中国家债务国财政负担的新方案，即"布雷迪计划"，这一计划首次把减免债务纳入美国的政策之中。根据这一方案，墨西哥、哥斯达黎加、委内瑞拉和阿根廷等拉美债务国先后与债权银行达成了减债协议。

布什政府在拉美积极开展扫毒外交。1990 年 2 月 15 日，布什总统和哥伦比亚、玻利维亚、秘鲁总统在哥伦比亚卡塔赫纳举行首次美洲缉毒首脑会议。1992 年 2 月下旬，布什总统又同秘鲁、哥伦比亚、玻利维亚、厄瓜多尔、墨西哥、委内瑞拉总统在美国圣安东尼奥举行第二次美洲缉毒首脑会议。美拉双方都逐步认识到在扫毒问题上相互协调行动、加强合作的重要性，尽管双方在这一问题上仍存在着不少矛盾和分歧。

布什政府对拉美出台的最重要的政策是1990年6月27日他在白宫向拉美国家外交使团提出的"美洲事业倡议"(简称"美洲倡议")。① 布什表示要同拉美国家建立一种"新的伙伴关系"。"美洲倡议"提出要扩大贸易,建立一个包括整个美洲在内的自由贸易区;要求拉美国家改善投资环境,以便美国及其他国家增加对拉美的投资;主张减轻拉美国家的债务负担,建议美洲开发银行、国际货币基金组织和世界银行一起支持商业银行为减免拉美国家债务而努力,并为此提供资金。

"美洲倡议"的提出,是为了保住和加强美国在全球竞争中的地位,以对付欧洲统一大市场和"亚太经济圈"的挑战。美国需要拉拢拉美国家组成一个以美国为主导的强大的美洲经济集团。"美洲倡议"标志着美国对拉美政策的重大调整,说明美国对拉美政策的重点已从安全问题转到经济问题。② 倡议得到了多数拉美国家的欢迎。为落实这一倡议,布什于1990年11月和12月两次出访拉美6国(墨西哥、巴西、乌拉圭、阿根廷、智利和委内瑞拉),与此同时,阿根廷、智利、委内瑞拉等拉美国家领导人也先后访美;有8个拉美国家先后同美国签订了建立自由贸易区的框架协议。

2. 克林顿推进"美洲自由贸易区"和西半球"民主共同体"

民主党人克林顿于1993年1月入主白宫,1997年1月又连选连任。克林顿提出加强美国的经济安全、保持强大的防务力

① "美洲倡议"的全文,参见 Integracion Latinoamericana, revista mensual del IN-TAL, Julio 1990。

② 对"美洲倡议"的看法,可参见 Peter Hakin, "President Bush's Southern strategy: The Enterprise for the Americas Initiative", *The Washington Quarterly*, Vol. XV, No. 2, spring 1992, pp. 93 – 106。

量、在全世界促进"民主"和"人权"是美国对外政策的3个支柱。克林顿政府对拉美的政策，已由战后美国历届政府执行的以美援为主、维持美国为盟主的泛美政治军事同盟以对付苏联对西半球威胁的政策，转为执行关于建立一个以贸易为轴心、美国占主导地位的泛美经济政治联盟或美洲经济集团的政策，以对付欧盟和东亚经济圈的挑战。克林顿政府对拉美政策的重点已从安全转向经济，主要手段由援助转向贸易。克林顿政府对拉美的政策的目标主要有两个，一是建立以美国为主导的美洲自由贸易区，二是建立西半球"民主共同体"。①

克林顿就任总统后，力促美国国会批准了北美自由贸易协定，使协定于1994年1月1日正式生效。为实现建立美洲自由贸易区的目标，在克林顿倡议下，1994年12月，美洲国家（不包括古巴）在美国迈阿密举行了第一次美洲国家首脑会议，会议宣布要在2005年建立一个拥有8.5亿人口、13万亿美元国内生产总值的世界最大的自由贸易区——美洲自由贸易区。1998年4月，第二次美洲国家首脑会议在智利首都圣地亚哥举行，会议宣布正式启动有关建立美洲自由贸易区的谈判。但是，在推进美洲自由贸易区过程中，克林顿政府在国内外也阻力重重。克林顿谋求的"快速决定权"遭到国会否决；一些拉美国家如巴西等在如何建立、建立什么样的自由贸易区问题上同美国有分歧。

克林顿政府将建立西半球"民主共同体"作为冷战后美国拉美安全政策的基石。苏联解体后，俄罗斯无力在拉美同美国抗衡，中美洲已走向和平。美国调整了美国拉美安全战略，将以

---

①　Robert A. Pastor, "The Clinton Administration and the Americas: Moving to the Rhythm of the Postwar World", in Robert J. Lieber, ed., American Foreign Policy at the End of the Century (New York: Longman, 1997), pp. 247 – 254.

"反对共产主义扩张"为重点转为以打击贩毒和国际恐怖主义活动为重点。1995年7月，美洲国家首次召开了一次地区安全会议；同年11月，美洲国家组织又首次召开了旨在建立泛美信任和安全措施的会议。美国和拉美国家逐步达成共识：维护代议制民主是巩固地区安全的基础。

促进海地恢复民主，是克林顿建立"西半球民主共同体"的重点之一。1994年9月，克林顿政府为了恢复海地民选政府，不惜派遣20艘军舰和上万名军队对拒不遵守协议交权的海地政变当局施加强大压力，同时又通过前总统卡特去海地游说，终于在最后一刻使海地政变当局放弃了权力。对美国部队和多国部队在取得联合国安理会授权并经海地当局同意"和平地"进入海地，避免了一次大规模的流血冲突，拉美一些国家对此感到满意和"松了一口气"，但也有不少拉美国家对美国"非入侵式的占领"持保留态度，有的国家认为这种做法实际上仍然是美国对拉美的干涉。

克林顿在第二任总统期间，调整了军售政策，取消对拉美国家出口高技术武器的禁令，放松对拉美国家的军售管制，扩大对拉美军火市场占领。1997年4月，克林顿批准美国军火商向智利出售喷气式战斗机。同年8月1日，克林顿正式宣布取消已执行了20年的对拉美出售尖端武器的禁令。美国这么做的目的，一是为了同西欧及俄罗斯争夺拉美军火市场，以保持其在拉美地区武器销售的优势；二是为了在拉美国家间制造不和，以便从中获利。

克林顿在其第一任期忙于应付欧洲、亚洲和其他地区的事务，没有出访任何一个拉美国家，在一定程度上冷落了拉美。但在第二任期内，截至2000年年初，他已5次出访拉美国家，足迹遍及墨西哥、尼加拉瓜、萨尔瓦多、洪都拉斯、危地马拉、巴巴多斯、委内瑞拉、巴西、阿根廷、智利等国。可以说，克林顿是半个多世纪以来访问拉美次数最多、国家最多的美国总统。①

冷战结束后，大多数拉美国家奉行现实主义外交政策，主动接近和改善与美国的关系。墨西哥萨利纳斯和塞迪略两届政府低调处理同美国的分歧，积极支持美国对拉美的经济政策和有关倡议；阿根廷梅内姆政府主动与美国结成战略同盟，1997 年 10 月克林顿访问阿根廷时，正式宣布给予阿根廷"非北约军事盟友"的地位；90 年代后期，哥伦比亚与美国关系明显改善，而在此之前的 1996 年，美国曾以哥伦比亚前届总统桑佩尔"扫毒不力"为由，吊销桑佩尔进入美国的签证，并在 1996 年、1997 年连续两年拒发哥伦比亚"反毒行为良好证书"；美国作为 4 个保证国之一，在促使秘鲁和厄瓜多尔于 1998 年 10 月签订边界和平协议方面起了积极作用。

克林顿政府在 1994 年底墨西哥爆发金融危机之后，迅速决定给予墨西哥提供 200 亿美元的贷款保证金，并促进国际货币基金组织等国际金融机构向墨西哥提供巨额贷款，为墨西哥迅速摆脱金融危机起了促进作用。克林顿总统于 1997 年 5 月和 1999 年 2 月两次访墨，同塞迪略总统达成了扫毒、保障移民权益、促进贸易等 9 项合作协议和谅解备忘录；1998 年年底和 1999 年年初，巴西发生金融动荡，美国力促国际货币基金组织和世界银行及其他西方国家给巴西提供巨额信贷，以渡过难关；1998 年 10 月底，当中美洲国家遭受米奇飓风袭击、损失严重时，美国向中美洲受灾国家提供了 3 亿多美元的援助；1999 年 9 月底，克林

---

① 对克林顿政府 1993—1998 年初对拉美政策的评价，参见 Miguel Angel Valverde（Mexico），"La Politica Exterior del Presidente Clinton：Su enfoque hacia America Latina"，Foro Internacional，Vol. XXXⅧ，No. 2 - 3，Abril - septiembre，1998，pp. 232 - 247。

顿总统宣布免除包括尼加拉瓜、洪都拉斯、玻利维亚等拉美国家在内的最不发达国家的债务。

根据 1977 年巴拿马与美国签署的《巴拿马运河条约》，1999 年 12 月 14 日，巴拿马运河回归交接仪式在巴拿马城附近的米拉弗洛雷斯船闸举行，巴拿马从美国手中收回运河管辖权。12 月 30 日美国降下悬挂在巴拿马运河管理大楼前的美国星条旗，12 月 31 日巴拿马国旗在此升起，从此结束了美军控制运河长达 85 年的历史。

克林顿政府对古巴继续采取"以压促变"政策，旨在促使古巴和平演变。1994 年，克林顿利用古巴人民生活的暂时困难，蓄意煽动移民潮，人为地挑起美古争端；1996 年，克林顿政府还以古巴击落 2 架入侵古巴领空的美国海盗飞机为由，批准了"赫尔姆斯—伯顿法"，变本加厉强化对古巴的封锁；1999 年 6 月和 2000 年 1 月，古巴中央工会等 8 个主要群众团体对美国先后提出两次法律起诉，第一次状告美国 40 年来对古巴进行的各种敌对活动给古巴造成了 3478 人死亡和 2099 人伤残以及巨大的财产损失，要求美国赔偿共 1811 亿美元；第二次要求美国赔偿因封锁禁运给古巴造成的经济损失 1210 亿美元。古巴指责美国企图破坏 1999 年 11 月在哈瓦那召开的伊比利亚美洲国家首脑会议；谴责美国明目张胆地支持古巴国内的持不同政见者组织和个人从事各种反政府活动。自 1999 年 11 月下旬起，围绕着古巴 6 岁男孩埃连返回古巴问题，古美之间掀起了一场外交风波。2000 年 2 月 11 日，美国国务院宣布古巴驻美国利益办事处副领事因佩拉托里为"不受欢迎的人"，并于 2 月 26 日晚将他驱逐出境，使美古两国关系再度紧张。

另一方面，古美关系时而也出现过某些松动。如 1994 年，美、古就阻止非法移民问题达成协议；1995 年 10 月、1998 年 3

月和 1999 年 1 月，克林顿政府曾几度放松对美古两国民间交往的限制和放松对古巴的部分制裁。1999 年，美、古两国棒球实现了互访，开始了"棒球外交"；美国商会会长、参议院民主党领袖、伊利诺伊州州长、美国农业代表团先后访问古巴。近年来，美国国内政界、商界和学术界要求取消或放宽对古巴封锁和禁运的呼声越来越强烈。

总起来看，冷战结束后，美国与拉美多数国家的关系有明显改善，美拉之间在政治上逐步由主从关系到伙伴关系过渡，在经济上逐步由不平等往来转向对等合作，从对抗多于合作，逐渐变为合作多于对抗。然而，拉美国家与美国之间在人权、民主、扫毒、环保、移民、贸易以及对古巴态度等一系列问题上仍存在一些难以在短期内弥合的裂痕和矛盾。2000 年新年伊始，秘鲁、乌拉圭、萨尔瓦多、委内瑞拉、墨西哥等国对美国国务院发表的《1999 年国别人权报告》中对本国的无理指责进行严厉批驳，委内瑞拉总统和外长还对美国政府高级官员对委内政说三道四表示抗议。这说明美拉之间并没有真正建立以互相尊重主权和领土完整、互不侵犯、互不干涉内政、平等互助、和平共处原则作基础的新型国际关系，美国的霸权主义和强权政治仍时有表现，美拉之间干涉与反干涉、控制与反控制的斗争将会继续下去。

（原载徐世澄主编《帝国霸权与拉丁美洲——战后美国对拉美的干涉》，世界知识出版社 2002 年版）

冷战结束后墨西哥的外交政策中的变与不变

墨西哥是拉丁美洲大国之一，无论是国土范围，还是经济发展，都在拉丁美洲国家中名列前茅。但是，独特的地理位置和发展中国家的身份决定了墨西哥的外交政策具有其独特性。墨西哥毗邻美国，美国作为一个大国和发达国家，必然会对自己的邻居的外交政策提出一定的要求，而墨西哥也会自觉不自觉地受到美国外交政策的影响，因此长期以来，墨美关系一直居于墨西哥外交的首要地位，墨西哥对外政策的一个重要内容就是在墨美关系中保持平等的主权国地位；另一方面，墨西哥在历史上曾多次遭受列强的干涉。据统计，1800—1969 年，仅美国对墨西哥就进行了 270 次干涉。1845 年美国强占得克萨斯，1846—1848 年的美墨战争使墨西哥丧失了近 240 万平方公里的土地。1861 年，墨西哥又遭受英国、法国、西班牙的武装干涉。对此，墨西哥人民不仅进行了长期不屈不挠的斗争，使反干涉思想深入人心，并使这种思想演化成墨西哥的国策。墨西哥民族英雄胡亚雷斯在反对外国武装干涉的斗争中，深深地体会到："人与人之间，国家与国家之间，尊重他人的权利就是和平。"因此独立后的墨西哥对主权和外国的干涉非常敏感。

故此，墨西哥在国际事务中，一方面坚持"不干涉"和"民族自决"原则，主张用和平方式解决国际争端。"不干涉"和"民族自决"原则成为墨西哥外交政策的基石。另一方面，由于墨西哥是一个发展中国家，随着国际和国内形势的变化，在不同的历史时期，特别是在冷战结束后，墨西哥政府的外交政策又需要不断地调整。这些因素决定了墨西哥的外交政策既有一定的延续性，又不得不根据形势的改变而不断变化。本文以冷战结束前后墨西哥外交政策的变与不变证明墨西哥的历史、地理位置和身份是如何影响着墨西哥外交政策的发展。

一　冷战结束前墨西哥的外交政策

独立后，自 1929 年至 20 世纪末，墨西哥一直是由革命制度党执政。该党坚持墨西哥革命的精神和"革命民族主义"，在国际事务中一直坚持"不干涉"和"民族自决"原则，墨西哥革命领导人之一贝努斯蒂亚诺·卡兰萨在担任总统期间（1914—1920），于 1918 年 12 月 1 日在国会明确提出以不干涉为中心的外交政策，史称"卡兰萨主义"。其基本内容是："所有国家均相互平等，应相互严格尊重他国的体制、法律和主权，任何国家不得以任何方式、任何理由干涉他国的内政"，"各国应严格遵守不干涉的国际准则"①。此后，"不干涉"和"民族自决"原则一直是墨西哥外交政策的基石。随着国际形势的改变，墨西哥的外交政策也有所改变，从孤立主义逐步转向多元化，并更多地

---

① Modesto Seara Vázquez. Política Exterior de México, México: Harper & Row Latinoamericana, 1985, pp. 195 – 196.

强调民族主义，可是"不干涉"和"民族自决"原则体现在墨西哥各个时期的外交政策中。

在墨美关系中这种外交原则体现得最为明显。墨西哥与超级大国美国毗邻，而且在经济上对美国依赖较深，但即使在冷战时期，墨西哥历届政府均力图在政治上保持独立，不屈从于美国。在对外政策方面，坚持不干涉和民族自决的民族主义原则。墨西哥是同苏联最早建交的拉美国家，早在 1924 年就同苏联建交。墨西哥这么做，一方面可以顺应国内强烈的民族主义思潮，在世界各国面前维护其民族自尊心；另一方面，还可以借此增强同美国谈判的地位。此外，墨西哥历届政府只有在政治和外交上坚持维护民族利益，反对美国对外的侵略和干涉政策，才能在具有强烈反美民族主义传统的墨西哥政坛上立足。但是，墨西哥历届政府一般尽量避免与美国直接对抗，而是采取一种以不干涉原则为基石的，既不与美国疏远，又不唯命是从的对美政策，保持外交上较高的独立性。

20 世纪 50 年代初，米格尔·阿莱曼政府拒绝追随美国出兵朝鲜。1954 年，美国策划推翻危地马拉的阿本斯民主政府，当时墨西哥阿道夫·鲁伊斯·柯蒂内斯政府的代表在加拉加斯第 10 次美洲国家组织会议上拒不支持美国提出的反共决议。

1959 年 1 月古巴革命胜利后，美国千方百计企图孤立古巴。墨西哥阿道夫·洛佩斯·马特奥斯政府多次表示同情古巴革命，并重申"捍卫各国人民包括古巴人民的自决权"。1964 年 7 月，美洲国家组织在美国压力下，通过了对古巴进行"集体制裁"的决议，拉美国家纷纷同古巴断交，唯独墨西哥历届政府一直同古巴保持外交关系。

1970 年代后，国际格局向多极化转变，第三世界崛起，墨西哥外交政策开始调整，由孤立主义向多元化发展。这一时期，墨西哥外交中所遵循的不干涉和民族自决的两大民族主义原则得到了丰富和发展。随着墨西哥经济实力不断增强，其外交活动趋于积极主动和多元化，在国际事务中日益发挥重要作用。这一时期墨西哥在国际上赢得了较大影响力，政治地位有了很大提高，但谋求出口多元化的目标却没有实现，反映了这一时期外交政策的政治目标，即迎合国内左派，维持政权合法性和经济目标。

1970 年路易斯·埃切韦里亚就任总统后，提出了"意识形态和政治多样化"的原则，强调不同政治制度和不同意识形态国家的和平共处，积极发展与世界各国的友好往来。埃切韦里亚还明确宣布，墨西哥同"第三世界"的发展中国家的基本利益一致。他积极倡导"第三世界主义"，强调发展同第三世界国家的关系。1971 年，埃切韦里亚总统在第 26 届联合国大会上宣布承认中华人民共和国为唯一合法政府，支持恢复我国在联合国的合法地位。① 1972 年，墨西哥同我国正式建交。1973 年埃切韦里亚总统访问了中国。埃切韦里亚在任内还先后出访了亚非拉和欧洲的 37 个国家，接待了 30 多个国家的首脑和外长，签署了 160 多项协议和协定。与墨西哥建交的国家从 67 国增加到 129 国，新建交的主要是发展中国家。埃切韦里亚总统还主张建立国际经济新秩序。1972 年 4 月，他在智利圣地亚哥召开的联合国第二届贸易和发展会议上，提出关于制定《各国经济权利和义务宪章》的建议，得到发展中国家的广泛支持。1974 年 2 月 12 日，由墨西哥等国提出的这一《宪章》终于在第 29 届联大通过。②

---

① Mario Ojeda. Mexico：el Surgimiento de una Politica Exterior Activa. Mexico：Secretaria de Educacion Publica，1986，pp. 72—73.

② Manuel Tello. La Política Exterior de Méico（1970—1974）. Méico：Fondo de Cultura Economica，1975，p. 47.

墨西哥还以发现的大量石油为资本，扩展与西欧、日本的关系，也扩大了墨西哥在第三世界、拉美地区，特别是在中美洲、加勒比地区的影响。1977 年 9 月，墨西哥外长在联大重申墨西哥对外政策的四项原则：第一，一国不干涉另一国的内政；第二，各国人民自决；第三，和平解决争端，不诉诸武力和武力威胁；第四，各国主权平等。根据这些原则，墨西哥政府在联合国以及在拉美地区对许多国际问题提出积极的倡议。如 1981 年 10 月，在波蒂略总统和奥地利总理克赖斯基的倡议下，在墨西哥坎昆市召开了《关于合作与发展的国际会议》，即南北首脑会议。

20 世纪 80 年代，墨西哥开始面临严重的债务危机，不得不调整对外政策，使其更加务实和灵活。1983 年 1 月 8 日，墨西哥与委内瑞拉、哥伦比亚、巴拿马一起组成孔塔多拉集团，为和平解决中美洲冲突作出了贡献。墨西哥还与巴西、阿根廷等 11 个拉美主要债务国于 1984 年 6 月组成卡塔赫纳集团，争取政治解决外债问题。① 德拉马德里政府的外交政策更加务实与灵活，它重申墨美关系是墨西哥"外交政策的基础"，强调它"同美国保持一种成熟的、亲切的和尊重的关系"。在解决债务和贸易等问题上，努力争取美国的合作，避免与美国发生直接对抗。与此同时，它又不接受里根政府提出的同美国恢复"特殊关系"的要求，在中美洲问题上仍坚持批评美国的霸权主义干涉行径，继续维持同古巴、尼加拉瓜等国的友好关系，主张通过政治对话解决中美洲危机。

---

① Mario Ojeda. Mexico: el Surgimiento de una Politica Exterior Activa. Mexico: Secretaria de Educacion Publica, 1986, p. 72.

二 冷战结束后墨西哥外交政策的改变

20 世纪 80 年代末、90 年代初世界格局和国际关系发生重大转折，东欧剧变、华约解散、苏联解体，标志着战后形成的以美苏对抗为主要特征的两极格局和冷战的结束。随着"冷战"的结束和世界格局的变化，墨西哥政府对其外交政策作了重大调整，墨西哥外交政策从较多地强调民族主义转为现实主义。墨西哥政府对外政策的调整主要体现在以下几个方面：

首先，调整了对美国的政策。自萨利纳斯政府起，墨西哥历届政府都把改善和加强同美国的关系作为对外政策的重点。萨利纳斯政府改变了前几届政府不同美国谈判建立北美自由贸易区的立场，自 1991 年 6 月起，开始同美国和加拿大就自由贸易进行谈判，三国于 1992 年 8 月 12 日达成关于建立北美自由贸易区的协定，并于同年 12 月 17 日签署。1994 年 1 月 1 日，北美自由贸易协定正式生效。墨西哥调整了过去与美国长期对抗的立场。[①] 在海湾战争期间，萨利纳斯政府支持美国的立场。萨利纳斯还积极支持老布什总统提出的"美洲倡议"，他强调，墨西哥已不再是美国的"后院"，而是美国的"前花园"和"大门"，是联系南方和北方的"桥梁"，是"太平洋和大西洋的枢纽"。[②] 塞迪略任内，墨美关系更加密切，墨美双边关系已"制度化"。[③] 1998 年墨美两国签署了关于扫毒及保障移民权益等 9 项合作协议和谅解备忘录。

---

① Foro Internacional, octubre-diciembre, No. 4, de 1994, p. 541.

② Ibid., p. 720.

③ Ibid., p. 639.

2002 年 3 月，福克斯政府同布什在墨西哥达成了关于建立《墨美边境同盟》协议和关于建立《墨美争取繁荣联盟》协议。在联合公报中，双方认为，两国互相信任和互相尊重的程度已达到"历史最高水平"，"两国在移民、边境安全、执法和环境保护方面的合作取得了进展"。北美自由贸易协议生效后，墨美两国的贸易额大大增加，两国日平均贸易额达 6.5 亿美元。2005 年 3 月 23 日，墨、美、加三国领导人在美国得克萨斯州举行会晤，发表了《建立北美安全和繁荣合作伙伴关系》的联合声明。2006 年 3 月底，三国领导人再次在墨西哥坎昆会晤。

其次，外交"经济化"加深。冷战结束后，墨西哥政府逐步把外交政策的重点转向经济领域，经济因素越来越成为墨西哥外交政策中首要的和关键的因素。萨利纳斯执政后不久，他亲自出面与他的债务谈判班子去美国和西方其他国家游说，终于在 1989 年 7 月同债权银行初步达成协议，使墨西哥减轻了债务负担。1991 年，墨西哥同智利签署了拉美国家之间第一个双边自由贸易协定。1993 年 11 月，墨西哥正式加入亚太经合组织。塞迪略任内，墨西哥充分利用北美自由贸易协定，在世界贸易组织、亚太经合组织、国际货币基金组织等国际组织内积极活动，以促进贸易、吸收更多的外资和克服金融危机。1999 年 11 月，墨西哥同欧盟结束了关于自由贸易协定的谈判。2000 年 3 月，福克斯总统任内，墨西哥和欧盟正式签署了自由贸易协定（正式的名称是《经济联合、政治协调和合作协定》）。福克斯强调外交要促进经济发展，他说："墨西哥的外交政策将是开放的、积极的、活跃的和无党派的，将在不损害国家主权的前提下促进本国经济的发展"，"墨西哥的外交政策不仅应捍卫主权和国家安全，而且应成为促进经济和社会发展的杠杆"。① 为此，墨西哥外交部新设了对外经济关系局，专门有 1 位副部长主管。经济贸易已成为墨西哥开展外交活动的主要内容。2002 年 3 月，墨西哥主办了在北方重镇蒙特雷举行的联合国发展筹资国际会议。会议通过了最后的文件《蒙特雷共识》。福克斯强调，蒙特雷精神是"责任和团结"，是"变革和建设"，是"架设发展中国家与发达国家之间合作和共同发展的桥梁"。2002 年 10 月，墨西哥主办在洛斯卡沃斯举行的第 10 次亚太经合组织领导人非正式会议，再次成为世界关注的焦点。2003 年 9 月，墨西哥主办了在坎昆举行的世界贸易组织第五次部长会议。卡尔德龙在 2006 年 12 月 1 日就任总统后，强调外交要为经济服务，他提出，墨西哥的外交政策要适应新形势的需要，他把维护国家的经济发展和墨西哥人在海外的利益作为墨西哥外交的首要任务。

再次，民族主义思想逐步衰落，意识形态淡化，外交更加务实。民族主义思想衰落表现在墨西哥在地区和全球政策方面放弃了一贯的反美主义，而是采取了同美国越来越合作的政策。1994 年 3 月，萨利纳斯任内，墨西哥正式加入"富国俱乐部"即经济合作与发展组织，与此同时，正式宣布退出"77 国集团"。这表明政府"同不合潮流的第三世界主义的说教决裂"。② 墨西哥学者认为，萨利纳斯政府已放弃了传统的反美立场，"从美国的对手变成美国的伙伴，从与美国冲突转为同美国合作"，墨西哥的外交政策已从传统的"反美、讲原则、独立、象征性、理想主义"转变为"亲美、讲利益、相互依存、实用主义、现实主

---

① 　La Jornada, 2de diciembre de 2000.

② 　Foro Internacional, octubre – diciembre, No. 4, de 1994, p. 537

义"①。塞迪略表示他"公开同传统的立场决裂","做出了促进而不是抵抗全球化进程的选择。"② 福克斯任内,在某些方面修改了墨西哥外交政策的原则和理论,福克斯主张"自由交流思想"、"自由交换政治立场"。2000 年 8 月,作为当选总统的福克斯曾表示可以"聪明地转让主权"。③

最后,强调要在全球范围内推动并捍卫民主和人权。在对古巴政策上,萨利纳斯虽然批评美国加强对古巴封锁的"托里切利法",但他公开敦促古巴进行"民主改革",并先后接见流亡在美国和西班牙的极右的古侨组织的头目;福克斯在 2002 年 2 月出访古巴时,专门会见了古巴持不同政见者的头目,以表示墨西哥支持古巴的"民主进程",这一做法招致古巴官方的强烈不满。2002 年 4 月,在日内瓦举行的联合国第 58 届人权委员会会议上,墨西哥一改以往对谴责古巴人权状况提案从不投票支持、而是弃权的立场,投票支持反古提案。2004 年 4 月,墨西哥再次在联合国人权会议上投票支持谴责古巴人权状况的提案。墨西哥立场的改变遭致古巴强烈的不满。卡斯特罗主席对福克斯进行了激烈的批评,导致墨古两国关系一度降格为代办级。

三　冷战结束后墨西哥外交政策的继承性

冷战结束后,墨西哥外交政策发生了重大变化和进行了大幅度的调整,在一定的程度上抛弃了墨西哥的传统立场。但是,总体看来,在维护国家主权、保持墨西哥外交政策的独立性和坚持

---

① Foro Internacional, octubre – diciembre, No. 4, de 1994, p. 619
② Foro Internacional, octubre – diciembre, No. 4, de 1994, p. 639
③ Novedades, 22 de agosto de 2000.

不干涉原则等方面，墨西哥还是保持了继承性。主要表现在：

首先，在一些重大的国际问题上，墨西哥政府仍坚持不干涉和民族自决原则。如在伊拉克问题上，2003 年福克斯政府坚持不干涉原则，反对美国对伊拉克采取军事行动。墨西哥政府继续反对美国对古巴实行封锁的政策。在联合国大会上，墨西哥连续十多年，一直投票支持反对美国对古巴封锁的提案。针对布什2004 年 5 月宣布的加强对古巴制裁和封锁的新措施，福克斯总统表示，墨西哥坚持不干涉别国内政的原则，反对美国对古巴加强制裁和封锁的新措施。冷战结束后，墨美之间的关系得到较大的改善，但在贸易、移民、扫毒、环保等问题上墨美之间依然存在不少矛盾和冲突，这些矛盾和冲突不可能在短期内得到解决。如对 2002 年 5 月布什总统签署批准的增加农产品补贴法案，墨西哥政府予以坚决反对。2002 年 8 月 14 日，因表示对美国处死旅美墨西哥人苏亚雷斯的不满，福克斯总统决定取消原定对美国得克萨斯州的工作访问。同年 9 月 6 日，墨西哥宣布退出美洲共同防御条约，美国对墨西哥这一决定表示"失望"。2006 年 10月 26 日，布什总统签署了一项法案，批准在美墨边境修建一条长达 1240 公里的隔离墙，对此，福克斯总统曾多次表示反对和不满。卡尔德龙总统在 2007 年 3 月布什访墨时，要求美国采取具体措施减少对毒品的消费。

其次，墨西哥在改善和加强同美国关系的同时，也注重改善和加强同拉美、欧盟和亚太地区和非洲国家的关系，坚持外交关系的多元化。福克斯政府于 2001 年 3 月提出了"普埃布拉—巴拿马计划"（又称"3P 计划"），旨在促进墨西哥南部 9 个州和中美洲 7 国的可持续发展。为进一步落实这一计划，墨西哥和中美洲国家多次召开了普埃布拉—巴拿马计划墨西哥和中美洲首脑会议。福克斯说："我们在不损害国家主权的前提下，实现外交多元化。"① 福克斯上台半年后便出访中国、韩国和日本。福克斯强调，墨中两国不是竞争对手，而是很好的合作伙伴。② 2001年9月13日，墨中两国政府签署了关于中国加入世贸组织的双边协议。2001年10月，福克斯到中国上海参加了第9次亚太经合组织领导人非正式会议。2003年12月，温家宝总理访墨时，中墨双方正式宣布建立"战略伙伴关系"。2005年1月、5月和9月，中国国家副主席曾庆红、全国政协主席贾庆林和国家主席胡锦涛先后应邀访问墨西哥。卡尔德龙就任总统后，强调墨中双边关系有巨大的发展潜力，特别是在经济领域，他还表达了希望加强双边贸易的愿望。2004年5月，在墨西哥瓜达拉哈拉举行了第3届欧拉首脑会议。

在2007年1月8日举行的墨西哥第18届驻外大使、总领事会议上，卡尔德龙提出"让世界有更多的墨西哥，让墨西哥有更多的世界"的口号，他还要求墨驻外的外交官们要"不遗余力地"吸引外资。他还明确了墨未来的新外交方针，即对美国和加拿大，要更新对话的议题；对拉美，要收复失地，他表示愿意改善同古巴、委内瑞拉的关系；对欧盟，要战略合作；对亚洲和中国，不要视其为威胁，要视其为扩大市场的机遇。他还提出，墨西哥应积极应对全球化的挑战，传播民主的价值，尊重自由和人权。他希望树立一个安全的、对外资有吸引力的墨西哥的形象，使墨西哥重新确立在国际上，特别是在拉美的领袖地位，同世界所有地区和国家建立巩固的和互相尊重的关系，奉行积极的、负责的外交政策。墨西哥应成为多极世界的全方位环节，应成为北美洲和美洲大陆关系的桥梁。墨西哥决不接受他人的屈辱

① http：//www. presidencia. gob. mx/.

② 《人民日报》2001年6月7日。

和侮辱，但也不对任何人怀有仇恨和进行欺侮。①

卡尔德龙就任总统以来，已出访了尼加拉瓜、萨尔瓦多、圭亚那等拉美国家，出席了在圭亚那首都乔治敦举行的第 19 届里约集团首脑会议；他还访问了德国、西班牙、瑞士、法国和英国等欧盟国家，参加了在瑞士达沃斯举行的世界经济论坛。

冷战结束后，为适应国内外形势的变化和应对经济全球化的挑战，墨西哥的外交政策发生了重要的变化并进行了较大幅度的调整，但是，由于受到历史和地理位置的影响，墨西哥的外交政策仍保持了一定的延续性。墨西哥作为一个新兴工业国和拉美的大国，它在拉美和国际舞台上正在发挥着日益重要的作用。

[原载《外交评论（外交学院学报）》2007 年 2 期]

---

① 　http：//www. sre. gob. mx/csocial/discursos/2007/ene/disc_ 004. htm.

亚洲与拉美的关系：回顾和展望

一　早期的亚拉关系

　　亚洲与拉丁美洲的关系源远流长。据墨西哥权威的历史学家称，早在 3.5 万年前亚洲人便越过冰封的白令海峡，先到北美洲，然后呈扇状繁衍到整个美洲。① 一般认为，美洲印第安人的远古祖先是亚洲蒙古利亚人种的一支。此外，在文化和民俗方面存在不少相同之处。在墨西哥、秘鲁和厄瓜多尔出土的一些文物的图案和样式，同中国的出土文物相似；墨西哥等国古代印第安人的传说、风俗习惯、建筑物的设计也与中国较相似。

　　根据中外文献的记载，亚洲与拉丁美洲的早期贸易往来始于 16 世纪后期。西班牙殖民主义者于 1521 年攻占墨西哥的特诺奇蒂特兰城（今墨西哥城），1535 年在墨西哥城设立新西班牙总督辖区，统治墨西哥等地区。30 多年后，1570 年西班牙还占领了

---

　　① 〔墨〕丹·科·比列加斯等，《墨西哥历史概要》，杨思瑞、赵铭贤译，中国社会科学出版社 1983 年版，第 2 页。

亚洲菲律宾群岛首府马尼拉,并于 1585 年在该岛设立都督府,归新西班牙(墨西哥)总督府管辖。西班牙在太平洋上开辟了一条新的航线:塞维利亚(西班牙)—阿卡普尔科(墨西哥)—马尼拉(菲律宾)—闽粤口岸(中国),这条西班牙海上帝国的"大商帆贸易"航线,是当时亚洲和拉美之间联系的主航线。16 世纪后期至 19 世纪初期,包括中国在内的亚洲国家主要通过"马尼拉大帆船"经"海上丝绸之路"与拉美进行间接贸易,中国和亚洲其他国家的一些商人、工匠、水手、仆役等也通过"海上丝绸之路",到达墨西哥、秘鲁等国侨居、经商或做工。①

　　拉美各国独立后,亚洲与拉美的友好交往进一步发展。自 19 世纪中叶起,在明治年间(1867—1912)日本开始向中南美洲大批移民。与此同时,19 世纪初至 20 世纪初,中国、朝鲜半岛、印度、印度尼西亚等亚洲国家的数以十万计的契约劳工被西方列强掳掠和贩卖到古巴等西印度群岛、圭亚那、特立尼达和多巴哥种植甘蔗,到秘鲁开采鸟粪,到巴拿马开凿运河,到墨西哥修筑铁路等,尽管他们经历了种种磨难,筚路蓝缕,饱尝辛酸,但在当地人民的同情和支持下,艰苦创业,求得生存发展,为拉丁美洲的经济繁荣、社会进步和民族独立作出了贡献。②

二　二战后亚拉关系的发展

　　二战后,亚洲与拉美国家的关系取得较全面的发展。20 世

---

　　① 沙丁等:《中国和拉丁美洲关系简史》,河南人民出版社 1986 年版,第 1—27 页。
　　② 吴德明:《拉丁美洲民族问题研究》,世界知识出版社 2004 年版,第 29—31、129—131 页。

纪 50 年代至 80 年代，日本和韩国与拉美的经济贸易关系迅速发展，成为拉美在亚洲地区的主要贸易伙伴。

然而，直至 20 世纪 80 年代中期，亚洲地区并不是拉美大多数国家对外关系的重点地区。20 世纪 80 年代以来，亚洲地区经济的迅速发展，特别是中国改革开放以来经济的飞快发展，拉美国家越来越看好东亚国家，特别是看好日本、韩国和中国的市场和资金，越来越重视发展同东亚和其他亚洲国家的政治、经济和贸易关系。

20 世纪 80 年代，拉美国家向亚太地区国家的年均出口增长率为 10% 左右，拉美国家从亚太地区国家的年均进口增长率为 11%。另据统计，1986—1996 年，拉美国家从亚洲国家的进口额增加了 3 倍，从 120 亿美元增至 480 亿美元；拉美国家同亚洲的贸易额约占拉美外贸总额的 10%。[1] 同期，拉美国家与亚洲国家的贸易伙伴也发生了重大变化。1986 年，拉美国家在亚洲的主要贸易伙伴是日本，日本一国就占拉美对亚洲出口额的 2/3，占拉美从亚洲进口额的 3/4。而到 1996 年，日本在拉美与亚洲进出口总额中所占的比重都减少了 40% 左右，而中国、韩国等其他亚洲国家在拉美进出口总额中所占的比重增加了。

1994 年年底爆发的墨西哥金融危机和 1997 年爆发的东亚金融危机对亚洲和拉美的经济发展和亚洲与拉美的经贸关系产生了一定的负面影响。但是，随着亚洲和拉美经济的复苏，亚洲与拉美的关系进一步得到发展。

90 年代，亚洲国家与拉美国家的关系进一步发展，拉美和

---

[1] Carlos Juan Moneta y Gerardo Orlando Noto: Drago nes, Tigres y Jaguares, Relaciones América Latina / Asia – Pacífico más allá de la crisis, Ediciones Corregidor, 1998, pp. 32 – 34.

亚洲国家高层领导人互访频繁，经贸往来加强。1993 年、1994 年和1997 年，墨西哥、智利和秘鲁 3 国先后正式加入亚太经济合作组织（APEC）。自加入 APEC 后，上述 3 国总统先后参加了该组织举行的历届领导人非正式会议。1998 年 10 月，新加坡与智利倡议建立东亚—拉美论坛，以促进两区域交往。1999 年 9 月，论坛成立大会暨首次高官会议在新加坡召开，会议暂定论坛名为东亚—拉美论坛，包括中国、日本、韩国在内的东亚和拉美共 27 个国家参加了论坛。

表 1　　　　　1992—1998 年亚洲国家和地区与拉美的贸易

（单位：百万美元）

		1992	1993	1994	1995	1996	1997	1998
韩国	外贸总额	157234	162703	198388	260518	280896	280588	243433
	同拉美贸易额	7388	5675	7764	9163	10880	12306	9274
	同拉美贸易额占外贸总额的%	4.7	3.5	3.9	3.5	3.9	4.3	3.8
日本	外贸总额	572673	604187	669324	778942	760750	732387	677755
	同拉美贸易额	23420	24047	26747	30159	28069	31111	29133
	同拉美贸易额占外贸总额的%	4.1	4.0	4.0	3.9	3.7	4.2	4.2
中国	外贸总额	166077	195163	236451	280955	289915	325080	301994
	同拉美贸易额	2975	3717	4689	6097	6717	8095	8358
	同拉美贸易额占外贸总额的%	1.8	1.9	2.0	2.2	2.3	2.5	2.7
中国香港地区①	外贸总额	242962	273601	313163	366310	379077	396493	398295
	同拉美贸易额	3861	4397	5204	6140	6010	6851	6283
	同拉美贸易额占外贸总额的%	1.6	1.6	1.7	1.7	1.6	1.7	1.7

①　自 1997 年 7 月 1 日起，香港回归中国。

续表

		1992	1993	1994	1995	1996	1997	1998
新加坡	外贸总额	135321	159112	199553	242581	256624	257156	216334
	同拉美贸易额	1834	2113	2276	2217	3398	3519	3282
	同拉美贸易额占外贸总额的%	1.4	1.3	1.1	1.1	1.3	1.4	1.5
泰国	外贸总额	73158	83223	100127	126814	129273	120364	109310
	同拉美贸易额	1075	1005	1331	1733	1932	1815	1564
	同拉美贸易额占外贸总额的%	1.5	1.2	1.3	1.4	1.5	1.5	1.4
马来西亚	外贸总额	80636	92744	118304	151336	156043	158771	153812
	同拉美贸易额	982	1186	1517	2072	2029	2382	2456
	同拉美贸易额占外贸总额的%	1.2	1.3	1.3	1.4	1.3	1.5	1.5

注：国际货币基金组织有关中国与拉美贸易的统计数与中国海关的统计数有一定的出入。

资料来源：国际货币基金组织：《1997 年贸易统计年鉴》；《贸易统计季刊》，1998 年第 1 季度。转引自 "Won – Ho Kim: Korea and Latin Amerca: End of Honey-moom"，*Revista de SELA*，Capitulos，No. 56，May – August 1999，p. 129。

下面分别分析日本、韩国、中国及亚洲其他国家和地区与拉美的关系。

（一）日本与拉美的关系

二战期间，日本在拉美的势力因战争而急剧削弱。战后初期，为了安置大批回国的军人，日本政府向一些拉美国家，特别是巴西、阿根廷等国大量移民。① 从 20 世纪 50 年代后期起，随着日本经济实力的恢复和增强，日本对拉美政策的重点从移民转

---

① 到 20 世纪 90 年代，在巴西的日侨和日裔人数达 130 万。

向经济贸易，日本把拉美视作它的出口商品的重要市场和投资场所、主要的原料供应地。1959 年日本首相岸信介访问巴西、阿根廷、智利、秘鲁和墨西哥，开始了战后日本对拉美的外交攻势。

1950—1981 年，拉美与日本的贸易发展迅速。日本对拉美的出口额从 1950 年的 4700 万美元增加到 1960 年的 2.98 亿美元，1970 年的 11.12 亿美元，1980 年的 85.72 亿美元，1981 年的 101.19 亿美元。日本从拉美的进口额从 1950 年的 6700 万美元增加到 1960 年的 3.1 亿美元，1970 年的 13.69 亿美元，1980 年的 57.02 亿美元，1981 年的 65.95 亿美元。

20 世纪 50 年代，日本对拉美的直接投资额年均只有 900 万美元；70 年代后期，直接投资额年均增至 6.57 亿美元。1982 年自墨西哥起，大多数拉美国家爆发了债务危机。对拉美来说，80 年代是"失去的 10 年"，经济发展停滞。这使拉美同日本及其他亚洲国家的经贸关系受到一定影响，日本同拉美的贸易额明显下降。80 年代日本对拉美直接投资的绝对额虽仍有增长，但拉美在日本对外直接投资总额中所占比重则明显下降。

90 年代拉美经济逐步走出低谷，恢复增长。然而，自 1991 年下半年起，随着"泡沫经济"的崩溃，日本经济出现衰退。1997—1998 年日本也卷入了东亚金融危机。对日本来说，拉美在经济方面的重要性有所下降。但是，对拉美国家来说，日本和其他亚洲国家在经济方面的重要性却有所上升。90 年代，日本与拉美的贸易额呈上升趋势，但是，拉美在日本外贸总额中所占的比重同 80 年代持平。

20 世纪 60 年代以来，特别是 90 年代，拉美与日本的高层往来增加。1974 年日本首相田中角荣访问了墨西哥和巴西。1980 年大平正芳首相访问了墨西哥。1982 年铃木善幸首相访问了秘鲁和墨西哥。1996年桥本龙太郎首相访问了墨西哥、智利、巴西、秘鲁和哥斯达黎加。1997年桥本首相再次访问秘鲁等国。1997年日本明仁天皇访问了巴西。与此同时，拉美国家领导人也纷纷赴日访问。自60年代以来，巴西、阿根廷、墨西哥、委内瑞拉、哥伦比亚、秘鲁、玻利维亚、哥斯达黎加、尼加拉瓜、萨尔瓦多等国总统访问了日本。阿根廷总统梅内姆于1990年和1998年两次访问日本，巴西总统卡多佐于1994年访问日本，秘鲁总统藤森五次访问日本，智利总统艾尔文（1992）、墨西哥总统萨利纳斯（1993）、塞迪略（1997）、厄瓜多尔总统杜兰—巴连（1994）、委内瑞拉总统查韦斯（1999）等也访问了日本。拉美国家和日本高层领导人之间互访的增加促进了拉美与日本之间关系的发展。

尽管日本与拉美贸易的发展有起有伏，但是，对拉美国家来说，日本一直是仅次于美国和欧盟（1993年以前为欧共体）的第三大贸易伙伴、第三大投资国和第三大债主。80年代拉美债务危机爆发后，日本为缓解拉美国家的债务负担，一方面延长了一些拉美负债国的还债期限，另一方面增加了日元贷款。如1989年日本向巴西提供了相当于5亿美元的日元贷款，日本也将墨西哥等国列为日元贷款国，同时还将40亿美元的回流资金投向拉美。日本响应美国有关建立"多国间投资基金"的建议，同意提供5亿美元作为援助拉美的基金。1991年4月，美洲开发银行特意选择日本的名古屋作为其32届年会的会址。1993年5月，里约集团专门委派阿根廷、智利和巴西3国外长代表里约集团访问日本，旨在推动日本政府在当年于日本召开的西方7国首脑会议上为改善拉美的国际经济环境作出努力。

值得一提的是，20世纪90年代日本向拉美国家提供的政府开发援助明显增加。这在一定程度上表明日本政府对拉美的重视以及想以此来弥补私人部门对拉美兴趣的减弱。日本政府对拉美的开发援助 1990 年为 5.612 亿美元,1995 年增加到 11.416 亿美元,5 年内翻了一番。[①]

冷战结束以来,拉美国家积极同日本发展关系,特别是经贸关系,首先是为了扩大其出口市场,同时也是为了取得日本的资金和先进技术,以便借助日本雄厚的经济实力,实现资金、技术来源和出口市场的多元化,改善自己的经济地位,减少对美国的依赖。对日本来说,拉美的自然资源、特别是能源和矿产资源丰富,经济基础较好,政局相对稳定,是较理想的、可靠的原料和燃料的供应地,稳定的投资场所和广阔的产品销售市场。

(二) 韩国与拉美的关系

20 世纪 60 年代初韩国开始推行"出口立国"政策,以出口带动经济增长,实行政府主导下的宏观经济运营体制。自 60 年代起,韩国与拉美国家的经济贸易往来发展迅速。1964 年韩国与拉美贸易总额只有 230 万美元,1971 年增至 2200 万美元,1974 年为 2.29 亿美元,1979 年为 6.51 亿美元。韩拉贸易在韩国外贸总额中所占比重从 1964 年的 0.4% 增至 1979 年的 2.6%。[②] 80 年代,韩国政府提出向"民间主导型"过渡,官方民间双管齐下,大力开展对外经济贸易,使经济迅速发展,被称为亚洲"四小龙"之一。80 年代,韩拉贸易持续增长。1980 年

① Hiroshi Matsushita, "La Diplomacia Japonesa hacia América Latina en la epoca de posguerra fría: comparación con las etapas anteriores", Torcuato S. Di Tella y Akio Hosono (compiladores): *Japón / América Latina*, Nuevo Hacer y Grupo Editor Latinoamericano, 1998, Buenos Aires, Argentiua, p. 164.

② Won - Ho Kim, *Korea and Latin Amerca*: *End of Honeymoo*m, Revista de SELA, Capitulos, No. 56, May - August, 1999, pp. 123 - 135.

韩拉贸易额为 8.61 亿美元，1985 年增至 29.37 亿美元，1989 年为 32.82 亿美元。韩国对拉美的直接投资始于 80 年代初。1981 年韩国对拉美投资 5 个新项目，金额仅 70 万美元。10 年后，1991 年韩国对拉美新投资项目达 40 个，金额增至 4390 万美元。

20 世纪 90 年代头 7 年韩拉贸易和韩国对拉美投资迅速增长。韩国对拉美的出口额从 1990 年的 21.02 亿美元增至 1996 年的 89.61 亿美元；同期，从拉美的进口额从 17.26 亿美元增至 43.92 亿美元。韩拉贸易额在韩国对外贸易总额中所占的比重从 1990 年的 2.8% 增至 1996 年的 4.8%。韩国对拉美的直接投资额 1991 年只有 4390 万美元，1996 年增至 4.22 亿美元，1997 年为 6.28 亿美元。对拉美的投资额在韩国对外投资总额中所占的比重从 1991 年的 2.9% 增至 1997 年的 11%。

90 年代，阿根廷、墨西哥、智利、秘鲁、厄瓜多尔、委内瑞拉等不少拉美国家领导人访问韩国。1991 年韩国总统卢泰愚访问墨西哥，双方签署了科技、旅游和社会经济计划等 3 项合作协议。1996 年 9 月 2—14 日，韩国总统金泳三对危地马拉、智利、阿根廷、巴西和秘鲁进行了正式访问。1997 年 6 月，金泳三总统访问了墨西哥。韩拉之间高层往来对促进韩拉之间的关系起了重要作用。金泳三总统在访问拉美期间宣布，韩国将在 3 年内向拉美投资 30 多亿美元。

1996 年在金泳三总统出访拉美 5 国之前，韩国政府有关智囊机构准备了一份报告，建议政府根据世界和拉美地区政治经济形势的新变化对发展韩拉经济关系采取新的方针政策，提出要全方位、多层次地促进韩拉关系的发展，并建议召开亚洲和拉美首脑会议，建议韩国成立以私人部门为主的拉美理事会（已于 1996 年 8 月成立），建议韩国加入中美洲一体化银行等。1997 年 8 月，韩国外长访问萨尔瓦多、巴拿马和墨西哥，与中美洲 5 国外长举行第一次韩国—中美洲对话协商会。

然而，正当韩国政府和企业家雄心勃勃地准备积极发展韩拉关系、特别是经贸关系时，1997年11月，继泰国、印度尼西亚等国之后，韩国也发生了金融危机，经济出现了严重衰退。而1994年年底墨西哥的金融危机、1999年1月巴西的金融动荡以及亚洲和俄罗斯的金融危机对拉美经济也先后产生了不利影响。国际金融危机对韩拉经贸关系的发展产生了消极影响，如1998年韩国对拉美的直接投资比1997年减少了近一半，从6.28亿美元减至3.79亿美元。不少原计划在拉美投资的项目被取消或推迟。从外贸来看，韩国从拉美的进口额急剧减少，1998年从拉美的进口额比1997年减少了46.1%。对拉美来说，由于1998—1998年巴西、阿根廷、智利等国经济增长乏力，对韩国产品的需求也明显减少。

通过90年代韩拉双方的共同努力，韩国与拉美的里约集团、南方共同市场和中美洲一体化组织已建立了对话机制。

（三）　中国与拉美的关系

1949年中华人民共和国成立后，由于历史的原因，一些拉美主要国家的政府在相当长时间内仍同台湾当局保持着所谓的"外交关系"。针对当时的实际情况，50年代，中国政府对拉美实施民间外交。中国开始同拉美国家发展经济贸易关系。但由于没有正式外交关系，中拉经贸交往困难较大。1950年中拉贸易额不足200万美元。50年代，中国同智利、墨西哥、乌拉圭等国逐步建立了贸易关系，初步打开了中拉经济贸易交往的局面。到1959年，中拉贸易额已达769万美元。整个50年代中拉贸易总额为3000万美元。

1959年1月1日古巴革命的胜利在美国的后院打开了缺口，

为中国同拉美国家发展友好关系提供了契机。1960 年 9 月 28 日，中古双方同时发表了建交公报。中古建交是中华人民共和国同拉美国家拓展外交关系零的突破，从此，中拉关系的发展揭开了崭新的一页。

70 年代，中国同拉美的关系进入了一个迅速发展时期，拉美国家掀起了同中国建交的高潮。70 年代，先后有 11 个拉美国家同中国建交。1970 年 12 月 15 日，阿连德总统领导的智利人民团结政府率先同中国建交。1971 年 10 月，在中国恢复在联合国的合法席位后，一系列拉美国家纷纷同中国正式建交，它们是秘鲁、墨西哥、阿根廷、圭亚那、牙买加、特立尼达和多巴哥、委内瑞拉、巴西、苏里南和巴巴多斯。到 70 年代末，正式同中国建交的拉美国家增加到 12 个。[①] 与此同时，拉美同中国的经贸往来也得到迅速发展。1969 年中拉贸易额只有 1.3 亿美元（不包括古巴），到 1979 年增加到 12.6 亿美元，与中国有经贸往来的拉美国家和地区扩大到 36 个。

80 年代，在中国实行改革开放政策、调整对拉美的政策后，中拉关系取得了新的进展。与中国建交的拉美国家增加，厄瓜多尔、哥伦比亚、安提瓜和巴布达、玻利维亚、乌拉圭等国先后同中国建交，使同中国建交的拉美国家增加到 17 国。80 年代，中拉经贸关系迅速增长。中拉贸易额从 1980 年的 13.63 亿美元增加到 1989 年的 29.69 亿美元。中拉开始在经济领域开展合作，相互投资和建立合资或独资企业。

90 年代，中国与拉美的关系取得全面、健康和持续发展。又有两个拉美国家（巴哈马和圣卢西亚）同中国建交，使同中

---

① 李明德主编：《拉丁美洲和中拉关系——现在与未来》，时事出版社 2001 年版，第 477—494 页。

国建交的拉美国家增加到 19 国。90 年代以来拉美地区先后有近 20 多位国家元首或政府首脑访问了中国。1990 年中国国家主席杨尚昆出访拉美 5 国,1993 年国家主席江泽民访问巴西和古巴,1997 年江泽民主席访问墨西哥。高层互访加深了彼此了解,有力地推动了双边关系的全面发展。拉美与中国经济合作、贸易往来、文化科技交流更趋密切;双边关系出现多渠道、多层次、官民并举、全面发展的新局面。中拉贸易额从 1989 年的 29.69 亿美元增加到 1999 年的 82.6 亿美元。到 1998 年,中国已在拉美 20 多个国家开设了 200 多家独资或合资企业,投资额达 10 亿美元。

(四) 亚洲其他国家和地区与拉美的关系

拉美和东亚分别位于太平洋东西两岸。地处太平洋沿岸的有 11 个拉美国家:墨西哥、危地马拉、萨尔瓦多、尼加拉瓜、哥斯达黎加、洪都拉斯、巴拿马、哥伦比亚、厄瓜多尔、秘鲁和智利。拉美国家与东亚的经贸往来有着悠久的历史。但是,直至 20 世纪 80 年代中期,无论是亚洲还是拉美国家,都没有把对方视为对外关系的重点。

自 20 世纪 80 年代后期起,亚洲国家,特别是东亚国家与拉美国家的交往日趋密切。亚洲与拉美国家领导人频频互访。经贸往来不断增加。除前面谈到的东亚与拉美的经贸往来增加以外,东南亚国家与拉美的经贸往来也得到了发展。1990—1996 年,东南亚与拉美的进出口呈上升趋势。1990 年拉美对东南亚 6 国(菲律宾、印度尼西亚、马来西亚、新加坡、泰国和越南)的出口额从 18.65 亿美元增至 34.78 亿美元;同期,拉美从东南亚 6 国的进口额从 5.58 亿美元增至 39.54 亿美元,无论是出口额还是进口额,年均增长率一般都是两位数。

以上情况表明，20世纪90年代，亚洲与拉美国家的政治、经贸关系越来越密切，亚洲已成为拉美国家外交中仅次于美国和欧盟的重点地区之一。拉美各国领导人越来越重视发展同亚洲的关系。智利总统弗雷（1994—2000年执政）说，智利可以成为亚洲国家和拉美国家之间的桥梁。巴西总统卡多佐表示，巴西对外政策应将亚洲置于"特别优先的地位"。阿根廷总统梅内姆把与亚洲国家发展关系置于其外交政策的重要位置，认为亚洲地区地域辽阔，资源丰富，经济发展迅速，进口日益多样化，是阿根廷新的出口市场。

1992年9月，拉美经济体系的一份报告认为，亚洲"不仅是当今世界最富有活力的地区，而且可以向外界提供贸易、投资和技术转让等许多机会"，力促拉美国家加强与东亚的经贸合作。

三 21世纪以来亚洲与拉美关系的发展

随着世界经济全球化的发展及亚洲经济和拉美经济的复苏，进入21世纪以来的头10年，亚洲与拉美关系的发展势头看好，呈现出以下4个特点：亚洲与拉美的关系深入发展，中国与拉美关系全方位、多层次发展，印度与拉美关系迅速发展，日本和韩国与拉美的关系继续发展。

（一）亚洲与拉美的关系深入发展

20世纪80年代，日本和韩国已是拉美在亚洲的重要贸易伙伴和投资国。90年代，中国与拉美的贸易和中国在拉美的直接投资迅速增长。进入21世纪以来，亚洲与拉美国家的关系深入发展。亚洲已成为拉美在世界上的主要贸易伙伴之一，中国已取代日本成为拉美在亚洲的最主要的贸易伙伴和投资国。

亚洲国家已成为拉美几乎所有国家,特别是南美国家的主要出口对象国和几乎所有拉美国家的主要进口来源国(占拉美进口额的20%)。然而,对亚洲来说,拉美还不是其主要贸易伙伴,亚洲与拉美两个地区的贸易关系仍不对称。亚洲和拉美的贸易关系仍以产业部门间的关系为主,拉美向亚洲国家主要出口初级产品(占2/3强),从亚洲国家主要进口制成品,这无疑对两个地区之间未来的贸易和投资产生影响。但值得庆幸的是,这种情况已在亚洲和拉美一些国家之间的经贸关系中开始有所改变。一些拉美国家对亚洲的出口开始多样化,开始向亚洲国家出口一些高科技产品。

拉美与亚洲,特别是与日本和韩国的经济贸易关系继续发展,而中国和印度经济的迅速增长扩展和加深了亚洲与拉美的关系。拉美正越来越多地把目光投向亚洲,而新兴的亚洲经济体则在拉美寻求资源和新的市场。

拉美国家加强与亚洲的合作,有利于扩大对外合作的选择余地,加强其在国际竞争中的地位,改变其传统上对欧美的过度依赖。

20世纪末和21世纪初,亚洲与拉美已建立了一些对话和合作机制。东亚—拉美论坛于2001年3月在智利首都圣地亚哥举行了论坛首届外长会议,决定将论坛正式定名为东亚—拉美合作论坛(西班牙语缩写为FOCALAE,英语缩写为FEALAC)。2004年1月,在菲律宾马尼拉举行了第2届东亚—拉美合作论坛外长会议。2007年8月,第3届东亚—拉美合作论坛外长会议在巴西利亚举行。2010年1月,第4届东亚—拉美合作论坛外长会议在日本东京举行。东亚—拉美合作论坛成员国已从最初的27

国增加到 34 国，其中亚太地区有 16 个成员国，拉美地区有 18 个成员国。

亚洲和拉美关系的深化还表现在 APEC 框架内，亚洲与拉美的合作进一步发展。2002 年 10 月，在墨西哥的洛斯卡沃斯举行了 APEC 第 10 次领导人非正式会议，2004 年 11 月在智利首都圣地亚哥举行了 APEC 第 12 次领导人非正式会议，2008 年 11 月在秘鲁首都利马举行了 APEC 第 16 次领导人非正式会议。

21 世纪以来，亚洲和拉美各国领导人频繁互访，中国、日本、韩国、印度等亚洲国家的领导人纷纷出访拉美，而巴西、墨西哥、智利、秘鲁、委内瑞拉、阿根廷等拉美国家的领导人也纷纷出访中国、日本、韩国、印度、新加坡等亚洲国家。值得一提的是，近年来，拉美与中东国家的高层往来也相当频繁。2009年 11 月，以色列总统佩雷斯对巴西和阿根廷进行了国事访问。同年 11 月，巴勒斯坦民族权力机构主席阿巴斯访问巴西、阿根廷、智利、巴拉圭和委内瑞拉；11 月下旬，伊朗总统内贾德访问了巴西、玻利维亚和委内瑞拉。与此同时，2009 年 11 月，哥斯达黎加总统阿里亚斯访问了以色列和巴勒斯坦，2010 年 3 月，巴西总统卢拉访问了以色列、约旦和巴勒斯坦。2010 年 6 月下旬至 7 月初，叙利亚总统阿萨德访问了委内瑞拉、古巴、巴西和阿根廷。

除亚洲与拉美各国政府之间的交往增加以外，亚洲和拉美主要政党之间的交往也不断增加。2009 年 7 月，首届拉美和亚太地区政党会议在阿根廷首都布宜诺斯艾利斯举行，来自拉美和亚太地区的政党代表就加强地区间政党合作及一系列国际问题展开了讨论。

亚洲与拉美的贸易往来增加。据统计，2004—2006 年，拉美向亚洲的出口额占其出口总额的 8.3%，拉美从亚洲的进口额

占其进口总额的 19.4%。[①] 2007 年亚洲与拉美的贸易额达 2673
亿美元，比 2006 年增长 24%。

进入 21 世纪以来，随着亚洲的崛起，拉美国家"面向亚
太"的外交取向明显加强。[②] 一些拉美国家与亚洲国家签署了自
由贸易协定。2004 年，墨西哥与日本签署"加强经济伙伴协定"
（Acuerdo para Fortalecimiento de la Asociación Económica），2005
年生效。2003 年，智利与韩国签署自由贸易协定，2004 年生效。
2005 年，智利与中国签署自由贸易协定，2006 年生效。2007
年，智利与日本签署自由贸易协定，同年生效。2006 年，智利
与新加坡、新西兰和文莱签署跨太平洋战略经济伙伴协定
（TPP）。2009 年，智利与土耳其签署自由贸易协定。2006 年，
秘鲁与泰国签署自由贸易协定。2009 年，秘鲁与中国和新加坡
签署自由贸易协定，2010 年生效。2006 年，巴拿马与新加坡签
署自由贸易协定，同年生效。2010 年 4 月 6 日和 4 月 8 日，哥斯
达黎加先后与新加坡和中国签署自由贸易协定。

2008 年 10 月 30 日，拉美太平洋沿岸国家在萨尔瓦多举行
首脑会议，会议决定正式成立由太平洋沿岸的 11 个拉美国家组
成的拉美太平洋弧组织，并定期举行"拉美太平洋弧部长论坛"
（Foro del Arco del Pacífico），共同探讨如何推进亚洲外交。到目
前为止，该组织已召开 5 届部长级会议（第 5 届部长级会议于
2009 年 11 月在墨西哥巴亚尔塔港举行）。

不少亚洲国家参加了拉美地区的一些组织。中国、日本、韩
国、菲律宾、印度、巴基斯坦、斯里兰卡、泰国等亚洲国家是美

[①]　Alicia Bárcena, *Las Relaciones Económicas y Comerciales entre América Latina y A-sia – Pacífico, el Vínculo con China*, Santiago de Chile, Octubre de 2008, pp. 53 – 54.

[②]　Ibid, p. 10.

洲国家组织的观察员。日本、韩国和中国是美洲开发银行的成员。日本和韩国先后加入联合国拉美经委会，而中国则是联合国拉美经委会的观察员。

（二）　中国与拉美关系全方位、多层次发展

进入21世纪后，中国与拉美国家的关系获得全方位、多层次的新的发展，高层互访不断，政治关系加强，经贸关系取得新的进展。国家主席胡锦涛于2004年和2008年先后访问了拉美4国和3国，2010年还访问了巴西。

2008年11月5日，中国政府发布了《中国对拉丁美洲和加勒比政策文件》，这是中国对拉美地区发布的第一个政府文件，凸显了中国对拉美的重视。文件阐明了中国对拉美政策的目标和合作领域，提出了今后一段时期中拉合作的指导原则，为推动中拉关系持续健康稳定全面发展奠定了更加坚实的基础。

21世纪头10年，中国与拉美成为重要的经贸合作伙伴。2008年中拉贸易额达到创纪录的1434亿美元。同年，中拉贸易额占中国对外贸易总额的5.6%，占其出口额的5%，占其进口额的6.3%。中国已成为拉美的第三大贸易伙伴，仅次于美国和欧盟，是拉美在亚洲的第一大贸易伙伴。根据联合国拉美经委会的预计，在今后10年内，中国将超过欧盟，成为拉美第二大贸易伙伴。中国先后与智利（2005）、秘鲁（2009）和哥斯达黎加（2010）签署了双边自由贸易协定。75%的中拉贸易集中于巴西、墨西哥、智利、阿根廷和委内瑞拉5个国家。

中拉双边贸易结构基于各自的相对优势，中国主要向拉美出口制成品，而拉美主要向中国出口初级产品。拉美已成为中国工业原料的重要供应地，是中国企业布局海外的战略性支点，是中国能源来源地多元化的现实选择。

　　然而，中国也已成为一些拉美国家对外贸易保护措施（反倾销措施）的主要对象，因此，妥善处理贸易摩擦是实现中拉双方经贸关系健康和协调发展的需要。

表2　　　　　　　　1950—2009年中拉双边贸易（单位：百万美元）

1950	1.9	1980	1.331	2000	12.600	2006	70.218
1955	7.3	1985	2.572	2001	14.938	2007	102.600
1960	31.3	1990	2.294	2002	17.826	2008	143.400
1965	343.1	1995	6.114	2003	26.806	2009	120.000
1970	145.8	1998	8.312	2004	40.027		
1975	475.7	1999	8.260	2005	50.457		

　　资料来源：中国海关统计。

　　进入21世纪以来，中国对拉美的投资不断增加，越来越多的中国大型企业开始对拉美的自然资源和制造业进行投资。然而，迄今为止，中国企业在拉美的投资总额还很有限。2003—2009年，中国对拉美直接投资总额为240亿美元。此外，中国与巴西、委内瑞拉、厄瓜多尔等国签署了以贷款换石油的协议。

　　据联合国拉美经委会2010年4月的报告，到2009年年底为止，中国在拉美的非金融对外直接投资（FDI）存量增加到411.79亿美元，占中国非金融对外直接投资累计存量（2200亿美元）的15%。

　　然而，联合国拉美经委会的报告也指出，在中国对拉美的直接投资中，有95%的投资集中于英属开曼群岛（276.82亿美元，占67.20%）和英属维尔京群岛（118.07亿美元，占28.70%）；在拉美头号大国巴西的非金融直接投资只有2.87亿美元，占

0.7%；在秘鲁的非金融直接投资为 2.79 亿美元，占 0.7%；在阿根廷的非金融直接投资为 2.13 亿美元，占 0.5%；在委内瑞拉的非金融直接投资为 1.70 亿美元，占 0.4%；在墨西哥的非金融直接投资为 0.9 亿美元，占 0.2%。[①]

据中国商务部公布的数字，到 2008 年，拉美累计对中国的实际投资额为 1126 亿美元，约占中国吸收外资存量的 14%。

2007 年，为推动中国与拉美的经贸关系，中国贸促会和拉美各国贸促机构共同举办了首届中国—拉美企业家高峰会。第 2 届中拉企业家峰会于 2008 年 10 月在中国哈尔滨举行，第 3 届于 2009 年 11 月在哥伦比亚首都波哥大举行。将于 2010 年 10 月 21—22 日在中国四川省成都市举办第 4 届中国—拉美企业家高峰会，并在同期举办亚洲—拉美加勒比贸易投资论坛及东亚—拉美中小企业合作论坛。

（三）印度与拉美的关系迅速发展

进入 21 世纪以来，印度经济迅速发展，其经济增长速度仅次于中国。2000—2002 年年均经济增长率为 5.4%，2003—2006 年年均经济增长率为 8.1%；2006—2007 年财政年度增长 9.4%，2007—2008 年财政年度增长 9%，2008—2009 年财政年度增长 6.7%，2009—2010 年财政年度增长 7.4%。

随着印度经济的迅速发展，印度视拉美为重要的贸易伙伴和原料供应地。印度与拉美的贸易以及印度在拉美的投资迅速增加。印度与拉美贸易从 1992 年的 10 亿美元增加到 2002 年的 53

---

① "La República Popular de China y América Latian y el Caribe: hacia una relación estratégica", Abril de 2010. http://www.cepal.org/publicaciones/xml/2/39082/RP_China_America_Latina_el_Caribe_una_relacion_estrategica.pdf.

亿美元,2006—2007 年财政年度增加到 103. 36 亿美元,2007—2008 年财政年度为 122. 16 亿美元,2008—2009 年财政年度又增加到 157. 52 亿美元,[①] 但印度与拉美的贸易在印度对外贸易总额中所占比重仍不大,不到 4%[②]。

印度与拉美贸易主要是从拉美进口原油、矿产品、大豆等初级产品,出口制成品。

印度对拉美的投资 2001 年为 30 亿美元,2002 年增加到 50 亿美元,2009 年增加到 120 亿美元。[③] 印度对拉美的投资主要集中于矿业、石油、第三产业、机器制造、医疗器材制造等。

印度、巴西和南非 3 国成立了印度、巴西和南非对话论坛。印度是"金砖四国"(巴西、俄罗斯、印度和中国)的成员。2010 年 4 月 15 日,"金砖四国"领导人第 2 次正式会晤在巴西首都巴西利亚举行,印度总理辛格出席了会晤,并与巴西和南非总统进行了第四次对话论坛。

2004 年 1 月、2007 年 6 月和 2008 年 10 月卢拉 3 次访问印度,与印度建立了战略联盟关系;2005 年 3 月,委内瑞拉总统查韦斯应邀访问印度。2008 年 4 月,印度总统普拉蒂巴·巴蒂尔访问了巴西、智利和墨西哥。2006 年巴西和印度之间的贸易额为 25 亿美元,到 2009 年已达到 56 亿美元,预计 2010 年双边贸易总额将超过 100 亿美元。

如何看待中国和印度经济的高速发展对拉美的影响?国际经济机构和国际金融机构都认为,对拉美来说,中国、印度和亚洲国家经济的迅速发展对拉美国家来说,是利大于弊,机遇大于挑

---

① http://www. domain － b. com/economy/trade/20100320 ＿ substantial ＿ increase. html.

② http://andes. inf. ec.

③ Mercurio, 29 de abril, 2010.

战。如经济合作与发展组织认为，"对于大多数拉美国家而言，中国和印度给它们带来的是贸易机遇而非贸易竞争"，"中国和印度的增长也向拉美国家的出口加入新市场提供了良机"，"如今，由'亚洲发动机'增长带动的对石油和矿产品的高需求已经通过初级产品价格的上涨增加了拉美国家的收入和与其进行的直接贸易"，"大多数拉美国家对此应对良好，但是，挑战依然存在"①。

（四）日本和韩国与拉美的关系继续发展

（1）日本。2004 年 9 月，日本首相小泉纯一郎访问墨西哥和巴西，这是日本首相在 7 年之后首次出访拉美。同年 11 月，小泉纯一郎再次出访拉美，赴智利参加 APEC 第 12 次领导人非正式会议。2008 年 11 月，日本首相麻生太郎访问秘鲁并参加在利马举行的 APEC 第 16 次领导人非正式会议。

日本与拉美的贸易总额从 1995 年的 316 亿美元增加到 2008 年的 681 亿美元，翻了一番多；同期日本向拉美的出口额从 196.96 亿美元增加到 407 亿美元，从拉美的进口额从 119.24 亿美元增加到 274 亿美元。②

日本对拉美的直接投资主要投向自然资源和服务部门（金融、保险和运输）。到 2006 年年底，日本对拉美的直接投资额达 390 亿美元，占日本对外直接投资总额的 8.7%。

（2）韩国。2001 年 1 月，巴西总统卡多佐访问韩国，两国就建立面向 21 世纪的"特殊伙伴关系"达成协议。2003 年，韩

---

① 经济合作与发展组织发展中心主编：《2008 年拉丁美洲经济展望》，中文版，世界知识出版社 2009 年版，第 183 页。

② 2008 年的数字来自 http://www.latinbusinesschronicle.com/app/article.aspx? id=3400.

国与智利签署自由贸易协定，协定于 2004 年 4 月 1 日起生效。协定生效 5 年后，2009 年韩智贸易额从 18.5 亿美元增加到 71.6 亿美元，翻了两番。智利从韩国的进口增加了 5 倍，达 30 亿美元；而智利向韩国的出口增加了 2 倍，达 41 亿美元。

2004 年韩国总统卢武铉访问阿根廷、智利和巴西，参加了在智利首都圣地亚哥举行的 APEC 第 12 次领导人非正式会议。2005 年卢武铉总统访问墨西哥。2008 年 11 月，韩国总统李明博访问巴西和秘鲁，参加了在秘鲁首都利马举行的 APEC 第 16 次领导人非正式会议。2010 年 6 月底和 7 月初，李明博总统访问了巴拿马和墨西哥，并参加在巴拿马举行的中美洲一体化体系国家首脑会议，会见了与会的中美洲各国总统。2009 年 11 月，智利总统巴切莱特和秘鲁总统加西亚访问韩国。2010 年 8 月 25 日至 27 日，玻利维亚总统莫拉莱斯访问韩国，两国签署了有关开采玻锂矿等多项协议，韩国将在 2010—2014 年间向玻利维亚提供 2.7 亿美元的贷款用于玻的几项基础设施工程。

1980 年至 2008 年初，韩国对拉美的直接投资额累计达 67.27 亿美元，占其对外直接投资总额的 7%，主要投资部门是制造业（电器、纺织业和成衣业、钢铁和石油业），贸易和自然资源。韩国对拉美的投资主要集中于百慕大（35.3%）、巴西（13.4%）、墨西哥（9.4%）、秘鲁（9.3%）、开曼群岛（7.7%）、巴拿马（7.6%）和英属维尔京群岛（4.3%）。从投资情况来看，"金融天堂"（百慕大、开曼群岛和英属维尔京群岛）占韩国投资的 47.3%。

1994 年韩国与拉美的贸易额为 97.3 亿美元，2009 年增加到 384 亿美元。同期，韩国向拉美的出口额从 63.71 亿美元增加到 267 亿美元，从拉美的进口额从 33.25 亿美元增加到 116.4 亿美元。2009 年韩国与拉美贸易的顺差从 2008 年的 195.10 亿美元下降到 151.10 亿美元。①

韩国在拉美的主要贸易伙伴是巴西，两国双边贸易额 2009 年为 90.50 亿美元。

2008 年韩国和拉美国家举行了首次韩国与拉美加勒比合作论坛，2009 年 11 月和 2010 年 5 月在韩国举行了第 2 次和第 3 次合作论坛，10 多个拉美国家参加了论坛。举行论坛的目的旨在加强韩国与拉美在贸易往来、能源和基础设施等方面的合作。

四　亚拉关系的展望

2008 年下半年以来，国际金融危机和欧洲主权债务危机对亚洲和拉美的经济发展、对外贸易和投资产生了一定的消极影响。目前世界经济正在逐步复苏，但复苏基础不牢固、进程不平衡。

总的来说，今后几年，亚洲和拉美的经济前景看好。据国际货币基金组织 2010 年 4 月的预测，2010—2011 年，亚洲经济年均增长率为 7%，而新兴亚洲经济体年均经济增长率将达 8.7%。在中国、印度等国强劲复苏的推动下，亚洲将引领世界经济的复苏。拉美经济 2009 年下降 1.9%，据国际货币基金组织和联合国拉美经委会预计，2010 年拉美经济将增加 4%—4.8%。拉美经济的复苏和增长超过了原先的预计。据国际货币基金组织 2010 年 7 月的报告，亚洲和拉丁美洲将引领世界经济的复苏。

亚洲与拉美相距遥远，在政治和社会制度、文化、种族、语言等方面有较大差异。尽管如此，随着世界政治格局的变化和世

---

① http：//www. lasprovincias. es/agencias/20100409/economia/corea – america – latina – cuadruplican – comercio_ 201004090557. html.

界经济全球化的发展，近 20 年，亚拉关系有了明显发展，关系越来越密切，亚洲已成为拉美主要的贸易伙伴、投资来源和投资对象之一。然而，应该看到，亚洲和拉美在各自的对外贸易总额中所占的比重仍不高，两个地区之间的相互投资、尤其是拉美对亚洲的投资额仍很少。

因此，今后，亚洲和拉美国家应进一步加强合作，进一步扩大经贸往来和互相投资，共同应对国际金融危机和推动世界经济的恢复增长。

亚洲和拉美各国应保持宏观经济政策的连续性和稳定性，进一步采取有力措施，促进本国经济增长，促进消费、扩大内需；积极推进国际金融体系改革，完善国际经济治理机制，反对和抵制各种形式的保护主义。

亚洲和拉美之间应加强现有对话机制"东亚—拉美合作论坛"，加强在 APEC 框架内的对话和合作，建立新的对话机制和渠道，争取更多的亚洲和拉美国家加入这些机制。

亚拉之间应加强产业部门内部贸易的拓展，以逐步改变目前双边的贸易结构；应通过扩大投资来带动双边贸易；使双边贸易多样化和多元化。可以预见，今后将有更多的亚洲国家与拉美国家签署双边或多边自由贸易协定。

亚洲是世界经济最有活力的地区，亚洲的购买力和储蓄水平很高，亚洲的中国、日本是世界上国际外汇储备最多的国家，亚洲拥有 3 个世界级的金融中心（东京、新加坡和香港），韩国和印度等国是世界著名的尖端技术的创新国，印度在软件方面世界领先；毫无疑问，亚洲和拉美国家都有良好的愿望使两个地区的经济加强一体化。亚拉关系的明天将更加密切，合作将进一步加强。

（原载《拉丁美洲研究》2010 年第 5 期）

中拉全球治理和区域一体化的合作

近年来，中国和拉丁美洲与加勒比国家在全球治理和区域经济一体化方面的合作不断加强，今后，中拉之间在这方面的合作将会进一步得到加强。

一 中国和拉美国家积极参与全球经济治理

我们正处在后冷战时代，全球化进程中的全球性问题日显突出。无论是 2008 年爆发的全球金融危机，还是气候变化、反恐、扫毒、扶贫、粮食和能源安全、应对自然灾害等非传统安全问题都是全球性的公共问题，对于全球性公共问题的处理称为全球治理。"全球治理"不仅包括经济、金融，还包括政治、安全等，但当务之急是要解决的主要是经济、金融方面的问题，即全球经济治理问题。

崛起的中国和经济迅速发展的拉美国家都在全球治理中扮演越来越重要的角色，没有中国和拉美国家的参与及合作，全球性问题就难以得到解决。中国和拉美在推动全球治理体系的改革、建设公平有效的全球发展体系等问题上，有着相同或相似的主张，双方协调密切。今后，中拉在国际事务中的合作将更加深化，中拉合作的全球影响和战略内涵会进一步提升。

近年来，中拉各自经济发展所展示的良好势头，为双方合作奠定了坚实基础。在应对金融危机方面，中国和拉美国家措施得当，效果明显，各自经济率先复苏并保持快速增长。2010年，中拉经济增长率分别达到10.3%和6.1%，成为推动世界经济复苏的重要引擎。受此拉动，中拉经贸务实合作势头强劲。2010年，中拉双边贸易创历史纪录，达1830.67亿美元，中国稳居拉美第二大贸易伙伴的地位。据联合国拉美经委会最新统计，2010年中国对拉美的直接投资达150亿美元，中国已成为拉美的第三大投资国。

中国和拉美主要国家巴西、墨西哥、阿根廷、智利等国在联合国、世界贸易组织、二十国集团、"金砖国家"、亚太经合组织、东亚—拉美合作论坛和等国际和地区组织以及多边机制框架内保持密切沟通与配合，就联合国改革、多哈回合谈判、国际金融体系改革、气候变化等全球性重大问题保持密切沟通与协调，促进南南合作，共同维护发展中国家整体利益，推动建设更加公正、合理、公平的国际秩序。

中国、巴西、阿根廷、墨西哥是二十国集团的成员，四国国家元首先后参加了2008年11月在华盛顿，2009年4月在伦敦，同年9月在美国匹兹堡，2010年6月和11月在加拿大多伦多和韩国首尔举行的G20金融市场和世界经济峰会，就共同应对金融危机、促进世界经济复苏、改革国际金融机构、改善国际金融市场监管等方面达成一致。今年11月，还将一起参加在法国戛纳举行的G20峰会。

在2010年12月墨西哥坎昆气候变化会议上，中国和东道国墨西哥及与会的拉美国家一起，为会议取得积极成果作出了努力。在坎昆会议谈判的关键时期，中国携手巴西和其他发展中国家，在发展中国家减排行动如何接受"国际磋商与监督"的议题上，拒绝了美国等发达国家的不合理要求，敦促发达国家接受了他们必须提交其向发展中国家提供资金、技术和能力建设援助的详细信息的要求。中国和拉美国家将在今年在南非德班召开的第17次气候变化会议（COP17）和之后的会议上进行合作。

近年来，中拉政治关系不断加强，中国国家主席胡锦涛已4次访问拉美，拉美国家领导人也频繁访华，中国已同巴西、阿根廷、墨西哥、秘鲁、委内瑞拉等国建立了战略伙伴关系，中拉双方都表示愿意在今后进一步加强双边关系并加强在国际和地区事务中的沟通和协调。

中国和巴西同为"金砖国家"成员国。2010年4月中国国家主席胡锦涛对巴西进行了访问，参加了在巴西举行的"金砖四国"第二次峰会。访问期间，中巴两国发表联合新闻公报，两国签署了《2010年至2014年共同行动计划》。今年4月，在中国三亚成功举办了金砖五国的首脑会议。巴西新总统迪尔玛·罗塞夫对中国进行了访问，双方签署了涵盖广泛领域的多项合作文件。今年下半年，将在巴西举行中巴高层协调与合作委员会（高委会）第二次会议，进一步落实两国政府《2010年至2014年共同行动计划》。2009年中国成为巴西主要贸易伙伴。2010年12月，国际货币基金组织理事会投票通过了该组织关于份额与治理改革的决议草案，根据这项决议，中国已成为国际货币基金组织的第三大成员国，而巴西也跻身该组织排名前十大成员国行列。中巴两国在二十国集团、世界贸易组织、"金砖国家"等机制中合作良好，为应对全球性危机和推动国际新秩序向公正、公平、平衡的方向发展作出越来越重要的贡献。

阿根廷总统克里斯蒂娜·费尔南德斯于2010年7月访华，

访问期间，中阿两国签署了《联合声明》，声明表示，中阿两国将加强在国际和地区事务中的沟通和协调。双方一致认为，中阿在多边事务中的合作是两国战略伙伴关系的重要组成部分；在金融方面，中阿携手创新金融合作新模式。中阿创新的"货币互换"已成为中拉进行金融合作的新模式。

智利总统皮涅拉于 2010 年 11 月对中国进行了成功的访问，访问期间，两国签署了多项合作文件。智利是第一个与中国签署自由贸易协定的拉美国家，中国是智利的第一大贸易伙伴。

二　中国和拉美国家加强区域合作

多年来，中国和拉美地区的经济一体化组织如里约集团、安第斯共同体、南方共同市场一直保持着密切的联系和对话，今后，双方相互的联系和对话将进一步加强。2004 年，中国被美洲国家组织接纳为常驻观察员。同年，中国成为拉丁美洲议会的观察员。2008 年，中国被批准正式加入美洲开发银行。中国和加勒比建交国家已成功地举行了两次中国—加勒比经贸合作论坛，今年将在特立尼达和多巴哥举行第三次论坛。中国与这些区域性重要的政治经济组织的交往和合作越来越增加。

2010 年 2 月，在墨西哥坎昆召开的拉美与加勒比团结峰会一致决定建立拉美和加勒比国家共同体（CELAC），以提升拉美地区在国际社会中的话语权。今年 7 月 5 日至 6 日，拉美国家首脑将在委内瑞拉加拉斯举行峰会，拟正式成立拉美和加勒比共同体。预计该共同体成立后，中国将与这个包括所有拉美和加勒比国家的组织建立关系。

中国与 18 个拉美国家都积极参加"东亚—拉美合作论坛"的对话。中国和拉美墨西哥、智利、秘鲁都是亚太经合组织

（APEC）的成员国，在 APEC 的框架内，中国与拉美这三国的合作进一步发展。预计今后，将会有更多的拉美国家加入这两个对话机制。

自 2007 年起，为推动中国与拉美的经贸关系，中国贸促会和拉美各国贸促机构、美洲开发银行等机构共同举办了 4 届中国—拉美企业家高峰会。第 5 届中拉企业家高峰会将于今年在秘鲁举行。

近年来，中国与拉美的区域组织之间的交往日益增加，随着中拉关系的深入发展，中拉之间的区域合作将进一步加强，将为推动地区经济一体化作出贡献。

中拉合作的出发点和落脚点都是互利共赢、共同发展。我们清楚地看到，中拉双方均面临不少挑战和问题，中拉双方的相互了解有待进一步加深，合作的基础有待于进一步加强。我们相信，中拉双方将会继续从战略和长远角度重视和发展中拉关系，保持在全球和地区重大事务中的密切配合，一定能使中拉互利合作迈上新的台阶。

（原载赵雪梅主编《中国与拉美国家经贸关系国际研讨会
论文集》，对外经济贸易大学出版社 2011 年版）

社会文化篇

拉丁美洲家庭的变化及其特征

1994 年是联合国大会决定的人类历史上第一个"国际家庭年"。1989 年 12 月，第 44 届联合国大会作出了这一决定，并规定了"国际家庭年"的主题为："家庭：变动世界中的动力与职责。"家庭是社会的细胞，是人类社会最基本的组织单位，家庭对促进人类的发展与进步起着重要作用。本文主要介绍拉丁美洲家庭的变化及其特征。

一 拉丁美洲家庭的深刻变化

近二三十年来，随着城市化、现代化步伐的加快，拉美的家庭状况发生了深刻的变化。其主要趋势为：拉美的家庭规模逐渐变小；由于离婚、分居率增高，家庭的不稳定性增加；未婚同居、单亲和单身家庭明显增多，双职工家庭增加；结婚两次或两次以上的人增加，使有关子女抚养的法律和经济纠纷随之增多；婚前发生两性关系和未婚子女增多；对男、女性习惯的双重标准也逐渐趋同化。尽管拉美各国情况不尽相同，各有自身的特点，但这些趋势是普遍存在的。

上述这些趋势使拉美家庭的结构和功能发生变化，主要变化有：夫妻关系对社会环境的自治性增加，这表现在社会对家庭的控制机制削弱，要求个人行为遵守现行准则的压力减少；社会对家庭的组成和组织的期望越来越灵活，家庭的形式越来越趋于多样化；夫妻关系逐渐失去神圣性，家庭和结婚相互脱节，丈夫和父亲的作用脱节，一些国家对家庭形式的多样性采取宽容的态度。另一个变化是夫妻双方的自主性增强，特别是妻子对丈夫的依赖程度减少，独立性增强，夫妻关系逐渐摆脱传统的家庭模式（即妻子服从丈夫、丈夫外出挣钱、妻子包揽家务的模式），夫妻的权利和义务趋于平等，夫妻关系的好坏更多地取决于感情因素，而不是外界的或经济的因素。

二　拉美妇女独立性增强的原因

拉美的妇女（妻子）在家庭中的独立性增强的主要原因是：妇女参与公共生活的机会增加。从人口角度来看，一方面，由于生育率降低和平均寿命的增加，妇女拥有更多时间从事非家务劳动。此外，洗衣机等家用电器的逐渐普及使妇女家庭劳动负担减轻，托儿所、幼儿园等社会服务的推广也使妇女有更多时间参与公共生活。另一方面，随着妇女受教育程度的提高，妇女参加工作的机会增加。随着现代化消费模式的日益推广，一个家庭只靠丈夫一人的收入难以维持家庭生活，这也促使更多的妇女参加工作。

从价值观念来看，妇女越来越感到应该参加工作来体现自己的人生价值。因此，她们越来越要求在夫妻权利和家庭义务方面与男人保持平等地位，要求打破传统的妻子服从丈夫的模式。此外，由于避孕知识和先进手段的推广，也使妇女有可能参加工作。

三　拉丁美洲家庭的特征

拉丁美洲家庭的变化同大多数西方国家家庭的变化既有共同点，又有自己的特征。拉美家庭状况具有以下特点。

（1）儿童在家庭中占比重大。拉美人口年龄结构比较年轻。据统计，1990 年 14 岁以下人口占总人口的比重，在欧洲为19.6%，在美国和加拿大为 21.4%，而在拉美和加勒比地区高达 35.8%。这说明 14 岁以下儿童在拉美家庭中占重要比重，拉美国家应特别关注儿童的状况。

欧洲及其他地区一些发达国家，由于人口增长率低，有的国家甚至出现人口的负增长，因此，那里家庭的主要功能之一是增加生育。而拉美和加勒比地区尽管这些年来，人口增长率和生育率明显下降，但仍然是比较高的。据拉美人口中心统计，1970—1980 年拉美和加勒比地区的总人口年均增长率为 23.7‰，1980—1990 年又下降到 20.6‰。但是，拉美和加勒比地区的人口已从 1970 年的 2.83 亿增加到 1992 年的 4.6 亿，22 年间净增1.77 亿。拉美的平均生育率从 1960—1965 年的每个育龄妇女平均生 6 个孩子下降到 1985—1990 年的 3.4 个孩子；同期，据联合国拉美经委会《关于经济和发展的公报》1993 年 3 月号报告，加勒比地区的平均生育率从 5.5 个孩子下降到 3 个孩子。[①] 另据统计，1993 年拉美育龄妇女共有 6800 万，其中有 4000 万采取了计划生育措施。20 年前，拉美只有不到 20% 的夫妇实行计划生育，90 年代初已上升到约 60%。尽管生育率有所下降和采取

---

① 联合国拉美经委会：《关于经济和发展的公报》，1993 年 3 月号。

计划生育人数增多，拉美和加勒比的总人口到 2000 年将增加到 5.23 亿，到 2050 年将增加到 8 亿。正是由于这一原因，拉美的家庭和社会都面临严重的挑战：如何解决这些新生儿童（子女）的抚养、教育和就业等问题。

此外，对人口增长率比较低的一些拉美国家（阿根廷、智利、乌拉圭、哥斯达黎加等）来说，还存在人口老龄化的问题。据拉美 10 个主要国家的统计资料，养老金和退休金的收入占这些国家家庭收入的 10%—20%，对贫困或赤贫家庭来说，这一比重甚至高达 30%—40%。[①] 在 60 岁以上的户主中领取养老金或退休金的户主所占的比重各国不尽相同，在有的国家（如危地马拉、洪都拉斯）只占不到 20%，而在另一些国家（智利、巴拿马、巴西、乌拉圭）则占 50% 以上，然而，由于养老金、退休金增长幅度远远赶不上通货膨胀速度，拉美不少靠养老金、退休金维持生活的家庭实际收入下降。

（2）贫富家庭差别悬殊，贫困家庭占比重大。据美国《福布斯》杂志 1994 年 7 月号披露，在世界 358 名拥有亿万财产的巨富（不包括君主、国家元首和独裁者）中，有 42 名巨富（家族）来自拉美，其中 24 名是墨西哥人。墨西哥的巨富人数，仅次于美国、德国和日本，居世界第 4 位。拉美巨富中，排名居首位的是墨西哥卡洛斯·斯利姆·埃卢，其家产 66 亿美元。其余 18 位名拉美巨富中，巴西 6 名，阿根廷 4 名，哥伦比亚和智利各 3 名，委内瑞拉 1 名。而在 1987 年该杂志首次公布世界亿万富翁排行榜时，拉美只有 6 名。

据联合国拉美经委会统计，80 年代拉美贫富家庭之间差别更加悬殊。1980—1990 年，拉美国家贫困家庭占家庭总数的

---

① 联合国拉美经委会：《拉丁美洲社会概况》，1993 年，第 37 页。

35%增至39%。1990年拉美贫困家庭共3700万户，其中城市2270万户，占城市家庭总数的34%；农村贫困家庭共1430万户，占农村家庭总数的53%。同年，拉美赤贫家庭共1690万户，占家庭总数的18%，其中城市赤贫家庭870万户，占城市家庭总数的13%；农村赤贫家庭820万户，占农村赤贫家庭总数的30%。据拉美8个主要国家统计，占总户数10%的富裕家庭的收入要比总户数40%的贫困家庭的收入大10倍。

1980年，拉美贫困者占总人数的41%，约1.36亿人，1990年这一比重增至46%，贫困者人数达1.96亿。80年代拉美贫困人数增加了6000万。90年代初，在城市居民中，穷人约占2/5，而在农村，穷人约占3/5。拉美赤贫者占总人数的比重1980年为19%，1990年增至22%，达9500万，约占贫困者的1/2。[①]一般说来，越是贫困的家庭，生育率越高，孩子越多，14岁以下儿童有一半以上生活在贫困家庭。贫困家庭的儿童生活困难。据统计，拉美的800多万5岁以下儿童营养不良，每年有70多万儿童死于营养不良。

贫困化给拉美家庭的组成和功能带来消极影响。不少贫苦的青年，特别是男青年，不愿正式结婚和组成家庭，不愿承担长期的家庭责任，导致单身和单亲（主要是年轻妇女）家庭增加。社会对青年人性行为的控制能力削弱，避孕知识和手段推广不够也促使这一现象加剧。据统计，在15岁至24岁的青年中，1990年未婚同居组成家庭所占的比重，在城市地区，分别为：阿根廷32.1%，巴拉圭41.3%，委内瑞拉42.7%，危地马拉42.7%，哥伦比亚49.7%，洪都拉斯67.8%。在同龄受教育不到5年的青年中，同居者组成家庭所占比重则更高。在上述6国，依次分

---

①　联合国拉美经委会：《拉丁美洲社会概况》，1993年，第27、35页。

别为：59.7%，72.2%，69.2%，51.7%，72.3%，67.8%。

贫困化还使拉美的家庭结构发生变化，家庭不稳定现象越来越严重。往往由于父亲失业或被迫离家寻找工作，家庭主要责任落在妻子或母亲身上，甚至有时落在未成年的子女身上。同居现象的增加，也使家庭地位缺乏法律保障。在有些家庭中，由于传统的家长统治和大男子主义越来越遭到子女和妻子的反对，往往引起家庭解体。

拉美贫困家庭的经济社会处境直接和间接地影响家庭功能的发挥。贫困家庭没有或缺乏住房，家庭收入拮据，无力保证子女的营养、医疗、受教育，甚至难以使子女留在家里。不少贫困家庭的子女离家出走，流落街头，自谋生计，有的堕落成小偷。据估计，目前拉美约有3000多万街头流浪儿。贫困使拉美的家庭趋于不稳定，特别是父亲（丈夫）由于失业等种种原因离开了家庭，使家庭失去了对其成员，尤其是对子女的控制能力。

但是，恰恰正是这些贫困家庭更需要充分发挥家庭职能，更需要稳定，才能使家庭中的病者有人照料、老有所养、子女受到教育；通过家庭的纽带，其成员才能受到亲戚、邻居、乡里、同族人的帮助。对穷人来说，这种互助作用是十分重要的。

（3）家庭结构变化迅速。世界上大多数国家的工业化进程以及伴随这一进程所引起的家庭结构的变化前后经历了100多年。而对拉美大多数国家来说，家庭结构变化要迅速得多，前后只不过几十年时间。

1950年拉美农村人口占总人口的61%，当时拉美家庭的普遍模式是生产、消费和生育三位一体。50年代至70年代，拉美都市化进程加快，许多拉美国家加速工业发展的方针吸引了大批破产农民流入城市。据统计，1950年至1975年，约有4000万农民从农村流入城市。城市人口占总人口的比重，平均每隔5年

增加 3%—4%，1950 年为 39%，1960 年增至 47%，1979 年达
61%，1990 年已达 71%。与此同时，拉美经济自立人口的就业
构成也发生了变化，主要劳动力从农业转到农业以外的部门。拉
美从事农业的人口从 1950 年的 53.4% 降至 1975 年的 40%，
1980 年降至 34%。

除了农村人口向城市大量流入外，近二三十年来，由于经
济、政治和社会等原因，拉美一些国家还出现了大规模向美国或
邻国移民的浪潮。自 1960 年起，墨西哥人大量涌入美国南部打
工，其中多数人是无证非法移民。到 80 年代末，在美国的墨西
哥劳工达 400 万人。80 年代由于中美洲战乱频仍，中美洲一些
国家向美国移民剧增。目前在美国的中美洲各国移民分别占危地
马拉总人口的 2%—3%，占萨尔瓦多的 5%—6%，占尼加拉瓜
的 5%—7%。此外，中美洲各国在墨西哥、哥斯达黎加等邻国
的移民和难民约占中美洲总人口的 10%。古巴目前在海外移民
的总数为 250 万人，其中约有 140 万人侨居美国。移居北美的海
地和多米尼加共和国侨民约占本国总人口的 10%，而特立尼达
和多巴哥、牙买加、巴巴多斯在海外的侨民分别占本国总人口的
14%、21% 和 25%。拉美和加勒比国家在海外的大量移民减轻
了本国就业的压力，给本国带来了可观的外汇收入，加强了本国
与侨居国的经贸往来，但同时使不少家庭分离，并带来其他一些
社会问题。

工业化、都市化进程的迅速发展使拉美家庭的模式也发生变
化。50 年代至 70 年代，当时传播媒介在政府和教会支持下，提
倡"父亲（丈夫）出外挣钱，母亲（妻子）操持家务"的家庭
模式。

但是，这种模式没有能持续多久。拉美已婚妇女中参加工作
的人数越来越增加。特别是 80 年代拉美经济危机加剧，贫困家

庭的生活条件恶化，不少妇女被迫参加工作。据统计，参加工作的拉美妇女 1950 年只有 1000 万，1990 年已增加到 4000 万，拉美的劳动妇女目前已占总劳动力的 1/3，妇女已成为拉美经济社会一支生力军。[①] 到 20 世纪末，参加工作的拉美妇女将达 6500 万。拉美妇女参与经济生活的年增长速度为 3.2%，而男子只有 2.2%。这意味着无论是妇女参加工作的绝对人数还是所占的比重均有增加，目前约有 1/3 的适龄妇女进入劳动力市场。

妇女参加工作提高了她们在家庭中的地位。据统计，以妇女为户主的拉美家庭增加，90 年代初已占家庭总数的 1/4 至 1/3。在农村，妇女的收入已占小农家庭收入的 50%。在城市，在许多（丈夫）失业的家庭中，妇女打工的收入成为维持家庭的唯一收入来源。不少拉美国家先后取消了各种禁止妇女从事某种职业或某种工作班次的法律，公共部门的就业机会现已向妇女开放。教育是妇女参与劳动力市场的重要因素之一，由于拉美妇女受各级教育的状况有较显著的改善，使拉美妇女就业人数增加。受过教育的妇女比没有受过教育的妇女就业的可能性更大，收入相对也高一些，已婚妇女参加工作的可能性大大低于单身妇女，而非家长的妇女参加工作的可能性则低于作为家长的妇女。农村妇女在正式部门就业的可能性低于城市妇女。应该看到，直至今日，拉美妇女的平均收入仍低于男子的平均收入。联合国拉美经委会一份关于 1984—1986 年乌拉圭家庭状况的研究报告表明，若不是由于妇女参加工作为家庭增加收入，乌拉圭家庭中贫困家庭所占的比重会大大增加。美洲开发银行高级顾问玛格丽特·伯杰认为，在拉美经济危机时期，妇女起了重要的社会安全保障

---

① 美洲开发银行 1994 年增刊《妇女投资》。

作用。①

　　社会的迅速变化使传统的拉美家庭模式受到冲击，一方面，家庭这个社会基本单位趋于不稳定，丈夫—父亲在传统家庭中的权威和支柱作用受到削弱。但是，得到社会支持的新的家庭模式至今并没有确立，家庭各成员作用的确立进程也是缓慢和困难的。另一方面，家庭负担加重。80年代以来，拉美许多国家采取新自由主义经济发展模式，大幅度削减用于教育、医疗卫生、社会保险和福利、住房等方面的公共开支，取消或减少了对一些基本消费品、公共交通等的补贴，拉美中下层家庭的负担日益加重，社会问题日趋尖锐。

　　（4）民族、文化的多样性造成家庭模式的多样性。由于历史的原因，拉美民族、文化多种多样，被称为"世界人种博物馆"。印第安人、黑人、白人、黄种人和各种混血种人应有尽有；各种文化包括生活习俗、宗教信仰丰富多彩。文化背景多样化必然造成家庭模式多样化。在西班牙、葡萄牙殖民统治时期，从非洲运来的黑人作为奴隶是不准结婚的。因此，当时在拉美非婚子女特别多。19世纪初，拉美各国独立后，虽然奴隶制被废除，黑人可以结婚，但是，由于历史原因，比起世界其他地区来，拉美单身家庭占家庭总数的比重比较大，非婚子女也比较多。

　　总起来看，拉美家庭的变化趋势同西方其他资本主义国家相似，但又具有发展中国家和拉美自身的一些特点。

　　拉美各国目前正响应联合国的号召，呼吁"强化家庭"，发挥家庭"社会功能"，以促进社会和经济的发展。1993年8月9日至14日，在哥伦比亚卡塔赫纳市召开了拉美和加勒比地区

---

　　①　美洲开发银行1994年增刊《妇女投资》。

"国际家庭年"筹备会议。墨西哥等国政府成立了"全国家庭全面发展体系"等机构，这些机构正在为重视和保护家庭发挥着积极作用。

（原载《拉丁美洲研究》1994 年第 4 期）

二战后拉丁美洲社会科学
研究的发展和特点

　　社会科学是以社会现象为研究对象的科学，如政治学、经济学、军事学、法学、教育学、文艺学、史学、语言学、民族学、宗教学和社会学等。广义的社会科学，是哲学社会科学的统称。

　　拉丁美洲是第三世界中社会科学发展较早和较发达的地区。早在19世纪初，拉丁美洲大多数国家通过独立战争，摆脱了殖民统治，取得了独立。独立后，拉美国家的社会科学研究取得了一定的进展，涌现出一批知名的社会科学家，如：阿根廷的多明戈·福斯蒂诺·萨米恩托、亚历杭德罗·本赫、何塞因·赫涅罗斯和曼努埃尔·庞塞，巴西的本哈明·康斯坦特和布鲁托·巴雷托，智利的何塞·维多利诺·拉斯塔里亚和弗朗西斯科·比尔瓦奥，秘鲁的马里亚诺·科尔内霍，玻利维亚的伊格纳西奥·普罗登西奥·布斯蒂利奥，墨西哥的胡斯托·谢拉和加维诺·巴雷达，乌拉圭的胡安·德拉·巴雷拉，古巴的恩里克何塞·巴罗纳，委内瑞拉的安德列斯·贝略等。但是，在第二次世界大战以前，拉美各国的社会科学研究是分散进行的，各自为政，缺乏对拉美地区的整体研究，缺少拉美地区社会科学研究的协调机构。

二战后，拉美社会科学研究取得较快的发展，具有以下几个特点。

一 拉美社会科学的发展与本地区的政治经济和社会发展进程有密切的联系

二战后，拉美发生的一系列重大事件，对拉美社会科学的发展都产生了重大影响：如古巴革命的胜利（1959）、智利社会党阿连德的执政（1970）和垮台（1973）、军人政变和军人政府的盛行（20 世纪 60 年代中期至 80 年代）、中美洲危机（20 世纪 80 年代）、民主化进程（20 世纪 80 年代）、新自由主义经济改革（20 世纪 90 年代）、墨西哥金融危机（1994 年末和 1995 年初）、北美自由贸易区的建立（1994）和美洲自由贸易区的酝酿和即将建立（2005）等。

古巴革命的胜利大大地鼓舞了拉美进步的社会科学家，他们纷纷到古巴考察，开始积极思考拉美革命的道路，分析和研究古巴革命取得胜利的原因，古巴革命胜利后所采取的土改、国有化、工业化、扫盲运动、教育和医疗卫生改革等一系列措施，写出了大量文章和著作，如：何塞·A. 塔瓦雷斯·德尔雷亚尔的《对古巴革命诠译的论文》（拉巴斯，1960）、路易斯·埃米洛·巴莱西亚的《古巴革命的现实和前景》（哈瓦那，1961）、何塞·巴尔韦托的《现实与群众化：关于古巴革命的思考》（加拉加斯，1963）等。

1970 年智利社会党领袖阿连德作为人民团结阵线的候选人在大选中获胜，当选总统。阿连德表示"要用一种新的方式来建设社会主义社会"，走"多党制的道路"。阿连德通过选举

"和平过渡"到社会主义的"智利道路",以及阿连德上台后所采取的土改、国有化和结构改革,引起了拉美许多社会科学家的关注。但是,由于阿连德并没有掌握军队,再加上一些改革措施偏激和政策的失误,使国内经济形势恶化,引起政局动荡。1973年9月11日军人发动政变,推翻阿连德政府,阿连德本人以身殉职,从而宣告智利道路的失败。

自20世纪60年代中期起,拉美出现军人干政的高潮。从1964年巴西发生军事政变开始,玻利维亚(1964)、阿根廷(1966)、秘鲁(1968)、巴拿马(1968)、厄瓜多尔(1972)、智利(1973)和乌拉圭(1973)等国接连发生军事政变。其中号称"南美瑞士"的乌拉圭以及有"民主传统"的智利两国的军事政变,在拉美影响很大。这一时期军政府之多、统治时间之长,都是战后拉美史上罕见的。有的国家,如玻利维亚、阿根廷在一段时期内政变频仍;有的国家,如巴西、智利、阿根廷等国军政府上台执政后,不少进步社会科学家被迫流亡国外,主要集中在墨西哥、哥斯达黎加和古巴等国,[①] 他们在那里的研究机构或大学从事研究和教学,发表了大量分析智利道路、军人官僚威权主义的文章和著作。关于阿连德的智利道路和阿连德政府的经济政策的代表作有:爱德华多·诺沃亚的《通过合法道路走向社会主义? 智利专题研究 1970—1973》(加拉加斯/1978)、霍安·加尔塞斯的《阿连德和智利的经验》(巴塞罗那/1976)、塞尔希奥·比塔尔的《过渡、社会主义和民主:智利的经验》(墨西哥/1979)、贡萨洛·马特内尔的《萨尔瓦多·阿连德政府

① Raque Sosa Elizaga, "Evolución de las Ciencias Sociales en América Latina 1973–1992", Revista *Estudios Latinoamericanos*, Nueva Epoca, Nuevo I, febrero de 1994, CELA, FCPYS, UNAM, México, pp. 7 – 24

1970—1973：一个评价》（圣地亚哥/1988）等。有关智利皮诺切特军政府统治时期的政治和经济政策的著作有：曼努埃尔·安东尼奥·加雷顿的《智利1973—198?》（圣地亚哥/1983）、皮拉尔·贝尔加拉的《智利新自由主义的兴衰》（圣地亚哥/1987）、亚历山德罗·福克斯利的《拉丁美洲的新保守主义经济的试验》（加利福尼亚，伯克利/1983）、曼努埃尔·安东尼奥·加雷顿的《政治复兴：智利民主政治的过渡和巩固》（圣地亚哥/1987）、曼努埃尔·安东尼奥·加雷顿的《智利的政治进程》（圣地亚哥/1983）等。有关南美洲军政府的著作主要有：吉列尔莫·奥唐奈的《现代化与官僚独裁主义：南美政治研究》（加利福尼亚，伯克利/1973）、罗贝托·卡尔沃的《国家安全的军事学说：南锥体的政治独裁主义和经济新自由主义》（加拉加斯/1979）、赫纳罗·阿里亚加达·埃雷拉的《军事政治的思考：关于智利、阿根廷、巴西和乌拉圭的研究》（圣地亚哥/1988）、巴勃罗·冈萨雷斯·卡萨诺瓦的《拉美的军事与政治》（墨西哥联邦区/1988）等。

20世纪70年代后半期至90年代初拉美不少由军人执政的国家，先后经过不同方式"还政于民"，由文人上台执政开始了民主化进程。在南美洲，从1979年厄瓜多尔结束军人统治开始，秘鲁（1980）、玻利维亚（1982）、阿根廷（1983）、巴西（1985）、乌拉圭（1985）、智利（1990）和巴拉圭（1993）等国，也先后基本上完成了民主化进程。到20世纪末，南美洲已是"清一色"的文人政府。在中美洲和加勒比地区，从1978年巴拿马由文人当总统开始，到1994年海地军政府交出政权，也已完成了民主化进程。到20世纪90年代中期，拉美绝大多数国家都已实现了民主化进程。但是，民主化进程在拉美不断取得进展的同时，拉美军人干政的现象并没有完全销声匿迹。如1980

年和 1990 年苏里南两度发生军事政变，80 年代阿根廷发生 3
次兵变，1991 年海地发生军事政变，1992 年和 1996 年委内瑞
拉和巴拉圭先后发生未遂政变，直至 2002 年 4 月委内瑞拉发
生的短命军事政变。但总起来看，进入 21 世纪初，独裁统治
在拉美已越来越不得人心，民主化进程已是大势所趋。拉美社
会科学家对民主化进程予以极大的关注，举办了多次研讨会，
发表了许多有关的著作，主要有：弗朗西斯科·奥雷戈·比库
尼亚的《拉丁美洲向民主的过渡》（布宜诺斯艾利斯/1985）、
阿兰·鲁基埃等的《民主是怎样复兴的?》（圣保罗/1985）、
吉列尔莫·奥唐奈的《一个威权主义政府的过渡》（布宜诺斯
艾利斯/1988）等。

　　20 世纪 80 年代在拉美地区爆发了一场严重的债务清偿危机
和经济危机。80 年代初，拉美国家外债负担越来越沉重，偿债
率高达 41%，负债率高达 331%，远远超过国民经济的承受能
力。1982 年 8 月，债务大国之一的墨西哥首先宣布无力偿还到
期债务，从而引发了债务危机。紧接着，几乎所有拉美国家都先
后陷入了债务清偿危机。为克服债务危机，拉美国家同债权国和
债权银行进行了旷日持久的谈判和斗争，与此同时，拉美国家被
迫采取了一系列经济紧缩政策和调整措施。80 年代拉美经济发
展停滞，使 80 年代对拉美来说成为"失去的 10 年"。自 80 年代
后期起，拉美多数国家对本国原来实行的进口替代工业化内向型
经济发展模式进行调整，开始实施以贸易自由化和国有企业私有
化为主要内容的新自由主义经济改革。新自由主义改革虽然取得
了一定成效，但也带来了贫富悬殊和贫困化扩大等严重社会问
题。围绕着对新自由主义的评价和在究竟拉美国家应实行什么发
展模式的问题上，拉美的社会科学者至今仍在讨论和探索中。关
于拉美债务危机、新自由主义和贫困化，拉美学者发表了大量著

作，如：里卡多·弗伦斯—戴维斯等的《拉丁美洲债务危机简史》（圣地亚哥，1992）、奥斯卡尔·A.埃切韦利亚的《拉丁美洲的外债：风险和解决办法》（多米尼加，1985）、里卡多·弗伦斯—戴维斯等的《拉丁美洲债务危机新论》（阿根廷，1986）、斯特凡尼·格里菲思—琼斯和奥斯瓦尔多·松凯尔的《拉美的债务危机和发展：幻想的破灭》（阿根廷，1987）、阿莉西娅·希隆的《世纪末与外债：没有终结的历史——阿根廷、巴西和墨西哥》（墨西哥，1995）、何塞·路易斯·卡尔瓦的《墨西哥新自由主义模式》（墨西哥，1995）、埃米尔·萨德尔等的《新自由主义的阴谋：市场、危机和社会排斥》（阿根廷，1999）、阿莉西娅·齐卡尔迪的《贫困、社会不平等和公民权：拉美社会政策的局限》（阿根廷，2001）等。

1994年年底墨西哥爆发了金融危机，随后在90年代末和21世纪初，巴西、乌拉圭、阿根廷等国家也在不同程度上爆发了金融危机。对拉美国家爆发的金融危机，拉美社会科学家也进行了深入的探讨和研究，发表的著作有：伊萨贝尔·鲁埃达·佩洛的《墨西哥：危机、经济社会和政治调整》（墨西哥，1998）、迪亚娜·R.比里亚雷亚尔的《墨西哥的新自由主义危机》（墨西哥，1995）、里卡多·豪斯曼和莉莉亚娜·罗哈斯—苏亚雷斯的《资本流动的可变性：如何控制它对拉美的影响》（美洲开发银行，1996）、玛丽娅·欧亨妮娅的《金融市场和拉美的危机》（墨西哥，1992）、塞萨尔·希拉尔多等的《拉丁美洲的财政金融危机》（哥伦比亚，1998）、阿蒂利约·波隆的《暴力时期：拉丁美洲的新自由主义、全球化和不平等》（阿根廷，1999）、胡利奥·甘比纳的《经济金融的全球化及其对拉美的影响》（阿根廷，2002）等。

1994年墨西哥加入了由美国、加拿大、墨西哥3国组成的北美自由贸易协定，与此同时，拉美地区大多数国家积极地参与由美国倡议建立的美洲自由贸易区的谈判进程。根据2001年4月在加拿大魁北克召开的第3次美洲国家首脑会议上美国和拉美国家达成的协议，2005年1月将完成关于建立美洲自由贸易区协议的谈判，2005年12月底以前协议将生效。2002年12月美国同智利达成自由贸易协议，2003年6月美国同智利正式签订自由贸易条约；同年12月美国同中美洲4国达成自由贸易协议。

在关于美洲自由贸易协议的谈判不断取得进展的同时，90年代以来拉美国家经济一体化也取得了新的进展。原有的区域一体化组织活动频繁，如中美洲共同市场、加勒比共同体、安第斯共同体、里约集团等；建立了一些新的一体化组织，如南方共同市场（1991年签约，1995年1月正式成立），墨西哥、哥伦比亚和委内瑞拉3国自由贸易区（亦称3国集团，1994年签约，1995年1月生效），加勒比国家联盟（1994年成立）等。2003年12月南方共同市场在蒙得维的亚举行第25次首脑会议，拉美两大经济组织南方共同市场和安第斯共同体签署了自由贸易协定，还接纳秘鲁为联系国。秘鲁成为继智利和玻利维亚之后南方共同市场的第3个联系成员国。2004年7月南方共同市场第26次首脑会议接纳委内瑞拉和墨西哥为联系成员国，使南方共同市场的联系成员国增加到5国。有关北美自由贸易区和拉美一体化的著作有：温·穆尼奥斯和弗·奥雷戈的《拉丁美洲的地区合作》（墨西哥，1987）、格·罗森塔尔的《拉丁美洲一体化30年评估》（圣地亚哥，1990）、海梅·贝哈尔等的《拉丁美洲地区一体化：进程和主角》（斯德哥尔摩，2001）、恩里克·德拉加尔萨等的《北美自由贸易区和南方共同市场》（阿根廷，2003）等。

二　建立了有效的拉美地区性社会科学协调机构

战后，拉美国家先后建立了一些有效的拉美地区性社会科学协调机构，这些机构在推动拉美社会科学发展方面起了重要作用。其中最主要的有 3 个机构。

1. 联合国拉丁美洲经济委员会（CEPAL）

1948 年在智利首都圣地亚哥成立了联合国拉丁美洲经济委员会（简称拉美经委会），1984 年改名为联合国拉丁美洲和加勒比经济委员会，外文缩写仍为 CEPAL。拉美经委会汇聚了一批以阿根廷著名经济学家劳尔·普雷维什为首的、来自拉美各国的经济学家和社会学家。几十年来，拉美经委会先后提出了"发展主义"（又称"拉美经委会主义"）、进口替代工业化、拉美经济一体化、"公正的生产发展"等发展理论，对拉美国家的经济社会发展战略和政策的制定起了重要作用。

2. 拉丁美洲社会科学院（FLACSO）

1957 年在联合国教科文组织和一些拉美国家政府的倡议下，在智利首都圣地亚哥成立了拉丁美洲社会科学院。这是拉美一个地区性的、自治的跨国研究和教学机构，其主要宗旨是促进拉美地区社会科学的发展。目前，拉丁美洲社会科学院在拉美和加勒比地区有 14 个协议成员国（阿根廷、玻利维亚、巴西、哥斯达黎加、古巴、智利、厄瓜多尔、洪都拉斯、危地马拉、墨西哥、尼加拉瓜、巴拿马、多米尼加和苏里南），在其中 7 个国家（阿根廷、巴西、哥斯达黎加、智利、厄瓜多尔、墨西哥和危地马拉）设立了分院。拉丁美洲社会科学院的秘书处起初设在圣地亚哥，1973 年智利发生政变后，秘书处改设在哥斯达黎加首都圣何塞。

按照章程，拉丁美洲社会科学院的活动主要集中在以下 5 个方面：一是通过研究生课程和专门课程，促进和推动拉美社会科学的教学和发展；二是从事涉及拉美的社会科学研究；三是通过各种手段，宣传拉美社会科学发展的成就，特别是宣传拉丁美洲社会科学院自己的研究成果；四是促进拉美社会科学教学和研究方面的交流；五是加强与本地区和世界其他地区高等院校、研究机构的合作，促进社会科学的发展。拉丁美洲社会科学院的研究包括与本国、小地区和拉美地区最密切相关的问题，特别重视理论与实际经验的结合，注重对策性研究，竭力为解决地区性的社会问题出谋划策。20 世纪 90 年代中期，拉丁美洲社会科学院研究的重点首先是经济问题，其次是政治问题、国际关系问题、文化问题、妇女问题、城市和人口问题。拉丁美洲社会科学院的一些分院已经在拉美地区的社会科学领域取得了相对优势。由于各国情况和条件不同，各国分院工作的侧重点不尽相同，有的重点在研究，有的重点在教学。此外，各分院根据本国的实际情况，研究的问题也有所不同。

3. 拉丁美洲社会科学理事会（CLACSO）

拉丁美洲社会科学理事会是拉美各国社会科学研究机构的联合组织，是非政府的国际协调机构，同联合国教科文组织有咨询关系，1967 年成立于阿根廷首都布宜诺斯艾利斯。最初由拉美 35 个研究机构联合而成，现有来自拉美 21 个国家的 144 个社会科学研究和教学机构组成，秘书处设在布宜诺斯艾利斯市。理事会的宗旨是：促进拉美各国的社会科学各学科的研究和教学，加强拉美地区各国以及同世界其他地区各国的社会科学研究和教学机构的交流和合作，通过研究和教学，从批判和多元化的视角，思考拉美社会所面临的各种问题。拉丁美洲社会科学理事会的成员分团体（机构）和个人成员。主要活动有：工作小组、举办各种讲座或讲习班、召开研讨会、出版刊物和著作、宣传教育成果、建立研究网站和图书馆等。

三 拉美地区一些有国际影响的思想家和思潮

拉丁美洲是第三世界中独立较早、经济较发达的地区，也是社会政治思潮活跃的地区。20世纪20年代以来，随着拉美政治经济的发展，拉美资产阶级和无产阶级都有较大的发展，与此同时，拉美中间阶层亦有增长。拉美的民族民主运动和共产主义运动在斗争中取得了发展，政党和派别林立，各种思潮纷繁复杂，这是与拉美特殊的阶级结构、经济和社会发展以及外部影响是不可分的。在东欧剧变和苏联解体后，拉美左派进步力量顶住了巨大的国际压力，不仅顽强地坚持和生存下来，而且获得了重要的发展。近20年拉美新自由主义模式所暴露出来的种种弊端，使拉美左派政党和人士不断进行思考和理论与实践上的创新。

拉美是各种政治力量进行激烈较量和各种思潮交汇的地区。拉美的思潮可分政治思潮、经济思潮、社会思潮、文化思潮和外交思潮等。政治思潮大体可分两大类，一类是民族主义思潮，比较有代表性，影响较大的有：阿普拉主义（秘鲁的阿亚·德拉托雷）、庇隆主义（阿根廷的胡安·多明戈·庇隆）、瓦加斯主义（巴西的热图利奥·瓦加斯）、桑地诺主义（尼加拉瓜的奥古斯托·塞萨尔·桑地诺）、革命民族主义（墨西哥）、职权主义、官僚威权主义、玻利瓦尔主义等。另一类是社会主义思潮，其中包括主张科学社会主义的古巴社会主义，主张马克思主义要同秘鲁和拉美革命实际相结合的马里亚特吉思想（秘鲁的何塞·卡洛斯·马里亚特吉），也包括其他类型的社会主义派别，如圭亚那的合作社会主义（圭亚那人民全国大会党的福布斯·伯纳姆）、智利社会主义（智利的萨尔瓦多·阿连德）、委内瑞拉争取社会主义运动的新社会主义、拉丁美洲社会民主主义、拉丁美洲基督教社会主义和拉丁美洲的托洛茨基主义等。所有这些政治思潮的理论和实践对拉美的政治、经济、社会和文化的发展都产生重大影响。

拉美的经济理论产生时间比较迟，主要有第二次世界大战以后产生的发展主义（又称"中心—外围"理论）、拉美经委会主义（代表人物有阿根廷经济学家劳尔·普雷维什、巴西塞尔索·富尔塔多、墨西哥胡安·诺约拉、智利奥斯瓦尔多·松凯尔等）、依附论（代表人物有巴西特奥托尼奥·多斯桑多斯、鲁伊·马里尼、费尔南多·卡多佐、瓦尼娅·班比纳和塞尔索·富尔塔多、秘鲁阿尼瓦尔·基哈诺、智利恩佐·法莱托、阿尼瓦尔·平托、奥斯瓦尔多·松凯尔和佩德罗·布斯科维奇等）、结构主义、新结构主义、拉美经济民族主义、拉美新自由主义等。这些经济理论对拉美政治、社会和文化的发展也有重大影响。

1. 发展主义理论

二战后不久，1948 年建立的拉美经委会在确定拉丁美洲当代经济科学基本方向方面发挥了重要作用。50 年代，以普雷维什为代表的在拉美经委会工作的一批拉美经济学家，发表了一系列有重大价值的论著，他们把发展作为一个整体进程进行研究，形成了一整套拉美经济发展的理论。拉美发展主义思想主要由 3 个部分组成，即中心—外围体系论、贸易比价恶化论和外围工业化思想。发展主义思想对拉美各国政府制定发展战略和经济政策方面产生了重大影响。

2. 依附论

20 世纪 50 年代末古巴革命取得胜利，拉美国家一些独裁政府相继垮台，拉美国家面临着进行社会主义革命还是资本主义工业化的历史选择，依附论正是在这一过程中诞生的。依附论的主要特点是从资本主义体系中外围国家的角度研究帝国主义问题，认为帝国主义现象包括了相互联系、互为条件的两个方面：向外扩展的经济中心和作为扩张对象的附属国。依附论是研究帝国主义扩张的后果和扩张的对象国内部社会经济结构的形成与变化规律的理论。依附论另一个特点是把依附对象放到帝国主义论的总框架中来考虑，又把它看作是帝国主义世界总进程的一个特殊现象来研究，指出在资本主义体系中，拉美国家这样的外围国家不可能按照发达工业国的发展模式进入发达阶段，这是因为拉美社会的不发达不是资本主义发展不足的结果，而是世界资本主义扩张的产物。这一理论着重分析不发达的外围社会对发达的中心国家的依附关系。依据这一理论，殖民主义和依附性是第三世界不发达的原因。依附论由两大流派构成：一派称为"马克思主义依附理论"，它是 60 年代初在批判拉美经委会的发展主义的基础上形成和发展起来的；另一派称为"结构主义依附理论"，它是从拉美经委会内部的自我批判倾向中产生的。

3. 新自由主义

从 20 世纪 70 年代中期起，以智利、阿根廷等南锥国家为主的一些拉美国家以新自由主义经济思想体系中的货币主义经济思想为主导，制定稳定本国经济的发展战略。新自由主义往往与政治上的新保守主义有更直接的联系。80 年代，在债务危机的冲击下，新自由主义以更快的速度在拉美地区扩散。美国和国际货币基金组织积极推崇的"华盛顿共识"是促使新自由主义学说在拉美扩散的主要动力之一。新自由主义认为，为克服债务危机，拉美国家必须减少政府对经济的干预，对国有企业实行私有化；进一步开放资本市场和股票市场，放松投资限制，为本国投资和外国投资创造更好的投资环境；实现贸易自由化；改革税收体系；改革劳动力市场，以消除劳动力供应中的刚性等。新自由主义在强调市场机制的作用时，贬低了国家干预的必要性；在强调对外开放的同时，贬低了循序渐进的重要性。20世纪八九十年代，拉美许多国家所实行的新自由主义经济改革虽然使拉美经济得到一定的恢复和发展，但也带来了拉美社会的贫困化和收入分配不公等一系列社会问题，影响了拉美社会的稳定，也妨碍了经济的持续发展。

4. 新结构主义

形成于20世纪70年代中期和80年代，以批判新自由主义和更新结构主义理论为特征。它有如下几个特点：提出把短期调整同长期发展有机地结合起来，调整中包含促进工业发展和实现社会正义的目标，以及与这两个目标相一致的贸易、财政、信贷、兑换、价格和工资政策；主张通过社会协议方式解决短期经济问题，实现兼顾社会各阶层近期和长远利益的收入分配政策；强调国家干预的合理性和有效性，以及为此目的建立一个在政治上日益民主、在经济参与上日益合理的新型国家；要求在国际范围内实行制度变革，要求国际货币基金组织、世界银行和关税及贸易总协定修改其传统观点和金融、贸易政策，使之适应产业结构转变和发展的需要。

拉美的社会思潮主要有：新社会学、社会自由主义等。

拉美的文化思潮主要有：文化民族主义（代表人物有阿根廷阿莱杭德罗·科恩、乌拉圭何塞·恩里克·罗多、墨西哥何塞·巴斯孔塞洛斯、多米尼加佩德罗·恩里克斯·乌雷尼亚等）、拉丁美洲哲学（代表人物是墨西哥莱奥波尔多·塞亚）和拉美解放神学（代表人物有巴西主教保罗·弗莱雷和埃尔德尔·卡马拉、秘鲁古斯塔沃·古铁雷斯等）。

拉美的外交思潮主要有：负责的实用主义、多元外交论、平等伙伴论、第三世界主义、外围现实主义等。

四　拉美的社会科学兼有西方社会科学和
第三世界社会科学的双重特点

作为一个前殖民地，拉美地区的社会科学始终受西方国家社会科学的影响，并同西方国家的社会科学界保持密切的联系。作为第三世界的组成部分，拉美社会科学又具有第三世界社会科学的反帝、反殖、反霸、争取民族独立、民族解放和民主、民族经济发展的传统。

1. 古巴的社会科学

古巴是拉美唯一的社会主义国家，又是第三世界国家，古巴的社会科学具有社会主义和第三世界社会科学的特点。古巴的社会科学研究由古巴党和政府领导，其指导思想是马列主义和马蒂思想。在 1994 年前古巴的社会科学研究由古巴科学院领导和协调，1994 年后由科学、技术和环境部领导和协调。古巴现有 95 个社会科学研究中心（所），其中包括 12 个部委的 36 个研究中心（所）和大学的 59 个研究中心（所），约有近 1000 名专职社会科学研究人员。此外，在大学中设有社会科学和人文科学系，约有 5000 多名从事社会科学教学和研究的教师和研究人员。在社会科学研究中心（所）中，直接隶属科学、技术和环境部的有社会心理研究中心、哲学所、文学和语言研究所、人类学研究中心、科学史和科研组织研究中心、国家档案局等；隶属于古共中央的有历史研究所、欧洲研究中心、美洲研究中心、非洲和中东研究中心、亚洲和大洋洲研究中心等；隶属于古巴国务委员会的有世界经济研究中心等；隶属于文化部的有马蒂研究中心、古巴音乐研究和发展中心等；隶属于哈瓦那大学的有人口研究中心、国际经济研究中心、古巴经济研究中心、美国研究中心、社会文化研究中心、完善高等教育研究中心等。

此外，古巴还有一个跨部委的全国社会科学最高理事会，由12个有关部委组成。这12个部委是：科技和环境部、经济和计划部、文化部、内务部、国防部、高教部、教育部、科学院、司法部、共产党、共产主义青年联盟和工会等。全国社会科学最高理事会负责在全国范围内协调社会科学研究工作。

古巴的社会科学是研究复杂的社会问题和寻求改善社会办法的关键，是革命生存和发展的战略科学，在当今古巴所进行的意识形态战役中起着决定性的作用。古巴社会科学的5项原则是：党性；社会承诺；国家利益；科学的严格性和人道主义；明确战略利益。目前研究的重点是：古巴革命思想；马列主义理论；新一代的培养；教育科学；边缘问题；理论和方法问题；政治经济学；当代资本主义的趋势；性别和种族；社会阶级结构；民族认同；科学、技术和社会；公共管理；社会和社区工作。

为落实上述14个重点的研究，自1996年起古巴制定了5项全国社会科学研究计划，即"古巴社会"、"世界经济"、"古巴经济"、"干部工作"和"古巴历史"。除全国性的研究计划外，还有部门和地区计划、独立研究计划等。

古巴主要的社会科学刊物有：《社会主义古巴》（古共中央理论刊物）、《古巴社会科学》、《经济和发展》、《古巴双月刊》、《美洲之家》、《课题》、《道路》、《哈瓦那大学校刊》、《反潮流》等。

目前古巴社会科学研究面临不少困难，其中之一是经费的困难。为解决经费的困难，古巴一些研究机构通过与联合国教科文组织、拉美社会科学理事会等一些国际机构及一些国外基金会的合作，取得一部分资金或赞助，举行研讨会和开展学术活动，出版学术著作和学术刊物。古巴科技和环境部以及古巴的社会科学研究机构迫切希望加强同中国社会科学院及其相关研究所的联系、交流和合作。

古巴的社会科学研究为古巴的经济发展、政治和社会的稳定起了重要的作用。

2. 拉美其他国家的社会科学

拉美的社会科学研究与欧洲和美国等西方国家的社会科学研究有着密切的联系，并深受后者的影响。但拉美的社会科学又具有第三世界社会科学的特点。目前在墨西哥、巴西、阿根廷、智利、委内瑞拉和秘鲁等拉美主要国家的社会科学研究机构和大学，仍有不少人力图用马列主义作为指导思想进行社会科学的研究，分析本国、本地区和世界的现实问题。与此同时，拉美社会科学家还常常站在第三世界国家的立场，反对帝国霸权和新殖民主义。如2003年10月在哈瓦那举行的拉丁美洲社会科学理事会第21次大会和第3次研讨会讨论的主题就是："世界新霸权：变革的抉择和社会运动。"以阿根廷经济学家劳尔·普雷维什为代表的"中心—外围"理论学者抨击资本主义国际分工的不合理，揭露国际贸易中的不等价交换，主张建立国际经济新秩序，并为此作了不懈的努力。近年来，拉美不少经济学家对20世纪90年代拉美国家的新自由主义经济改革进行了反思，提出了一些替代方案，强调经济增长必须同社会公正和发展相结合。拉美社会学家还十分关注贫困、社会公正、失业、农民和农村、印第安人、妇女和儿童、新社会运动和市民社会等问题。

（原载江时学主编《2004—2005年：拉丁美洲和加勒比发展报告No.4》，社会科学文献出版社2005年版）

巴西劳工党应对社会矛盾的主要做法

巴西是拉美第一大国，面积 854.7 万平方公里，居拉美第一位；人口 1.74 亿（2001 年），居拉美第一位。2003 年巴西国内生产总值 5782 亿美元，居拉美第二位，仅次于墨西哥。

2002 年 10 月，巴西举行总统大选，劳工党领袖路易斯·伊纳西奥·卢拉·达席尔瓦作为劳工党和巴西工党、民主工党、社会主义人民党、巴西共产党共同组成的选举联盟的候选人参加选举，击败执政联盟候选人塞拉，当选总统，于 2003 年 1 月 1 日执政，成为巴西历史上第一位通过选举取得政权的左派政党总统。卢拉上台后，巴西国内政治和经济形势基本稳定，劳工党政府采取一系列措施，着手解决社会各种矛盾和问题。

一 巴西劳工党政府面临的主要社会矛盾和问题

（一）贫困问题和两极分化问题

据卢拉在 2001 年 10 月竞选时制定的"零饥饿计划"提供

的数字，巴西共有 930 万贫困家庭，总共贫困人口为 4400 万
人。① 巴西是两极分化严重，贫困极为悬殊的国家。另据最新
官方统计材料，全国 1.74 亿人口中，有 5400 万人（31%）处
于贫困状态。1/3 的城市居民居住在"法维拉"（favela，贫民
窟）。巴西的收入分配极为不公平，国际上通常按基尼系数的
高低将收入分配不公的程度划分为 4 等：0.25 以下为轻微；
0.251—0.35 为一般；0.351—0.45 为严重；0.45 以上为很严
重。而巴西的基尼系数高达 0.587，占人口 1% 的富人占有全
国收入的 12.71%，而占人口 20% 的赤贫者只占全国收入的
2.62%。② 农村的贫困人口所占比重高于城市，巴西农村人口
约占全国人口的 20%，但却占全国贫困人口的 30%；据统计，
巴西全国共有 1000 万无地的农民。近年来，巴西无地农民运
动组织已成为巴西重要的群众组织和运动。从地区来看，全国
最贫困的地区是东北部地区，占全国贫困人口的 45%；其次是
北部地区。战后巴西的现代化进程看来尚未到达东北部和北部
地区。此外，战后作为巴西工业化的伴生物的城市化的急剧发
展也存在不少缺陷，其中一个缺陷就是贫民窟现象的蔓延。在
巴西最大的城市里约热内卢，有世界最大的"法维拉"，这里
居住着近百万贫民。贫民窟的居民享受不到作为公民应分享的
国家经济、社会等现代化发展的成果，其居住、卫生、出行和
教育条件极差。另一方面，贫民窟也常常成为城市犯罪分子藏
身的"窝点"。

---

① Projecto Fome Zero—Propuesta de politica de seguridad alimenticia para Brasil, http：//www. fomezero. gov. br.

② María Hermínia Tavares de Almeida：Los desafíos de la reforma social en Brasil. Continuando con el cambio Nueva Sociedad, Sep – Oct 2003, pp. 101 – 113.

（二）就业问题

巴西是拉美人口最多的国家，劳动力资源丰富，就业压力大。巴西历届政府都比较重视劳动就业问题，1994 年巴西政府实施以控制通货膨胀为目标的"雷亚尔计划"以来，全国新增了 890 万个就业岗位，就业人口从 1993 年的 6660 万增加至 2001 年的 7550 万。然而由于劳动力市场每年新增人数达 130 万，大大高于就业机会的增长速度，失业人口仍呈逐年上升趋势，从 1993 年的 440 万上升到了 2001 年的 780 万，同期，失业率从 6.2% 升至 9.4%。据巴西地理统计局统计，城镇人口、低学历者以及妇女、有色人种失业率较高，青年人就业难度大。2001 年，15—17 岁及 18—24 岁两个年龄段的失业率分别为 13.4% 和 12.5%，全国无业青年多达 400 万。此外，非法就业、黑工、童工甚至雇佣奴隶现象仍相当普遍，全国约有 1000 万家不符合法律程序的"地下公司"，而未领取劳动和社会福利证（CTP）、不享受政府任何社会保障和劳动权益的非法劳动力人数多达 4100 万，占经济自立人口的 58%。

（三）社会保障问题

按照巴西社会保障法规定，所有的职工都必须参加社会保障制度。巴西的社会保障分公共和私人两种，私人社会保险是公共保险的重要补充。巴西社会保障制度存在的主要问题是：第一，从事非正规经济的劳动者、自谋职业者等相当一部分劳动者被排除在公共社会保障之外。第二，政府的社会保障开支不断增加。人口日益老龄化，使政府的社会保障负担加重。65 岁以上人口在人口中的比重从 1980 年的 4% 上升到 1996 年的 5.37%，2000 年的 8%。老年人口加上城市人口和经济活动人口所占比重的增加，使政府社会保障开支增加，社会保障资金严重短缺。第三，退休金的发放不合理，公职退休人员退休金大大高于私人企业职工的退休金，有的公共部门退休人员的退休金高于现职人员的工资，退休年龄年轻化（按原法律规定，工作满20年者可申请退休，如果某一职工18岁参加工作，那么，他38岁便可申请退休，享受退休金）。

（四）黑人和印第安人问题

巴西的民族—种族构成大致如下：白种人约占55.2%，黑白混血种人占38.2%，黑种人占6%，其他人种占0.6%（其中印第安人占0.2%）。巴西本来没有黑人，自16世纪30年代起，葡萄牙殖民者从非洲输入非洲黑奴。在殖民时期，黑人过着非人的生活。但在几百年后的今天，在巴西，黑人仍处在社会的最低层。据巴西地理统计局统计，1985年，60%的黑人劳动力的月收入低于或等于1个最低工资，而白人的这一比例为33%。白人劳动力中有14%挣5个以上最低工资，而黑人这一比例只有2.95%。黑人的失业率远远高于白人。在受教育方面，10岁以上的黑人平均入学年限只有4.2年，而白人为6.2年。在城市，黑人主要住在贫民窟内。黑人从事的工作主要是繁重的体力劳动。目前巴西仍存在奴隶制的残余。

印第安人最早是巴西的主人。当葡萄牙殖民者来到巴西时，巴西有100万—500万印第安人，1400个部落。由于殖民者的杀戮和残酷的剥削和掠夺，以及后来统治者对印第安人的歧视政策，印第安人的人数急剧下降，目前估计只有32万人，有206个部落，其中超过5000人的部落只有10个，一些小部落的人数仅几十人。约有54个部落深居在大森林中。巴西的印第安人集中在经济比较落后的北部、东北部和中西部地区。由于印第安人的土地经常被白人强占，印第安人的保留地的自然资源被掠夺，森林遭到破坏，白人用水银灌注等原始方式开采金矿，使印第安人失去基本的生存条件。

（五）　土地问题

土地高度集中是巴西历史遗留下来的问题，而且呈愈演愈烈的趋势。据巴西地理统计局 1995—1996 年统计，占地面积在 10 公顷以下的农户，占农户总数的 49.7%，但只占土地面积的 2.3%；而占地面积在 1000 公顷以上的庄园主占农户数的 1%，但却占土地面积的 45.1%。而据 1970 年的统计，占地面积在 1000 公顷以上的庄园主仅占土地面积的 39.5%。由于土地的高度集中，无地农民和大庄园主之间的土地冲突日益加剧。据统计，1997 年巴西发生了 658 起土地冲突，5.8 万农户入侵大庄园主土地。

（六）　地区发展不平衡问题

巴西的经济和社会发展的特点之一是地区发展不平衡问题十分突出，东南部和南部发达地区与东北部落后地区之间存在着很大的差异。就人均国内生产总值来说，1988 年巴西人均国内生产总值为 2241 美元，东北部地区人均只有 918 美元，而东南部地区人均达 3217 美元。东北部人均国内生产总值只有巴西全国平均数的 41%，只有东南部地区的 29%。同期，圣保罗州人均国内生产总值为 3993 美元，首都巴西利亚联邦区为 4498 美元，分别为最落后的皮奥伊州的（472 美元）的 8.46 倍和 9.5 倍。①

----

① 吕银春：《经济发展与社会公正——巴西实例研究报告》，世界知识出版社 2003 年版，第 85 页。

二 劳工党执政以来(2003年1月至今)解决社会矛盾的举措

巴西现任总统卢拉是巴西历史上第一位普通工人出身的总统，而且组建了巴西第一个由左派政党执政的政府。卢拉所在的劳工党创建于1979年12月，是在反对军政府独裁统治、要求政治民主、反对新自由主义政策、反对国际垄断资本对本国经济的渗透，维护劳动者权益和维护民族经济利益的斗争中发展壮大起来的政党。劳工党对内主张推行经济改革，消除饥饿，建立可持续发展经济模式；对外坚决维护国家主权与经济安全，主张地区经济一体化，将推动南共市发展作为外交优先目标，同时重视发展与美国、欧盟、日本的关系，并积极开展与发展中大国的合作。劳工党成员大多来自工人、农民、教师和政府公务员。而卢拉本人就是一位工人领袖，在群众中有着很高的威望。大选的胜利使巴西劳工党从一个长期处于在野的反对党转变为执政党，并且赢得了更多的国会议员席位，成为联邦众议院和参议院中的第一大党和第三大党，这些都要归功于该党提出的"实现社会公正，推动经济发展"的改革目标既深得民心，反映出巴西广大民众要求变革的意愿和期望，也代表了正在逐渐成为巴西社会主流的新思潮。巴西是南美洲的大国，劳工党执政实践和改革经验受到国际社会的关注。

"实现社会公正，推动经济发展"是巴西劳工党政府执政的主要目标。但是，面对多年来积累下来的各种经济和社会的难题，劳工党政府以务实的态度采取了渐进改革的措施。卢拉总统执政之初就表示，新政府是"全民政府"，不是"一党执政"，"不可能在一夜之间就解决所有的问题"。他希望通过"谅解和谈判"，推行"和平和温良的改革"。巴西劳工党领导人也强调，"卢拉政府不是一个向社会主义过渡的政府，不是一个对抗性的政府，也不是一个革命性决裂的政府"，"我们的政府是一个在巴西现有的经济秩序框架下，进行变革和进行渐进地和有程序地改革的政府"。

劳工党政府自 2003 年初执政以来，在解决社会问题和克服社会矛盾方面，制定和实施了一系列计划，采取了不少措施，主要有：

(一)"零饥饿计划"

卢拉政府首先把扶贫作为一项基本国策和解决社会矛盾的突破口。卢拉政府先后推出了多项扶贫的措施和计划。其中，最出名的是"零饥饿计划"。

"零饥饿计划"是卢拉 2001 年 10 月在竞选总统时提出的。[①]卢拉就任总统时表示，"如果在我的任期内，能使每个巴西人一日三餐，不挨饿，那么我就完成了自己的使命"。卢拉于 2004 年初在政府中专门成立了社会发展和减轻饥饿部，该部部长若赛斯·格拉齐亚诺·达席尔瓦就是劳工党"零饥饿计划"的主要负责人。劳工党政府执政后的第一件事就是实施"零饥饿计划"，允诺在任内解决巴西贫困阶层的最基本的温饱问题。"零饥饿计划"实际上是一个总的扶贫计划，它包括 3 方面的政策措施：一是结构性的政策措施，主要有：创造就业机会、增加收入、社会救济、资助家庭农业、加快土地改革、向贫困家庭子女提供奖学金和规定最低收入等；二是特殊政策措施，主要有：发

---

① "零饥饿计划"的全文，请查看：*Projecto Fome Zero—Propuesta de politica de seguridad alimenticia para Brasil*，http：//www. fomezero. gov. br.

放食品券（后改为食品卡）；向饥饿群体发放"菜篮子"（基本生活品），无偿分配给他们生活所必需的用品；保证食品安全、数量和质量；扩大劳动者食品机会；解决儿童和妇女的营养不良；扩大学校免费点心发放范围等；三是对农村、中小城市和大城市分别制定政策措施。政府广泛发动企业、社会团体、非政府组织参与政府的"零饥饿计划"。① "零饥饿计划"是劳工党政府实施的食品和营养保障计划、公民收入计划、结构补充计划、紧急行动、公民教育等5项计划和行动的动力和轴心。实践证明，劳工党政府的这一计划得到巴西社会的广泛支持，收到了较好的效果。

（二）颁布"第一次就业计划"

为了使年轻人早日就业，2003年7月1日劳工党政府宣布实施"第一次就业计划"，对于16—24岁的青年就业政府给予支持。劳工党政府一方面向希望自己创业的年轻人提供低息贷款，另一方面对接受年轻人就业的企业予以补助。在开始的半年内，政府向每位青年提供一个最低工资的83%，企业只需支付最低工资的17%。此外，政府负责对企业的青年进行免费的技能培训。2003年和2004年政府分别投资1.39亿雷亚尔和4.189亿雷亚尔，通过部分减免税收或发放补贴等方式鼓励企业招聘无工作经验的年轻人，着重解决首次进入劳动市场的低学历、贫困青年的就业问题。据估计，该计划实施的第一年约有25万青年人受益。

（三）颁布和执行扫盲计划

根据2002年统计，在巴西14—64岁的年龄段的人口中，只

---

① María Hermínia Tavares de Almeida: *Los desafíos de la reforma social en Brasil. Continuando con el cambio* Nueva Sociedad, Sep – Oct 2003, p. 108.

有 25% 识字，67% 的人为半文盲，8% 的人为全文盲。在巴西人口中，有 60% 的人没有读完 8 年制的基础教育。卢拉就任总统后不久，便颁布和执行巴西扫盲计划，根据计划，到 2006 年，巴西将扫除成人文盲 1800 万人。政府扫盲计划预算资金为 2.78 亿雷亚尔。劳工党联邦政府与市政府、非政府机构和企业签署协议，推动成人教育协议。

（四）制定经济实用房计划，逐步解决贫困居民的住房问题

为解决贫困阶层的住房问题，2003 年 11 月，卢拉政府制定并公布了经济实用房计划，在未来 4 年中，政府将投资 215 亿雷亚尔，兴建 120 万套经济实用房，主要提供给收入在 5 个最低工资以下的贫困家庭。据巴西城市部长披露，巴西目前住房短缺 660 万套，其中城市短缺 530 万套，农村短缺 140 万套，此外，还有 1020 万户家庭住房缺少水、电和排污设施。

（五）出台"家庭救助计划"，以扶贫为突破口

卢拉政府将原先救助穷人的 4 个政府计划合并，制定出"家庭救助计划"。根据这项计划，人均月收入不足 50 雷亚尔（1 美元约合 2.7 雷亚尔）的贫困家庭，每月可以得到政府 95 雷亚尔的生活补贴；人均月收入在 50—100 雷亚尔的家庭，每月可得到 45 雷亚尔的政府补贴。预计在 2006 年之前，这项计划将使全国 1140 万个贫困家庭受益。得到政府补助的贫困家庭，必须保证不让孩子弃学去做工，保证给子女按期注射疫苗。可见这项计划的实施，不仅是为了满足贫困家庭解决一日三餐的生计，更重要的是敦促贫困家庭送子读书，通过学习提高文化素质，以便适应未来工作的需要，增加劳动收入，从而彻底脱贫。巴西政府每年为此投入 53 亿雷亚尔的预算资金。

（六）进行养老金制度改革

2003 年出台的养老金制度的改革是卢拉政府着力推行的一项重要改革，其主要目的一是使养老金制度更加合理和公正，二是减少政府的财政负担，其目标是在未来的 20 年内减少 560 亿雷亚尔（177 亿美元）的政府开支。这项改革的主要内容是：一是提高领取养老金的最低年龄，男性为 60 岁（原为 53 岁），女性为 55 岁（原为 48 岁）；二是男性交纳社会保障基金的年限必须够 35 年，女性为 30 年；三是政府减少对寡妇和鳏夫的养老金数额，减幅为 30%；四是减少对军人子女的资助，此前规定军人子女可以终身享用养老金，现规定军人子女在年满 24 岁后停止享用养老金；五是对每月养老金在 1440 雷亚尔以上者，每月征收 11% 的养老金税。此项改革已于 2003 年 12 月被巴西国会通过。

三　劳工党执政以来所取得的成绩、存在问题及启示

（一）主要成绩

自 2003 年年初执政以来，卢拉政府所取得的主要成绩是：

1. 社会政策取得初步成效

卢拉政府的上述社会政策是在资金匮乏、消费不足以及受旧体制制约等不利的条件下进行的。为了彻底消除贫困和缓解社会问题，卢拉政府还提出了在 2006 年之前新增 780 万个就业岗位、使所有学龄儿童都能上学，为 8500 万人提供家庭医疗服务、安置 43 万户无地农民等施政目标。为实现这些目标，除上述计划外，卢拉政府还推出了一些重要的改革措施和计划，如建立为低收入人提供小额低息贷款的"人民银行"，提出消除童工现象的

"杜绝童工计划"、"扶助家庭农业计划"、"基本药品援助计划"等。卢拉政府通过这些计划，扩大对社会领域的公共投资，加大了对低收入家庭的扶持；与此同时，推动国会加快对税收和社会福利制度的改革，努力扩大社会保障受益者的社会面。据官方统计，到2005年年中，卢拉政府推出的社会计划已使800户贫困家庭受益，受益人数占目前5300万贫困人口的一半以上。① 联合国粮农组织对巴西卢拉政府在扶贫方面所取得的成就予以高度评价，2005年10月18日，该组织在其罗马总部授予卢拉该组织最高奖"农业奖"。

2. 经济开始全面复苏

推动经济发展和改革社会分配机制是消除贫困的根本途径。为了保持经济的平稳和发展，卢拉政府执政后，承诺继续执行前政府与国际货币基金组织达成的财政协议，继续实行严格的财政政策，将年度财政盈余目标从原先相当于国内生产总值3.75%提高到4.25%，并邀请前波士顿银行行长出任巴西中央银行行长，这种务实的态度获得了外国投资者的信任，从而为保障宏观经济稳定创造了条件。卢拉政府的经济政策已取得初步的成果。两年来，巴西的金融市场趋于平稳，进出口贸易和贸易顺差持续大幅增长，公共财政状况好转，工农业增长。2004年巴西经济开始全面复苏，经济增长5.2%，成为1994年以来经济增长最快的一年。同年，外贸出口达到1592亿美元，同比增长了32%。

3. 推行积极的外交，提升了巴西在拉美和世界中的国际地位

卢拉政府大力加强与拉美邻国，特别是与南美洲国家的关系。卢拉政府积极推动南美洲国家的自由贸易谈判和基础设施一

---

① Pep Valenzuela：*Crisis Politica*，www. rebelion. org，7de Julio de 2005.

体化，同时还积极推动南美洲国家建立安全合作机制。在巴西的积极推动下，2004 年 10 月 18 日，南方共同市场和安第斯共同体正式签署自由贸易协议；接着，12 月 8 日，第 3 届南美洲国家首脑会议又宣布成立南美国家共同体。2005 年 9 月 30 日，在巴西举行了南美国家共同体第一届首脑会议。卢拉政府积极发展同亚洲、非洲地区发展中国家的关系，2003 年 9 月在世界贸易组织坎昆会议期间，卢拉政府发起成立了旨在推动农产品贸易自由化的 20 国集团。2005 年 5 月 10—11 日，卢拉政府又倡议在巴西首都巴西利亚举行首届南美—阿拉伯国家首脑会议。卢拉政府重视发展同美国和欧盟国家的关系，卢拉上台后不久，便于 2003 年 6 月访问美国。巴西和美国在一些问题上有分歧，巴西反对美国对伊拉克发动战争，巴西和美国在建立美洲自由贸易区的谈判中存在不少矛盾和分歧，主要矛盾和分歧是农产品的补贴问题，但巴西并没有中止同美国有关建立美洲自由贸易区的谈判。2005 年 4 月 26 日，赖斯访问巴西，会见了卢拉总统，巴美外长发表共同声明，声明表示巴美双方将共同努力促使两国合作关系的进一步发展。

巴西劳工党执政以来的实践表明，它推行的是一种务实、稳健和渐进的经济社会和外交政策，这种政策是对新自由主义经济政策的反思和替代。卢拉政府的政策虽然仍面临许多难题，但它为拉美其他国家的左派政府提供了一个样板，也将对拉美地区左派运动的发展产生深远影响。

（二）存在的问题

目前，巴西劳工党和卢拉政府在解决社会问题方面所面临的主要问题是：

1. 资金匮乏

卢拉政府投入"零饥饿计划"的资金逐步减少，2003 年为 18 亿雷亚尔（6 亿美元），2004 年只有 3 亿雷亚尔（1 亿美元）。[①] 由于资金不足，不少计划难以执行。

2. "零饥饿计划"容易使人产生误解

认为巴西穷人所面临的主要问题是饥饿问题，实际上巴西穷人中，吃不饱饭的人只占少数，穷人面临的问题不仅是吃饭问题，还有卫生健康、教育、住房、土地等问题。

3. 土改计划难以完成，无地农民抗议和夺地斗争不断

2003 年 11 月，卢拉政府曾同无地农民运动等农村社会运动共同签署"全国土地改革计划"，允诺在 3 年内共安置 43 万户无地农民，但到 2005 年 5 月，只安置了 6 万户，在卢拉还剩下的 20 个月的执政期限内，还有 37 万户农民需要安置，这很难完成。[②] 2005 年 3 月，由于资金匮乏，负责土改的农业发展部的财政预算从 37 亿雷亚尔削减到 17 亿雷亚尔，减少了 20 亿，后来虽然在农村社会运动的强烈要求下，追加了 4 亿雷亚尔，但原计划在 2005 年安置 11.5 万农户，现由于缺乏必要的经费，只能安置 4 万农户。[③] 2005 年 5 月 16 日，1 万多无地农民步行了 15 天、250 公里，从南部戈亚斯州州府戈亚尼亚到达首都巴西利亚，在财政部门口表示抗议，并提出了 16 项要求。参加抗议的除从内地来的无地农民外，还有其他社会运动的各界人士共 3 万

---

① María Hermínia Tavares de Almeida: Los desafíos de la reforma social en Brasil. Continuando con el cambio Nueva Sociedad, Sep – Oct 2003, p. 111.

② *Por que marcharemos a Brasilia*, www. rebelion. org, 1 de mayo de 2005.

③ Isabelle Dos Reis: *Drastica reduccion del presupuesto para la reforma agraria*, www. rebelion. org, 5 de mayo de 2005.

余人。①

4. 养老金制度改革触及一部分人的利益

主要是在政府部门、司法和立法机构工作的公务员的利益，所以这项改革遭到了不少人的反对。

5. 劳工党和劳工党政府的威信下降

自 2004 年初起，劳工党主要领导人以及在政府和国会任要职的一些劳工党党员涉嫌贿赂丑闻，致使劳工党和劳工党政府在民众中的威信和支持率下降，舆论惊呼"劳工党和卢拉政府出现了政治危机"。

2004 年 2 月 13 日晚，巴西《时代》周刊杂志网站公开了劳工党议员进行贿选的"录像带"，在录像带中，记录着劳工党议员瓦尔多米洛·迪尼兹在 2002 年地方选举中为本党两位州长竞选人非法筹集竞选资金，借以换取政治支持的证据。此事的公开曝光使得一向自称是"巴西黑暗政治中最干净"的劳工党陷入严重的信任危机之中，使卢拉总统的民意支持率迅速下跌。根据录像带及其相关报道，在 2002 年巴西地方选举中，迪尼兹为替劳工党候选人筹集竞选资金和政治支持，竟迎合里约热内卢州一家彩票老板卡洛斯·奥古斯托·拉莫斯赢得暴利的要求，与其达成重新签署一项彩票协议，作为回报，该彩票老板同意在当年的里约热内卢州长竞选中，给劳工党候选人提供 10 万美元的竞选费用，并给予迪尼兹 1% 的回扣。事发后数小时，巴西总统解除了迪尼兹的职位。

2005 年 6 月，巴西工党主席、联邦众议员罗伯托·热费尔松披露劳工党为让执政联盟中其他政党的议员在议会投票时支持

---

① *Mas de 30mil manifestantes protestan frente a ministerios*, www. rebelion. org, 31 de mayo de 2005.

政府，每月给那些议员3万雷亚尔（约合1.25万美元）的贿赂款，劳工党主席若泽·热诺伊诺等其他领导成员积极参与了向议员贿赂的活动。因涉嫌贿赂丑闻，若泽·热诺伊诺2005年7月9日在圣保罗举行的劳工党全国领导机构会议上宣布辞职。原教育部长塔尔索·任罗当选为劳工党代主席。除劳工党主席热诺伊诺外，此前，劳工党党员、政府第二号实权人物、总统府办公室主任（部长）若泽·迪尔塞乌以及劳工党总书记西尔维奥·佩雷拉和劳工党司库德卢维奥·苏亚雷斯均因涉嫌贿赂活动相继辞职。在巴西劳工党全国领导机构会议上，巴西国会随后成立了调查委员会，联邦警察也参与调查。有关人员接受了调查委员会的质询，并进行全国电视直播。①

（三）主要启示

劳工党在解决社会矛盾方面，给我们的主要启示是：

1. 解决民众最迫切需要解决的问题是执政党的主要工作重点

作为一个左翼政府，应该把解决民众最迫切需要解决的问题作为执政党和政府的主要工作日程和重点。巴西劳工党执政后，把扶贫作为一项基本国策和解决社会矛盾的突破口，适时推出了"零饥饿计划"等多项扶贫的措施和计划，是得民心的。

2. 保持经济的平稳和发展，是实施扶贫措施和计划、解决社会矛盾的保障

只有经济取得发展，用于社会发展和扶贫的资金才能得到保证。巴西的经济在2004年取得了较快的增长，使卢拉政府的社

---

① *Se agudiza la crisis en el Partido de los Trabajadores*, www. rebelion. org, 10 de Julio de 2005.

会计划能得到实施。然而，由于巴西所欠外债太多，外债还本付息负担很重，所以，用于社会发展的资金依然严重不足。要解决社会矛盾和问题，必须发展经济。

3. 执政党领导层必须保持自身的廉洁

巴西劳工党和劳工党政府最近出现的危机说明，一个党，特别是执政党的领导层，必须保持自身的廉洁，不断同贪污腐败现象作坚决的斗争，才能保持在人民群众中的威信。劳工党领导层接二连三出现问题，不能不影响到劳工党和劳工党政府的威信。劳工党之所以能在 2002 年的大选中获胜，其主要原因之一是敢于同巴西的贪污腐败现象作斗争，反贪是劳工党的主要旗帜之一。因此，巴西劳工党和劳工党政府要想继续执政，必须继续同贪污腐败现象作斗争，特别是同自己党内和政府内的贪污腐败现象作斗争。

［原载中共中央组织部党建研究所课题组编《国外政党专题研究报告（第一卷）国外政党处理社会矛盾问题研究》，党建读物出版社 2007 年版］

墨西哥革命制度党和国家行动党
如何应对社会矛盾

墨西哥面积 1964375 平方公里，居拉美第三位；人口约 1 亿人，居拉美第二位。2003 年国内生产总值 6260 亿美元，超过巴西，居拉美第一位，世界第 10 位。

一 墨西哥政党政治制度的变化

墨西哥当代政治制度的变化，主要体现在从革命制度党一党长期执政逐步转变成反对党国家行动党上台执政，国家行动党、革命制度党和民主革命党三党争雄和三足鼎立的局面。

1929—2000 年，墨西哥的政治模式一直是官方党革命制度党一党长期执政的总统制。革命制度党长期执政曾使墨西哥创造了两个奇迹：一个是政治奇迹，当拉美大多数国家政局动荡，政变频仍，出现军人独裁统治时，墨西哥一直保持政局稳定，每 6 年更换一次文人政府。另一个是经济奇迹，从 20 世纪 40 年代到 80 年代初，墨西哥经济一直保持 5%—6% 的高速增长。

20 世纪 80 年代，革命制度党党内对如何处理本国社会经济危机问题上，出现了严重分歧和组织分化。以前总统拉萨洛·卡德纳斯之子、米却肯州前州长夸特莫克·卡德纳斯为首的党内一批知名人士，由于对德拉马德里政府（1982—1988）的新自由主义经济政策和党内的专制腐败现象不满宣布成立民主潮流派，公开批评政府的政策，要求在党内进行民主改革，后被开除出党。随后，民主潮流派与其他政党和组织组成全国民主阵线。1988 年全国民主阵线与墨西哥社会党组成选举联盟，推举卡德纳斯为总统候选人，在同年 7 月的大选中，得票，居第二位。革命制度党候选人萨利纳斯获胜，当选总统。1989 年 5 月 6 日，民主潮流派与社会党、争取社会主义运动等 11 个政党和组织宣布联合组成左翼的民主革命党。民主革命党的成立和发展，标志墨西哥的政治制度逐步走向多元化。

革命制度党萨利纳斯政府（1988—1994）在经济上大刀阔斧地推行新自由主义经济改革，实行国有企业私有化，放宽对外资的限制；在外交上，主动改善同美国的关系。1994 年 1 月 1 日，墨西哥同美国、加拿大签署的北美自由贸易协定正式开始生效。但是，就在这一天，由于萨利纳斯政府的社会政策和对印第安民族政策的不当，墨西哥南部恰帕斯州爆发了一场印第安人武装暴动。这场暴动暴露了萨利纳斯政府所累积的政治、经济、社会问题，随着大选的临近，革命制度党党内和政府内争权夺利的斗争加剧，墨西哥政局出现动荡。在萨利纳斯执政的最后一年，经济增长乏力，政局的动荡加上美国利率的提高，大量外国投机资本抽逃，引起金融市场不稳，政府又没有及时调整比索汇率，贻误了时机，埋下了危机的种子。

随后执政的革命制度党塞迪略政府（1994—2000），在执政一开始，就发生了金融危机。随着金融危机的逐步克服，塞迪略政府加快了政治改革的步伐，使反对党有更多的活动空间。在经济上，继续执行新自由主义政策。在 2000 年 7 月 2 日举行的大选中，由反对党国家行动党和墨西哥绿色生态党组成的变革联盟候选人福克斯赢得了大选，成为墨西哥现代史上第一位反对党总统，从而结束了革命制度党长达 71 年的一党统治。

目前墨西哥的政党格局主要是国家行动党、革命制度党和民主革命党三党争雄、三足鼎立，政党制度是多党制，共有 10 多个政党，除 3 个主要政党外，还有劳工党、绿色生态党、重建卡德纳斯阵线党、真正革命党、社会主义人民党等。现执政党国家行动党成立于 1939 年，代表中上层工商金融界利益。主张保护私人企业，合理分配劳动成果，实行社会市场经济。2006 年 7 月，墨西哥将举行大选，目前上述三个主要政党已开始为竞选总统作准备。

二　革命制度党应对社会矛盾的政策措施

革命制度党 1929—2000 年执政长达 71 年，这里主要分析 20 世纪 80 年代后期至 2000 年，革命制度党政府应对贫困、农民、经济危机、印第安人等社会矛盾和问题的政策措施。

（1）贫困问题和扶贫计划的制订和实施

贫困问题是墨西哥存在的主要社会矛盾之一。墨西哥通常按最低工资来衡量贫富的程度，收入低于 1 个最低工资的家庭为"赤贫"家庭，收入低于 2 个最低工资的，为"贫困"家庭。2000 年墨西哥首都地区最低月工资为 1137 比索（约 120 美元，即每天 4 美元)。^① 一般估计，墨西哥有 5000 万穷人，约占人口的 50%，赤贫人口有 2000 万，占人口总数的 20%。墨西哥的贫富差异悬殊，占人口总数 10% 的富人，占有全国 41% 的财富；而占总人口 50% 的穷人，只占全国 18.76% 的财富。为解决贫困问题，自 20 世纪 80 年代后期至 2000 年，革命制度党历届政府先后出台了一些扶贫计划。

1. 革命制度党萨利纳斯政府（1988—1994）实施的全国团结互助计划

1988 年 12 月 1 日，萨利纳斯在就任总统时正式宣布实施"全国团结互助计划"，这是一项声势浩大的扶助贫困的计划，其主要内容是：消除贫困是政府优先考虑的目标，该计划的目标是：改善农民、印第安人和城市贫民的生活条件；促进地区间协调发展，增加生产，为提高居民生活水平创造条件；提高和加强社会组织及地方政府参与解决社会问题的能力。该计划重点救助的三个群体是：（1）农民，特别是居住在半荒漠地区和山区的农民；（2）印第安人。（3）城市贫民。

该计划所涵盖的范围分社会福利、生产和地区发展三个方面。在社会福利方面，通过发展医疗卫生、食品、教育、住房、建立和扩大供电供水设施、制定土地所有权的立法，尽快改善贫困阶层的生活状况；在生产方面，创造更多的就业机会，开发社区资源，大力支持农业、畜牧业、乡镇中小企业、渔业、木材加工业、矿业和小型工业的发展；在地区发展方面，在落后地区和印第安人聚居地区兴建公路、通信、教育等基础设施、提供司法帮助、开发和保护自然资源保护等。为此，确定了 50 多项具体的行动计划，主要有：社会福利计划、生产计划、地区发展计

---

① El Financiero, 20de agosto del 2000, p. 42.

划、教育基础设施计划、支持社会服务计划、医疗卫生基础设施计划、妇女团结计划、青年团结计划、儿童团结计划、印第安地区基金、保护印第安文化遗产计划、生产生态计划等。[①]

团结互助计划的宗旨和特点：同贫困作斗争；通过扶贫，实现社会公正；创造必要的物质、经济和社会条件来实现机会平等；充分展现民众的能力；向社团有组织的社会参与开放决策的空间；通过对最贫困社会阶级提供急需的社会服务来履行政府的承诺；将生产改造与社会承诺相结合。其特点是：负责、参与、全面。

团结互助计划的主要机构和组织：主要领导机构是团结互助计划委员会，负责制定、协调和实施扶贫计划。委员会由总统主持，成员有政府下列有关部委和机构的负责人：财政和公共信贷部、社会发展部（1992年新建）、商业和工业发展部、农业和水利资源部、公共教育部、劳工和社会福利部、土改部、首都联邦区、社会保险委员会、全国印第安人委员会、全国人民生活资料公司、全国干旱地区委员会、全国林业委员会等。全国团结互助计划委员会下设咨询理事会，其成员由上述部委和机构的代表组成，咨询理事会负责向委员会提出政策性建议。与此机构平行的还有一个评估机构，负责对所执行项目效果的评估。

团结互助计划的协调工作起初由原城市发展和生态部负责，1992年社会发展部成立后，由社会发展部负责。联邦政府和州政府通过签署社会发展协议来制定和执行团结互助计划的具体扶贫工程项目。在计划实施过程中，联邦、州和市三级政府都设立了全国团结互助计划的协调机构或委员会，共约8万多个。

---

① Secretaria de Desarrollo Social（SEDESOL）：*Solidaridad：seis anos de trabajo*，p19，pp. 28 – 30.

印第安人组织、农民组织和城市有关社团通过组织基层团结互助委员会，直接参与计划的实施。在萨利纳斯任内的 6 年中，共成立了 34.4 万个基层委员会。

团结互助计划的执行情况：据官方统计，在萨利纳斯执政 6 年中，团结互助计划共支出 518.187 亿新比索（约 166 亿美元），共实施了 52.3 万项扶贫工程。在医疗卫生方面，使 1050 万居民得到医疗；在教育方面，1989—1994 年共兴建了 81350 间教室、实验室、工作间，可供 3200 万名学生学习；1991—1994 年，向 117 万名小学生提供了助学金；1989—1994 年，向 91 万名大学生和专科学生提供奖学金；1989—1994 年，新建、扩建或修复了 4000 个下水道系统，使 1370 万居民受益；新建、扩建或修复了 10449 个自来水系统，使 1630 万居民受益；同期，在 5230 个城市贫民区、在 1.4 万个村社建立了电网，使 2000 万人用上了电；共新建 52.6 万间住房；在印第安人聚居的 1127 个市镇实施了 6801 项工程；新修了 23963 公里公路；1993—1994 年支持建立了 19 905 个中小企业。①

对团结互助计划的评价不一，官方对此评价很高，但有人认为这一计划起了"社会消防队的作用"。由于它是在新自由主义经济发展模式的框架内实施的，其成效和作用是很有限的。该计划带有明显的功利性，在很大程度上是为了突出萨利纳斯总统个人的作用，为其树碑立传；在计划实施过程中，不少官员资金使用不当、贪污公款、中饱私囊，致使一些地区急需解决的问题没有得到及时解决，引起民众不满，如在塔拉乌马拉区发生饿死人、恰帕斯印第安农民发生武装起义事件。

---

① Secretaria de Desarrollo Social（SEDESOL）：*Solidaridad*：*seis anos de trabajo*，pp. 32 – 39.

2. 革命制度党塞迪略政府（1994—2000）实施"教育、卫生和食品计划"

1994年12月初塞迪略就任总统后不久，墨西哥爆发了金融危机。危机的爆发使墨西哥贫困人数增加，社会冲突加剧。塞迪略政府在执政初期继续实施团结互助计划，先后推出了几十项扶贫计划，采取各种措施与贫困作斗争。如为解决日益严重的失业问题，制定并实施紧急就业计划，在实施头三年共创造了225万个就业机会；支持贫困地区农民和印第安居民；采取紧急措施，补贴和救济城乡贫困家庭；实施学生早餐计划，对贫困家庭的小学生免费供应早餐；实施家庭食品和营养计划、玉米饼补贴计划、社会牛奶供应计划，为大约400多万户贫困家庭提供救济，为550万儿童和母亲免费提供牛奶，政府还大力发展贫困地区和边远地区的扫盲、教育、卫生和经济，注意逐步缩小城乡之间及首都与地方之间的差别。塞迪略执政后，尽管经济困难，政府用于扶贫的开支逐年增加，1995年为67亿比索，1996年为90亿比索；1997年达127亿比索，占政府开支2.3%，超过政府对国防部的拨款，比1996年增加41%。

1997年8月6日，塞迪略政府宣布开始实施"教育、卫生和食品计划"，即全国综合扶贫计划。"教育、卫生和食品计划"的提出，宣告团结互助计划的结束。"教育、卫生和食品计划"计划是由教育部、卫生部和社会发展部联合共同制定和实施。计划主要包括三个相互关联的扶贫内容：发放助学金，提高农村贫困地区儿童入学率，向农村极端贫困家庭提供免费医疗，保障他们基本食品需求。这一计划于1997年在全国10个比较贫困的州开始实施，受益家庭40万贫困户。此后，受益的州和贫困户逐年增加。

根据计划，政府向农村贫困家庭的子女发放助学金，从小学

3 年级到中学 3 年级，随着年级的升高，每学期可得到 60—250 比索的助学金和一定数量的学习用品。从中学开始，给女生的助学金要略多于男生，目的是要鼓励女孩子坚持完成学业。

与以往的扶贫计划不同的是，这一计划的扶贫对象是贫困家庭，而不是贫困地区的政府、机构或企业，扶贫的资金直接发放到户到人。这些贫困户是在"家庭社会经济状况调查"的基础上，经过村委会确认后评定出来的。补助金和实物均按花名册直接发放到人到户。这一计划还专门规定，每个受益家庭每月 90 比索的基本食品补助应由家庭主妇领取，以防止男主人领取这笔补助后，不买食品，用来酗酒或吸烟。

对《教育、卫生和食品计划》的评估：在塞迪略任内，这一计划的受益贫困户不断增加，从一开始的 40 万户，增加到 2000 年的 5.6 万个村镇的 260 万户，其中有 1/3 是印第安家庭。塞迪略总统在其任期最后一年的国情咨文中说，"事实说明，'教育、卫生和食品计划'是同极端贫困作斗争的十分有效的社会政策"。[1] 据官方统计，到 2000 年初，在《教育、卫生和食品计划》的支持下，贫困地区进入初中一年级的学生增加了 30%；贫困地区 5 岁以下儿童去医院门诊的人数增加了 30%；对农村贫困户的最高货币补贴从每月 550 比索增加到 750 比索，相当于最低工资的 40%。[2]

一些国际组织对这一计划的成果予以充分肯定。据联合国拉美经委会 2000 年的报告，墨西哥贫困人口占总人口中的比重从 1996 年的 43% 降至 1998 年的 38%。[3]

---

① Ernesto Zedillo: Informe de Gobierno, El Dia, 2de septiembre de 2000, suplemento especial, p. 4.

② www. presidencia. gob. mx.

③ El Financiero, 18de agosto del 2000.

然而，不少学者认为，"教育、卫生和食品计划"的成果是有限的。胡利奥·波尔蒂维尼和费尔南多·科尔特斯对"教育、卫生和食品计划"给予补贴家庭的选择方法提出质疑，批评该计划把居住在城市的贫困家庭和居住在非落后地区的贫困家庭排除在给予补贴的家庭之外。[①] 据估计，墨西哥农村有 3600 万极端贫困的农民，但得到补贴的只有 610 万，即有 83% 的极端贫困农民被排除在计划之外。此外，这一扶贫计划的重点是用现金或实物补贴贫困家庭，其优点是使贫困家庭得到看得见、摸得到的补贴，缺点是这一扶贫计划已不再扶植和支持落后地区的生产，因此，很难从根本上铲除贫困。[②]

（二）克服金融危机的对策和经验教训

危机的爆发 1994 年 12 月 1 日，革命制度党塞迪略就任总统。就任后不久，12 月 19 日，墨西哥政府迫于比索抛售的压力，宣布比索贬值 15%，比索与美元的汇率从 3.46:1 跌到 4:1。数天内，全国掀起抢购美元的高潮。仅 12 月 21 日一天内，就有 25 亿美元的资金流出墨西哥。12 月 22 日，政府宣布实行浮动汇率制。此后，比索迅速贬值，12 月 27 日跌至 5.65:1，短短几天内跌幅高达 63%，墨西哥的国际储备从 1994 年初的 280 亿美元减少到 1994 年底的 60 亿美元。这一切，标志着金融危机的爆发。1994 年当年外逃资金 234 亿美元。墨西哥无法支付 1995 年初到期的 280 亿—290 亿美元的短期债务。1995 年 1 月 8 日，墨

① Julio Boltivinik y Fernando Cortes, Los dilemas de la politica social. Como combatir la pobreza?, Guadalajara, Universidad de Guadalajara, ITESO, Universidad Iberoameicana,, Editorial Amaroma, 2000.

② Gabriel Barajas, Las Politicas de Administracion de la Pobreza en Mexico: Ayer y Hoy, Foro Internacional, enero – marzo, 2002, pp. 63 – 65.

西哥银行宣布它的国际储备减少到 55.46 亿美元。1 月 10 日，墨西哥股市一度下跌 11%，并殃及阿根廷、巴西、智利、秘鲁等拉美其他各国的主要股市。

危机的起因（1）由于经济方针和政策的不当。墨西哥在进行新自由主义的经济改革中，贸易和金融自由化的步伐过快，进口增加速度快于出口，外贸和国际收支经常项目逆差扩大。（2）外国短期投机资本的大量涌入和对外资缺乏有效的监控体制使墨西哥金融风险加剧。（3）由于比索汇率的持续高估，没有对汇率及时加以调整，使进口迅速增加，而不利于出口的增加。（4）经济过分依赖外资，其中短期投机资金占的比重过大。在危机爆发前的 6 年中，外国证券投资占外国总投资的 75%[①]。（5）由于政局动荡，社会很不稳定，使外资望而却步，甚至抽逃。1994年 1 月，恰帕斯印第安农民发动武装暴动；3 月，革命制度党总统候选人科洛西奥被暗杀；7 月，革命制度党总书记马谢乌又被暗杀。（6）美国利率不断上升是造成这场危机的外部原因之一。

危机爆发后直至今天，萨利纳斯和塞迪略两人都互相指责、推卸责任。2000 年 9 月 1 日，塞迪略在他最后一份国情咨文中，强调金融危机不是在几天内，而是由来已久："国际收支经常项目逆差大，而且不断在增长；这一逆差需靠短期资本流入来弥补；有 410 多亿美元的外债即将到期需要支付；1994 年全年发生过几次资金大量外流高潮；汇率政策过于死板，缺乏适当的财政和金融支持；银行体系十分脆弱；尽管拥有大量外部储蓄，经济增长缓慢；以上列举的是造成 1994 年 12 月经济危机爆发的一

---

① Samuel Garcia: *Corrientes de capital y lecciones de la crisis financiera mexicana*, Comercio Exterior, diciembre de 1995, p. 933.

些原因，而这些原因并不是几天内形成的，而是由来已久的。"①

　　而萨利纳斯在他2000年10月出版的《墨西哥：通往现代化困难的步伐》一书中，以及他在2001年同墨西哥报刊和电视台记者多次谈话中，均指责说："塞迪略放弃了现代化计划"，"为了掩盖他在1995年灾难中的责任，塞迪略否认过去的成绩"，"塞迪略在其6年任内力图掩盖他在他的'十二月错误'引起的经济灾难中的责任"，"塞迪略总统否定过去的成绩，企图把自己打扮成他自己的行为所引起的危机的救星"②。

　　客观地来看，无论萨利纳斯政府，还是塞迪略政府对墨西哥金融危机都负有不可推卸的责任。的确，危机并不是几天内形成的，许多问题在萨利纳斯执政时就开始暴露。然而，毫无疑问，塞迪略政府在比索贬值的时机、贬值的幅度的把握方面，也有明显的失误。

　　危机的后果　这场危机给墨西哥经济造成700亿美元的损失。1995年，墨西哥国内生产总值下降了6.9%，制造业下降了6.4，建筑业下降22%，服务业下降6.8%，贸易下降14.4%，资本的形成下降30.9%，消费总量下降11.7%。1995年年通货膨胀率高达52%，资本大量外流，国际储备一度最少减少到只有35亿美元，大批企业倒闭，失业人数剧增，城市失业率高达6.8%，大部分居民的生活水平下降。外债总额高达1700多亿美元，相当于当年出口总值的两倍；商业银行的呆账率从1992年的2.1%增加到1995年的15.7%。由于这次金融危机对墨西哥和国际金融市场产生深刻影响，人们称为"特吉拉效应"（特吉

　　①　Ernesto Zedillo Ponce de Leon：*Informe de Gobierno*，*El Dia*，2de septiembre，suplemento especial.

　　②　Carlos Salinas de Gortari，*Mexico Un paso dificil a la Modernidad*，Plaza & Janes，2000，Barcelona，España，p. 1350.

拉是墨西哥的特产龙舌兰酒，这里用来谑称这场金融危机所引起的影响）。

墨西哥危机还严重危及其他拉美国家和地区的金融市场，甚至也波及美国、亚洲、中东欧及全球的金融市场。墨西哥比索汇率浮动后，巴西、阿根廷、智利和秘鲁等国的股市指数大幅度下跌。与此同时，亚洲的香港、泰国等外汇市场和股票市场也一度发生剧烈动荡，外国投资者大量抛售当地货币和股票，金融市场银根趋紧。

1994—1995 年之交的墨西哥金融危机对本国和世界经济和金融造成巨大的负面影响，它不仅引起本国金融市场的剧烈动荡，而且也引起其他地区国家股市的动荡，其波及面之广、影响之大是战后以来所少见的，有人称它是"金融全球化的第一场大危机"①。

克服危机的对策危机发生后，塞迪略政府为克服危机，采取了一系列措施。（1）为稳定金融市场和减轻通货膨胀压力，政府削减公共开支，将增值税从 10％增加到 15％，提高燃料价格，限定工资涨幅，提高银行利率、增加国内储蓄，遏制通货膨胀。（2）对制造业、矿业、旅游业和农牧业等部门实行特殊政策，旨在加强出口创汇能力和创造更多的就业机会。（3）为缓和社会矛盾、促进经济和社会的发展、实行了一系列稳定社会的政策和措施。（4）政府还注意协调同企业界和劳工界的关系。（5）充分利用墨西哥作为北美自由贸易协定成员国的有利条件，扩大对美国和加拿大的出口，以出口为动力，促进经济的恢复和增长。以美国为首的西方发达国家和国际货币基金组织等国际金融

---

① Arturo Bonilla Sanchez, Mexico: *la primera gran crisis en la globalizacion financiera*, Revista Problemas del Desarrollo, Julio – septiembre 1995, No. 102, p. 85.

机构及时地对墨西哥提供了 500 多亿美元的应急性贷款。所有这些措施和有利因素，使墨西哥在 1995 年年底经济形势开始好转，金融市场趋于稳定，外资开始回流，通货膨胀率下降，国际储备从 1995 年年初的 50 亿美元增加到年底的 150 亿美元。在不到两年的时间里，墨西哥迅速克服了金融危机。1996 年年中，塞迪略总统宣布墨西哥金融危机已经克服。1996 年经济增长 5.2%，1997 年增长 7%，1998 年、1999 年和 2000 年分别增长 4.5%、3.5% 和 7%。1996—2000 年墨西哥经济连续 5 年以较快的速度增长。进入 90 年代，正当发展中国家的经济经过调整和改革，开始恢复增长时，墨西哥发生了金融危机。在国际社会的支持下，加上墨西哥政府及时地采取了一系列比较得力的政策措施，墨西哥的危机在不到两年时间里得到迅速的克服。

经验教训和启示 墨西哥的这场金融危机集中地暴露出像墨西哥这样的发展中国家在世界经济全球化进程中，在对外经济开放、加速发展经济进程中所面临的新问题。这场危机给拉美国家和其他发展中国家留下了深刻的经验教训和启示：

（1）谨慎地实现金融自由化，建立有效的金融监管体系。墨西哥金融危机的一个重要原因是金融自由化步伐过快，而金融监管相对落后。墨西哥的资金流动甚至被"政经勾结"所扭曲，官僚的贪污腐败和大财团的违法乱纪使金融机构缺乏必要的监管，造成坏账比例很高。

（2）必须掌握经济开放适当的度，保持合理的外资结构，警惕国际游资的冲击。墨西哥 1990—1993 年证券投资在流入外资中的比重年均达 67%，直接投资只有 21%。证券投资流动性大，主要靠高利率来维持。因此，当 1994 年美国利率提高以及年底墨西哥比索贬值后，墨西哥的外国证券投资便大量抽逃，使局势难以驾驭。

（3）汇率制度必须适当。多年来，墨西哥一直采取以"汇率锚"，即比索与美元的汇率小幅度浮动，作为反通货膨胀的办法。萨利纳斯没有及时将高估的比索贬值是一个巨大的错误，而塞迪略在比索贬值的时机、贬值的幅度的把握方面，也有明显的失误。

（三）农民和农业问题

1. 墨西哥的农民和农业问题

长期以来，墨西哥一直是一个农业国，农牧业在国民经济占据十分重要的地位。直到 20 世纪 40 年代初，墨西哥仍是一个以农牧业和矿业生产为主、经济比较落后的国家，农牧业占国内生产总值的 24.3%，农村人口占全国总人口的 63.3%。二战后，墨西哥开始实行进口替代工业化。与此同时，1945—1965 年农业进入了黄金时代。政府和私人大幅度增加对农业的投资和贷款，修建了大型灌溉工程和其他基础设施；政府为私人资本开办现代化农场创造良好条件，加快了农业现代化的步伐；开展了以提高农牧业技术水平为中心的"绿色革命"，开始了农业机械化进程。由于采取了这些措施，这一时期，墨西哥农业发展保持了较高的增长速度。1945—1956 年农牧业年均增长高达 5.9%，其中农业达 6.9%。1956—1961 年农牧业增长率有所下降，但仍达 3.4%。1961—1964 年又回升到 4.5%。这一时期农牧业的增长率超过了人口的增长率。

然而，自 60 年代后期起，随着工业化进程的发展，农业部门逐渐被忽视，国家对农业的投资减少，农业增长速度减慢。1965—1970 年农牧业年均增长率下降到 2.7%，1970—1975 年又降为 2%。80 年代，农业年均增长率仅为 0.8%。90 年代，农业年均增长率略有提高，但低于国内生产总值的年均增长率。农牧业占国内生产总值的比重不断下降，从 40 年代初的 24.3%，降为 1960 年的 15.9%，1970 年的 11.6%，1980 年的 8.8%，1997 年降为 5.6%。自 90 年代后期至 2001 年，保持在 5.6% 左右。21 世纪初，农村人口占全国总人口的比重已降为 27% 左右。

墨西哥农业用地占全国领土面积的 13%，牧场占 54%，森林占 25%。在全国 3600 万公顷农业用地中，有效用地只有 2100 万公顷，其中只有 1300 公顷是良田。[①]

墨西哥农业具有明显的二元化特点，全国农业明显地分为两种类型：一种是位于与美国毗邻的北部和西北部地区较为发达的现代化商品性农业。大部分为大农场，实行大面积耕作，机械化程度较高，灌溉系统和基础设施较好；大农场主与银行界、商业界联系密切，主要从事商品粮和水果、蔬菜和花卉等出口农产品生产。这类大农场约占全国农业生产单位的 3%，其种植面积约占全国耕地面积的 20%，而产值占农业总产值的 50%。另一种是位于中部和南部地区的传统的小农经济（minifundio）和村社（ejido）。其经营规模很小，平均每个农户占有耕地不到 4 公顷，其耕作方式落后，主要种植玉米、菜豆等供自己消费的农作物，单位面积产量很低。这些农户约占全国农业生产单位的 75%，其耕地面积只占全国耕地面积的 28%，而产值只占农业总产值的 20%。这种小农经济与历史上形成的村社制度有关，它已越来越难以适应现代农业发展的需要。

2. 农业和农村改革

自 1982 年债务危机后，墨西哥开始进行经济改革，经济开

---

① Hubert C. de Grammont：*El campo mexicano a finales del siglo XX*, Revista Mexicana de Sociologia, vol. 63, num. 4, octubre - diciembre, 2001, Mexico, D. F., pp. 81 - 108.

始转轨。墨西哥的改革先由城市开始，然后转向农村。经济的改革和转轨开始后，在经济开放和贸易自由化的冲击下，墨西哥农业危机加剧，农村社会矛盾激化。为克服农业危机和缓和农村矛盾，自80年代中期起，墨西哥历届政府对农业也进行了一系列的结构改革。

（1）降低农产品关税。

1986年墨西哥加入了关税和贸易总协定，农牧业产品实行开放，进一步降低农产品关税，取消进口限制。1984年，对882项农产品进口收取关税，其中780项需要进口许可证。到1990年，需要进口许可证的农产品减少到15项，农产品的进口关税率降为4%左右。1994年年初，墨西哥正式加入北美自由贸易区后，除玉米、菜豆等少数农产品的进口仍受到一定限制外，大部分从美国和加拿大进口的农产品关税均已取消。

（2）减少国家对农业的直接干预。

在改革前，国家对农业进行直接干预，甚至成为包揽农业发展的主角。萨利纳斯执政后，采取措施，减少国家对农业的直接干预，将相关的公共机构和国有企业实行私有化。1989—1992年间，农村的公共机构从103家减少到26家，并对一批与农业相关的国有公司，如全国人民生活必需品公司、农村储运公司、全国良种公司、国有化肥公司、全国烟草和咖啡公司等实行私有化。通过这些措施，发挥私人投资和市场对农业的调节作用。

（3）放开农产品的价格。

1989年，萨利纳斯政府取消了执行几十年的对12种主要农产品的保证价格政策，除对玉米和菜豆仍实行保证价外，放开了对其他农牧业产品价格的限制，以发挥国内市场需求的调节作用。

（4）修改墨西哥现行的 1917 年宪法①第 27 条和第 130 条中有关土地所有权属国家、印第安公社的土地不得转让和土地改革等条文和土地法，停止土地改革，实行村社土地私有化，允许村社土地进行买卖。1991 年 12 月，议会通过对宪法第 27 条和第 130 条的修改，宣布停止自宪法生效以来实行的土地改革，实行村社土地私有化；1993 年，政府再次部分地修改宪法第 27 条，允许自由买卖土地。1992 年 2 月 26 日，萨利纳斯政府颁布了新的土地法，②新法对原土地法进行了重大的修改，修改后的土地法宣布结束土地改革进程；把土地所有权交给分得土地的农民，允许农民通过买卖、租赁等途径转让土地；鼓励小农与商品农业合作经营；鼓励外资和商业资本对农业用地投资，经营农牧业生产。同年 5 月，萨利纳斯政府实行村社土地权和城市房基地认证计划，给 300 万农户颁发了土地所有权证书。

3. 推出各种旨在促进农业发展和解决农村贫困问题的计划和措施

（1）直接支持农村计划。1993 年冬季，萨利纳斯政府提出了直接支持农村计划，该计划期限为 15 年，其特点是根据农户耕种土地的多少，按公顷数直接发放补贴，改暗补（农产品保证价格等间接补助）为明补，补贴的目的是弥补由于贸易开放在农产品价格方面对农民所造成的损失。在萨利纳斯任内，计划进展缓慢。在塞迪略任内，该计划得到较好的实施。这一计划使 330 万农户，主要是谷物和油料作物种植户受益，这些农户大多数是占地面积较少的小农。这一补贴是占地 10 公顷以下农户总

①　姜士林等主编：《世界宪法全书》，青岛出版社 1997 年版，第 1623—1652 页。

②　Ley Agraria，Editorial ALCO，Mexico，1999.

收入的 18.24%。①

（2）农村联盟计划。塞迪略政府倡议建立由农牧业、农村发展、渔业和食品部和各州相关部门及全国农牧业生产者组织联合组成的一个协调机制，目的是促进对农牧业的投资和加快农牧业的发展。在农村联盟框架内，成立了国家农牧业委员会、国家农牧业发展基金会、国家生产基金会等协调机构。这一计划使390 万农户受益，其受益的大多数是拥有 5—20 公顷的农户，这些农户具有生产和贸易的潜力，而直接支持农村计划的受益者大多数是拥有 0—10 公顷的农户，这些农户的生产主要是自给自足。

4. 墨西哥农业和农村改革的成效和问题

（1）十多年的农业和农村改革使墨西哥逐步摆脱了国家干预过多、统得太死的内向型发展模式，转向以市场为导向的外向型发展模式；农业二元化结构长期相持、反差强烈的局面开始发生变化，以农牧产品销售为龙头的农业产业化的发展趋势开始显现。

（2）宪法第 27 条的修改和新土地法的颁布实施，为土地的兼并和集中、发展规模经营开辟了道路，为农村资本化创造了条件，有利于吸收贷款和投资、提高农业生产力。但是，随着土地的集中，有大批小农和村社社员被兼并和破产，农村农民中贫困人口所占比重增加。

（3）从农业和农村改革十多年来的农牧业情况来看，农业发展速度缓慢，低于整个国民经济增长的速度。自 1994 年加入北美自由贸易协定后，墨西哥农牧业产品的进口和出口都有大幅

---

① Jose Andres Casco Flores, La estrategia de modernizacion del sector agricola de Mexico, Comercio Exterior, abril del 1999, pp. 362 – 372.

度增加，但进口增加速度比出口快。1982—2000 年农牧业产品进口共增加 137.7%；同期，出口增加 88.1%。自 1992 年起，特别是自 1994 年加入北美自由贸易协定以来，除个别年份（1995 年）外，墨西哥农牧业产品进出口贸易均有逆差。

表 1　　　　1988—2000 年墨西哥农业增长情况　　　单位：%

1988	1989	1990	1991	1992	1993	1994	1995	1996	1997	1998	1999	2000
-0.3	-2.3	0.8	0.9	-1.0	1.8	0.9	0.9	3.6	0.2	0.8	3.5	4

（四）印第安人问题

墨西哥是一个民族大熔炉。五百多年的腥风血雨，印第安人、非洲黑人和其他种族的不断混血、融合，形成了独特的墨西哥梅斯蒂索混合民族。与此同时，占人口 11% 的印第安民族仍顽强地生活在这片沃土上。

1. 墨西哥的印第安人问题

据 2001 年墨西哥官方统计，全国总人口近 1 亿，印第安人有 1150 万—1200 万，占 11.5%—12%。据 INI 统计，在墨西哥 31 个州和首都联邦区中，在 24 个州居住着 56 个（一说 64 个）印第安民族，讲 90 种语言。其中人口最多的是纳瓦人（即阿兹特克人）有 133 万，其次是玛雅人，萨波特克人，米斯特克人和奥托米人。2/3 的印第安人居住在中部和南部各州，50% 的印第安人聚居在瓦哈卡、恰帕斯、维拉克鲁斯和尤卡坦四个州。

在墨西哥，80% 以上的印第安人处于边缘、贫困状态，享受不到社会福利和医疗服务。印第安人口最多的州也是最贫穷落后的州。近年来，由于农产品价格下跌，印第安农民处境艰难。据最新资料，75.9% 的印第安人没有读完小学，28.32% 的印第安学龄儿童进不了学校，印第安人聚居区 62% 的学校连小学 6 年制都不具备，印第安人的死亡率比全国平均死亡率高10%，约50%的5岁以下的印第安儿童营养不良。由于处境困难，大批印第安人向墨西哥大城市或其他地方以及向美国移民。

自20世纪40年代起，墨西哥历届政府对印第安民族采取了一体化政策。为贯彻这一民族政策，1940年成立了国家印第安人事务署，1948年改为墨西哥全国印第安研究所（INI），现属社会发展部领导。墨西哥历届政府所推行的民族一体化政策在一定程度上促进了印第安人聚居区经济的发展、社会的进步和文化水平的提高，初步改变了印第安社会的封闭状态。

然而，在实施一体化政策以及在现代化进程中，印第安人原有的土地问题更趋尖锐。随着农村资本主义的发展，土地兼并日益加剧。1992年萨利纳斯政府颁布修改后的土地法，宣布结束土地改革，允许土地自由买卖，致使大批印第安村社瓦解，社员破产。印第安人的贫困状况并没有得到根本改善，印第安人聚居的生态环境日趋恶化，大批印第安人背井离乡，印第安人与外界的矛盾和纠纷增多。

2. 恰帕斯印第安农民武装暴动和革命制度党政府的对策

恰帕斯州位于墨西哥东南部，与中美洲的危地马拉接壤，是墨西哥最贫穷落后的州之一。全州360万人中，有一半以上生活在贫困线以下；占全州人口30%以上、拥有14个印第安民族的印第安人的生活就更为贫困。该州印第安人家庭中没有土地的占80%，印第安人的文盲率为55.2%，平均每年有1.5万印第安人死于营养不良、呼吸道感染等疾病。

长期以来，恰帕斯印第安人的基本权利得不到保障。州行政当局用高压和暴力手段对付印第安人，无视他们对拥有土地、接受教育、使用本民族语言等方面的合理要求。此外，当地部族势力和大庄园主经常侵犯和掠夺印第安人的原始领地，民族和社会冲突时有发生。

墨西哥的现代化未能使恰帕斯州的印第安人从中受益，反而使原有的土地问题更趋严重，贫困加剧。如恰帕斯州在修建水库、开发油田时，大批印第安人被迫迁移，无地可种。1994 年元旦，墨西哥恰帕斯印第安农民发生暴动，由当地印第安农民组成的萨帕塔民族解放军（简称萨军）武装占领了该州一些重要城镇，并宣布其行动是夺回失去的土地，为摆脱贫困、饥饿和落后而斗争。

墨西哥南部恰帕斯印第安农民 1994 年武装暴动就是这一地区经济、社会和民族矛盾的总爆发，是多年来政府对印第安民族执行的政策不当所引起的。

自 1994 年年初冲突爆发以来，萨利纳斯政府和塞迪略政府对萨军采取了武力、和谈两种手段，企图消灭萨军，尽快解决恰帕斯冲突。但是，政府军未能消灭萨军。政府用武力平息恰帕斯冲突的做法，遭到国内外的强烈反对。随后，政府与萨军领导人举行了旷日持久的谈判。1996 年 2 月 16 日，双方终于签署了《关于印第安民族权利和文化的协议》即《圣安德烈斯协议》。《圣安德烈斯协议》确定了以下原则：

自决和自治：政府不能采取单方面行动，应当尊重印第安民族、印第安村社和印第安组织的提议和看法；

参与：印第安民族和村社应积极参与制定、执行和评价各项计划；

多元化：反对歧视，尊重文化的多元化；

整体性：互相关联的问题应一起解决，政府的计划和行动应整体地解决这些问题。

持续性：所采取的措施不应破坏印第安民族的居住环境。

墨西哥政府在签署此协议后，等于做出了以下的承诺：承认印第安民族为墨西哥国民的组成部分，在宪法和法律中承认印第安人有自治权；确认对印第安人的司法公正；促使印第安人的文化表现形式；培训印第安人从事劳动和接受教育的能力；保护印第安移民；承认印第安人有使用和发展本民族语言、文化的权利。

然而，协议签署后，一直没有兑现。政府和萨军相互指责，双方谈判自 1996 年 8 月中断后，一直没有恢复。1997 年 12 月 22 日，恰帕斯州阿克特阿尔村发生 45 名印第安人惨遭杀害的血案，再次震惊了世界。据调查，这次屠杀案的主谋是克特阿尔村所属的切纳诺市市长阿里亚斯。1998 年 1 月，萨军写信给联合国人权委员会，要求联合国在恰帕斯建立一个常设委员会，调查该州人权状况。墨西哥政府断然反对将恰帕斯问题国际化。同年，塞迪略总统向国会提出一项宪法修正案，就有关印第安人居民的权利问题，对宪法有关条文进行修改，并要求萨军尽快恢复同政府举行和谈。

三　国家行动党解决社会矛盾的对策

2000 年福克斯执政以来，墨西哥的政治经济发展模式发生了重大变化。在社会政策和扶贫政策方面，福克斯表示："我们将埋葬从中间、从上面和从办公桌决定的社会模式"，他强调他的政府将把扶贫作为当务之急，他领导的政府的社会政策的宗旨是："通过增加就业、实际工资和经济民主化来创造发展机会。"

（一）扶贫计划及其成效

在扶贫方面，国家行动党福克斯政府先后推出"普埃布拉—巴拿马计划"和"2001—2006 年扶贫计划"，以解决贫困问题和落后地区的开发问题。

1. "普埃布拉—巴拿马计划"

2001 年 3 月，福克斯政府推出"普埃布拉—巴拿马计划"，即"3P 计划"（3P 是该计划西班牙文的缩写）。普埃布拉是墨西哥南部的一个州。该计划是一项开发落后地区的脱贫开发计划，它包括墨西哥南部普埃布拉、韦拉克鲁斯、塔瓦斯科、坎佩切、尤卡坦、金塔纳罗奥、格雷罗、瓦哈卡和恰帕斯 9 个州和中美洲巴拿马、危地马拉、伯利兹、尼加拉瓜、洪都拉斯、萨尔瓦多和哥斯达黎加 7 个国家。这一地区面积共 100 多万平方公里，共居住着 6220 万人口，其中在墨西哥境内有 2720 万人。计划所包括的墨西哥上述 9 个州是墨西哥经济欠发达的地区，约占全国面积 1/4。据官方统计，这 9 个州的人均收入只有北部地区的一半，文盲率高达 26%，为北部的 3 倍多。这里是墨西哥印第安人的聚居区，居住着全国 74% 的印第安人，他们是墨西哥最为贫困的群体。与墨西哥这 9 个州一样，中美洲 7 国也是经济欠发达地区。墨西哥这 9 个州与中美洲国家相连，有相同的历史、文化和语言（西班牙语），有丰富的石油、天然气等自然资源，丰富的旅游资源和历史人文景观，都有加快经济社会发展的共同要求。福克斯总统想通过这一计划的实施，同中美洲各国携手合作，共同应对经济全球化的挑战，尽快改变这一地区的贫困落后面貌。福克斯这一计划提出后，得到了中美洲国家政府和墨西哥有关个州州政府的积极响应。

"3P 计划"的主要宗旨是发展墨西哥南部和东南部及中美洲地区的经济，改变这一地区的落后面貌，提高这一地区人民的生活水平。这一计划包括经济的可持续发展、促进地区居民的人文和社会的发展、人力资源的开发、预防和减少自然灾害、保护和开发旅游资源、实现本地区贸易的便利化、加快道路公路等基础设施的建设，以及改善能源和电信服务、推动铁路和机场的建设、实现供电网和电信业的一体化等内容。这一计划的实施总共需要 90 亿美元的启动资金，美洲开发银行已答应提供 40 亿美元，其余的资金正在筹措中。

"3P 计划"实施以来，取得了一定的进展。2002 年 7 月 27 日，墨西哥和中美洲国家在墨西哥的梅里达举行首脑会议，与会的 8 国领导人就一年多来实施普埃布拉—巴拿马计划的进展情况进行了评估，以进一步推动该地区经济一体化和经济可持续发展进程。然而，"3P 计划"在墨西哥和中美洲国家也遭到一些左派组织和非官方组织的反对，它们指责这一计划是为美国跨国公司的战略利益服务。

2. "2001—2006 年扶贫计划"

福克斯执政的第一年，继续实施其前任塞迪略提出的《教育、卫生和食品计划》。2001 年 12 月 6 日，福克斯提出了"2001—2006 年扶贫计划"，又称"一项与你共处的任务"。福克斯强调，政府面临的主要挑战是克服贫困、提高居民个人和家庭的生活水平，增加他们的收入；政府把扶贫政策作为国策，作为对正义和公正高度承诺的社会政策。福克斯的这项计划包括机遇、能力、财产、安全、公正 5 个部分，涵盖食品、教育、就业、医疗卫生、生产、住房、基础设施、环境和生态保护等各个方面。福克斯强调，他的社会政策是要从救助转为包容和公正，从集中决策转为三级政府与市民社会合作，从解决贫困的后果转为克服贫困的根源。

据福克斯在 2004 年 9 月 1 日在议会所作的第四个国情咨文中称，在他执政的头四年中，通过社会发展计划，已改善了 2500 万墨西哥人的生活条件，使他们在医疗卫生、食品和教育方面得到了救助。在农村，建立小区的战略使 1340 个县的边远村落建立了社会基础设施。为解决城市贫困问题，已在170个城市执行《安居计划》。2000年至2002年，墨西哥极端贫困人口减少了16%。世界银行和联合国拉美经济委员会对墨西哥福克斯政府在解决社会问题方面的做法和成绩予以肯定。[①]

（二）解决农民问题的对策：达成全国农村协议

2003年4月28日福克斯政府与农民组织的代表达成具有历史意义的全国农村协议。签署这一协议的背景是，根据北美自由贸易协定，自2003年1月1日起，墨西哥要对从美国和加拿大进口的26种农牧业产品取消进口关税，实现自由贸易。这些农牧业产品包括小麦、大麦、稻米、马铃薯、家禽等。2002年5月，美国布什总统签署一项法案，从2003年起的未来10年中，美国政府对农业将提供高达1900亿美元的补贴。面临美、加农产品大量涌入墨西哥，墨西哥农产品价格下跌，农民收入锐减，许多中小农户破产，贫困人口增加。2002年年末，墨西哥农民不断在首都和全国各地举行各种示威游行和抗议活动，要求政府与美、加谈判，修改北美自由贸易协议中的有关条例，要求政府保护农民的利益。2003年1月，福克斯政府开始同农民组织代表举行谈判。根据所达成的协议，政府允诺将向美、加两国提出在北美自由贸易协定允许的范围内签订"补充协定"，以维护墨西哥农民的利益，政府还允诺为农村紧急救助基金拨款28亿比索，对农村实行新的政策，新的政策旨在放弃粮食的对外依赖，确立粮食主权；建立政府与农民社会的新关系；重新估价中小农业生产者的作用，以振兴

---

① Cuarto Informe al Congreso de la Union，http：//www.presidencia.gob.mx.

农业。

（三）解决印第安人问题的政策

国家行动党福克斯执政后，同保持印第安民族“尊重、尊严和公正”的关系①，改变了对他们家长主义和歧视的做法②，让印第安人积极参与与他们有关政策的制定，为此，成立了印第安人咨询理事会。2003 年政府还成立了全国印第安民族发展委员会，增加了对印第安人聚居地区经济和社会发展的投资。

在解决恰帕斯冲突方面，福克斯撤出了政府军驻游击队地区的 7 个军事据点；释放了被关押的一些萨帕塔游击队战士和同情者，2001 年 3 月，福克斯政府负责恰帕斯和平谈判的专员同萨军领导人进行了谈判；同年 4 月下旬，墨西哥参、众议院先后通过了印第安人权利和文化法的修正案。但是，萨军发表公报明确表示，议会通过的关于印第安人权利和文化的修正案“完全背离了《圣安德烈斯协议》”，“它阻挠印第安人行使权利，是对印第安民族严重的污蔑”，修正案承认的是“大庄园主和种族主义者的权利和文化”。③

萨军对议会所通过的修正案一直持否定态度，至今，萨军仍驻扎在恰帕斯州并控制一些村镇。2003 年 7 月下旬，萨军连续发表 10 份公报，要求政府恢复《圣安德烈斯协议》，反对福克斯提出的“普埃布拉—巴拿马计划”；表示萨军决定中断同政府

---

① Tercer Informe al Congreso de la Union, 1de septiembre de 2003，http：//www. presidencia. gob. mx/informes.

② Cuarto Informe al Congreso de la Union, 1de septiembre de 2004，http：//www. presidencia. gob. mx/informes.

③ http：//www. ezln. org.

和政党的谈判和对话，不参加选举进程，坚持抵抗战略。① 迄今为止，政府和萨军的对话和谈判仍未恢复。但是，总的来看，政府与萨军势不两立的局面已得到缓和。

墨西哥的印第安人的问题不单单是一个民族政策问题，也是一个政治问题。只有在法律上承认印第安民族的政治权利，真正解决印第安民族的自治权和自决权，制定出符合本国国情的民族政策并付诸实践，才能解决好民族冲突问题。

四 成绩、问题及启示

成绩：在扶贫方面，自 20 世纪 80 年代后期以来，墨西哥革命制度党和国家行动党历届政府都将扶贫作为一项重要国策，它们各自推出自己的扶贫计划。这些扶贫政策的具体做法和措施不尽相同，但其宗旨都是为了减少贫困，促进贫困落后地区的发展。应该说，这些扶贫计划在不同的程度上取得了一定的成效，对墨西哥政治社会的稳定和经济的发展起了积极的作用，但都存在一些不足和问题。

值得一提的是，我国对墨西哥在扶贫方面的经验和教训十分重视，2005 年 9 月，在胡锦涛主席访问墨西哥期间，中国国务院扶贫开发小组与墨西哥社会发展部签署了《社会发展合作协议》，中墨两国将在扶贫方面开展合作。中国国务院扶贫开发小组办公室主任刘坚在访问墨西哥时对《人民日报》记者说，中国国务院扶贫开发小组访问墨西哥的目的一是吸取墨西哥社会发展方面成功经验与失败教训；二是学习墨西哥在消除贫困人口方

---

① http://www.ezln.org.

面的经验，三是加强两国政府在减贫方面的具体协作。①

在解决农民问题和农业问题方面，墨西哥革命制度党和国家行动党历届政府先后出台了各种计划，这些计划对缓解农村的社会矛盾、促进农业方面起了一定的作用。

在对待印第安人问题上，国家行动党政府对萨帕塔民族解放军始终表示准备通过对话来解决冲突，并排除了用军事手段解决冲突的做法。

墨西哥革命制度党政府在克服金融危机方面的政策措施取得成效，使墨西哥经济很快复苏和发展，社会没有出现大的动荡。国家行动党执政后，墨西哥经济虽然受到阿根廷经济社会危机的冲击，但由于采取了各种措施，经济发展比较平稳，经济形势趋于好转，政治和社会形势总的来说，还比较稳定。

问题：对现国家行动党政府的社会政策和扶贫政策，墨西哥一些反对党和社会团体颇有微词，认为福克斯执政以来，墨西哥的贫困人数并没有减少，反而有所增加。认为福克斯在竞选中所作的有关发展经济、进行改革、消除贫困、消除腐败、解决恰帕斯印第安人问题等方面的承诺，并未兑现。在 2003 年 7 月墨西哥的中期选举中，福克斯所在的执政党国家行动党在选举中失利，其影响力下降，该党在众议院的席位从 205 席降到 153 席。

无论是革命制度党政府还是国家行动党政府执行的都是新自由主义的经济政策，这一政策使墨西哥广大的农民、特别使以生产本国和农民自身需要农产品的小农和印第安农民的利益受到损害，他们对政府的不满情绪增加，农民抗议活动时有发生。

迄今为止，墨西哥恰帕斯印第安农民问题仍未得到解决。

启示：墨西哥在扶贫、救助弱势群体、开发贫困落后地区经

---

① 张蕾：《中墨携手扶贫》，《人民日报》，2005 年 9 月 22 日，第 7 版。

济社会发展等方面，为其他国家，特别是为发展中国家提供了不少有益的经验和教训：第一，应该将扶贫作为政府经济社会发展战略的重要组成部分；第二，扶贫不仅是要救助，而是要帮助贫困地区的居民和家庭通过发展生产、兴建基础设施、促进教育、卫生、保护生态环境和资源来铲除贫困的根源；第三，扶贫不仅靠政府，而且要充分调动各级政府、民间团体、私人机构、贫困家庭和个人的积极性；第四，扶贫政策应有连续性，不应由于政府的更换而中断。

[原载中共中央组织部党建研究所课题组编《国外政党专题研究报告（第一卷）国外政党处理社会矛盾问题研究》]

拉丁美洲与华人

中国人民和拉丁美洲人民之间的友谊源远流长。在中拉关系史中，华侨和华人占有重要地位。在拉美的华侨和华人历来对于促进中国和拉美各国之间的友好交往、增进相互了解起到了桥梁和纽带作用。

一　拉美华侨的先驱——"马尼拉华人"

最早进入拉美的华侨，是从菲律宾去墨西哥、秘鲁等地的"马尼拉华人"。根据中外文献记载，自16世纪后期（明朝万历年间）至17世纪中叶，就有一些中国商人、工匠、水手、仆役等沿着当时开辟的中国—菲律宾—墨西哥之间的太平洋贸易航路，到达墨西哥和秘鲁侨居或做工。由于这些旅菲华人是经菲律宾的马尼拉搭乘墨西哥人称为"中国之船"的大帆船抵达美洲的，他们被称为"马尼拉华人"。

"马尼拉华人"是拉美华侨的先驱。清代张荫桓在其所著《三洲日记》中写道："查墨国记载，明万历三年，即西历一千五百七十五年，曾通中国。岁有飘船数艘，贩运中国丝绸、瓷器等物，至太平洋之亚冀巴路商埠（按：即阿卡普尔科港），分运西班牙各岛（按：指西属拉丁美洲各殖民地）。"西班牙历史学家胡安·冈萨雷斯·德门多萨在其《大中华帝国史》一书中也提到，1585 年"对利润的渴求把中国商人带到了墨西哥"。

当时，拉美大部分地区和菲律宾都是西班牙的殖民地，西班牙垄断了菲墨之间的马尼拉帆船贸易，中国商船队只能抵达马尼拉等菲律宾港口，不能直接横渡太平洋直达墨西哥西海岸。因此，华人是从马尼拉乘西班牙帆船到墨西哥等地的。

最早到墨西哥的马尼拉华人中，有同西班牙商人合伙的华侨商人，也有在西班牙殖民官吏、富商家作仆人的华侨。16 世纪末，西班牙王室下令准许华人工匠进入美洲。于是，数以千计的中国工匠，包括裁缝、木匠、织工、铁匠、泥瓦匠、金银首饰匠、理发师等，从马尼拉陆续转往墨西哥、秘鲁等地。据记载，早在 16 世纪，在阿卡普尔科市已经有了"唐人街"。据估计，从 16 世纪末到 17 世纪中叶，移入美洲的马尼拉华人有五六千人。

二　拉美早期华侨——"契约华工"

19 世纪初，英国和葡萄牙殖民者开始贩卖中国人到拉美作苦力。"苦力"一词为英语 Coolie 的译音，源出印度泰米尔语，指从事繁重劳动的体力劳动者。契约华工即中国苦力，亦被称作"猪仔"，但契约华工在被掠卖出国前订有书面合同，故与一般苦力略有不同。

早在 1806 年英国东印度公司的代表在广州招募了 300 多名华工，租用葡萄牙人的船只将这些华工从澳门运到槟榔屿，再换英国船分两批运到特立尼达，第一批 147 人，第二批 192 人。这些华工抵达后，全部到甘蔗园从事繁重的体力劳动。1810年，葡萄牙人也从中国贩运几百名湖北茶农到里约热内卢的植物园种茶。

中国华工大批移入拉美则是在1840年鸦片战争之后。其主要原因是：

第一，从中国方面来看，鸦片战争后，以英国为首的西方列强用武力迫使清政府打开中国门户，在中国沿海广东、福建一带大肆掳掠与贩卖中国人口。在清政府腐败统治下，经济凋敝，民不聊生，许多人不得不离乡背井，到处流浪，以致漂洋过海到拉美谋生。

第二，从拉美方面来看。1790—1826年间拉美爆发了独立战争。在独立战争期间或独立后不久，不少拉美国家先后宣布废除奴隶制。随着奴隶贸易的衰落和黑奴制度的崩溃，拉美国家迫切需要大批廉价劳力来开发经济，特别是用来补充和充实热带种植园、矿山的劳力。

第三，英、葡等西方国家的人口贩子，在非洲黑奴贸易被禁止后，为追逐高额利润，热衷于进行大规模掠卖中国契约华工，将苦力贸易扩大到拉美。

据估计，19世纪40年代至70年代，有三四十万名契约华工输入拉美。契约华工主要分布在古巴，英国、荷兰和法国所属的拉美各产糖殖民地，以及出产鸟粪的秘鲁；其次是巴拿马、墨西哥等国，他们被运到那里兴建铁路等重大工程。

据谭乾初《古巴杂记》一书中所引用的英国驻哈瓦那总领事馆档案材料，1847—1874年间被运往古巴的契约华工总数达143040人，实际到达古巴126008人。另据秘鲁学者温贝托·罗德里格斯所引用的材料，1849—1874年间有10万多契约华工移入秘鲁。据特立尼达和多巴哥总理埃里克·威廉斯（1911—

1981）所著《加勒比地区史》，1853—1879 年间，有 14002 名华工迁入英属圭亚那，1854—1887 年有 500 名华工到达马提尼克。另据资料，1890 年在荷属圭亚那的华工达 1 万人。20 世纪初，英属特立尼达有华侨 5000 人。

当时，从中国运送华工到拉美，一般需要 4 至 5 个月。西方国家的航运商为攫取暴利，进行严重超载运输；船上的伙食、饮水和卫生条件极差，华工们忍受饥渴和疾病折磨以及船主的种种虐待。华工在航程中死亡率很高，如 1853—1873 年间，从中国运往古巴的 13 万多名华工，途中死亡率达 13%。19 世纪 50 年代运往秘鲁的华工在海上的死亡率有时竟高达 50%。因此，人们将西方国家用来运载华工的船只称为"浮动地狱"。贩运中国"苦力"是西方殖民史上最肮脏的一页。

华工被运到拉美各地后，如同非洲黑奴一样，通过"卖人行"公开拍卖给大庄园主、种植园主和矿场主。一般每名华工与雇主各立一份契约即雇工合同，载明工作期限（一般为 5—8 年）和工资额。古巴历史学家胡安·希门尼斯·帕斯特拉纳在其《古巴历史上的中国人（1847—1930）》一书中刊载了一份华工雇工合同的中、西文原件。这名雇工名叫吴生，原籍广东省广州人，年龄 29 岁，立合同日期为同治五年（即 1866 年）九月十七日。合同规定，"工期八年……每月工银四元"，"所有城内城外无论何工或田亩或村庄或家中使唤或行内雇工或磨坊或园圃指不尽各项工程我悉听从力作"。有的合同甚至规定了雇主可鞭鞑华工次数的最高"限额"。

雇主为了在契约期内尽量多榨取华工的血汗，常常使用各种强制手段奴役和虐待华工。据古巴前驻德公使奇沙礼在 20 世纪初所著《华工赞助古巴独立史略》一书中记载："购得华奴后，随即带往植园当工，一如往者黑奴之待遇，每日操作 14 时，合同8年期满后，乃得受雇别处。于此8年中，捱饥抵饿，尤为常事，其日夕辛劳，加之以地方污秽，不合卫生，身体日渐疲弱，故华奴于未满合约前而丧失生命，居75%，惨哉！"据估计，12万多名到古巴的华工，到1880年，只剩下4万多人。秘鲁华工活到契约期满的不到1/3。恩格斯称拉美契约华工为"隐蔽的苦力奴隶制"。1857年3月马克思在《英人在华的残暴行动》一文中强烈谴责西方殖民主义者"对那些被卖到秘鲁沿岸去充当连牛马都不如的奴隶以及在古巴被卖为奴的受骗的契约华工横施暴行'以至杀害'的"滔天罪行。①

深受苦难的契约华工从登上拉美海岸的第一天起，就为摆脱身上奴隶锁链而展开了不懈的斗争。由于华工与当地人民的共同斗争，以及国际舆论的强烈谴责，在拉美盛行了近30年的"苦力贸易"于1874年前后被制止。契约华工变成了自由的独立劳动者。

由数十万名契约华工及其他华侨组成的劳动大军，筚路蓝缕，披荆斩棘，历尽艰辛，同拉美各族人民一起，共同进行农、矿业开发和基础设施建设，用辛勤劳动的汗水浇灌拉美的沃野，对各侨居国的经济发展和社会进步作出了重要贡献。巴拿马运河的开凿，中美洲、加勒比地区甘蔗、咖啡、棉花种植园的发展，以及智利硝石和秘鲁鸟粪的开采，巴拿马、秘鲁和墨西哥等国铁路的修建，都凝聚着华工的血汗。

在19世纪后期，华工、华商和其他华侨也曾为拉美人民的解放，同当地人民并肩战斗，流血牺牲，对古巴等国的独立起了重要作用。前述古巴驻德公使奇沙礼在《华工赞助古巴独立史略》中，高度赞扬了古巴华侨全力支持古巴独立的功绩："如此

---

① 《马克思恩格斯选集》第2卷，人民出版社1995年版，第15页。

数千华人助战，及在野工艺厂当工之华人，苟非此勇悍耐苦之华军，以其轻生就义之英雄气概，以助于我古巴之人，则古巴之能否自由，亦未可料。盖在于古巴之华人，对于古巴之自由事业，无一不慷慨辅助者⋯⋯"古巴人民为纪念在古巴独立战争中壮烈牺牲的华侨战士，特地在首都哈瓦那建立了一座约 10 米高的圆柱形华侨纪功碑，碑座上铭刻着古巴民族英雄何塞·马蒂的战友贡萨洛将军对华侨烈士的赞词："在古巴的中国人，没有一个是逃兵，没有一个是叛徒。"

此外，早期华侨还把中华民族的优良传统和优秀文化带到拉美，通过与当地人民长期共同生活，推动了彼此间的文化交流，增进了中国和拉美多国人民之间的相互了解和友谊。

三　清末和民国时期的拉美华侨

1864 年，中国清政府因古巴华工问题同西班牙签订"中西天津条约"。条约规定，中国人可以自由地到西班牙所属的殖民地做工。1875 年、1881 年和 1889 年，清政府又分别同秘鲁、巴西和墨西哥 3 国签订了通商条约，并建立了外交关系。中国与拉美一些国家建交后，前往拉美的华侨人数逐渐增加。迫于海内外舆论的压力，清政府从 19 世纪 70 年代中期开始相继派出专使陈兰彬、容闳分别赴古巴、秘鲁实地调查华工情况，以保护华工。1874 年 6 月 26 日，清政府直隶总督兼北洋大臣李鸿章同秘鲁公使葛尔西耶（加西亚）签订了一项有关移民和贸易的条约，条约明确规定："⋯⋯（2）两国皆承认其民人有自由游历或久居之权利。现经两国政府严行禁止，不准在澳门地方及各岸勉强诱骗中国人运载出洋。（3）凡华工合同已经期满及有愿回国者，即当令雇主出资送回。（4）两国均彼此交换外交代表及领事等官保护其民。（5）中国臣民在秘国，应享有秘国民人出庭之同等维护权利。"这一条约于 1876 年正式被两国政府批准。1877年，中国和西班牙签订了有关移民问题的条约，条约规定对古巴华工采取保护措施，该条约于 1878 年 12 月正式批准。

20 世纪初，不少拉美国家由于本国经济形势恶化等原因，开始严格限制华人入境。1914—1918 年第一次世界大战期间，许多拉美国家向交战国提供工矿原料和农牧业产品，经济迅速恢复和发展，需要大量劳力，因此，有些国家放松了对华人入境的限制。然而，好景不长，1929—1933 年资本主义世界经济危机波及拉美各国，拉美国家的农牧业产品和矿产品卖不出去，价格暴跌，失业人数激增。一些拉美国家政府为转移国内人民的视线，对华侨采取了进一步限制和排斥行动，使华侨蒙受严重损失。

民国期间，北京政府和南京政府曾先后同拉美 13 个国家建交，同古巴、巴西、墨西哥、哥斯达黎加、厄瓜多尔、阿根廷等国签订了友好条约，这些条约一般对华侨的待遇和移居问题作了规定。然而，由于旧中国政治腐败，经济凋敝，国力衰竭，当时中国在国际上受人轻视，虽曾派人同侨胞所在国多方交涉，但效果不甚明显，华侨的正当权利往往难以得到有效的保护。

在此时期，拉美华侨聚居区"华埠"或"唐人街"比以前有进一步发展。秘鲁首都利马华侨集中在加庞街、瓦利亚加街和巴鲁罗街一带，旅秘华侨的主要社团组织通惠总局、八大会馆等也都设在这一带。在古巴首都哈瓦那，华侨聚居的桑哈街一带开设了不少食品店、杂货店、商店、酒楼、饭店和游乐场。墨西哥下加利福尼亚州的墨西卡利市，1919 年人口不足 1 万人，而其中华人达 9000 多人。民国时期的拉美华侨比以前更广泛地参加侨居国的农业、工矿业和商业活动，为拉美各国经济发展和繁荣起了积极促进作用，为增进中拉人民之间的友谊和文化交流作出了贡献。

拉美不少华侨在侨居国参加垦殖荒地，传播农业技术，发展当地农业生产。在古巴，一些华侨专营甘蔗园，另一些专门种植香蕉、蔬菜或经营牧场。他们所生产的水果、蔬菜、甘蔗、杂粮和畜产品，对供应古巴人民的生活需要起了重要作用。

墨西哥华侨对开发墨西哥北部的下加利福尼亚州作出了巨大贡献。从20世纪初至1921年，数以万计的华侨参加了墨西哥下加利福尼亚州的垦殖工作，他们不畏艰难，风餐露宿，不少人死于毒瘴酷暑，用血汗甚至生命，为墨西哥下加利福尼亚州，特别是墨西卡利市的开发与建设奠定了基础。

秘鲁北部大部分农场最初均是华人创建的。民国时期旅秘侨领刘金良在秘鲁北部帕卡斯马约所创建的大农场，占地达2300公顷，种植稻米，产量相当可观。在秘鲁中部地区也有华侨经营的大农场，除种植作物外，还兼养猪、牛、鸡等。此外，秘鲁华侨还参加了修建由奥罗亚到万卡维利卡，由利马到瓦乔等段的铁路，修筑从利马通往沿海各城的主要公路，以及扩修卡亚俄港口的工作等。

拉美华侨还开办了一些工厂，虽然一般说来，这些工厂规模不大，但有利于当地的国计民生。如秘鲁华侨开办的生产布匹和麻绳的工厂、蜡烛厂、皮革厂、谷物加工厂、铁工厂和家具厂等；古巴华侨开办的糖厂等。大部分拉美华侨从事商业和其他服务业活动，对活跃当地市场、繁荣经济和满足人民需要起了积极作用。

拉美华侨与当地人民和睦相处，对促进中拉人民的友谊起了积极的作用。在当地居民因天灾人祸或社会动乱而出现生活困难时，拉美华侨经常组织募捐，解囊相助。拉美华侨还积极促进中拉双方的友好关系。如1921年7月28日秘鲁举行独立100周年盛典时，旅秘华侨曾集资秘币19.7万元，在利马兴建一座用意大利云石雕刻的、精美的大喷水池以示庆贺。1925年利马庆祝建都400周年时，华侨又集资在利马共和公园内修建羊驼、印第安人与牛的铜像各一座，作为给秘鲁的赠礼，以表示中秘人民的友谊。

随着资本主义经济危机的结束，拉美国家放宽了对华侨的限制。在第二次世界大战期间，拉美华侨同拉美各国人民一道参加了世界反法西斯战争，共渡战争难关。拉美华侨为自己的生存和发展进行了不懈的努力。40年代初，拉美华侨总人数达12.7万多人。华侨人数超过1万的国家有古巴（2.4万）、秘鲁（2.35万）、巴拿马（1万）和牙买加（1.3万）等国。

四　拉美华侨的现状

1949年中华人民共和国成立后，中央人民政府一开始就把保护和关心海外华侨在侨居国的正当权益作为中国对外政策的一项重要内容。随着社会主义经济建设的发展，新中国的经济实力不断增强，在国际舞台上所起的作用越来越重要，侨居海外（包括在拉美各国）的华侨的处境发生了显著变化。

从40年代末起，拉美各国的华侨人数不断增加。除自然增长外，主要是大批新华侨从中国的香港、台湾以及从东南亚国家移入拉美，其中有商人、企业家和劳工，还有一批解放前夕及解放初期从大陆前往拉美的富人及原国民党军政要员等。据统计，到60年代末，拉美华侨总数增加到16.5万人，比二次大战结束前增加了4万多人。

在50年代，拉美一些主要国家仍同台湾当局保持"外交关系", 同新中国只有民间往来。1960 年古巴第一个同中国建交。1970 年智利同中国建交。70 年代以来, 秘鲁、墨西哥、阿根廷、圭亚那、牙买加、特立尼达和多巴哥、委内瑞拉、巴西、苏里南、巴巴多斯、厄瓜多尔、哥伦比亚、安提瓜和巴布达、玻利维亚、乌拉圭、巴哈马和圣卢西亚等国相继同中国建交, 到 1998 年底, 同中国建交的拉美国家增加到 19 个。

70 年代末以来, 中国开始实行对外开放政策, 批准国内一些侨眷到拉美继承或协助经营餐馆或其他企业。此外, 有些拉美国家为发展本国经济, 对包括华人在内的外国移民入境放宽了限制, 如允许投资移民等, 这使移居拉美国家的华侨人数逐渐增多。据中国有关方面统计, 到 70 年代末和 80 年代初, 旅居拉美国家的华侨及已取得当地国籍的华人总数达 20 万人左右（其中外籍华人占 17 万人以上), 分布在拉美 29 个国家和地区。另据台湾华侨协会总会 1986 年统计, 旅居拉美国家的华侨及华人已达 32 万多人。据最新估计, 90 年代后期, 拉美华人华侨总数约有 40 多万人。

拉美各国的新老华侨, 特别是在当地出生的华侨子女绝大多数已陆续加入所在国的国籍, 成为侨居国的公民。但他们一般仍保持中国的文化传统、风俗习惯和生活方式。他们有自己的各种社团组织, 构成了当代拉美国家中的华人社会。拉美各国华侨的原籍一般以广东、福建两省居多, 其次为浙江、湖北、山东、台湾等省和上海等城市。

从国家来看, 目前在巴西的华人华侨在拉美各国华人华侨人数中居首位。据估计, 90 年代中已达十三四万人。巴西的华侨华人主要集中在圣保罗, 其次是在里约热内卢、巴西利亚、阿雷格里亚港、库里提巴、维多利亚和纳塔尔布等地。

秘鲁华人华侨的数目居第二位。据估计, 90 年代中已达 6

万多人。另据秘鲁内政部移民局局长里卡多·郑（华裔）1986年公布，旅居秘鲁的华侨华人约3.9万人，其中已加入秘鲁国籍的有6000人。此外，据估计，在秘鲁有华人血统的达100万人左右。秘鲁的华人华侨60%—70%集中在首都利马市，其余分散在奇克拉约、卡亚俄港等地。华人华侨较多的国家还有厄瓜多尔（1.6万）、苏里南（1万）等。近年来，阿根廷、玻利维亚、委内瑞拉、智利、哥伦比亚、巴拉圭等国，华人华侨人数增长较快。如阿根廷的华侨在50年代只有300多人，到70年代末增至7000人，80年代中期增至1.5万人，90年代初又迅速增加到约3.5万人。在阿根廷的华侨华人除来自中国香港和台湾地区之外，有相当一部分来自大陆，并以来自上海和江浙一带的居多。

墨西哥现有华人华侨1万多人，大部分居住在西北部、北部以及沿太平洋和大西洋海岸的一些城镇。墨西哥北部下加利福尼亚州与美国毗邻的墨西卡利、蒂华纳、恩塞纳达3个边境城市华人华侨较集中，其次为首都墨西哥城、北部华雷斯城、东南部边境的塔帕丘拉、北部奇瓦瓦市以及东部韦拉克鲁斯等。

中美洲各国的华人华侨共约5万人，其中巴拿马最多，约3.3万人，其次为危地马拉和哥斯达黎加。80年代，由于尼加拉瓜政局动荡，战乱不断，经济萧条，华侨人数不仅没有增加，反而有所减少。加勒比各国目前约有华人华侨5万余人，主要分布在牙买加、多米尼加、古巴和特立尼达和多巴哥等国。

拉美各国的华侨华人的职业以做工和经商为主，大部分经商者为小本经营，如开餐馆、洗衣店、咖啡馆、杂货店、旅馆等。也有一些资本较雄厚的商人和企业主，从事进出口贸易，开自选商场，开办工矿企业。近年来，针灸、气功、中医在拉美一些国家颇受欢迎。到拉美国家开诊所的中国医生逐渐增多。与此同时，拉美各国均有一些华人华侨在激烈竞争中破产，被迫出卖劳动力谋生。

有少数华侨或华裔在拉美一些国家政府、议会、军队及政党中担任过或现正担任要职。如圭亚那前总统阿瑟·钟就是华裔。特立尼达和多巴哥前总督何才是华裔，前卫生部长何五是华裔。古巴现任国家物资储备全国委员会主任、少将、全国人民政权代表大会代表、古中友协主席邵黄是华裔。牙买加华裔毛·鲁埃尔·邓曾任财政部秘书长，卡尔·郭来曾任电气管理航运局局长，何生为工党议员。巴西华裔甘迪蒂奥·桑柏霍为众议员。在秘鲁，华裔维克多·许会1996年任秘鲁国会主席，1999年1月起任秘鲁部长会议主席（总理）；此外，有好几位华裔曾任或现任议员，如鲁文·陈·加马拉、埃内斯托·刘·多哈斯、维克托·色丽·里斯科和欧亨尼奥·陈·克鲁斯等。

拉美华人华侨中也涌现出一批较有影响的企业家。如巴西的林训明经营的愉港植物油公司，其下属企业的豆油出口量居巴西首位，被誉为巴西的"黄豆大王"。巴西华侨企业家魏书琪经营的薄荷油占巴西薄荷油出口量的1/2以上。中国前国家副主席荣毅仁的亲属在巴西开设了大工厂和大农场。厄瓜多尔的华裔塞贡多·王被称为"香蕉王"。1989年逝世的旅秘侨领、通惠总局顾问戴宗汉先生旅居秘鲁60余年，致力于秘鲁农垦事业，培育出高产良种水稻，并向当地农民传授生产技术和经验，为表彰他对发展秘鲁农业所作出的贡献，1968年秘鲁议会授权政府向他颁发了勋章和奖状。

在拉美的华侨华人中，也不乏著名的专家、教授、医生、工程师、律师、作家和艺术家。如委内瑞拉华侨陈其仪曾任总统高级经济顾问、天主教大学经济研究所所长、经济研究院院士；沈纯强任委内瑞拉国立工艺大学教授；维克托·李·卡里略（华裔）任加拉加斯"西蒙·玻利瓦尔"大学人文系主任；

巴西圣保罗航空学院有一位著名的华裔火箭专家。在秘鲁华侨华人中有哲学家佩德罗·S.宋岭；秘鲁圣马科斯大学考古学和人种学博物馆馆长罗莎·冯·皮内达；华裔陈汉基（欧亨尼奥·陈—罗德里格斯）曾任圣马科大学教授、西班牙皇家西班牙语研究院通讯院士、美国西班牙语研究院院士，现任美国纽约市立大学教授。为表彰陈汉基在社会科学研究方面的贡献，秘鲁政府于 1987 年 10 月授予他秘鲁最高荣誉奖章——太阳勋章。在文艺方面，有古巴和拉美杰出的华裔画家维尔弗雷多·林（已故）、弗洛拉·冯（邝秋云），秘鲁画家何塞·谭·马约尔加和西梅翁·朱·刘；古巴诗人雷希诺·厄；巴拿马诗人卡洛斯·弗朗西斯科·陈·马林等。在体育方面，秘鲁华裔埃德温·巴斯克斯曾在 1947 年为秘鲁赢得了唯一一块奥林匹克金牌，另一位秘鲁华裔埃迪特·黄是 60 年代南美洲女子网球亚军。

拉美的华侨有建立和参加各种华侨社团的传统。早在 19 世纪末，拉美华侨就开始建立华侨社团。如秘鲁华侨社团最高机构通惠总局成立于 1886 年，古巴的中华会馆建于 1893 年，苏里南最大的华侨团体广义堂建于 1880 年。目前在拉美的华侨社团和组织大体可分几种：（1）综合性侨团。范围最广的是各国的中华会馆，其名称因地而异。（2）以原籍同乡成立的地方性侨团，如中山会馆、番禺会馆等。（3）按姓氏组成的侨团，如陈疑川堂、林西河堂等。也有数姓合成一个团体的，如溯源堂等。（4）政治性的社会团体，如致公党（又称民治党）等。（5）其他侨团，有职业团体，如餐馆公会等；妇女会、青年会和同源会（由华裔青年组织）；文娱、体育性的侨团，如牌会、棋会等。

拉美的华侨华人还在不少国家创办了华侨学校和中文报刊。

五　拉美华侨与祖国

拉美华侨虽然远离祖国，但他们的心与祖国人民是息息相通的。辛亥革命时期，拉美的华侨积极捐资支援祖国的反清斗争和地方革命政权。武昌起义爆发后，秘鲁利马华侨爱国社宣布成立秘鲁华侨筹饷局，决定将筹得款项"由银行电汇，以备孙逸仙君随时调用"。智利、巴拿马等地华侨也踊跃捐款。据统计，从1911年广州黄花岗起义至1912年南京临时政府时期，秘鲁和智利华侨共捐助10万港币，巴拿马华侨捐助27454块银元。

抗日战争时期，拉美华侨关注祖国战局的发展。他们有钱出钱，有力出力。古巴华侨组织的抗日会多次向古巴民众宣传，并致电国际联盟和美国参议院，呼吁各国主持正义，反对日本侵略中国。古巴华侨还多次组织游行，到日本驻古巴使馆表示抗议。据估计，1937年至1945年8年抗战期间，拉美各国华侨共捐助815.6万美元，其中捐助较多的是古巴华侨捐助240万美元，墨西哥华侨捐助200万美元，秘鲁华侨捐助近105万美元。

拉美华侨绝大多数都热爱祖国，关心祖国的建设和统一大业。近些年来，旅居拉美的华侨积极参加或促进祖国与侨居国的双边贸易和其他经济往来，为开拓经济领域的中拉友好合作贡献自己的力量。不少拉美华侨出资支援家乡的经济建设和文教事业。许多华侨利用回国探亲、旅游的机会，回国体验和观察祖国改革开放的大好形势，返回侨居国后积极宣传和介绍祖国的变化和成就。每当中国各种代表团访问拉美国家或者在拉美国家举办有关中国的各种展览时，广大拉美华人华侨总是热情接待和积极支持。每当祖国发生大的自然灾害，如1998年中国不少地方发生特大水灾，许多拉美国家的华侨和华裔都慷慨解囊，纷纷捐款救灾，表达对祖国灾区人民的一片深情厚谊。拉美的华侨华人不仅已成为当地社会生活不可分割的组成部分，而且还在发展中国与拉美各国人民之间的友好合作关系中起了穿针引线的作用，因而受到旅居国和祖国人民的欢迎和尊重。

（原载庄炎林主编《世界华人精英传略　南美洲与加拿大卷》，百花洲文艺出版社 1994 年版）

方兴未艾的拉丁美洲印第安人运动

一 拉丁美洲印第安人运动的勃兴

长期以来，拉美的印第安人一直为争取自己应有的权益而斗争。然而，作为一种广泛的人民运动，拉美的印第安人运动是从 20 世纪 70 年代首先在厄瓜多尔、玻利维亚等国开始兴起的。自 90 年代初起，这一运动蓬勃发展，力量不断壮大，方兴未艾。拉美印第安人运动的勃兴有如下标志。

（1）建立全国性的组织。90 年代初以来，大多数拉美国家都建立了全国性的印第安人组织。如厄瓜多尔的厄瓜多尔印第安民族联合会（Confederación de Nacionalidades Indígenas de Ecuador, CONAIE）和帕查库蒂克运动（Movimiento Pachakutik），玻利维亚的帕恰库蒂印第安人运动（Movimiento Indígena Pachakuti, MIP）和图帕克·卡塔里运动（Movimiento Tupac Katari, MTK），哥伦比亚的哥伦比亚全国印第安人组织（Organización Nacional Indígena de Colombia, ONIC），委内瑞拉的委内瑞拉全国印第安人理事会（Consejo Nacional Indio de Venezuela, CONIVE）。此

外，秘鲁、墨西哥、危地马拉、尼加拉瓜、阿根廷、智利等国也都建立了全国性的印第安人组织。

（2）进行大规模的斗争，取得一定的成效。90 年代初以来，厄瓜多尔、玻利维亚、墨西哥、秘鲁、危地马拉等国的印第安人进行了大规模的斗争，展现了自己的力量，取得了胜利或局部胜利。[①]

1994 年年初，墨西哥东南部恰帕斯州印第安农民发动武装暴动，他们组成萨帕塔民族解放军，占领了该州的一些重要城镇。11 年来，萨帕塔民族解放军虽然不再进行武装斗争，但该组织仍一直在为争取印第安人的权益而斗争。

厄瓜多尔的印第安人组织曾通过各种抗议活动，迫使执行新自由主义经济政策的布卡拉姆和马瓦德两位总统先后于 1997 年和 2000 年下台，并支持曾站在印第安人一边的厄瓜多尔前总统卫队长、"一·二一爱国社团"领导人古铁雷斯于 2002 年 11 月 24 日当选总统。古铁雷斯于 2003 年 1 月 15 日就任总统后，没有兑现竞选时许下的诺言，执行新自由主义的政策，后被印第安人组织宣布为"叛徒"。2005 年 4 月 20 日，失去印第安人组织和民众支持的古铁雷斯总统在反对党和包括印第安人运动在内的民众运动的强大压力下，被迫流亡巴西并被议会解除了总统职务。

玻利维亚的印第安人运动和其他民众运动一起，组织大规模的拦路、进军、罢工、游行、示威等抗议活动，反对政府的新自由主义经济政策和出卖本国的自然资源，于 2003 年 10 月和 2005 年 6 月迫使洛萨达和梅萨两位总统先后下台。

通过长期的斗争，印第安人的社会地位有所提高，其社会影

---

① Rodrigo Montoya Rojas, "La Emergencia de Movimientos Etnicos." http：//www. ciberallu. andes. missouri. edu/.

响不断扩大。一些印第安人的代表逐步步入政坛，有的当选议员，有的被任命为内阁部长。如1993年，印第安艾马拉族的维克托·乌戈·卡德纳斯当选并就任玻利维亚副总统，任期至1997年，1997—1999年他还出任美洲开发银行印第安人基金会主席；1996年，厄瓜多尔印第安民族联合会通过合法斗争在一院制议会中获得10个席位；1998年，有印第安人血统的查韦斯当选委内瑞拉总统；1999年，厄瓜多尔印第安妇女尼尼亚·帕卡里当选国民议会第二副议长；2001年，有印第安人血统的托莱多当选并就任秘鲁总统。

（3）拉美各国的印第安人组织相互之间的联系加强。它们建立了一些地区性的协调机构，如亚马孙地区印第安人协调组织（Coordinación de las Organizaciones Indígenas de la Cuenca Amazónica，COICA），南美洲印第安人理事会（Consejo Indio de Sud América，CISA），等等。近年来，拉美地区印第安人组织的领导人经常举行会议，协调和声援各国印第安人的斗争，交流工作和斗争的经验。如2003年5月，拉美7国（厄瓜多尔、墨西哥、危地马拉、玻利维亚、秘鲁、哥伦比亚和智利）的印第安人组织领导人在墨西哥举行会议。2004年7月22—25日，在厄瓜多尔首都基多举行了第二次美洲印第安民族领导人会议，来自美洲各国64个印第安民族的600位领导人参加了这次会议。随后，所有与会者还参加了于7月25—30日在基多举行的第一次拉美社会论坛。

第二次美洲印第安民族领导人会议的宗旨是加强美洲印第安民族组织之间的团结和相互声援，共同为建立世界新秩序而斗争；使印第安人组织成为社会政治的主角之一；建立一个地区性的固定的印第安民族组织的协调机制。会议的主要议题是：捍卫土地和资源，印第安民族的自治和自决，多样性和多元文化，知识和知识产权，印第安民族的权利和多国机构，印第安民族、社会运动和世界社会论坛。会议通过的《基多宣言》谴责拉美一些国家的政府侵犯印第安民族的权利，剥夺印第安民族的土地和资源，使它们难以生存；声明反对拉美一些国家的政府在美国和跨国机构及公司的支持下提出的"普埃布拉—巴拿马计划"、"安第斯计划"、"南美洲地区基础设施一体化计划"、"哥伦比亚计划"等计划和倡议，反对美洲自由贸易区和同美国签订的双边自由贸易协议，认为这些计划和协议将使它们失去维持其生存的土地和资源，将给它们带来死亡和毁灭；声明要求 OAS 和联合国履行其通过的有关维护印第安民族权利的决议；要求建立一个固定的联系和交流机制，制定一个共同的行动日程，号召美洲印第安民族同社会其他阶层和社会运动建立联盟，要求本国政府无条件归还被掠夺的土地和资源；声明对委内瑞拉查韦斯政府和人民表示声援，对古巴政府和人民反对美国封锁的斗争表示声援。会议决定，第三次美洲印第安民族领导人会议于 2006 年在危地马拉举行。①

二　拉美印第安人运动勃兴的原因

目前拉丁美洲究竟有多少印第安人？由于对印第安人判断的标准不同和材料来源不同，统计数字出入很大。少的为 2740 万人，多的为 6000 万人。据美洲开发银行 1999 年的统计，印第安人数为 3300 万—4000 万人，② 约占拉美总人口的 8%。另据墨西

---

① II Cumbre Continental de los Pueblosy Nacionalidades Indígenas de las Américas Declaración de Kito rebelion, 26de Julio de 2004.

② *Boletin del BID*, Septiembre – Octubre de 1999, p. 15.

哥印第安人问题专家、现联合国人权委员会负责印第安人人权事务的官员鲁道夫·斯塔维哈津估计，拉美共有 400 个印第安民族，4000 万印第安人。[①]

近十多年来，拉美印第安人运动勃兴的主要原因如下。

（1）印第安人的政治觉悟不断提高，民族意识不断增强。20 世纪 90 年代以来，随着世界经济全球化和科技革命的不断发展，拉美各国公路网的不断延伸，电视、电脑和英特网的普及，贸易自由化和工业化的发展及对边远落后地区的开发，拉美印第安人传统的与世隔绝的状态已发生变化，印第安人的政治觉悟不断提高，民族意识不断增强。

（2）拉美印第安人的处境依然十分困难，他们迫切要求改变和改善自己的处境。随着经济的发展，经过印第安人长期的斗争，拉美印第安人的处境逐步改善，地位有所提高。但是，总的来说，印第安人仍处在拉美社会的最底层。他们在政治、经济、文化、社会和种族方面，仍继续受到压迫和歧视，大多数人生活在贫困之中，他们所处的生态环境不断恶化。美洲印第安人研究所所长、秘鲁人类学家何塞·马托斯·马尔指出："在美洲社会结构中，印第安人处于最低层，在文化、社会、政治和种族方面，仍继续受到压抑和歧视，遭受贫困和营养不良的煎熬以及疾病的折磨。"[②] 据世界银行统计，危地马拉的贫困人口占总人口的 64%，而 86.6% 的印第安人是穷人；秘鲁的贫困人口占总人口的 49.7%，而 79% 的印第安人是穷人；墨西哥的贫困人口占总人口的 50%，而 80.6% 的印第安人是穷人。在不少拉美国家，多数印第安人处于二等公民地位，在政治、社会和经济生活中缺

---

① *Revista CEPAL*，Agosto de 1997，p. 62.
② *Revista Pensamiento Iberoamericano*，Enero – Junio，1991，pp. 181 – 200.

乏保障。

（3）拉美地区和全世界人民社会运动带动并推动了印第安人的斗争。拉美印第安人运动积极参加创立于 2001 年 1 月的"世界社会论坛"的活动和拉美地区的社会论坛的活动。作为达沃斯"世界经济论坛"的对立面，"世界社会论坛"乃是世界"平民百姓"的集会。论坛的中心口号是"另一个世界是可能的"。第 1 届至第 3 届论坛和第 5 届论坛均在巴西阿雷格里港举行，东道主是巴西劳工党。"世界社会论坛"已成为由世界各大洲中左政党和非政府组织广泛参加的"反帝、反新自由主义性质"的"另一种全球化的具体化"。如前所述，参加第二次美洲印第安民族领导人会议的拉美印第安人运动领导人均参加了第一次拉美社会论坛。这次论坛讨论的 5 个主要问题之一是印第安民族和美洲的非洲裔黑人问题。

（4）由于拉美印第安人的长期斗争，使拉美国家的一些政府不得不对本国的印第安人问题予以较大的关注，不得不调整对印第安人的政策。自 1988 年巴西通过新宪法承认印第安人民族特性起，20 世纪 90 年代以来，哥伦比亚（1991）、墨西哥（1992）、巴拉圭（1993）、智利（1993）、秘鲁（1993）、玻利维亚（1994）、阿根廷（1994）、厄瓜多尔（1996 和 1998）等许多拉美国家相继修改宪法或制定新宪法，承认印第安人的权利和民族特征，摒弃过去那些以同化和家长式作风为基础的政策，为印第安人更多地参与国家的政治经济生活提供一定的便利。例如，哥伦比亚、玻利维亚、厄瓜多尔、墨西哥、巴拉圭等国，通过修改宪法，承认了国家的多元文化特征。玻利维亚 1994 年新宪法承认，玻利维亚社会是一个多文化和多民族的社会，规定印第安人享有特殊的文化和语言的权利。玻利维亚、危地马拉、哥伦比亚等国修改后的宪法允许印第安人组织在一定条件下拥有管理自己的司法活动的权利。尼加拉瓜宪法承认该国大西洋沿岸地区的印第安人建立民族自治区的权利。大多数有印第安民族的拉美国家现在都承认印第安语言，并鼓励在印第安人聚居区进行双语制和多元文化教育。① 一些拉美国家专门成立了负责印第安民族事务的部委或基金会等机构。如厄瓜多尔建立了印第安人和黑人计划和发展全国理事会，这是一个跨部委的机构；圭亚那设有印第安人事务部；1994 年墨西哥成立了由政府官员和印第安领导人共同组成的社会公正和印第安人一体化发展全国理事会；智利成立了印第安人特别委员会；在玻利维亚、厄瓜多尔、秘鲁等国成立了部一级的专门负责印第安人事务的机构，巴西、危地马拉、智利等国建立了印第安人基金会。

（5）联合国、国际劳工组织、世界银行、美洲开发银行、美洲国家组织、伊比利亚美洲首脑会议等国际组织开始关注印第安人的处境。20 世纪 90 年代初以来，由于印第安人不断为争取自己的权益进行斗争，联合国等国际组织开始把印第安人问题提到自己的议事日程上。联合国宣布 1993 年为"世界印第安人国际年"，宣布 1994—2004 年为"世界印第安人十年"。1992 年在巴西里约热内卢举行的世界环保首脑会议通过的《里约热内卢宣言》和《21 世纪日程》均承认印第安民族及其权利。国际劳工组织通过了第 169 号议定书，规定印第安民族的权利。世界银行、美洲开发银行和美洲国家组织还专门成立了有关印第安人的机构、部门或印第安人基金会，制定了在印第安人聚居的地区发展教育和卫生、推广科学技术、兴建公路、建立中小企业，等等。1992 年参加第 2 届伊比利亚美洲首脑会议的 19 个国家的外

---

① Víctor Hugo Cárdenas, "Los Derechos de los pueblos indígenas en América Latina." http：//www. cedhj. org. mx/.

长共同签署了成立"印第安人基金会"的协议，协议承认印第安人作为国家的土著民族拥有他们固有的权利，有权控制和管理自己的资源、组织、特征、生活方式和生态体系，有权保持文化和民族的多样性等。

三　拉美印第安人运动勃兴的特点

当今拉美印第安人运动呈现出以下几个特点。

（1）提出明确的要求。当今拉美大多数印第安人运动都提出了明确的争取政治经济权益的要求：要求拥有土地（tierra）、领土（territorio）和自然资源的权利；要求集体的权利；要求拥有自身发展、保留本民族语言、文化和习俗的权利。

（2）领导人年轻化。过去印第安人组织的领导人大多数是有个人威信和魅力的领袖人物，随着老一代印第安人领导人因病死、年迈而离开领导职位，拉美印第安人组织拥有新一代的领导人。他们的优势是文化程度比较高，大多数都会讲西班牙语，与外界联系比较广。劣势是缺乏斗争经验。如玻利维亚古柯种植者协会、争取社会主义运动领导人埃沃·莫拉莱斯、玻利维亚农业工人工会联合会领导人费利佩·基斯佩是印第安人运动年轻有为的领导人。

（3）参政意识增强，同其他民众组织的联系加强。拉美的印第安人积极参加本国的社会运动和人民运动，成为其中的主角，有的单独或同其他民族的人一起建立组织、成立政党。

（4）有的印第安人组织的领导层中有白人参加。如墨西哥萨帕塔民族解放军的主要领导人、"副司令"马尔科斯就是白人，原是一位大学教师。他很善于利用英特网同本国和世界各国的民众组织进行联系，宣传该组织的主张。

（5）开始重视建立和加强与拉美地区和世界其他地区国家之间的联系，争取拉美地区和全球范围的国际组织，特别是金融机构的支持。

（6）在本国和拉美地区的影响扩大。印第安人运动迫使拉美一些国家修改宪法，承认印第安人的权利，使印第安人的政治经济和社会地位有不同程度的提高。

四　当前拉美印第安人运动存在的问题和发展前景

（1）缺乏有执政能力的领导人。拉美一些国家（如厄瓜多尔和玻利维亚）的印第安人运动的力量已相当强大，已先后迫使本国数位总统下台。但是，往往在一位总统下台后，上台执政的另一位总统仍是原国家机器的重要成员，而不是印第安人运动或其他民众运动的领导人。

（2）印第安人运动往往内部矛盾多，经常闹不团结。印第安人组织数量多，存在各种倾向，难免鱼龙混杂；组织内部意见不尽相同，难以统一。

（3）活动经费不足。拉美印第安人运动活动经费的来源不尽相同，有的来源于一些官方的国际组织或非官方的国际机构或组织，有的来源于本国政府、官方机构或组织，或者来源于本国民间、非官方的机构、组织和个人。不少印第安人运动和组织的经费缺乏比较固定的来源，经费不足，因此，它们的活动常常受到影响。

（4）不善于争取其他民族和本国中左翼政党的支持。拉美不少国家是多民族国家，除印第安人外，还有白人、黑人、混血种人等。但拉美印第安人运动往往不善于团结和争取其他民族对自己斗争的同情和支持，也不善于争取本国中左政党的支持。

（5）有的组织的主张偏激。最近几年，拉美一些国家出现了左翼政府（如巴西劳工党卢拉政府，委内瑞拉第五共和国运动查韦斯政府，乌拉圭进步联盟—广泛阵线巴斯克斯政府等）。对印第安人运动和组织来说，应该采取何种策略来对待这些左翼政府，是一个很现实的问题。目前，有些国家的印第安人组织已经参政，其领导人有的已成为议员，或成为部长，有的正在为下届选举做准备。但也有一些印第安人组织主张偏激，对左翼政府一味持批评或反对态度。

尽管拉美印第安人运动存在上述问题，但印第安人运动的前景看好。正如前面提到的印第安问题专家鲁道夫·斯塔维哈津所说："任何了解拉丁美洲形势的人都能预见，在未来几年里，拉美印第安人抵抗运动将会继续发展。印第安人运动的勃兴是拉美大陆一个不能忽视的新因素。"[①]

（原载苏振兴主编《2005 年：拉丁美洲和加勒比发展报告 No. 5》，

社会科学文献出版社 2006 年版）

---

① Celina Chatruc, "Los Indígenas Ganan Fuerza en América Latina", *LA NACION* (Argentina), http://www.lanacion.com.ar/03/11/07/dx_542988.asp.

玻利维亚的民族关系与民族政策

地处南美洲安第斯山区的玻利维亚是一个多民族的国家,印第安人占人口的大多数。长期以来,印第安人处在社会的最底层,享受不到应有的权利。为捍卫自己的土地和权利,印第安人进行了顽强不屈的斗争,取得了一定的成效。2006 年 1 月,玻利维亚争取社会主义运动领导人、印第安艾马拉人埃沃·莫拉莱通过选举上台执政,成为玻利维亚历史上首位印第安人总统。莫拉莱斯执政后,奉行"社群社会主义"即"印第安社会主义",制定和通过了新宪法等一系列法律,从根本上调整了玻利维亚的民族关系,提升了印第安民族的政治经济和社会地位,使印第安的处境有了明显改善。然而,莫拉莱斯政府也面临着地方分裂势力和反对党以及美国的敌视和跨国公司的挑战。

一 玻利维亚的民族关系

玻利维亚是一个多民族的国家,全国 1012.5 万人口(2010 年)中,印第安人占 60%,混血种人(梅斯蒂索人)占 26%,

白种人和其他民族占 14%。①

　　按官方统计，玻利维亚约有 36 个印第安民族。这 36 个印第安民族是：艾马拉（Aymara），阿拉奥纳（Araona），鲍莱（Baure），贝西洛（Bésiro），卡尼查纳（Canichana），卡维内尼奥（Cavineño），卡尤巴巴（Cayubaba），查科沃（Chácobo），奇曼（Chimán），埃塞埃亚（Ese Ejja），瓜拉尼（Guaraní），瓜拉苏阿维（Guarasuawe），瓜拉尤（Guarayu），伊托纳马（Itonama），莱科（Leco），马查胡亚伊—卡利亚瓦亚（Machajuyai - kallawaya），马奇内里（Machineri），马洛帕（Maropa），莫赫尼奥—特里塔里奥（Mojeño - trinitario），莫赫尼奥—伊格纳西阿诺（Mojeño - ignaciano），莫莱（Moré），莫塞特（Mosetén），莫维马（Movima），帕卡瓦拉（Pacawara），普基纳（Puquina），克丘亚（Quechua），西里奥诺（Sirionó），塔卡纳（Tacana），塔皮埃特（Tapiete），托洛莫纳（Toromona），乌鲁奇帕亚（Uruchipaya），文哈耶克（Weenhayek），亚米纳瓦（Yaminawa），尤基（Yuki），尤拉卡雷（Yuracaré），苏姆科（Zumuco）②。

　　这 36 个民族的人数多少差异很大，人数多的超过百万人，少的只有数十人。人数最多的是克丘亚族（Quechua）和艾马拉族（Aymara），这两个民族占玻利维亚印第安总人数的 85%。其中克丘亚族人口约 155.8 万人，主要居住在东部安第斯山区的山谷和山坡地区，即今天的科恰班巴省、丘基萨卡省和波托西省以及拉巴斯省和奥鲁罗省的部分地区。大多数克丘亚族人从事农业。艾马拉族人口 109.8 万人，居住在玻利维亚高原的北部和中

---

①　http：//es. wikipedia. org/wiki/Bolivia.
②　根据 2009 年 1 月玻利维亚通过的新宪法第 5 条，玻利维亚有 36 个印第安民族。参见：*Nueva Constitución Política del Estado*，versión oficial，2009，p. 15。

部，特别是集中在的的喀喀湖的周围地区，艾马拉族人有三分之二务农。

玻利维亚的印第安人按照所居住的地区划分为三部分，一是北部亚马逊地区的印第安民族，二是东部查科平原地区的印第安民族，三是西部安第斯山区的印第安民族。①

玻利维亚的梅斯蒂索人（即印欧混血种人）分布在全国各地的城镇化某些农村地区，其人口占全国人口的26%。

玻利维亚的白人一般集中在城市化主要村镇，占全国人口的14%。最早的白人来自西班牙，后来，欧洲其他一些国家如德国、英国、荷兰、意大利、瑞典和瑞士，以及美国、加拿大、墨西哥和拉美其他一些国家也有移民移居玻利维亚。此外，也有为数不多的亚洲的日本人（1.4万人）、韩国人和中国人（4600人）的侨民居住在玻利维亚。

二　玻利维亚印第安人的处境及其斗争

玻利维亚是拉丁美洲最贫穷的国家之一。据2010年7月23日玻利维亚经济和公共财政部部长阿尔塞在拉美所作的报告，2005年玻利维亚GDP只有95.25亿美元，人均GDP只有1010美元。

玻利维亚有着极其丰富的自然资源，它拥有丰富的石油和天然气，它的银、钨、锡、铅、锌、金、锂等矿世界闻名，然而，玻利维亚却是拉美最贫困的国家之一，因此它被称为"坐在金椅子上要饭的乞丐"。

---

① http://es.wikipedia.org/wiki/Anexo：Pueblos_originarios_e_ind%C3%ADgenas_de_Bolivia.

2000 年玻利维亚贫困人口占总人口的 66.4%，极端贫困人口占总人口的 45%。与贫穷相伴随的则是其严重的两极分化，全国 90% 的土地掌握在少数大地主手中。另外，玻利维亚的社会不平等与种族有密切对应关系。50% 的印第安人处在极端贫困状态，而掌握土地和矿产资源的几乎都是白人或混血人。

玻利维亚于 1825 年摆脱西班牙殖民统治取得独立，独立后长期以来，占统治地位的白人和梅斯蒂索人实行考迪罗政治和寡头政治，将印第安人排除在外，使印第安人长期处于愚昧落后的状态。1880 年，玻利维亚的议会甚至正式通过法令，取缔印第安公社，剥夺印第安人的土地，以巩固其大地产制度。1900 年，玻利维亚拥有 160 万人口，但是只有三四万人享有选举权。绝大部分印第安人生活在农村，由于公共教育的缺失，他们几乎都是文盲，甚至对官方语言西班牙语一无所知。在印第安人中间通用的语言仍是克丘亚语和艾马拉语，现代政治生活和民族意识与玻利维亚的印第安人是绝缘的。玻利维亚的印第安人受尽新老殖民者的剥削和压迫，处在社会的最底层。

从 19 世纪后期至 20 世纪初，印第安人为捍卫自己的土地而不断顽强地进行斗争。其中规模最大的是 1927 年 7 月爆发的"查扬塔起义"（Alzamiento de Chayanta）。

1952 年 4 月 9 日，玻利维亚爆发了一场大规模的人民武装起义，揭开了反帝反封建的资产阶级的民主革命的序幕。领导这次革命的民族主义革命运动掌权后采取了一系列社会改革，如普遍选举、土地改革和矿产国有化等。对印第安民族来说，这一革命的重要意义在于普遍选举使不少没有文化的印第安人也可以参加选举；通过土地改革比较彻底地消灭了大庄园制，使不少印第安农民分得土地，成为小农。1953 年 8 月 2 日，民族主义革命运动埃斯登索罗颁布土地改革法，规定废除大庄园制，承认并保障中小地产、印第安公社、合作社和资本主义农业企业。规定小地产在不同地区可占有 3 至 35 公顷的耕地。到 1962 年，共有 12.6 万户农户分得了 425.1 万公顷土地，其中不少是印第安农户。但是，由于没有及时组织合作社，原来参加印第安公社的印第安农民变成了小农，土地越分越小。

20 世纪 70 年代中期，由年轻的艾马拉族移民和土地改革论者发起了文化中心论的原住民运动，即卡塔里斯塔运动。卡塔里斯塔运动后来分裂为两个组织即革命的图帕克·卡塔里运动和印第安人的图帕克·卡塔里运动（Movimiento Indigena Túpac Katari，MITKA）。到 20 世纪 90 年代，革命的图帕克·卡塔里运动主张多样化的统一，即多元文化主义，而印第安人的图帕克·卡塔里运动则反对多元文化主义，主张"两个玻利维亚"的统治。卡塔里斯塔运动对 2000 年之后的玻利维亚印第安人的运动产生了直接影响。

20 世纪 70 年代后期涌现出一位印第安运动领导人菲利佩·基斯佩（Felipe Quispe）。基斯佩于 1978 年创建了印第安人的图帕克·卡塔里运动。后又创建红色艾柳政治组织。1990 年创建图帕克·卡塔里游击队，决心通过武装斗争反对政府。后被捕入狱长达 5 年。出狱后，脱离游击队，当选为玻利维亚农业工人统一工会联合会执行书记，进入大学学习历史。2002 年作为帕查库提印第安运动推举的候选人参加竞选总统，得票居第三位，在洛萨达和莫拉莱斯之后。2005 年 12 月大选中，得票居第五位，2.16% 得票率。目前，基斯佩反对莫拉莱斯。

1984 年玻利维亚结束军事独裁实行民主化改革之后，文官政府采取了一些诸如向地方分权等社会改革，正是这些改革为印第安运动提供了契机。分权化改革将一些政治权力从中央政府转移到地方政客和非政府组织手中，但是在北部高原地区却导致国家对政治和经济发展的进一步控制，从而复兴了印欧混血人的政治权力，引发印第安人的不满。

2000 年 4 月在科恰班巴市爆发了抗议水私有化的行动。1999 年，在世界银行的要求下，玻利维亚开始了水私有化改革。美国公司 AT 宣布接管科恰班巴市的自来水系统，并大幅度提高水价，结果引发当地大规模群众示威。抗议活动最终以 AT 放弃合同而告终。在这一事件的鼓舞下，同年 9 月在拉巴斯发生了类似的抗议运动，政府对印第安人的经济要求做了更多的让步。在这一事件中，基斯佩发起了"两个玻利维亚"的争论，即"一个是印第安人的，另一个是白人的"。他认为，自从殖民时期这两个玻利维亚就一直处于对抗之中。这一争论使得印第安人的民族认同与以前相比发生很大的变化，即从社会的或阶级的认同向文化、族群的认同转变。

尽管 2002 年莫拉莱斯就参加了总统竞选，但 2003 年的天然气管道风波才真正将莫拉莱斯推向前台。2002 年玻利维亚政府达成向北美输送天然气的协议，这一协议引发人们的强烈不满，因为根据该协议，玻利维亚只能获得全部收益的 18%。另外，由于这一输气管道经过智利，激起了民众的强烈反对。因为 100 多年前，玻利维亚曾与智利发生一场太平洋战争，使玻利维亚失去了唯一的出海口。

2003 年 9 月 2 日，基斯佩领导的玻利维亚农业工人统一工会联合会率先举行抗议活动，埃沃·莫拉莱斯（Evo Morales）领导的争取社会主义运动则将运动引向全国，于 9 月 19 日至 20 日号召全国总罢工。在暴力冲突不断升级的情况下，桑切斯总统被迫辞职逃往国外。接任的梅萨副总统虽然宣布了诸如终止天然气出口合同，并在智利出海口问题上表现出强硬的民族主义态度，但其在石油、天然气国有化问题上的迟缓做法仍然引发了民众持续的大规模抗议。梅萨最终不得不在 2005 年提出辞职。

由于莫拉莱斯在抗议活动中高举石油和天然气国有化的主张，他在民众中的声望大增，使其在 2005 年 12 月 18 日大选中以 53.75％的支持率当选总统，莫拉莱斯开始了以社群社会主义为基本价值理念的玻利维亚国家构建。

三 玻利维亚争取社会主义运动领袖莫拉莱斯执政后的民族政策

2006 年 1 月 18 日，通过选举上台的玻利维亚争取社会主义运动领导人、印第安艾马拉人埃沃·莫拉莱斯出任总统，这是玻利维亚历史上首位印第安人总统。莫拉莱斯执政后表示，他将"改变历史"，但不会向其他族群"复仇"，他的政府将服务玻利维亚整个社会。他宣布："今天将是全世界土著居民追求平等公正的开始。我们依靠人民来推翻殖民体制和新自由主义"，他主张在玻利维亚实现循序渐进式的"社群社会主义"即"印第安社会主义"。为此，他采取了一系列的措施，旨在赋予印第安人更多的政治权利，提升他们的政治和社会地位和发展印第安人聚居地区的经济。

（一）莫拉莱斯的"社群社会主义"或"印第安社会主义"主张

莫拉莱斯在就任总统时庄严地宣誓，要在玻利维亚建设"社群社会主义"或"印第安社会主义"。莫拉莱斯在就职演说中说，玻利维亚腐败和贫困问题仍然十分严重，这说明新自由主义模式绝不是解决经济和社会问题的灵丹妙药。因此，玻利维亚将彻底抛弃这种模式，根据本国国情来搞好自己的经济建设。他表示，新政府将严厉打击毒品走私等犯罪活动，主张实行"零可卡因"政策，但反对实行"零古柯"的做法，因为在玻利维亚要完全清除古柯是行不通的。他还说，玻利维亚拥有丰富的自然资源，但还是有那么多的同胞不得不离开自己的祖国去谋生，到国外去找一份不稳定的工作来谋生，这令人感到痛心。他表示，本届政府将采取有效措施，使这些自然资源重新回到人民的手中。①

莫拉莱斯认为，"社群社会主义就是人民生活在社群与平等之中。从根本上看，农民社群里就存在社会主义"，"我认为我们的模式具有更深远的意义。这是一种建立在团结、互惠、社群与共识基础之上的经济模式，因为对我们来说，民主就是共识，在社群中，我们是协商一致"，"我们正在探索建立在社群基础之上的社群社会主义，我们认为，这就是建立在互惠与团结之上的社会主义"。②

从玻利维亚"争取社会主义运动"的纲领、莫拉莱斯的就职演说和执政以来所采取的政策来看，莫拉莱斯的"社群社会主义"的主要主张是：在玻利维亚实现社会正义，以人为本，承认人的权利；主张参与民主，召开制宪大会，选举真正代表人民利益的议员；承认玻利维亚是多民族、多元文化的国家；以印第安文明和价值为根基、以独立战争英雄的思想为指导，建立"拉美大祖国"；反对帝国主义的企图，主张第三世界国家和人民的团结，声援正在为自由、正义和解放而斗争的力量和运动；

---

① 莫拉莱斯就职演说原文，参见：PALABRAS DEL PRESIDENTE DE LA RE-PUBLICA，EVO MORALES AYMA，(La Paz，22de enero de 2006)，http：// www. constituyentesoberana. org/info/？q = discurso – morales。

② 海因兹·迪特里齐：《莫拉莱斯与社群社会主义》，《国外理论动态》，2006年第4期。

反对新自由主义的新殖民主义政策，捍卫主权、经济主权和发展权。国家资源要掌握在国家的手中；公社、工会和家庭是"争取社会主义运动"的社会发展基础，政府将保护它们；解决人民的问题是"争取社会主义运动"和政府的宗旨；"争取社会主义运动"主张"社群社会主义"，发展社团民主；保障充足的粮食供应、有效的医疗和良好的教育，捍卫贫困和边缘居民的权益，不断提高人民的购买力，重视落后地区的开发等。莫拉莱斯承认，建设"社群社会主义"任重道远，资本主义只会伤害拉丁美洲，而社会主义意味着公平和公正，使拉美不再"像过去那样被种族主义或法西斯主义者统治"。

玻利维驻中国大使路易斯·费尔南多·罗德里格斯·乌雷尼亚 2008 年 10 月 9 日在中国社会科学院拉美所做的《社群社会主义：对极端自由主义的回应》的报告[①]中称，玻利维亚"争取社会主义运动"的原则是基于对历史记忆的重拾、认知和评价以及先烈们为了实现以下目标而进行的斗争：社会正义，消除剥削和被剥削、压迫和被压迫，人类和宇宙以及一切生命形式都被认同并能够平衡共存，承认人权的普遍原则；以各种社会组织间的共识、尊重和认同为基础的参与式民主，消除贫穷、苦难和歧视；各个民族、人民和国家，无论其政府组织形式和社会、文化、政治、经济制度如何，都有其传统的哲学思想和千百年来形成的智慧；建立"拉美大祖国"，团结各国人民的力量摆脱新自由主义、帝国主义和跨国集团；重建玻利维亚，使之成为多民族、多文化互相尊重、和谐共存的国

---

① 玻利维亚大使这一讲话的译文，参见路易斯·费尔南多·罗德里格斯·乌雷尼亚《社群社会主义：对极端自由主义的回应》，《拉丁美洲研究》2008 年第 6 期。

家，消除社会排斥；纪念为维护在玻利维亚植根已久的土著文化的独立性和久远价值而斗争的英雄；抵制各种干涉行为和帝国主义行径，反对建立"美洲自由贸易区"，将其视为一种左右玻利维亚人民意志、控制民族国家及其财富和命运的企图；强调第三世界各国人民的命运紧密相连，团结为实现自主决定的主权国家的自由、正义和解放而斗争的武装力量和社会运动；谴责霸权国家的军备竞赛，认为其强大的破坏性将威胁人类自身的生存；公社、工会和家庭是社会发展的基础，应受到政府制度的保护；充足而有保障的食物供给、有效的医疗服务和消除歧视的教育体制；弘扬社群社会主义价值观，认为人类、社会和土地等是"生活得好"的重要因素；保护被掠夺者和被边缘化的群体的社会经济和文化权利，捍卫经济、社会权利未受保护的中产阶级的权益要求，使其潜力得到发挥、生产能力得到发展；发展能够将政府和一切社会部门联系起来的、具有社会和经济内涵的参与式民主；关注在旧的发展模式下被忽视和边缘化的贫困地区的发展进程；使劳动者获得体面的工资、使本地产品有公正的价格，保护生态产品；实现土著民族自治，保障其集体人权和在平等的条件下行使公民权；建立"共识民主"，主张人与自身、社群、家庭和自然之间的本源认同与平衡；改变造成饥饿、贫穷和苦难的内部殖民主义、种族主义和歧视。重拾祖先的骄傲和智慧，树立自尊，克服几个世纪的内部殖民主义和外部殖民主义造成的自卑。

争取社会主义运动理念的价值观基础是：自由、尊严、平等、公平、对等、互补、团结、透明、社会责任、尊重生命、尊重人权、尊重文化多样性。

2008年4月21日，莫拉莱斯总统在纽约召开的联合国土著问题常设论坛第7次会议开幕式上提出了拯救地球、拯救生物与人类的"十诫"①，这"十诫"也被看作是"争取社会主义运动"的国内和国际政策的 10 点纲领性原则，这"十诫"的主要内容是：

（1）消灭资本主义。莫拉莱斯认为，气候变化是由人类的活动造成的。要救治地球母亲就必须找出其病因，即资本主义世界体系。气候变化是人类活动作用于地球的结果，在此过程中还造成了贫富分化。资本主义体系追求利润的逻辑正在破坏地球，它向一切事物索取最大的利润。在资本主义体系下，没有什么事物是神圣而不可侵犯的，一切都变成了商品：水、土地、人体基因、传统文化、正义、道德、死亡和生命本身。就连气候变化也可能最终变成商品。我们不能受骗。只要资本主义尚存，二氧化碳的排放量就会继续增加、农业边境就会继续延伸、垃圾将继续充斥全球。为了保护地球、生命和人类，我们必须消灭资本主义。

（2）放弃战争。莫拉莱斯认为，战争的胜利者总是那些帝国而非人民，是跨国集团而非民族国家；战争的受益者总是少数家族而非各国人民。他呼吁必须把和平与生命作为解决世界问题和争端的原则，必须放弃军备竞赛转而裁军，以保护地球上的生命，把战争的耗费的巨资投入到更加需要的地方去。

（3）建设一个没有帝国主义和殖民主义的世界。莫拉莱斯说，发展双边关系和多边关系十分重要，但在任何双边关系和多边关系中，都不能允许一个国家压制另一个国家。各国平等的世界应是一个承认分歧与差异的世界，一个顾及各地区及各国之间不平衡的世界，一个对各国区别对待并更加有利于小经济体发展

---

① 莫拉莱斯 2008 年 4 月 21 日讲话的原文，参见：http://www.probolivia.net/onu2008_1.html。

的世界。在一个不平等的世界中寻求平等竞争是不可能的，应抛弃竞争而以互补代之。一个多极的世界应是没有帝国主义和殖民主义的世界，一个更加平衡、没有霸权中心、多样和互补的世界。印第安文化遗产中包含运用对话的方式解决争端、使社会和谐共处的传统。

（4）水是一切生命的权利。莫拉莱斯认为，没有水就没有生命。全世界淡水的供应量正在减少，人类面临的一切社会和自然危机中，水资源危机是对人类自身和地球生存威胁最大的。要应对世界缺水危机我们应首先把获得水资源视为一项人权，因此，它应是一种公共服务而不能被私有化。一旦水资源被私有化和商品化，我们就不能保证人人有水了。水资源和饮用水服务是各国人民的权利，不应受市场和利润规则的支配。为了拯救地球、人类和生命，保障水资源成为人类和一切生物的权利已是刻不容缓。

（5）发展绿色能源，杜绝能源浪费。莫拉莱斯说，现今大气中的二氧化碳含量比过去65万年间的任何时候都高。尽管油价在飞速增长，但二氧化碳的排放量并未减少。必须控制全球能源的过度消耗并寻找替代能源。太阳能、地热能、风能和中小规模的水力发电是我们的选择。发展环境友好型的清洁能源是拯救地球、人类和生命的又一项基本任务。

（6）尊重大地母亲。大地不仅是一种自然资源，也是生命本身。我们正在经历一场自地球上出现生命体以来最严重的物种灭绝危机。我们不能继续污染地球母亲了。我们不允许资本主义体系使地球沦为商品。大地和生物多样性不应成为受市场规律支配的商品而被囤积和买卖。我们知道，土地集中在少数人手中是造成一切社会不公和土地本身被蹂躏的根源。土地投机、过度开发、囤积土地只能带来更大的社会和环境失衡。我们应在互补和尊重的原则下，按照社群规则管理土地。应是全社会以负责、和谐的方式管理土地和一切自然资源。尊重地球母亲并以社群方式管理大地是医治地球、拯救生命的关键。

（7）享有基本服务是一项人权。莫拉莱斯认为，享有教育、卫生、水、电、通讯、交通和信息等基本服务是人的基本权利，不能被私有化。全社会应使上述种种成为普及全民的公共服务。要拯救地球就必须保证全民享有上述人权。

（8）反对消费主义，遏制奢侈浪费。莫拉莱斯提倡基本适度消费并优先消费本地产品。适度消费并优先消费本地产品是拯救地球、人类和生命首先要解决的问题。

（9）尊重文化和经济的多样性。莫拉莱斯认为，资本主义要把所有人同化为单纯的消费者。"北方"（指发达国家）认为只有一种发展模式，即他们的模式。世界银行和国际货币基金组织开出的新自由主义药方使多数国家陷入危机。单一的经济模式造成一种普遍的文化适应，于是我们只有一种文化，用同一种方式看待和思考问题，即资本主义方式。资本主义全球化就这样破坏了生活的丰富性和多样性。人类是复杂多样的，各个民族都有各自的认同性和独特的文化。我们的世界应该是一个多样的世界。破坏一国文化、挫伤一国的民族认同性是对人类最大的伤害。尊重文化和经济的多样性，使各种文化和经济模式和平、和谐的互补发展，对拯救地球、人类和生命是至关重要的。

（10）要过好的生活。莫拉莱斯认为，建设与地球母亲和谐相处的"社群社会主义"是我们立足世界的方式。我们主张的人与自然、人与人之间和谐相处的观点与资本主义模式下的自私、个人主义和资本积累的观点截然相反。我们这些印第安民族要推动建设一个公正、多样、包容、平衡、与自然和谐共处的世界，使所有民族都能生活得好。我们说生活得"好"，因为我们并不谋求比他人生活得"更好"。我们不相信以他人利益和大自然为代价的积累式直线进步和无限制的发展。我们应互相补充而非竞争。我们应与邻共享而非加以利用。"生活得好"就是不能仅仅考虑人均收入，还要关注文化认同、社群和人们之间以及人与地球之间的和谐。我们印第安民族相信与自然和谐相处的社群社会主义，其基础是人民和社群，而非把自身利益凌驾于社会全体利益之上的国家官僚。在我们印第安人的社群生活实践中，权力机构扮演了社群公仆的角色，而非利用社群从中谋利。社群社会主义为社群集体谋利益，而非为少数有权人谋特权。它顾及共同利益而非个人所得。它为经济、社会和文化等人权而战。但是，与以往那些失败的模式不同，我们所主张的社群社会主义不仅顾及人也将自然和多样性融入其中。它不再遵循单一的发展主义的模式，不再不惜一切代价实行工业化。我们不相信毫无节制的发展，而是主张人与人、人与地球母亲之间的平衡与互补。要过好的生活。然而，好生活绝不意味着以牺牲他人利益为代价使自己生活得更好，而是指在平等、公正、互惠互补、稳定团结的环境下生活。因此，我们正致力于恢复我们的祖先与大地母亲和谐共存、与社会和睦共处的生活模式，建设一种"社群社会主义"。

（二）玻利维亚新宪法的通过和新宪法有关加强印第安人政治经济权利的规定

2007 年 12 月 9 日，玻利维亚立宪大会通过了新宪法，2009 年 1 月 25 日玻利维亚举行新宪法的全民公决，新宪法草案以 61.8% 的支持率获得通过。同年 4 月 14 日，玻国民议会正式通过新宪法。新宪法的多项条文保障了印第安人的政治经济的权利。

新宪法第 1 条规定，"玻利维亚是社群性的多民族权利社会的统一国家，是自由的、独立的、拥有主权的、民主的、跨文化的、非集中化的、拥有自主权的国家。在国家一体化进程中，玻利维亚以多样性，和政治、经济、司法、文化和语言的多元化为基础"①。

2009 年 3 月，玻利维亚议会决定将国名由"玻利维亚共和国"改为"多民族玻利维亚国"（El Estado Plurinacional de Bolivia），强调玻利维亚多民族国家的性质。莫拉莱斯社群社会主义执政理念的关键在于，将玻利维亚国家构建的基础建立在印第安文明和价值的基础上，承认玻利维亚民族文化的多元性。

新宪法承认玻利维亚 36 个印第安民族及其语言，印第安人可以有效地参与国家和地方的政治生活和经济活动。宪法第 5 条承认西班牙语和 36 个印第安民族所讲的语言均为官方语言，中央政府和省政府至少要使用两种官方语言；宪法规定建立四权分立的政治体制，增加了多民族选举机构作为第四种国家权力机构；重新划分行政区划，实行符合宪法的自治制度，将原农村发展和土地部改为自治部。

新宪法第一部分第二篇第四章专门规定原始印第安族农民的权利（第 30 条至第 32 条），规定印第安民族有权自由地生存，有权拥有自己的文化、宗教信仰、习俗和宇宙观，有权保护传统的医学、语言、习惯、服饰，有权建立自己体制、媒体和通信手段，有权接受多种文化和语言的教育和免费的医疗，有权实施政治、法律和经济的制度，有权分享开发他们所居住地自然资源开发的利益；濒临灭绝的印第安民族应得到保护和尊重；非裔玻利维亚民族享有印第安民族同等的经济、社会、政治和文化的

---

① *Nueva Constitución Política del Estado*，versión oficial，2009，p. 15.

权利。

新宪法第二部分第三篇第四章专门规定了原始印第安族农民的司法（第 190 条至第 192 条），规定印第安农民有权通过其当局行使其司法权。

新宪法第三部分第三篇第七章专门规定了原始印第安族农民的自治（第 289 条至第 296 条），规定印第安农民有权在他们居住的地区建立自治政府。2010 年 7 月 17 日，玻利维亚国会还专门通过了自治法。

宪法规定印第安人应在议会中占有一定的名额；建立多民族宪法法庭；成立多民族选举机构，印第安人在这一机构中拥有一定的代表；印第安民族可拥有自己原有的司法、印第安自治、自己的经济社会模式、有权利用水资源、有权使用印第安公社的土地等。

新宪法规定总统任期为 5 年，不能连选连任，但同时规定现任总统可以参加于 2009 年年底提前举行的总统选举，国民议会应在 4 月 9 日以前批准相应的新选举法，以确定在 2009 年 12 月 6 日举行总统、副总统和议会选举。同年 4 月 8 日，玻国会举行全体会议，讨论批准新选举法事宜。但执政党和反对派议员在辩论中难以达成一致，导致国会无法通过该法案。自 4 月 9 日起，莫拉莱斯与农民和工会领导人一起在总统府开始绝食，以迫使国会通过新选举法。在总统宣布绝食和政府做工作的情况下，国会于 7 月 13 日举行全体会议，最终通过了新选举法。7 月 14 日莫拉莱斯及其支持者宣布停止绝食。

2009 年的新宪法使玻利维亚人民，尤其是印第安土著居民和农民、矿工等低收入阶层的政治和社会地位得到提高。在国家统一的前提下，印第安人将被赋予行政、法律、经济、宗教和文化方面更多的自决权。在印第安人传统居留地上，土著社群可根据自己的传统选举领导人。此外，根据新宪法，玻利维亚成立了由参众两院组成的"多民族立法大会"，印第安人将获得更大的参与权。新宪法共有400余条款项，赋予了玻利维亚中央政府更多的权力，并规定各级政府机构应向占玻利维亚人口大多数的印第安人打开大门。

（三）莫拉莱斯政府的民族政策

为实施"社群社会主义"，莫拉莱斯执政以来主要采取了以下政策措施：

（1）实行石油和天然气国有化。2006年5月1日，莫拉莱斯总统颁布天然气和石油国有化法，[①]宣布对本国石油和天然气资源实行国有化。

（2）召开立宪大会，制定并通过了新宪法，确认了印第安人的政治、经济和社会的权利；任命多名印第安人为政府部长。莫拉莱斯于2010年1月23日再次就任总统后，在他新组建的内阁20名成员中，有四分之一，即5名是印第安人部长，他们是：外长戴维·乔凯华卡，矿业和冶金部长米尔顿·戈麦斯，生产发展部部长安东尼娅·罗德里格斯、司法部长尼尔达·科帕、自治部部长内梅西阿·阿查科洛。

（3）多次举行全民公决，就是否同意扩大地方自治计划、总统和副总统等去留问题等进行表决。在2006年7月2日举行立宪大会选举的同时，玻利维亚就是否给予全国9个省更大自治权的问题举行了全民公决。公决的结果，56.2%的选民反对改革

---

① 玻利维亚天然气和石油国有化法令原文全文，请参阅：Decreto 28071 de Nacionalización de Gas y Petróleo de Bolivia http://www.rodolfowalsh.org/spip.php？article1870。

现有的地方自治机制，反对扩大省级政府的自治权力。但在全国9个省中，有4个省，即东部富裕的圣克鲁斯、贝尼、潘多省和南部塔里哈省的多数人对扩大自治权投了赞成票。所以，这次投票的结果实际上给随后这4省闹分裂埋下了祸根。2008年8月10日，就总统、副总统以及全国9个省中8名省长的去留问题举行公民公决。莫拉莱斯总统获得67.41%的支持率，从而将继续留任总统。

（4）进行土地改革。2006年6月3日，莫拉莱斯总统在东部圣克鲁斯市将第一批土地国家所有权的证书交给贫穷的农民，从而开始一场他所说的真正的土地革命。莫拉莱斯宣布，政府将分配200万公顷国家的土地给农民，在开始阶段分配土地不包括征收私人的土地，以后将会影响到庄园主不生产的土地，政府准备将其收回归国家所有。同年11月28日，在参议院通过土地改革法以后，莫拉莱斯正式颁布新土改法，根据新土改法，国家有权向庄园主征收部分闲置土地，并按一定比例分配给无地的贫民和印第安农民。莫拉莱斯宣布将把大量私有空置土地的所有权收归国有并重新分配给贫民和印第安农民，但这一法律遭到一些省，特别是东部省的大庄园主的拒绝。2009年1月25日的全民公决不仅通过了新宪法，而且通过了允许个人拥有最多达5000公顷土地的条文。

（5）改变新自由主义的经济模式。莫拉莱斯制订了国家发展5年计划（2006—2011年），计划强调要改变新自由主义的发展模式，指导计划的四项原则是要使玻利维亚成为一个"发展生产的、有尊严的、民主的和主权的国家"。除前面已提到的石油国有化、土改等措施外，计划共分四个部分，一是战略部门，包括石油天然气、矿业、能源、环境资源等；二是就业和收入；三是基础设施和生产；四是生产服务。计划提出经济年增长率达

7%。在扶贫方面，制订了扶贫计划和支持团结互助计划（Propais），规定每年要创造 10 万个就业机会，第一年重点发展 80 个贫困市（县），5 年内基本消除极端贫困；莫拉莱斯执政以来，由于实施了扶贫计划，玻利维亚的极端贫困人口占总人口的比重逐渐下降，2005 年莫拉莱斯执政前为 38.2%，2008 年为 33%，2009 年减少到 31.9%。此外，还制订了扫盲计划，规定在一年内扫盲 72 万人。2008 年 12 月 21 日，经过三年的扫盲运动，玻利维亚被联合国教科文组织宣布为文盲已被扫除的国家。莫拉莱斯主张打击贩毒活动，但允许农民种古柯。莫拉莱斯政府允许每户农民种 1600 平方米的古柯叶。他说，"应当推动反对贩毒，反对美国军队和警察的干涉"，"只有做到零消费和零市场，才能消灭贩毒"。莫拉莱斯称玻利维亚将实现"零可卡因，零贩毒，但并非零古柯"。莫拉莱斯强调要改变新自由主义的经济模式，必须从结构上解决问题，建立适合于玻利维亚的经济体制。莫拉莱斯执政后，玻利维亚的经济取得了显著的发展，国内生产总值从 2005 年的 95.25 亿美元增加到 2009 年的 172.17 亿美元，同期，人均国内生产总值从 1010 美元增加到 1683 美元。

　　（6）奉行独立自主的外交政策。在对外政策方面，莫拉莱斯奉行独立自主的、多元化的外交政策。莫拉莱斯政府加强与古巴、委内瑞拉等拉美国家的关系；莫拉莱斯政府对美国的霸权主义政策持批评态度，谴责美国对玻利维亚内政的干涉。2008 年 9 月 10 日，莫拉莱斯总统下令驱逐美驻玻大使菲利普·戈德堡，理由是戈德堡在当地煽动反政府抗议，鼓励分裂活动。2009 年 1 月奥巴马就任美国总统后，玻美关系有所改善。2009 年 6 月，莫拉莱斯总统指责秘鲁加西亚政府镇压印第安人，秘鲁政府宣布莫拉莱斯为秘鲁的"敌人"并召回了秘驻玻大使，两国关系恶化。

（四）莫拉莱斯面临的挑战

莫拉莱斯执政以来，遇到了国内外的众多的挑战和问题，目前面临的主要挑战和问题是：

（1）地方分裂势力和反对党的挑战。玻利维亚东西部经济发展不平衡，东部比较富裕，西部比较落后。莫拉莱斯政府主张将国内财富重新分配，援助相对贫困的西部。东部一些省份则认为，这损害了东部地区经济利益。东部3个比较富裕的省即圣克鲁斯、贝尼、潘多省和南部塔里哈省的政权掌握在反对党的手里，他们企图通过公投的方式实现地方自治，使玻利维亚面临着国家分裂的危险。他们还挑动部分印第安人反对莫拉莱斯政府，经常不断地进行分裂活动。

在反对派的队伍中，除大资本家和大庄园主外，还有一些中小企业主，他们担心自己的利益会受到莫拉莱斯所推行的改革措施的影响；此外，还有一些工会组织和包括一些印第安人组织在内的非政府组织。莫拉莱斯政府并不反对自治，但是，政府和反对派对"自治"的理解分歧很大。反对派要求包括独立的立法权、外交权、拥有军队权、分享能源税收等内容的"完全自治"；如圣克鲁斯省2008年5月自行通过的自治法规定：建立圣克鲁斯自治省，省长由省内直接选举产生，不再由总统任命；设立自治区立法机构，在司法、税收等领域自行立法；自治省自行制定税收、电信、房产、土地和铁路运输政策；从中央政府手中收回省内天然气资源支配权；自治省省长有权签署国际条约；自治省有权建立、支配自己的警察队伍；赋予自治省省长、副省长以及自治省下属15个县的县长司法豁免权；自治省外国移民的地位由自治省政府规定，不再由中央政府规定。尽管圣克鲁斯省省长称，他们无意使圣克鲁斯省脱离玻利维亚，但实际上，从以上自治法可以看出，他们所主张的是国家的分裂。而政府则强调地区自治必须以确保国家统一为前提，认为反对派的"完全自治"等同于"独立"，势必导致国家分裂。双方分歧多次引发国内政局动荡。

2008 年 5 月和 6 月，上述富裕 4 省先后举行自治公投，在有效票中赞成票占压倒性多数。在圣克鲁斯省、贝尼省等地，支持地方自治派与亲莫拉莱斯派发生激烈冲突。全国选举法庭和莫拉莱斯总统本人都拒绝承认上述自治公投结果，宣布其为非法，使国家陷入分裂。

2008 年 9 月，在圣克鲁斯省省会圣克鲁斯等地爆发激烈的社会冲突，右翼抗议者冲击了国家税务局、国有电视公司和国有电讯公司驻当地的办事处，一度控制了税收体系和当地的土改办公室。反政府的抗议者还引爆一处天然气管道，使出口巴西的天然气减少了 10%。北部潘多省省会科维哈也发生了中央政府支持者和反对者的大规模冲突，导致伤亡和失踪。10 月初，政府与科恰班巴、奥鲁罗、波多西、拉巴斯和潘多 5 省签署了全国协议，但圣克鲁斯、贝尼、塔里哈和丘基萨卡 4 省省长没有签署协议。

这场冲突是以总统为代表、占玻利维亚人口大多数的印第安人左翼阵营与白人和混血人口组成的右翼阵营之间长期存在的利益冲突的突然爆发；具体表现为支持总统的印第安人与反对总统的富人和中产阶级之间的械斗。

（2）美国的敌视和跨国公司的挑战。莫拉莱斯曾多次指责美国企图派人暗害他，指责美国在背后支持反对派反对玻政府。2008 年的分裂主义危机至今仍未解决，玻利维亚指责美国驻玻大使 Philip Golberg 支持分裂活动，宣布驱逐他出境。

此外，莫拉莱斯的国有化、土改等改革措施，也触犯了一些在玻利维亚经营的跨国公司的利益，他们对莫拉莱斯政府仍然持观望和保留的态度。

2009年12月，根据新宪法，玻利维亚再次举行大选，莫拉莱斯再次当选总统并于2010年1月再次就任总统（2010—2015），其有利形势是54%的得票率使他能控制国会，击败保守的右翼政党。然而，也引起新的力量和政治行动的兴起。

莫拉莱斯的主要支持者是：古柯种植农、垦殖农、农民、妇女、居民委员会，尽管主要决策者是内阁成员和最密切的班子。他们称莫拉莱斯的"社群社会主义"是"21世纪拉美的第一场革命"，是"玻利维亚的第二次革命"。莫拉莱斯的支持者认为莫拉莱斯实行的是民众主义、民族主义、拉美主义和印第安主义。

目前莫拉莱斯政府的反对派主要分成两个集团：一是圣克鲁斯、塔里哈、贝尼3个省和玻9个省会中6个省的省会掌握在反对派手中，此外，反对派在参议院和众议院中均占有一定的席位，他们代表寡头和传统的阶层，他们与政府作对，指责政府搞专制，要求实现代议制民主和经济自由。

另一个反对派集团包括一些包括印第安人运动在内的社会运动、社区组织、工会、居民委员会、各种行会、不害怕运动（Movimiento sin miedo）、从争取社会主义运动分裂出来的人等。反对派的主要代表人物有：前矿工领导人、前争取社会主义运动参议员菲莱蒙·埃斯科瓦尔（Filemón Escobar），前争取社会主义运动参议员、玻利维亚农民联合会领导人、前争取社会主义运动立宪大会议员领导人罗曼·洛阿伊萨（Román Loayza），前争取社会主义运动参议员利诺·比尔卡（Lino Villca）和前印第安人帕查库蒂运动众议员菲利佩·基斯佩等。

2010年5月至7月，在反对派支持下，玻利维亚东部印第安人联合会（Indígenas de la Confederación Indígena del Oriente Boliviano，CIDOB））印第安人向拉巴斯发动进军，要求获得更多的自治权。玻政府指责美国国际新闻署在背后支持印第安人的进军和反政府行动。

莫拉莱斯执政以来，玻利维亚印第安人的政治经济和社会地位虽有显著提高，但据 2007 年统计将近一半（47.4%）的印第安人仍处在极端贫困的地位。莫拉莱斯能否顺利地把他的"社群社会主义"的改革措施进行下去，还有待于进一步观察。

（原载《中国民族报》2011 年 4 月 8 日、4 月 15 日和 4 月 21 日）

中拉文化的特点、历史联系与相互影响

中国是世界文明古国之一，而拉美则创建了玛雅、阿兹特克和印卡三大古文明。这些都为人类的进步与发展谱写了辉煌篇章。中国和拉丁美洲文化有着各自的特点，也有相似之处。中拉文化在历史上就有密切联系和相互影响；如今，中国和拉美已成为国际政治和经济舞台上的重要力量，中国和拉美之间的文化交往和联系更加频繁和密切，文化交流为推动中拉关系的发展起着重要作用。

一　中国文化和拉美文化的特点

中国文化的特点：第一，中国文化传统自起源发展至今，从未被割断。中国文化的发展延绵不绝，连续而未有中断，与包括拉美文化在内的其他任何古老的文明相比都是不同的。第二，中国文化与中华民族起源，具有鲜明的多元起源、多区域不平衡发展的特点。中华民族的多元一体格局，自新石器时代以来，逐步由多元向一体发展。中国文化的发展在不同区域是不平衡的，这种不平衡性导致了不同区域间的互补关系，是中国文化产生汇聚和向一体发展的动力因素。中国文化的起源有多个中心，长江、黄河都是中国文化的发祥地。另外，中国文化又是兼容并蓄的，是一种"和合"的文化，故其"内聚"和"外兼"是对立统一体。中国文化与许多文化不同，数千年来，她以拥抱世界、吸纳百川的胸怀，兼收并蓄，形成独具一格的文化。中国文化之所以历五千年而连续不断，就在于她不断地吸收其他文明的精华，使自身活力永葆，生命永存。中国文化具有很强的兼容性，无论是现在还是未来，从民族性格上来看，都不可能对西方文明或其他文明构成威胁。中西文明不仅不会对抗，而且还具有很强的互补性。因为，两种文化虽性质不同，但各有特色，各有长短。差异性较大，互补性也较强。第三，中国文化具有鲜明的本土特点。

中国文化的这些特点使中华民族形成"你中有我，我中有你"的结构，使中国文化丰富多彩并具有长久的生命力。[①]

拉美文化的特点：第一，与中国文化不同，美洲原有的土著文化的传统被欧洲殖民者的入侵所割断。由于中世纪末期欧洲殖民者对美洲的征服和殖民，打断了拉美印第安土著文化的发展，使印第安土著文化没能成为拉美文化的主体，而是以移植来的欧洲文化成为主体，以美洲印第安土著文化和非洲黑人文化为次要成分。[②] 如当今拉美大多数国家的官方语言是拉丁语系的西班牙语、葡萄牙语（巴西）和法语（海地），只有秘鲁、玻利维亚等少数国家把克丘亚、艾马拉等印第安语同西班牙语一起并列为本国官方语言。第二，多元化和多源性。拉美文化是"杂交"文

[①]　陈连开：《论中华文明的起源及其早期发展的基本特点》，《中国社会科学院院报》2006 年 5 月 31 日。

[②]　Damian Bayon, *América Latina en sus Artes*, Siglo XXI Editores, México, 4ta. Edición, 1983, p. 157

化或"混合"文化。① 拉美文化的多元化和多源性与中国文化的多元起源有相同之处，也有不同之处。相同之处是其起源是多种的，不同之处是中国文化是在不断地吸收其他文明的精华，使其生命永存，因此，中国文化具有很强的兼容性，既"内聚"，又"外兼"。而拉美文化是欧洲基督教文化、美洲印第安土著文化和非洲黑人文化等多种不同来源的文化的汇合和融合。秘鲁学者欧亨尼奥·陈—罗德里格斯认为，"西班牙文化遗产逐渐发生变化，并与土著的和非洲的文化遗产结合在一起，开始形成西班牙美洲的文化。西班牙、印第安和非洲因素的融合，创造出一种混血式的美学观念和一种新的生活方式。美洲的混血现象超出了单纯人种混血的范围……把几种不同的文化遗产融为一体"。② 第三，开放性和独创性。拉美文化极少保守性和排他性，它善于引进和吸收其他文化的最新成果，具有很大的亲和力。然而，它并不是生吞活剥，而是吸收、消化，变为己有，根据自身发展的需要，创造出具有自己鲜明特色的拉丁美洲文化，表现出很强的融合力。开放和创新并举是拉美文化兴盛发展之根本。③

二　中拉文化的历史联系和相互影响

（一）关于中国古代文化与拉美古代文化之间关系的争论

关于中国古代文化与拉美古代文化之间有没有联系，在中外学者中一直有争论，至今尚无定论。

---

① 刘文龙：《拉丁美洲文化概论》，复旦大学出版社 1996 年版，第 41 页。

② ［秘］欧亨尼奥·陈—罗德里格斯：《拉丁美洲的文明与文化》，中译本，商务印书馆 1990 年版，第 84 页。

③ 郝铭玮、徐世澄：《拉丁美洲文明》，中国社会科学出版社 1999 年版，第 423 页。

有关中国古代文化与拉美古代文化之间关系的研究始于 1752 年。这一年，法国汉学家歧尼（Joseph de Guignes）给当时在北京的一名法国传教士宋君荣写信，说他发现中国僧人早在公元 5 世纪就到过墨西哥。1761 年，歧尼在他向法国文史学院提交的题为《中国人沿美洲海岸航行及居住亚洲极东部的几个民族的研究》的研究报告中，根据《梁书》上有关慧深东渡扶桑的记载，率先提出了"中国人最早发现美洲说"，认为慧深于公元 499 年所到的"扶桑"国，就是墨西哥。自 1752 年起，在长达 250 多年的时间里，中外学者对中国古代文化与拉美古代文化之间关系进行了广泛、深入和多视角的探讨，基本上形成了"同源派"和"自我派"两大派别。前者认为拉美古代文化起源于中国文化，后者认为拉美古代文化和中国古代文化是各自沿着自己独特的道路发展的。

歧尼在他的研究报告中引用了中国唐代历史学家姚思廉（公元 557—637）编撰的《梁书》卷五十四《梁书·诸夷传》中有关"扶桑国"的以下记载：

"扶桑国者：齐永元元年，其国有沙门慧深，来至荆州，说云：扶桑国在大汉国东二万余里，地在中国之东。其土多扶桑木，故以为名。扶桑叶似桐，而出生如笋。国人食之。实如梨而赤，绩其皮为布，以为衣，亦以为绵。作板屋，无城郭。有文字，以扶桑皮为纸……国王行，有鼓角导从，其衣色随年该易……有牛，角长，以角载物至胜二十斛。车有马车、牛车、鹿车。国人养鹿，如中国畜牛，以乳为酪。有桑梨，经年不坏。多蒲桃。其地无铁，有铜，不贵金银。市无租估。其婚姻，婿往女家门外作屋，晨夕洒扫。经年而女不悦，即驱之；相悦乃成婚。婚礼大抵与中国同。亲丧七日不食，祖父母丧五日不食；兄弟伯叔姑姊妹三日不食。设灵为神象，朝夕拜奠，不制缞绖。嗣王

立，三年不视国事。其俗归无佛法。宋大明三年，罽宾国尝有比
丘五人，游行至其国，流通佛法经像，教令出家，风俗遂改。"①

歧尼认为，"扶桑国"就是墨西哥。"一石激起千层浪"，歧
尼的论文一问世，便在世界上引起强烈反响，反对他的说法的人
不少，但支持者也大有人在。关于扶桑国即墨西哥的假说，在中
外学术界长期以来存在着截然不同的看法。

从19世纪末开始，中国一些学者也参加到"扶桑国"问题
的争论中。先后有章太炎、兴公、陈汉章、陈志良、朱谦之、马
南邨（邓拓的笔名）等人撰文或著书支持"扶桑国"即墨西哥
之说。

陈志良在1940年就提出"殷人东渡"学说，认为中国人最
早移殖美洲。②北京大学教授朱谦之在1941年出版的《扶桑国
考证》一书中，根据中外史籍材料进行了考证，认为中国僧人
发现美洲是"决无可疑"。

1961年9月《北京晚报》上发表了马南邨的《谁最先发现
美洲》等三篇短文（这些短文后收入《燕山夜话》二集）引起
了我国学术界的争论和读者的广泛兴趣。

马南邨经过考证后认为，中国古人所谓"扶桑"，便是指墨
西哥，认为《梁书》所记载的扶桑国的产物和风俗，大体上与
古代的墨西哥很相似："所谓扶桑木，就是古代墨西哥人所谓的
'龙舌兰'。它到处生长，高达36尺。墨西哥人的日常饮食和衣
料等，无不仰给于这种植物。在墨西哥北部地区，古代有巨大的
野牛，角很长。这同样符合于《梁书》的记载。"国内有的学者

---

① 转引自沙丁等《中国和拉丁美洲关系简史》，河南人民出版社1986年版，
第19—20页。

② 陈志良：《中国人最先移殖美洲说》，《说文月刊》，1940年第1卷第4期。

认为扶桑木是玉米或棉花。

《梁书》中慧深叙述扶桑国的动物有马、牛和鹿。古代美洲有鹿栖息，对此，没有争议。学术界对古代美洲有无牛马有争议。如古代玛雅，没有牛马和大牲畜。但朱谦之认为，在古代，从墨西哥北部到美国南部，曾栖息着体型比现今的牛还要大的野牛，其角长6尺以上，《梁书》所指长角之牛，就是这种野牛。至于马，一些动物学家根据美洲各地发现的遗骨，证明远古时代美洲确有马类生活。

马南邨等还引用苏联学者所著的《美洲印第安人》一书中所说的美洲印第安人"虽已开始用铜、锡和铅，用金银制装饰品，但从未发现铁"等论断，来证明《梁书》中所说的"其地无铁有铜，不贵金银"与古代墨西哥等地情况相符。

1992年连云山发表《谁先到达美洲》一书，提出在公元412年（东晋义熙八年）底，中国法显和尚曾达到墨西哥南部西海岸一带，在那里停留了5个月，于413年（义熙九年）5月离墨乘船西航，于当年秋9月回到山东青岛崂山。1997年北京师范大学教授胡春洞出版《玛雅文化》一书，认为《梁书》中说的扶桑树是木棉树，扶桑国"应该是墨西哥无疑"，认为玛雅文化起源于华夏文化，炎黄近支亲系早在5000年前就抵达美洲。①

在墨西哥也一直有历史学家、人类学家潜心研究墨西哥文化与中国古代文化的关系。1962年墨西哥国立自治大学教授基奇霍夫提出，墨西哥的阿兹特克日历起源于中国。1973年墨西哥埃切维里亚总统（1970—1976年在任）访问中国时说："我们这些人虽然来自西方，但我们的精神却源自于东方。""中国和墨西哥越过了作为两国文化的共同疆界的海洋而再度相会"，"我

---

① 胡春洞：《玛雅文化》，复旦大学出版社1997年版，第6页。

们最初的血缘在许多世纪以前就渊源于世界的这一地区"。1990年墨西哥人类学和历史学院教授古斯塔沃·巴尔加斯在墨西哥出版了《扶桑：哥伦布之前到达美洲的中国人》一书，详细介绍了关于公元前5世纪中国人发现美洲的推测。

然而，西方第一流汉学家克拉卜洛特（德国）、希勒格（荷兰）、李约瑟（英国）等对此一直提出异议。

我国著名历史学家、北京大学教授罗荣渠在他所撰写的《论所谓中国人发现美洲的问题》（1962年）①和《扶桑国猜想与美洲的发现》（1983年）等论文，以丰富的史料、细致的考证，得出以下结论："根据《梁书》所记的史料仔细分析，我们认为扶桑国的记载的疑点甚多。这段史料本足以否定扶桑即墨西哥的假说，但不足以确证扶桑国的具体所在。"中国社会科学院已故前副院长、考古研究所所长夏鼐在读了罗荣渠教授写的《扶桑国猜想与美洲的发现》一文后，于1983年5月31日写信给罗荣渠教授，认为罗在此文中的"理论是谨严的、正确的"。在夏鼐1983年6月6日至罗荣渠的另一封信中，夏鼐认为："我认为扶桑国的方位依现在的资料，只有两种可能性：（1）根本没有这个国家（不相信记载）；（2）在中国之东，及东北亚某地，离倭国不太远之处。我同意您的意见，绝对不可能在美洲。"②

1993年北京大学历史系蒋祖棣发表了他1990年的博士论文《玛雅与古代中国》。他依据在考古学范畴内所揭示的详细而丰富的资料，对玛雅和中国两大文明赖以产生和发展的地理

---

① 罗荣渠：《论所谓中国人发现美洲的问题》，《北京大学学报》1962年第4期。

② 参阅罗荣渠《美洲史论》，中国社会科学出版社1997年版；《美洲史论》（增订本），商务印书馆2006年版。

环境、文化景观、文化特征，作了较深层次的微观讨论，得出结论认为：玛雅文化和古代中国文化有各自不同的"文化重心"，彼此独立地完成了从农业产生到文明繁盛的整个发展过程。①

中国世界历史所研究员郝铭玮和笔者倾向"独自发展"的观点，认为拉美的古代文化和中国古代文化没有直接的关系，两者是在各自的区域平行地孕育、兴起和发展起来的。②

（二）中国文化与拉美文化的历史联系和相互影响

1. 海上"丝绸之路"促进了中拉文化的交流和相互影响

根据有据可查的中外文献记载，中国文化对拉美文化的直接联系是自明朝万历年间（16世纪后期）开始的。自16世纪后期至17世纪前半期，有一些中国的商人、工匠、水手、仆役等沿着当时开辟的中国—菲律宾—墨西哥之间的太平洋贸易航路，即海上"丝绸之路"，到达墨西哥、秘鲁等拉美国家侨居，在那里经商或做工。在这一时期共移植拉美的"马尼拉华人"有五六千人。这些华人将中国的丝绸、瓷器、手工艺品等产品和中国的文化习俗带到了拉美国家。与此同时，被称为"中国之船"的"马尼拉大帆船"在返航时，也把墨西哥银元"鹰洋"、拉美特有的玉米、马铃薯、西红柿、花生、番薯、烟草等传入中国，对中国金融业的发展和中国人食品结构的多样化起推动作用，促进了中拉之间的物质文化交流。

---

① 蒋祖棣：《玛雅与古代中国》，中国社会科学出版社1993年版，第192—194页。

② 郝铭玮、徐世澄：《拉丁美洲文明》，中国社会科学出版社1999年版，第104—106页。

2. 契约华工、华工、华侨和华人对促进中拉文化联系起重要作用

19世纪初，英国和葡萄牙殖民者开始将中国人贩卖华工到拉美作苦力。首批华工147人于1806年抵达英属特立尼达。1808—1810年，葡萄牙人从中国招募了几百名湖北茶农到巴西里约热内卢和圣保罗种茶。1840年鸦片战争后，19世纪40—70年代有三四十万名契约华工移入拉美，19世纪70年代"苦力贸易"被禁止，但华工依然不断移入拉美。契约华工和华工主要分布在古巴和英国、荷兰、法国所属的拉美和加勒比产糖的殖民地；出产鸟粪的秘鲁；进行重大工程建设的巴拿马、墨西哥、智利等国。

由几十万契约华工和华工组成的劳动大军，筚路蓝缕，披荆斩棘，同拉美各国人民一起，共同进行农、矿业开发和交通建设，用辛勤劳动的汗水浇灌了拉美的沃野，对各侨居国的经济发展、文明建设和社会进步做出了重要贡献，促进了拉美的繁荣。巴拿马运河的开凿，中美洲、加勒比地区的甘蔗、咖啡、棉花种植园的发展以及智利硝石和秘鲁鸟粪的开采，巴拿马、秘鲁和墨西哥等国铁路的修建，都凝聚着华工的血汗。

此外，早期华侨和华工，以及后来的华侨和华人还把中华民族的优良传统、习俗和文化带到拉美，把生产技能传授给拉美人民，在古巴等国的华侨还同当地人民并肩战斗，流血牺牲，为这些国家的独立和解放起了重要作用。

习俗：中国人的烹调技艺在拉美各国享有盛名，许多拉美人都喜欢吃中国饭菜。时至今日，秘鲁利马的居民都还称中国饭馆为"契发"（chifa），即广东话"食饭"的译音。许多中国蔬菜（如豆芽、绿豆、白菜、芋头等）以及许多食品（如豆腐、云吞即馄饨、虾饺、叉烧包、春卷、蛋卷等）都被华侨引进拉美人

的日常食谱。

美国历史学家派克斯在其所著的《墨西哥史》中，叙述了殖民时期在首都墨西哥城的贵妇人"她们穿着中国来的丝绸"。[①]在墨西哥普埃布拉市一处的广场上，耸立着一座约十米高的身穿彩裙、头扎发辫的年轻姑娘的塑像，人们称她为"普埃布拉的中国姑娘"（China Poblana）。相传这位在普埃布拉大商人家当女仆的中国姑娘设计出一种丝料女装，长裙、无袖，加金色镶边和红、白、绿色的，鲜艳夺目。后来，墨西哥妇女争相仿效她的裁剪方法，制成了"普埃布拉的中国姑娘"的女装，流行至今。[②]

除饮食、服装外，中国的其他一些风俗，如春节拜年，放烟火和鞭炮，舞狮舞龙灯，烧香拜佛，敲锣打鼓等，通过华人这一中华文化的载体，在拉美许多国家保存了下来。而且，如今不光是华人，许多拉美当地的居民也同华人一样遵循这些风俗习惯，使华夏文化在当地生根、开花、结果。

生产技能：拉美国家在19世纪前不种或很少种水稻，只有少数国家种一点旱稻。据张荫恒在《三洲日记》中记载，19世纪80年代，由于蔗糖生意不好，秘鲁甘蔗园主靠华工的技术和劳力，改种水稻，获得成功：（秘鲁）"近以蔗园生意日减，遂亦种稻，赖华工为之，岁仅一获，米却不恶"。[③] 1808年葡萄牙王室迁到巴西后，葡萄牙总理大臣下令葡萄牙驻澳门总督招募中国茶农到巴西种茶。1808—1810年间，数百名湖北茶农从澳门到巴西里约热内卢等地传授种茶的技术。[④] 华侨和华人还在侨居的拉美国家积极

---

① ［美］派克斯：《墨西哥史》，生活·读书·新知三联书店1957年版，第99页。

② 徐世澄：《一往无前墨西哥人》，时事出版社1998年版，第290—291页。

③ 张荫恒：《三洲日记》，《晚清海外笔记选》，第240页。

④ 吕银春、周俊南：《巴西》，社会科学文献出版社2004年版，第441页。

传授中华医术。他们中间有的原来就是医生，但多数人并不是专业医生，而是懂得一些医术。他们在所侨居的拉美国家，根据实际需要，治病救人，传授中华医术，为发展拉美医疗事业，做出了贡献。古巴历史学家胡安·希门尼斯·帕斯特拉纳在《古巴解放斗争中的华人》一书中提到 19 世纪 70 年代，古巴华工中有一位名叫詹伯弼的中医大夫享有盛名，当时古巴人每提到他的医术和医德时，便赞不绝口，认为再也没有比他更高明的大夫了；而且他经常免费给穷人看病，分文不取。他对前来就医的病人说："如果你有钱，就给我；如果没有钱，就不用给。我这药是给穷人治病的啊！"[①] 在秘鲁、墨西哥等国，也有不少中医大夫。美国华工史专家瓦特·斯图亚特在《秘鲁华工史》一书中写道，"中国人的草药治好了许多秘鲁大夫未能治愈的病人"。[②]

特立尼达和多巴哥总理在 1974 年 11 月访华时专门谈到 19 世纪华工对拉美和加勒比地区所做的贡献，他说：华工及其后裔"对文明加勒比地区人口的组成作过贡献"，并"在法律、医学、工商业、教育、体育、文学艺术等各个领域积极地和具体地促进了我们的发展"。[③]

三　文化交流促进中拉友好关系的发展

文化交流是心灵的对话、感情的沟通和友谊的纽带。周恩来

---

① 　Juan Jimenez Pastrana, *Los chinos en las luchas por la liberacion cubana*（1847 - 1930），Instituto de Historia de Cuba, La Habana, 1963, p. 80.

② 　瓦特·斯图亚特：《秘鲁华工史》，中译本，海洋出版社 1985 年版，第 110—111 页。

③ 　转引自沙丁等《中国和拉丁美洲关系简史》，河南人民出版社 1986 年版，第 189—190 页。

总理曾形象地把外交、外贸和对外文化交流比喻为一架飞机，外交是机身，外贸和对外文化交流是飞机的两翼。这充分说明对外文化交流和合作在总体外交活动中具有不可替代的作用。

中国政府十分重视发展与拉美国家的文化关系。文化交流与合作在巩固中拉传统友好合作关系和建立 21 世纪中拉友好合作关系中，与中拉政治、经贸关系并重，为不断加深中拉政府和人民之间的相互了解和增进彼此的团结和合作做出了巨大贡献。

中华人民共和国成立后，由于历史的原因，拉美一些主要国家的政府在相当长时间内仍同台湾当局保持"外交关系"，没有同新中国建立外交关系。中国政府十分重视拉美这一相距虽远但有共同历史遭遇的大陆，针对当时的实际情况，确定了同拉丁美洲国家"积极开展民间外交，争取建立友好联系和发展文化、经济往来，逐步走向建交"的基本方针。在同拉美国家正式建交前，新中国都同拉美国家开展过不同程度的文化交流。在1960 年中古建交之前，就有拉美 19 个国家的文化艺术人士 1200多人应邀访华，其中就有智利的诗人聂鲁达、画家万徒勒里和社会活动家阿连德，墨西哥画家里维拉、社会活动家卡德纳斯将军，巴西作家亚马多、古巴作家纪廉等。中国也派了不少文化团体访问拉美国家。1954 年中国文化代表团应邀参加了在智利首都圣地亚哥举行的第一届拉丁美洲大陆文化会议并访问了智利；1956 年中国艺术团赴智利、乌拉圭、阿根廷和巴西等国演出。新中国成立后，拉美一些国家陆续成立了对华文化协会或友好协会，努力促进同我国的文化联系与友好关系，促进了拉美和中国人民之间的相互了解与友谊。早在 1952 年 10 月 1 日，智利友好人士就成立了"智中文化协会"；1953 年"墨西哥—中国友好协会"和"巴西—中国文化协会"成立；1959 年成立了"玻利维亚—中国文化协会"和"乌拉圭—中国文化协会"。中国同拉美许多国家都是先从文化交往开始，逐步增加和扩大其他方面的接触，最终建立正式外交关系。文化交往架起了一座连接中拉人民友谊的桥梁，对推动中拉建立正式外交关系起了功不可没的开路先锋作用。到目前为止，中国已同 21 个拉美和加勒比国家建立正式外交关系。

1983 年中国领导人邓小平曾经指出，经济上实行对外开放的方针要长期坚持，对外文化交流也要长期发展。自 20 世纪 70 年代后期中国实行改革开放以来的 28 年，中国与拉美国家的文化交流已经从民间到官方，再到官民结合，中国已同约 20 个拉美国家签订了数十项文化交流合作协定或文化、教育和科技交流和合作协定。近二三十年来，中国派遣了许多政府文化代表团、表演艺术团组、体育队组、艺术家、作家去拉美国家访问交流，在拉美国家举办过中国电影周、文化周绘画、考古文物展、摄影展、工艺美术品展、邮票展等，受到拉美人民的热烈欢迎。与此同时，拉美国家也有众多政府文化代表团、艺术团组来中国交流献艺，同样受到中国人民的热烈欢迎。中拉之间在新闻、出版、广播、电影、电视、文物、博物馆以及人力资源开发等方面进行广泛交流与合作。自 20 世纪 60 年代初起，古巴为中国培养了数百名西班牙语干部；墨西哥政府自 20 世纪 70 年代中期起至今，也为中国培养了数百名西班牙语干部。其他拉美国家如阿根廷、巴西、智利、哥伦比亚、秘鲁、委内瑞拉、厄瓜多尔等国也为中国培养了一定数量的西班牙语干部。中国的西班牙工作者在近二三十年翻译出版了拉美著名作家的主要代表作品，为中国读者了解拉美文学和拉美现状起了积极作用。

进入 21 新世纪，中拉文化交流更加活跃。2000 年 9 月，在墨西哥国家人类学博物馆举办了《帝王时期的中国：西安王朝文物展》，墨西哥总统塞迪略出席了开幕式。2001 年墨西哥文物展"神秘的玛雅"先后在西安、广州、北京和上海举行，同年5月，墨西哥总统福克斯出席了在北京举行的展览开幕式。2006年5月，"相约北京"活动以墨西哥为主宾国展开。同年6月，"墨西哥绘画：从壁画三杰到当代"，"墨西哥现代建筑展"和"墨西哥当代陶器展"在中国美术馆开幕；7月，"美洲豹崇拜—墨西哥古文明展"在北京首都博物馆开幕。我国多次派艺术团组参加在墨西哥瓜那华托举办的塞万提斯国际艺术节。2004年5月25日，北京大学成立巴西文化中心，巴西总统卢拉出席了成立仪式。2006年4月，中国广播电视代表团访问了巴西。同年5月，中国政府文化代表团对巴西、古巴等国进行了友好访问。2005年11月，中国中央电视台在阿根廷首都布宜诺斯艾利斯推出了一台名为《中国—阿根廷手拉手》的大型文艺晚会。2005年7月，玻利维亚文化部举办了"中国文化周"。2006年2月，中国大学校长代表团在参加了在古巴举行的第五届国际高等教育大会之后对哥伦比亚等国进行了友好访问。古巴曾多次举办中国文化节和中国电影周。2006年4月至9月，中国国家博物馆和秘鲁国家文化委员会联合在国家博物馆举办《失落的经典——印加人及其祖先珍宝展》。2004年，以中国社科院院长陈奎元为团长的中国社科院代表团访问了古巴，中古社科学者已举办了两次双边研讨会。近些年来，中国社科院代表团还出访了巴西、阿根廷、委内瑞拉、墨西哥等拉美国家。中国社会科学院，特别是拉美所同拉美国家的学术交流越来越频繁。

通过上述的各种交流活动，拉美古代璀璨的玛雅、阿兹特克和印卡文化，拉美现代的独特的、多姿多彩的文化艺术，使中国观众大开眼界，对中国现代文化的发展起到了借鉴作用，拉近了中国人民和拉美国家人民的距离，增进了友谊。近些年来，在中国兴起了一股"拉美文化热":在北京、上海等地,跳拉丁舞(探戈、恰恰恰、桑巴舞等)已成为时尚;中国流行歌手以唱拉美风格的歌曲为自豪;受特立尼达和多巴哥影响,北京成立了北京钢鼓乐团;在北京、上海等地,巴西烤肉店和墨西哥玉米饼店生意兴隆;拉美小说家的魔幻现实主义的风格对中国当代作家也产生了重要影响;而中国的武术功夫、中国的针灸医术也在拉美不少国家广为传播。近年来,在不少拉美国家,也兴起了一股学习"汉语热"和研究"中国热"。中国对拉美文化交流,不仅要把中国特色的文化介绍给拉美国家人民,而且要吸收、借鉴拉美文化。目前中拉文化交流已进入多渠道、多层次的交往局面。文化交流已从过去完全由国家负担经费,逐步出现部分由国家负担、部分由企业、商家或民间团体负责的"官民结合"的趋势,扩大了交流的机会。

中拉文化交流已在中拉关系发展中越来越发挥着重要的角色。2004年11月12日,中华人民共和国主席胡锦涛在访问巴西期间,在巴西国会发表了题为《携手共创中拉友好新局面》的重要讲话,在讲话中明确把文化交流作为中拉关系的三个发展目标之一。胡锦涛主席提出的中拉关系在不远的将来能够实现的三个发展目标是:"政治上相互支持,成为可信赖的全天候朋友","经济上优势互补,成为在新的起点上互利共赢的合作伙伴","文化上密切交流,成为不同文明积极对话的典范。通过丰富多彩的文化交流活动,使双方人民特别是青年一代从中得到更多的心灵沟通和思想理解,共同为世界文化的多元发展增光添彩"。为实现上述目标,胡锦涛主席提出了三点倡议:"深化战略共识,增强政治互信","着力务实创新,挖掘合作潜力","重视文化交流,增进相互了解。通过互设文化中心、促进旅游合作、加强大众传媒交流、交换留学生和组织中拉青年节等活动，不断增进中拉人民友谊"。①

　　我们相信，随着中拉文化相互交往的扩大和加深，必将推动中拉关系的发展；而中拉关系的进一步发展，必将推动中拉文化关系的进一步发展。

（原载《拉丁美洲研究》2006 年第 5 期）

---

① 《人民日报》，2004 年 11 月 14 日，第 1 版。

美洲的古代文明

　　印第安人是美洲古文明的创造者。介绍美洲的古代文明，首先要谈的是其创造者美洲印第安人（即土著居民）的起源问题。对美洲印第安人的起源问题，历来众说纷纭，莫衷一是。随着考古学、人类学等相关学科的发展，如今世界上占上风的看法是：1. 由于迄今为止在美洲没有发现猿人的遗迹，美洲印第安人的祖先不可能是土生的，而是从其他大陆迁徙过去的；2. 通过 DNA 的抽样测试分析，排除了美洲印第安人的祖先与非洲人、欧洲人的祖先同宗的可能性，确认了与亚洲蒙古人种的同一性；3. 冰川时期（公元前 7 万—1.2 万年），亚洲东北部与美洲西北部有陆桥相连，亚洲人越过陆桥进入北美地区；4. 最早进入美洲的亚洲人是一批猎手，他们追捕猎物时越过陆桥，在北美地区继续追捕，繁衍生息；他们的后裔追捕猎物时南下墨西哥，而后到达南美洲；5. 根据考古新发现，大约在 2.1 万年前，亚洲人通过白令海峡，分多次迁移到美洲大陆。也有部分学者认为，印第安人并非完全属于同一种族，有部分居民可能是从大洋洲方面迁移到南美或中美地区的。

　　据估计，在公元 15—16 世纪之交，美洲印第安人有 1500

万—4000万人，语言和方言达1700余种。印第安部族也很复杂，主要的部族有：加拿大和美国的易洛魁人，墨西哥的萨波特克人、托尔特克人和阿兹特克人，墨西哥南部和中美洲的玛雅人，加勒比海地区的加勒比人，委内瑞拉、哥伦比亚及周围地区的奇布查人，秘鲁、厄瓜多尔和玻利维亚等安第斯高原地区的印卡人，阿根廷、巴拉圭的瓜拉尼人，智利的阿拉乌干人，巴西等国亚马孙河流域热带森林和草原地区的阿拉瓦克人和图皮人。

美洲是世界古文明的重要发祥地之一。美洲印第安人经过漫长的渔猎采集生活，大约在公元前3000—2000年开始定居并从事农业种植，培植了玉米、马铃薯、番茄、花生、甘薯、向日葵、烟草、可可、龙舌兰、南瓜及某些豆类和薯类作物。饲养的家禽家畜有骆马、羊驼、火鸡等。玉米种植是印第安文明的基础，故印第安文明又称"玉米文明"。印第安人培育的很多农作物后来传到世界各地，对人类物质生活做出了重大贡献。但是，古代印第安人不知道使用铁器、车轮和牛马，这影响其生产力的提高和发展。在社会组织方面，长期处于原始公社制阶段。土地为部落公有，由议事会分配给各氏族和家庭使用。实行集体劳动，产品平均分配。但是，有的地区达到了较高的社会发展阶段，进入早期的阶级社会。

美洲古代文明大致可分为三个时期：前古典时期（公元前2000—公元250年左右），古典时期（公元250—900年左右），后古典时期（公元900—1500年左右）。

前古典时期至后古典时期，美洲印第安文明发展水平最高的为两大地区：一个在中部美洲（Mesoamérica，又译"美索亚美利加"或"美索美洲"），包括今墨西哥、危地马拉、萨尔瓦多、洪都拉斯、伯利兹等国，被称为"中部美洲文明"。在那里最早兴起的是奥尔梅克（Olmec）文化，被认为是中部美洲文明的先驱。其后兴起的有特奥蒂华坎文化（Teotihuacán）、萨波特克（Zapotec）文化和托尔特克（Toltec）文化等。另一个在南美安第斯高原及太平洋沿岸一带，被称为"安第斯文明"。在那里最早出现的是查文（Chavín）文化，被认为是安第斯文明的渊源。其后兴起的有帕拉卡斯（Paracas）文化、纳斯卡（Nazca）文化、莫契卡（Mochica）文化、蒂亚华纳科（Tiahuanaco）文化和契姆（Chimú）文化等。在此基础上最后形成了三个主要文明中心：①以现今墨西哥尤卡坦半岛和危地马拉、洪都拉斯为中心的古代玛雅文明（Maya Civilization）；②以墨西哥高原盆地为中心的古代阿兹特克文明（Aztec Civilization）；③分布于厄瓜多尔、秘鲁、玻利维亚广大地区的古代印卡文明（Incan Civilization）。

下面分别简要地介绍一下美洲古代（也是拉美）的三大文明。

一　玛雅文明

玛雅文明（Maya Civilization）为古代玛雅人所创造的印第安文明，是中部美洲印第安古文明的杰出代表，是古代美洲的三大文明之一，是世界著名的古代文明之一，也是唯一诞生在热带丛林而非大河流域的文明。

简史：玛雅文明一般可分为前古典期（早期即形成期，约公元前1800—公元300年），古典期（中期即鼎盛期，公元300—900年）和后古典期（后期，公元900—1521年）。

玛雅文明区主要包括今天墨西哥南部塔巴斯科州和恰帕斯州，尤卡坦半岛的尤卡坦州、坎佩切州和金塔纳罗奥州，地处尤卡坦半岛的中美洲国家危地马拉、洪都拉斯、伯利兹和萨尔瓦多，总面积约 32.4 万平方公里。

大约自公元前 1800 年起，古代玛雅人已开始生活在上述地区，公元初期在尤卡坦半岛南部今危地马拉佩滕（Petén）湖畔的热带雨林区，兴建了第一批"城邦"。这些城邦实际是早期的祭祀中心。公元 3 世纪以前的历史，被认为是玛雅文化的形成期。

从公元 3 世纪至 9 世纪，玛雅文化进入鼎盛期，建立大小城邦达百余个，使用统一的象形文字和历法，其中今危地马拉的蒂卡尔（Tikal）有居民 4 万人。今洪都拉斯西部与危地马拉交界处的科潘（Copan），大约在公元前 2000 年就有玛雅人在此居住，公元 435 年开始建城，公元 5—9 世纪处于全盛时期，成为当时的科学文化和宗教活动中心。玛雅有立柱记事的习俗，一般是每隔 20 年建一座石柱碑。9 世纪末，这些城邦突然衰落，立柱记事由此中断，原因不详。

公元 10 世纪末，玛雅文明中心移向尤卡坦半岛北部，与入侵的托尔特克（Toltec）人的文化相融合，先后兴起了埃尔塔兴（El Tajín）、奇钦·伊察（Chichen Itzá）、玛雅潘（Mayapan）等城邦，使玛雅文化重新繁荣起来。1450 年各城邦间发生混战，玛雅文化再度走向衰落。最后一块石柱碑立于 1516 年。欧洲殖民者入侵前，玛雅人已向阶级社会过渡，氏族社会内部出现了世袭的贵族和僧侣，使用奴隶劳动，公社社员也须为贵族耕种土地和缴纳赋税。

经济生活：玛雅人以农业为生，在沼泽地挖渠排水，修建台田、渠田，种植玉米、菜豆、西红柿、可可豆、辣椒、南瓜和棉花等多种作物。主要生产工具是尖头木棒和石器，刀耕火种，没有完全跨过新石器时代。玛雅人掌握了饲养火鸡、狗和蜜蜂的技术，学会用龙舌兰纤维和木棉织布。

国家组织和社会：玛雅并没有形成"帝国"，只是城邦国家。玛雅人的社会组织以家庭为基础，家庭是玛雅社会的核心。实行夫权制，但母亲或年长的妇女在家庭中仍有一定的地位。若干血亲家族组成氏族。社会的基层组织是氏族公社。玛雅社会的中心是城市。玛雅社会是一个阶级社会，分成国王、贵族阶级、中等阶级和平民阶级。整个社会呈金字塔形。

在玛雅文明的后古典时期，由于飓风、干旱、瘟疫和战乱等天灾人祸，古玛雅文明迅速衰落，城市大都被遗弃。当16世纪西班牙殖民者入侵时，尤卡坦半岛上的玛雅城邦已呈现出支离破碎、衰微破败的景象。西班牙殖民者的入侵使脆弱的玛雅文明遭到严重的摧残。

文化艺术与宗教：玛雅人在文化和科学方面却取得了令人吃惊的成就。公元前后，玛雅人创造了象形文字，用树皮纸或鞣制过的鹿皮记载天文、医学、仪典、神话传说、诗歌和历史，为美洲大陆唯一发明使用文字的印第安部族。计有800多个写书符号，3万余个词汇。玛雅的象形文字，形象在中间，四周附加连缀和语尾变化；出现了表意符号；一个字往往是一句话。文字有写在纸（树皮纸）上的，有雕刻在石柱、石碑上的。此外，壁画、木刻、玉雕、贝雕、骨雕和陶器上也有铭文。内容丰富，有关天文、占卜、历法、历史、统治者的生平、世系、医学、植物、动物、地图和战争、结盟等事件的记载。玛雅象形文字古抄本现仅剩3部，以其收藏地分别称作"德累斯顿抄本"、"马德里抄本"和"巴黎抄本"，至今尚未能完全释读。到目前为止，大部分内容尚未破译。

在数学方面，玛雅人创造了精确的数学体系和天文历法系统，他们采用20进位法，在世界上最早使用"零"的概念，比欧洲早800余年。他们建立了精密的历法制度，最重视对太阳和玛雅人的宗教是多神教。居首位的是天神伊察姆纳（Itzamná），为祭祀的保护神，也是文字和科学的创造者。众多神灵中主要有雨神恰克（Chac）以及玉米神龙姆卡什（Yum Kaax），还有羽蛇神库库尔坎（Kukulcán）、战神和风神乌拉坎（Huracán）等。

二　阿兹特克文明

阿兹特克文明（Aztec Civilization）是墨西哥古代阿兹特克人所创造的印第安文明，是美洲古代三大文明之一。主要分布在墨西哥中部和南部。形成于14世纪初，1521年为西班牙人所毁灭。

简史：阿兹特克人原属纳瓦语（Nahuatl）系发展水平较低的一个部落，后来因吸收、融合这个地区其他印第安优秀文化传统而迅速崛起。公元11—12世纪间，从北部迁入墨西哥中央谷地，1325年在特斯科科（Texcoco）湖西部岛上建造特诺奇蒂特兰（Tenochtitlán）城。1426年，阿兹特克同特斯科科、特拉科潘结成了"阿兹特克联盟"，由阿兹特克国王伊兹科亚特尔（Itzcóatl）任首领，势力日盛，在谷地建立了霸主地位。继承人蒙特祖马一世（Moctezuma I）及其后的国王不断对外用兵，开疆拓土，至16世纪初，其疆域东西两面已抵墨西哥湾和太平洋沿岸，北与契契梅克为邻，南至今日之危地马拉，人口约300万，发展到极盛时期。1519年，西班牙殖民者埃尔南·科尔特斯（Hernán Cortés）利用印第安人内部矛盾，进攻阿兹特克国，蒙特苏马二世（Moctezuma II）在入侵者面前动摇不定，最后成为西班牙殖民者的傀儡。1520年6月向人民劝降时被群众击伤而死。科尔特斯在所谓"悲惨之夜"侥幸逃命后，又于1521年

月亮的观测，他们能算出日食和月食出现的时间，并已将
星都列入了研究范围。他们对金星运行周期的计算和现代
测结果完全一致。玛雅历法体系由"神历"、"太阳历"
纪年历"组成。玛雅人经过周密计算，认为一年是365.24
这同现在计算的一年为365.2422天的数值只差2/10000。

在建筑方面，古代玛雅人修建了不少金字塔。在没有
具、没有大牲畜和轮车的情况下，古代玛雅人却能够开采
达数十吨的石头，跋山涉水、一路艰辛地运到目的地，建
个雄伟的金字塔。金字塔最高的可达70米，其规模之巨
工难度之高，令人吃惊。古代玛雅的金字塔和古埃及的金
建筑形式上有着明显的不同。埃及的金字塔的塔顶是尖的
雅金字塔却是平顶，塔体呈方形，底大顶小，层层叠叠，
台上还建有庙宇；在用途上也不一样：埃及金字塔是法
墓，而玛雅的金字塔除个别外，一般是用来祭祀或观察天
除金字塔外，玛雅人还兴建了不少功能性强，技艺高的
筑，主要有：房屋（包括庙宇、府邸、民居等）、公共设
场、广场、集市等）、基础设施（桥梁、大道、码头、堤
墙等）和水利工程（水渠、水库、水井、梯田）等。

此外，玛雅人在壁画、雕刻、彩陶等方面均有很高的
绘画多为壁画，也见诸陶器和古抄本。使用多种颜色，颜
于植物和动物。手法是写真的，工具由鸟羽和兽毛制作，
同我国毛笔状的绘画工具。墨西哥恰帕斯州博南帕克的壁
界古代壁画艺术的珍贵宝藏。雕刻方面，按所使用的材料
石刻、木刻、贝雕、玉雕、骨雕和泥塑等。石雕有两种：
立石雕（石柱、石碑和石座等），一为房屋和其他建筑物
刻。泥塑多用于房屋建筑和墓穴中，有人物、飞禽、走兽
等形象，还有铭文。

卷土重来，阿兹特克人在新国王夸乌特莫克（Cuauhtémoc）率领下，与围城的西班牙殖民者展开殊死搏斗，最后由于粮食和水源断绝，加之天花肆虐而失败。1521 年 8 月，西班牙人占领特诺奇蒂特兰，在城中大肆屠杀，并将该城彻底毁坏，后在其废墟上建立墨西哥城。

经济生活：阿兹特克国有比较发达的农业，主要作物有玉米、豆类、南瓜、马铃薯、棉花、龙舌兰（Tequila）等，其中龙舌兰是其特产。饲养火鸡、鸭、狗等禽畜。阿兹特克人利用特斯科科等湖泊发展人工灌溉系统，据说在特诺奇蒂特兰城南的索奇米尔科（Xochimilco）有 1.5 万条人工渠道，至今仍存 900 条。手工业相当发展，有金、银、铜、宝石、皮革、纺织、羽毛、陶器等各种工艺品。首都特诺奇蒂特兰面积约 10 平方公里，人口达 30 万。城内街道、广场设置整齐，全城有 10 余公里长的防水长堤，并有两条石槽从陆地引淡水入城。城内有神殿、王宫、行政官署、贵族邸宅、游戏场、学校等建筑。城北的市场是国内贸易中心，据记载可以容 6 万人交易货物，比西班牙的市场还大。

国家组织和社会：实行集权统治，最高首领国王和贵族高居于民众之上，并拥有强大的军队，明显表现出阿兹特克社会已向阶级社会过渡。阿兹特克的国王由部落会议从特定的家族中推举，事实上是最高军事酋长，无世袭权，并可被部落会议罢黜。阿兹特克人同与之结盟的部落结成统一的政治和文化共同体。联盟所征服的部落需向联盟割让土地和纳贡，但可保有自己的部族神和习俗，由自己的酋长管理。特诺奇蒂特兰城分为四大区，分属四大胞族。下面共分为 20 个氏族，各氏族有自己的氏族神、祭司和寺庙，享有处理内部事务的权利。各氏族选出代表出席酋长会议。土地被分成王田、祭司田、军田，由公社成员集体耕种，以供国王、贵族、祭司和武士所需。但社会组织仍以被称作

"卡尔普里"的氏族公社为基础，土地为氏族公有，分配给各家庭耕种。

阿兹特克人的社会组织以氏族为基础，实行公社土地所有制，但已开始出现阶级划分，贵族、祭司、武士和商人构成社会的统治阶级。贵族拥有土地和自己的姓氏，子女可受到特殊教育。平民接受农、工和战技等专业教育，是军队的主体。最下层是奴隶，主要来自战俘和罪犯。

文化艺术与宗教：阿兹特克文明在发展过程中，吸收了托尔特克文化和玛雅文明的许多成就，但自己也有独创。其文字仍属图画文字，但已含有象形文字成分。天文历法方面，使用太阳历与圣年历，已知一年为365天，每逢闰年补加一天。医学方面，知道利用各种草药治病，并已使用土法麻醉。阿兹特克人的陶器和绘画均极精致，建筑和艺术也达到相当高的水平。首都特诺奇蒂特兰的公共建筑物多以白石砌成，十分宏丽壮观。一般房屋的周围，在固定在水面的木排上种植花草，形成水上田园。城中心的主庙基部长100米、宽90米，四周有雉堞围墙环绕，塔顶建有供奉主神威济洛波特利和雨神特拉洛克的神殿，其祭坛周围有蛇头石雕，坛下发现的重达10吨的大石上，刻有被肢解的月亮女神图案，1790年在墨西哥城中心广场发现的"第五太阳石"直径近4米，重约120吨，刻有阿兹特克宗教传说中创世以来四个时代的图像，代表了阿兹特克人石雕艺术的高度水平。阿兹特克人是优秀的建筑师。首府特诺奇蒂特兰是一座岛城，有3条宽达10米的石堤与湖外陆地相通，石堤每隔一定距离就留一横渠，渠上架设吊桥，可随时收放，以防外敌入侵。城内建有宫殿、神庙、官邸、学校，建筑宏伟，最大一座金字塔台庙其规模甚至可与古埃及的媲美。为了满足城市稠密人口对粮食的需要，在湖泊中建造了独特的"水上园地"，以扩大种植面积。岛城四面环水，市内河道纵横，景色富丽，殖民者为之倾倒，惊呼为"世界花园"。但科尔特斯把这座城市烧成了废墟，后来的墨西哥城就建在这一废墟上。阿兹特克人主要生产工具仍为石器，多由黑曜岩制成，但已会制造铜、金物品。有精确历法，会使用各种草药治病，在音乐、舞蹈、绘画方面也有一定的水平。

宗教在阿兹特克人生活中占有重要地位。居民相信灵魂永存，并相信存在至高无上的主宰。他们崇拜自然神，主神威济洛波特利（Huitzilopochtli）被视为太阳神和战争之神，其他的神主要有：创造神特洛克—纳瓦克（Tloque—Nahuaque）、太阳神托南辛（Tonatinh）、雨神特拉洛克（Tláloc）、玉米神希洛内（Xilonen）、羽蛇神克查尔科阿特尔（Quetzalcóatl）、"双头神"奥梅特库特利（Ometecuhtli）及其妻子奥梅奇华特尔（Omecíhuatl）等，国王被看成神的化身，祭神时以战俘为牺牲。其特异习俗之一是以活人为祭品，每年有数千人被祭神灵。武士以献身祭坛为荣。

三 印卡文明

印卡文明又译印加文明（Incan Civilization）是以古代印卡人为代表的印第安文明，为南美安第斯地区的古代文明，是美洲古代三大文明之一。

简史："印卡"（Inca），意即"太阳之子"，是安第斯地区讲克丘亚语的印第安人对他们首领的尊称。公元13世纪，印卡部落在秘鲁的库斯科谷地附近定居，15世纪初，崛起成为安第斯地区的强国。到15世纪末16世纪初瓦伊纳·卡帕克（Huayna Capac）在位时，印卡帝国处于鼎盛时期，其疆域北至今厄瓜多尔和哥伦比亚南部，南达智利和阿根廷北部，南北4000千米，人口约 1000 万，成为古代美洲最大的一个印第安国家。

国家组织和社会：印卡古国正式的名称为"塔万廷苏约"（Tahuantinsuyo），国王在政治、宗教和军事上拥有至高无上的权力，其下有贵族、祭司充任各级军政、宗教职务，组成严密的行政体系和统治机构。印卡王被认为是太阳之子，当他继承王位时，他将和他的最大的被叫做科娅（Coya）的姐妹结婚，而他们所生的第一个儿子将会是下一届印卡王。印加王可以有很多的妻子，但是能够继承王位的那个孩子只能是他和他的姐妹生下的孩子。

印卡社会的基层结构是"艾柳"（Ayllú），相当于氏族公社。土地被分为太阳田、印卡田和公社田，公社成员先要耕种供祭祀和王室使用的太阳田、印卡田，最后才能耕种公社的土地。公社田分配给每个家庭耕作。在劳动组织方面，帝国设立一种称作"米达制"（mita）的劳役制度，轮流征调壮年男子去建造公共和宗教工程。还有一种从事特殊差役的"亚纳科纳"（yanacona），相当于奴隶或半奴隶。

经济生活：印卡人已有发达的农业，培育了玉米、马铃薯等40 多种作物。他们在深谷陡壁、气候干燥的安第斯山区修建了庞大的梯田系统和引水工程，这些用石板砌成的水渠有的长达百余千米。亦驯养骆马和羊驼，作为驮载工具，并提供纺织用毛。

文化艺术和宗教：印卡人文化上的成就突出表现在雄伟的巨石建筑方面。在库斯科、萨克萨瓦曼、马丘比丘等地用巨石建成的宫殿和城堡，石块之间结合紧密，以致刀片也难以插入，有的城堡建于陡峭山崖，高耸入云。为了治理这个幅员辽阔的国家，印卡人修建了两条大道，一条称"海岸大道"，一条称"高原大道"，形成贯穿南北全境总长 1.8 万千米的道路网。沿途设有驿站，供信使传达信息。另外，在冶炼浇铸、纺织制陶、天文历法、外科医术、文学音乐等多个领域，都取得了杰出的成就。印卡人还创造了被称为"基普"（quipu）的结绳记事法。

印卡国的主神是创造之神维拉科查（Viracocha），是其他神灵和包括天、地、人类在内的万物的创造者。其他神灵主要有：太阳神、雷神、月亮神等。印卡人信奉自然神，对世间万物均奉为神明。

参考书目

Benjamin Keen, ed., Latin American Civilization, Westview Press, USA, 1996

Nicolai Grube, ed., Maya divine kings of the rainforest, Konemann, Germany, English Edition, 2001

Andres Ciudad, Los Mayas, el pueblo de los sacerdotes sabios, Anaya, España, 1988

Los Incas, el Pueblo del Sol, Aguilar Universal, España, 1991

郝铭玮、徐世澄：《拉丁美洲文明》，中国社会科学出版社1999年版。

［美］西尔瓦纳斯·G.莫莱：《全景玛雅》，国际文化出版公司2003年版。

［美］诺曼·哈蒙德：《寻找玛雅文明》，浙江人民出版社2000年版。

［美］乔治·C.瓦伦特：《阿兹特克文明》，商务印书馆1999年版。

（原载中华世纪坛世界艺术馆编《伟大的世界文明——美洲》，
文物出版社2006年9月出版）

全球化与拉丁美洲文明

一 拉丁美洲学者和政要对全球化的看法

自 20 世纪 90 年代初以来，全球化，特别是世界经济全球化的迅速发展对拉丁美洲的政治、经济、社会、外交和文化的发展产生了重大的影响。拉美学者和政要对全球化及其对拉美的影响提出了不少的、各不相同的看法。下面分几个方面介绍。

（一）对全球化从何时开始的看法

对全球化从什么时间开始，拉美学者和政要看法不尽相同。有的认为，全球化早就开始："全球化并非是最近出现的现象：它已有 500 年的历史。"① 他们认为，早在 15 世纪末哥伦布到达美洲、达·伽马到达印度澳卡利卡特时起，全球化进程就已开始

---

① Aldo Ferrer, *America Latina y la globalization*, en la Revista de la CEPAL, numero extraordinario, 1998Octubre, Santiago de Chile, p. 155; Aldo Ferrer, *Historia de la globalizacion: Origenes del orden economico mundial*, Buenos Aires, Fondo de Cultura Economica, 1996.

了。早在 1848 年，马克思在《共产党宣言》中就作过理论阐述；19 世纪末，一些自由思想家也作过阐述①。但有的拉美学者认为，今日的全球化是历史进程的一个新阶段，多数学者认为，在 1975 年以前或 20 世纪 80 年代以前，很少有人提"全球化"，而现在它则已成为日常用语了②。

墨西哥学者认为，"的确，全球化的概念在（20 世纪）80 年代前出现过，自 19 世纪末起，'全球化'这个词用来指'全世界'。但是，'global'这个词的主要含义是'球面的'。1944 年出版的一本袖珍书中使用了'globalización'（全球化）和'globalismo'（全球主义）这两个词，1961 年'全球化'作为名词在一部词典中首次出现。但是，当代全球化的概念孕育了很长时间，直到 20 世纪最后 25 年才成为日常用语之一。1975 年以前，很难在出版的书籍和文章里找到有关全球化的论述。但是，今天，在 20 世纪末，全球化这一概念已成为独一无二的思想，它渗透着一切"③。

联合国拉美经委会于 2002 年 5 月在巴西首都巴西利亚举行第 29 届年会。会议围绕"全球化与发展"的主题，着重就拉美地区如何面对经济全球化带来的机遇与挑战等问题进行了广泛的讨论。会议通过了《全球化与发展》等文件和决议，就全球化进程对拉美地区经济、社会和政治领域带来的影响进行剖析，并对拉美地区国家如何制定公共政策提出建议。《全球化与发展》

---

① Jose Bodes Gomez, *Globalizacion + neoliberalismo*, en la Revista Correo, 1999, Segundo trimestre, Cuba, p. 41.

② John Baylis and Steve Smith, *The Globalization of World Politics*, *An Introduction to International Relations*, Oxford University Press, 1997, pp. 14—15.

③ Genoveva Roldan Davila, *La Globalizacion Neoliberal*, en la Revista Problemas del Desarrollo, No. 115—116, Octubre/Diciembre 1998 - Enero/Marzo 1999.

认为，全球化已有 130 年历史，全球化可分三个阶段，第一阶段
（1870—1913 年）为开始阶段；第二阶段（1945—1973 年）为
全球一体化阶段；第三阶段从 20 世纪最后 25 年至今，其特征
是：贸易普遍自由化；跨国公司迅速扩张，并成为国际统合生产
体系；资本流动加快，但劳动力流动受限制；通信发展迅速，信
息得到广泛使用；经济发展模式明显趋于一致。[①]

（二）关于全球化的定义

拉美学者一般认为，全球化是指 20 世纪最后二三十年以来，
国际经济发生的巨大变化，即商品、服务、资本和技术在世界性
生产、消费和投资领域中的扩散。[②]

一些拉美学者认为，全球化主要是指经济全球化，包括贸
易、市场、金融、生产、通讯、技术等。另一些拉美学者认为，
全球化不只局限于经济，而且包括社会、政治和文化，以及国际
关系。"全球化进程不仅在经济和社会方面，而且在文化和政治
方面制定规则。"[③]"世界上没有哪个地区能逃离这一进程。当代
的特点是国际关系史无前例的全球化。"[④]

拉美经委会《全球化与发展》文件给全球化下的定义是：
"世界性的经济、社会和文化进程对国家或地区的经济、社会和

---

①　http://www.cepal.org/.

②　谈世中、王耀媛、江时学等编：《经济全球化与发展中国家》，社会科学文
献出版社，2002 年，第 96 页。

③　Joseph S. Tulchin, *Los Estados Unidos y Latinoamerica en el Mundo*, en Anna Bal-
letbo（editor）, *La Consolidacion Democratica en America Latina*, Editorial Hacer, Barcelo-
na, 1994, p. 41.

④　Jose Miguel Insulza, *Ensayos Sobre Politica Exterior de Chile*, editorial Los Andes,
Santiago de Chile, 1998, p. 17.

文化进程越来越大的影响。"①

（三）关于全球化对拉美的影响

拉美学者一般认为，全球化对拉美来说，既有机遇，又是挑战。全球化是由发达国家推动的："第三世界国家不得不接受进而实行富国所提倡的自由主义措施②。"但全球化促进了拉美国家市场的开放，也促进了拉美的一体化进程③。"一体化应看作是应付全球化挑战的重要途径④。"全球化对拉美既有利也有弊，"在风平浪静时期，全球化带来积极的变化。在危机时刻，它可能摧毁虚弱的经济；"联合国拉美经委会认为，全球化使贸易、投资和技术自由流动，许多拉美国家已从中受益。但是，经济全球化导致拉美地区资本流动反复无常，造成一些发展中国家金融动荡，危及经济稳定增长。全球化第三阶段的特点是资本流动的反复无常，对拉美的后果是经济增长的不稳定。其表现是金融和汇兑危机。发达国家和发展中国家间宏观经济和金融形势很不平衡。

经济全球化是一个深刻的社会进程，抵制这种进程最终会遭到失败。全球化的结果往往是"大鱼吃小鱼"⑤，"使南方国家陷入从属地位和重新殖民化"⑥；有的拉美学者认为，全球化给拉美造成的问题不是现在才有的，是长期以来拉美没有能够改变其

　　①　http：//www.cepal.org/.

　　②　Comercio，Peru，8 de Octubre de 1999.

　　③　Robert A. Pastor，*Whirlpool - U. S. Foreign Policy toward Latin America and the Caribbean*，1992 by Princeton University Press，pp. 265—268.

　　④　Comercio Exterior，Mexico，junio de 1999.

　　⑤　Robert A. Pastor，*Whirlpool - U. S. Foreign Policy toward Latin America and the Caribbean*，1992 by Princeton University Press，pp. 265—268.

　　⑥　Economia del Tercer Mundo，Uruguay，septiembre de 1999.

生产结构造成的。拉美近年的改革虽取得一些进展，然而对全球化挑战所做出的反映要比过去还迟缓，在金融领域特别明显①。全球化的效应是"不均衡的"：一些国家受益，一些国家受到严重影响②。墨西哥由于加入了北美自由贸易协定，同美国和加拿大共建北美自由贸易区，它可以说是在拉美国家中，从经济全球化中获益较大的国家。"近10年来，一些（外围）国家已经同中心国家发展起相互依赖的关系，但有些国家仍对中心国家存在着依赖。墨西哥是真正与中心国家建立相互依赖关系的国家。"③"拉美南部和北部在与美国的关系以及它们在发展与外部多样化关系的选择方面差别越来越大，而且这种差别非常复杂。"④ 应建立控制"全球化"的必要机制和制度，以便使全球化为发展中国家提供众多的机会⑤，经济的极端自由主义和全球化不能给世界带来更大的利益。在经济全球化进程中，应注意维护国家主权。全球化已经从经济事务扩大到政治和司法领域。但正如经济全球化需要世贸组织那样的国际机构来制定规章及游戏范围一样，司法全球化同样需要建立一种机制以使可能出现的混乱减少到最小程度。⑥

　　拉美学者普遍认为，全球化对拉美的影响是双重的，既有积

---

① Comercio exterior, Mexico, junio de 1999.

② Nacional, Venezuela, 23 de enero de 1999.

③ Jorge Chabat, *Mexican Foreign Policy in the 1990s*: *Learning to live with Interdependence*, in Heraldo Munoz and Joseph S. Tulchin, *Latin American Nations in World Politics*, Second Edition, 1996 by Westview Press, Inc., p. 151.

④ Alberto Van Klaveren, *Understanding Latin American Foreign Policies*, in Heraldo Munoz and Joseph S. Tulchin, *Latin American Nations in World Politics*, Second Edition, 1996 by Westview Press, Inc., p. 41.

⑤ Excelsior, Mexico, 6 de septiembre de 1999.

⑥ Ricardo Lagos & Heraldo Munoz, *The Pinochet Dilemma*, Foreign Policy, Spring, 1999, p. 28.

极的影响，又有消极的影响。"经济的全球化使拉美具有更大灵活性和自主性，但是，也意味着资本主义模式的胜利，许多拉美经济学家认为这种模式对他们国家是歧视的……拉美国家历来出口初级产品的相对优势将失去意义。^①"也有人认为，全球化对中、小国家，对发展中国家，对拉美国家，是弊大于利，或者只有弊没有利。"目前拉美对全球化的所作的回应同过去一样坏，甚至比过去还甚。在拉美，大多数国家无条件参与全球秩序的改革进程。管理债务和满足市场的需求是拉美盛行的经济政策……拉美地区没有对目前世界发展趋势做出有效的回应。在拉美，对全球化的基本看法是华盛顿共识，这使拉美对全球化的回应很糟糕。实际上，拉美更大的开放促使非工业化，中断了各个工业的联系。与此同时，外部脆弱性比过去更大。在全球化范围内决定自己命运的行动自由降到历史最低水平。""近15年的经济增长率中只是内向发展时期的一半，贫困和边缘化加剧，财富和收入更加集中。""外债高筑，对债权国更加依附。""在不同程度上，本国的政策由国内制定、制约或操纵。^②"全球化使"北方和南方国家收入分配差距扩大，越来越多的居民面临被排除在外的危险"^③。

2002年7月6日，时任阿根廷总统的爱德华多·杜阿尔德（Eduardo Duarte）在阿国家电台发表讲话称，由西方发达国家制定的全球化政策对于拉丁美洲国家和其他发展中国家来说是不公

① Jose Miguel Insulza, *Ensayos Sobre Politica Exterior de Chile*, editorial Los Andes, Santiago de Chile, 1998, p. 76.

② Aldo Ferrer, *America Latina y la globalization*, en la Revista de la CEPAL, numero extraordinario, 1998 Octubre, Santiago de Chile, pp. 163—164.

③ Marta Bekerman y Elsa Camillo, *Globalizacion, designaldad y estandares laborales*, en la Revista Comercio Exterior, Agosto de 1999, pp. 707—710.

平的。杜阿尔德说，西方国家是全球化政策的制定者，他们创造的发展模式对发展中国家来说是不公正、不平衡的，发达国家应对此负责。他还指责发达国家只关心自己的利益，它们一方面不断地增加对本国的农业补贴，另一方面又不断地要求发展中国家开放农业市场，这是自相矛盾的。杜阿尔德指出，在7月初在阿根廷结束的南方共同市场首脑会议上，与会各国领导人一致表示，今后将坚持要求制定更公正的全球化政策。

1999年年初，古巴全国经济学家学会和保卫革命委员会联合出版了一本关于全球化主要特征的小册子。书中认为，对古巴人来说，全球化本身并不是一个坏现象，而是各国更加接近、更紧密地交流和联系的时期。要看全球化姓什么，有新自由主义的全球化，也有互相声援的全球化、社会主义和共产主义的全球化。[①]

（四）关于如何应对全球化

联合国拉美经委会2002年5月第29届年会建议近期经济全球化要实现三项目标：一是在全球范围内保证提供合适的服务机制；二是克服全球经济秩序中巨大的不平衡；三是开展尊重人权的国际讨论。拉美经委会认为，拉美国家面对全球化的战略应是建立、扩大和保持系统的竞争力；这一战略应将促进技术能力的发展、支持生产结构的变革、发展生产的环节和建设高质量的基础设施。拉美经委会提出全球日程，其要点是：从源头上减少不稳定；建立预防性宏观监督；建议国际货币基金组织成为最高级贷款机构；建立解决问题的多边框架；加强多边开发银行；取得

① Jose Bodes Gomez, *Globalizacion + neoliberalismo*, en la Revista Correo, 1999, Segundo Trimestre, Cuba, p. 42.

对达到条件的共识。拉美经委会要求拉美各国要高度重视经济稳定发展，削减公共赤字，控制通货膨胀，减少经济不稳定的源头，建立宏观经济监督机制。

拉美经委会强调科技在经济全球化和发展中的作用，指出由于拉美国家技术能力薄弱，与发达国家的生产率差距并未缩小。拉美地区在科技方面的投资不足，科研与生产活动脱节，面临无法执行新的技术标准的危险。虽然拉美地区因特网发展比较迅速，但设备和服务费用高昂，使得许多低收入家庭难以进入信息社会。拉美经委会担心与发达国家相比，区内和区外"数字鸿沟"会越来越大。拉美经委会指出，拉美各国应加强合作，建立高科技、计算机化、远程教育产品和服务共同机制，发展地区内网络。

拉美经委会建议创造更好的机制，克服世界经济秩序中的不平衡现象，建立保护各种权利的社会计划。在环境与发展这对矛盾中，争取最大的统一。在社会领域，应努力解决好教育、就业和社会保障的关系。拉美经委会估计，为实现到 2015 年拉美贫困人口减少 50% 的目标，拉美地区经济年平均增长率应保持在 3.8%—4.5% 的水平上，而为增加就业，缩小与发达国家的科技差距，拉美国家需在长期内保持 6% 的年增长水平。①

古巴国务委员会主席菲德尔·卡斯特罗（Fidel Castro）对全球化作了不少独到的分析，他认为："新自由主义的全球化是对第三世界最可耻的再殖民化"，"发达的资本主义，现代帝国主义和新自由主义的全球化，以及世界剥削制度，统统是强加于世界的。世界缺乏基本的正义原则，几个世纪以来思想家和哲学家

---

① http://www.cepal.org/.

为全人类呼吁的正义原则，在地球上还远未建立"。①；卡斯特罗强调："我们不反对全球化，不可能反对，这是历史规律；我们反对新自由主义全球化，有人想把新自由主义全球化强加给世界，它是持续不下去的，是必将垮台的"②；"全球化不是某个人的异想天开，也不是某个人的创造发明。全球化是历史规律，是生产力发展的结果"，"这是一个全球化的世界，真正全球化的世界，是一个由新自由主义全球化的思想、标准和原则统治着的世界"③；"全球化是客观现实，它显示了在这个大家居住的星球上我们都是同一条船上的乘客。然而，乘客们旅行的条件是极其不平等的"，"目前世界贸易仍然是在新自由主义的全球化指导下进行，今后还将进一步如此。这种全球化是富国进行统治的工具，是加深各种不平等和使其永久化的因素，是发达国家之间为了控制现今和未来的市场而激烈竞争的舞台"④；"为掠夺地球自然资源而强加给世界的新自由主义全球化，通过不祥的'华盛顿共识'使第三世界各国，特别是拉丁美洲各国的大多数人处于绝望和难以维持的局面"。"这一政策的第一个恶果是 20 世纪 80 年代拉丁美洲'失去的十年'，地区经济增长率只有 1%，1990—1998 年经济增长率上升到 2.7%，但远远低于所期待的和所迫切需要的水平，1998—2004 年再次降为 1%。""1985 年不

①　菲德尔·卡斯特罗：《2003 年 2 月 14 日在第五次"全球化和发展问题"研讨会闭幕式上的讲话，古巴哈瓦那》，参见：http：//www.cuba.cu/gobierno/discursos/.

②　菲德尔·卡斯特罗：《1998 年 6 月 20 日在第二次世界特殊教育会议闭幕式上的讲话，古巴哈瓦那》，参见：http：//www.cuba.cu/gobierno/discursos/.

③　菲德尔·卡斯特罗：《1999 年 2 月 3 日在委内瑞拉中央大学的演讲，委内瑞拉加拉加斯》，参见：http：//www.cuba.cu/gobierno/discursos/.

④　菲德尔·卡斯特罗：《2000 年 4 月 12 日在南方首脑会议开幕式上的讲话，古巴哈瓦那》，参见：http：//www.cuba.cu/gobierno/discursos/.

祥的'华盛顿共识'提出的这一年，拉美地区外债为3000亿美元，今天，外债已增长到7500亿美元。""私有化使多年来所创造的百万亿的国有资产化为乌有，从拉美国家迅速地流向美国和欧洲国家。失业率创历史记录。在所创造的100个新的就业机会中，有82个是属于'非正规'部门，包括各种各样既无社会保护又无法律保障的谋生手段。""贫困人数、特别是赤贫人数惊人的增加，贫困人数占人口总数的比重从12.8%增加到44%。发展停滞不前，社会服务，首先包括居民的教育和卫生事业日益恶化。不出所料，新自由主义的全球化造成了真正的灾难。""拉丁美洲是世界上新自由主义全球化最盛行、最严格执行的地区。目前，拉丁美洲正面临美洲自由贸易区的挑战，美洲自由贸易区将使拉美民族工业消失，使南方共同市场和安第斯共同体成为美国经济的附庸，是对拉丁美洲各国人民经济发展、团结和独立的总攻击。但是，如果这一吞并的企图得逞，无论对拉美国家人民还是对美国本国人民来说，这一经济秩序将难以维持下去，因为美国的就业将受到客户工业使用大量廉价劳动力的威胁。拉美寡头所能大量提供的是廉价的、非专业的劳动力，因为拉美国家普遍的贫困、失学和失业现象使拉美人民得不到适当的培训。"①

二　全球化与拉丁美洲

全球化的迅猛发展对拉美产生什么影响呢？拉美国家是如何应对全球化呢？

---

① 菲德尔·卡斯特罗：《2004年1月3日在庆祝古巴革命45周年大会上的讲话，古巴哈瓦那》，参见：http://www.cuba.cu/gobierno/discursos/。

总的来看，全球化为拉丁美洲的发展提供了新的机遇，也提出了严峻的挑战。在应对全球化的过程中，拉丁美洲既有成功的经验，又有失败的教训。

（一）全球化与拉美的新自由主义经济改革

在经济方面，为应对全球化，自 80 年代中期起，拉美多数国家对本国原来实行的进口替代工业化内向型发展模式进行调整，开始实施以贸易自由化和国有企业私有化为主要内容的新自由主义外向型发展战略，大刀阔斧地进行了经济改革，减少国家对经济的干预，实行市场化的经济体制；大力推行国有企业私有化；实行对外贸易自由化，大幅度降低进口关税，取消出口管制；减少或取消对外资的种种限制，全面开放资本市场，实现国民经济外向发展。拉美国家的经济改革使拉美国家变更了发展模式，逐步从严重的困境中摆脱出来，为拉美今后的发展打下了基础。

对拉美经济改革的评价主要有两种：一种是全盘否定，认为20 年来的事实说明，拉美的新自由主义经济改革遭到了失败。另一种是认为拉美经济改革既有成效，也有失误；既有成功的经验，又有失败的教训。本人倾向对拉美近十年的经济改革应该一分为二。

拉美经济改革是一场深刻的经济体制和经济结构的改革，是从内向发展战略向外向发展战略的转换。应该说，经过十年的改革，拉美多数国家的经济体制和结构确实经历了深刻的变革，它们的经济发展战略也在不同程度上实现了从内向到外向的转换。应该说，这场改革是有积极意义的，拉美国家基本上适应了世界经济全球化的趋势。拉美经济改革增强了拉美各国国民经济的活力，使宏观经济失衡的局面得以恢复，经济有一定的增长，通货膨胀率显著降低，财政赤字减少；经济结构和经济体制经历了改革。

但是，拉美国家的新自由主义经济改革也产生了以下一些副作用：（1）由于收入分配不公越来越明显，社会问题日益严重。（2）随着国内市场的开放，许多竞争力弱的民族企业陷入了困境。（3）在降低贸易壁垒后，进口大幅度增加，从而使国际收支经常项目处于不利的地位。（4）国有企业私有化使私人资本和外国资本的生产集中不断加强。此外，私有化使失业问题更为严重。（5）世界经济全球化促使国际金融市场向全球化方向发展，既有助于在全世界范围内优化资源配置，促进世界经济增长，但与此同时所带来的金融风险也越来越大。继1994年年底墨西哥爆发金融危机之后，1999年巴西出现金融动荡（也有人称之为巴西金融危机），2001年12月底阿根廷又爆发经济和社会危机。这些危机对拉美各国都产生了不同程度的影响。

拉美各国在总结以新自由主义为主导的经济改革经验教训的基础上，继续探索适合本国国情的发展道路。拉美国家的金融体制仍比较脆弱，债务负担仍很重，对国际短期资金依赖较大。因此，对不少拉美国家来说，调整产业结构、扩大国内需求，保持国际收支相对平衡、制定合理的汇率、保持宏观经济形势的稳定和经济的适度增长、不断提高科技水平、解决贫富差异悬殊、完善政府在经济发展中的作用，是有待解决的问题。拉美国家目前正在对改革本身进行改革，即进行"改革的改革"，[①] 所谓的"第二代改革"或"第三代改革"。拉美有的学者提出要用新民族主义或新社会主义来取代新自由主义。

---

① Ricardo Ffrench - Davis：*Las reformas economicas en America Latina y los desafios del Nuevo decenio*，julio - septiembre de 2002，Estudios Internacionales，No. 138，p. 45.

（二）全球化与拉美的一体化进程

区域集团化和一体化是经济全球化的组成部分。冷战结束后，世界各国都致力于发展经济，增强综合国力。发达国家为了在国际市场上占有更多的份额，重新在亚非拉地区寻找自己的势力范围。而发展中国家为加快经济发展，或与邻近的发展水平相似的国家结成区域性经济合作集团（一体化组织），或与邻近的某个发达国家建立自由贸易区。因此，在世界经济日益全球化的同时，区域集团化和一体化的步伐也在加快。

1990 年 6 月 27 日，乔治·布什（George Herbert Walker Bush）即老布什总统在白宫向拉美国家外交使团提出"美洲倡议"，提出要扩大贸易，建立一个包括整个美洲在内的自由贸易区。老布什任内，1992 年 12 月 17 日，美国、加拿大和墨西哥 3 国签署了旨在促进地区贸易和投资自由化的北美自由贸易协定。克林顿任内（1993 年 1 月—2001 年 1 月），北美自由贸易协定于 1994 年 1 月 1 日正式生效。北美自由贸易协定的签订和北美自由贸易区的初步形成，开创了打破经济发展水平的差异，建立区域性经济集团（组织）的先例，标志着南北关系已进入新的阶段。根据北美自由贸易协定，美、加、墨 3 国在 10—15 年内正式建立北美自由贸易区。美、加、墨 3 国总面积为 2130.8 万多平方公里，人口为 3.72 亿，产值为 8 万多亿美元（1998 年）。这是目前世界上经济实力最雄厚的地区经济一体化组织之一。

在北美自由贸易协定生效后，美国和拉美多数国家政府加快了建立美洲自由贸易区的步伐。1994 年 12 月，在威廉·杰斐逊·克林顿（William Jefferson Clinton）倡议下，美洲国家（不包括古巴）在美国迈阿密举行了第一次美洲国家首脑会议。会议宣布要在 2005 年建立一个拥有 8.5 亿人口、13 万亿美元国内生产总值的世界最大的自由贸易区——美洲自由贸易区（英文缩写 FTAA，西班牙文缩写 ALCA）。1998 年 4 月，在智利首都圣地亚哥举行了第二次美洲国家首脑会议，会议宣布正式启动有关建立美洲自由贸易区的谈判。

2001 年 1 月乔治·沃克·布什即小布什入主白宫后，美国继续促进美洲自由贸易区的建立。2001 年 4 月 20—22 日在加拿大魁北克召开了第 3 次美洲首脑会议，小布什参加了会议。会议达成协议决定，美洲国家（除古巴外）将于 2005 年 1 月结束关于美洲自由贸易区的谈判，并签署美洲自由贸易协议，该协议将于 2005 年年底生效。

2002 年 8 月 6 日，美国国会批准了贸易促进权法案，授予总统在同其他国家进行贸易谈判时的快速处理权。美国同智利于 2002 年 12 月 11 日达成美智自由贸易协议，但直至 2003 年 6 月 6 日，美国才签署了同智利达成的自由贸易协议。2003 年 12 月中美洲 4 国萨尔瓦多、洪都拉斯、危地马拉、尼加拉瓜同美国达成自由贸易协定，2004 年 1 月，另一个中美洲国家哥斯达黎加也同美国达成自由贸易协定。同年 5 月，上述中美洲 5 国同美国正式签署了自由贸易协定。2004 年 3 月，多米尼加共和国同美国达成自由贸易协定，于同年 8 月同美国正式签署了这一协定，根据这一协定，多米尼加将加入中美洲 5 国同美国签订的自由贸易协定。

为推动成立 FTAA 的谈判，除首脑会议外，西半球 34 个国家还举行了多次部长级会议。最近一次部长级会议是于 2003 年 11 月 20 日在美国迈阿密举行的第 8 次部长级会议。这次会议通过了以美国和巴西为主的谈判国推出的一项被称为"自助餐式"的框架协议，所谓"自助餐式"，是各国可以根据自己的意愿退出协议的部分条款。

在迈阿密部长级会议后，没有再举行部长级会议。2004年2月，在墨西哥举行了美洲34国贸易副部长会谈，同年4月在阿根廷又举行了美洲国家贸易副部长非正式磋商。美国同巴西、阿根廷、巴拉圭和乌拉圭等国在农产品补贴、农产品市场准入等问题上存在严重分歧。美国拒绝在谈判中涉及农业补贴问题，但巴西等国认为农业问题至关重要。美国打算将农产品补贴问题纳入世界贸易组织谈判框架中，企图避开这一议题。而巴西、阿根廷等国则认为，美国为农业生产提供巨额补贴严重扰乱了市场，威胁到发展中国家的生存空间。如果无法就农产品补贴问题达成协议，那么他们宁可放弃建立美洲自由贸易区。而美国竭力想推动并结束有关服务、投资、市场准入和知识产权保护等议题的谈判，巴西等国则认为不宜纳入谈判。因此，自2003年年底以来，美洲自由贸易区的谈判陷入僵局，时至今日，有关美洲自由贸易区的谈判未能重新启动。2005年11月4—5日第四届美洲国家首脑会议在阿根廷马德普拉塔市举行，参加这次会议的有来自美洲34个国家的国家元首或政府首脑。在会上，与会国家围绕要不要重新启动美洲自由贸易区谈判的问题，展开了一场激烈的争论。美国、加拿大和墨西哥、哥伦比亚、巴拿马等拉美多数国家要求尽快恢复有关美洲自由贸易区的谈判，委内瑞拉总统乌戈·查韦斯（Hugo Chávez）明确表示反对建立美洲自由贸易区，认为它已经死亡，南方共同市场国家（巴西、阿根廷、巴拉圭和乌拉圭）认为，目前重开谈判的条件不成熟，反对马上重启有关美洲自由贸易区的谈判。

近年来，拉美国家之间的一体化也取得了显著的进展。2004年12月，南方共同市场（由阿根廷、巴西、乌拉圭和巴拉圭4国组成）正式接纳哥伦比亚、厄瓜多尔和委内瑞拉为联系国，使联系国增加到6国（另外3国是智利、玻利维亚和秘鲁），

2005 年 12 月，南共市又接纳委内瑞拉为南共市正式成员。2004 年 12 月 8 日，第 3 届南美洲国家首脑会议宣布成立南美国家共同体，2005 年 9 月 30 日，在巴西利亚举行了第 1 届南美洲国家共同体首脑会议。2006 年 12 月 8 日，在玻利维亚举行了第 2 届南美洲国家共同体首脑会议。

然而，拉美一体化的进程并非是一帆风顺的。由于秘鲁和哥伦比亚先后于 2005 年 12 月和 2006 年 2 月同美国分别签署了双边的自由贸易协议，2006 年 4 月 19 日，查韦斯指责哥伦比亚与秘鲁的政府与美国签署自由贸易条约加速了安共同体的垮台，宣布委内瑞拉退出安第斯共同体。

2004 年查韦斯提出"美洲玻利瓦尔替代方案"（Alternativa Bolivariana para las Américas，ALBA）倡议，以此来取代 FTAA。查韦斯认为，美国倡导 FTAA 的目的是为了控制整个美洲地区，使拉美各国的经济严重依赖和从属美国为首的跨国公司。而他提出的 ALBA，即"在团结合作的基础上实现拉美和加勒比地区一体化"，"需要的是公平贸易而不是自由贸易"。该方案包括所有参与国应该实现经济互补、实现能源一体化，加强拉美国家的资本在本地区的投资，以及维护本国文化和民族性等内容。针对美国推进的 FTAA 计划，查韦斯一方面和古巴实行经济一体化；一方面加强与巴西卢拉总统的战略联盟，全力支持以巴西、阿根廷为核心的南方共同市场①和南美国家共同体，推动南美洲一体化进程，与 FTAA 进程相对抗。2004 年 12 月 14 日，委内瑞拉查韦斯总统访问古巴，同卡斯特罗主席一起签署了一个共同声明和一项关于共同实施 ALBA 的协议。声明坚决反对 FTAA 的内容和目的，一致肯定 ALBA 指明了拉美真正一体化的基本原则，并保证

---

① 委内瑞拉已于 2005 年 12 月正式加入南共市。

将为实施它而共同奋斗。协议则规定了实施两国一体化的具体步
骤。委内瑞拉将以优惠价格向古巴出售石油，与此同时，古巴向
委内瑞拉派出大批医生和教师。2005 年 4 月 28 日，委古两国签
署了一体化计划，内容包括贸易、能源、农业、通信和技术等
49 项合作协定，通过这些协定的实施，委古两国的一体化得到
加强。2006 年 4 月 29 日，玻利维亚总统埃沃·莫拉莱斯（Evo
Morales）、委内瑞拉总统查韦斯在哈瓦那同古巴领导人卡斯特罗
签署了三国间的经济一体化协议即"人民间贸易条约"（Tratado
Comercial de los Pueblos，TCP），使玻利维亚正式加入古巴和委
内瑞拉 2005 年 4 月签署的美洲玻利瓦尔替代方案。2006 年在大
选中获胜，并于 2007 年初上台执政的厄瓜多尔左翼总统拉斐
尔·科雷亚（Rafael Correa）和尼加拉瓜桑解阵领导人丹尼尔·
奥尔特加（Daniel Ortega）也表示将加入 ALBA。但是，多数拉
美国家并没有表示愿意抛弃 FTAA，而选择 ALBA。

看来，美国提出的包括整个西半球的 FTAA 已不可能建立。
美国政府在难以重启 FTAA 谈判的情况下，将继续采取分别同拉
美国家进行双边谈判或同小地区一体化组织进行谈判的办法，来
逐步扩大同美国签订自由贸易协定的拉美地区和国家。美国有可
能和大多数美洲国家以"自助餐式"的框架协议方式，先建立
不完整的、灵活的 FTAA。

对拉美大多数国家来说，全球化是一种必然的趋势，而不是
一种选择。巴西前总统卡多佐认为："在全球化之外没有救世
主，在全球化之内没有选择。"拉美国家的小地区一体化，如南
共市、安共体、加勒比共同体、中美洲共同市场、南美洲国家共
同体等都是在全球化的框架内确定的合作模式，都是以贸易和投
资自由化为目标，其目的是以地区一体化为平台，更好地参与全
球化。

（三）全球化与拉美的政治民主化进程

在政治方面，伴随着经济全球化的冲击，拉美国家也经受西方"政治全球化"的严重挑战。在 20 世纪后期，美国一方面在拉美推行以"华盛顿共识"为代表的新自由主义经济政策；另一方面在政治上开始放弃支持拉美独裁政权的政策，转向促进拉美国家的民主化进程。正如亨廷顿所说的，"美国政府采纳的是一条民主版本的勃列日涅夫主义：在其势力范围之内不允许民主政府被推翻"，美国政府"影响甚至是决定性地影响到一个国家的民主化"。① 全球化加快了拉美不少国家执政的国家由文人通过选举上台取代军人执政的"还政于民"的民主化进程。1998 年智利举行公民投票，反对皮诺切特军政府继续执政的票占多数，军政府被迫于 1989 年举行大选，智利基民党人艾尔文在总统大选中获胜，于次年 3 月 11 日开始执政，结束了长达 16 年的军政府统治，恢复了代议制民主。1993 巴拉圭也通过选举产生了 40 年来第一位民选文职总统。到 90 年代中期，南美洲已是"清一色"的文人政府。在中美洲和加勒比地区，到 1994 年海地军政权交出政权为止，也基本上完成了民主化进程。拉美民主化进程的发展结束了拉美国家长期动荡不安的历史，整个地区政局趋于稳定。除个别国家外，大多数国家已经实现了国内和平，资产阶级代议制民主制度已经确立并不断巩固。

但是，拉美军人干政的现象并没有完全销声匿迹，拉美的局部地区的政局仍不稳。如 1990 年苏里南发生军事政变；海地 1991 年发生军事政变，2004 年 2 月又发生武装叛乱；1992 年和

---

① 塞缪尔·亨廷顿：《第三波——20 世纪末的民主化浪潮》（中译本），上海三联书店 1998 年版，第 97 页。

1996 年委内瑞拉和巴拉圭先后发生未遂政变；2001 年底阿根廷爆发政治、经济和社会危机；2002 年 4 月，委内瑞拉发生短命的军事政变等。

（四）全球化与拉美的文化

拉美不少国家认为，经济全球化对各国如何保护本国的民族文化提出了挑战，拉美国家应该保护和发展具有本国特色的民族文化。2002 年，秘鲁国家文化委员会发表《秘鲁文化政策纲要》，对国家文化发展战略提出了若干带有根本性调整的思路。《纲要》就全球化的实质及其对秘鲁文化的影响提出了独到的见解。[①]《纲要》指出，20 世纪末开始席卷世界的"全球化"，实际上就是企图把人类的不同信仰、习俗、不同生活方式、对世界的不同认知，甚至不同的社会形态全部纳入同一模式。尽管全球化的推进是以人类几千年文明成就为基础，但却是按少数发达国家的经济、社会、政治、文化模式在进行，以牺牲大多数发展中国家自己的文化特色为代价。这些国家只能充当被动接受者的角色，成为那些工业发达国家文化产品的消费者。这样建立起来的世界"新秩序"将把人类的大多数排斥在外。这种全球化的设想始于 16 世纪西欧国家的殖民扩张，继而在 19 世纪已经工业化了的欧洲推行扩张政策时进一步得到贯彻，最后在 20 世纪后半叶由美国不断推行的霸权政策中达到顶峰。这种"全球化"在秘鲁的实现就意味着秘鲁民族几千年来形成的土著文化的消失，秘鲁自己的民族文化被外来文化取代或被迫接受外来文化，在世

---

① 《纲要》原文全文请参见：Instituto Nacional de Cultura，Consejo Nacional de Cultura：*Lineamientos y Programas de Política Cultural del Perú* 2003 – 2006，http：// inc. perucultural. org. pe/textos/lineamientos. pdf。

界其他地方则意味着一切非欧洲文化的生存受到威胁。《纲要》认为，文化政策应该是国家发展战略的核心内容，政治、经济和社会等方面的政策要与文化政策相互适应并密切协调并提出了公民文化权、文化多样性和文化民主化作为三个基点的秘鲁文化发展思路。《纲要》认为，面对经济全球化的大格局，秘鲁要想使自己的国家和民族得到发展，就必须对文化政策作全面的调整，作为应对全球化时代的策略。

拉美国家普遍支持联合国教科文组织 2005 年 10 月通过的《文化多样性公约》，主张弘扬民族文化，保护文化的多样性。墨西哥政府重视发展本国的民族文化，抵制外国文化的渗透。为此，调动社会各种力量来促进民族文化事业的发展。政府强调文化的最高任务是使墨西哥坚持独立、自由、民主、正义，把保护和发展民族文化与坚持民族独立联系在一起，主张通过继承和发展墨西哥的历史传统和文化遗产，增强民族主义意识，认为保护民族文化遗产同国家现代化不可分开。在保护和发展民族文化的过程中，强调墨西哥为多元文化的国家，注意保持和发展各地区文化的不同特色。

巴西政府也努力树立和捍卫巴西文化特征，包括重视历史文化遗产的挖掘与保护，重视巴西—非洲文化研究并按巴西—非洲文化及印第安文化模式保存保护民族精神和种族的遗产，积极发展多元化多样化文化。大力树立民族文化崇高的自尊地位。包括定 11 月 5 日为国家文化日，举办关于本国历史的讲座、研讨会、展览、游行并出版有关著作，增加本国视听作品的传播等。巴西政府积极繁荣民族文化，包括重视文化立法以营造良好的文化工业发展环境，加大政府对文化的投入，提倡创作自由以繁荣文艺事业，制订鼓励发展计划以促进和繁荣文化生产等。

古巴政府强调发展民族文化，主张"高雅"和"大众"文化同时存在和发展，允许自由选择创作题材和艺术表演形式，但不允许以此为手段，宣传同社会主义相对立的有害思想。

阿根廷作为移民国家，各个移民群体都程度不同地沿袭着母国的文化。为避免不同文化在阿可能发生的冲突，阿政府制定了符合本国国情的文化政策，即努力促进各移民文化之融合，大力提倡群众参与文化生活，切实保证文化财产人人共享，积极推动与国外的文化交流。

委内瑞拉政府重视发展和保护本国文化，采取对文化放权和文化经费合理分配的文化政策；鼓励创作自由和文化财富的生产并保护文化艺术创作者，通过了保护著作权的法律；发展各地区特有的不同文化形式并研究其内在的文化联系，进行文化财富的交流；保护国家历史、考古、文献和艺术遗产等。委内瑞拉总统查韦斯于2006年6月4日参观首都加拉加斯维拉电影制片厂，决定增加拨款，积极发展本国影视业，打造南美影视梦工厂，向好莱坞宣战，抵抗美国对南美国家的文化侵略。

〔原载汝信主编《世界文明通论》之《当代文明》（下）（吴云贵主编），福建教育出版社 2010 年版〕

主要著作目录

独　著

《拉丁美洲政治》，中国社会科学出版社 2006 年版。

《古巴》，中国社会科学出版社 2003 年版。

《冲撞：卡斯特罗与美国总统》，东方出版社 1999 年版。

《一往无前墨西哥人》，时事出版社 1998 年版。

《墨西哥》，世界知识出版社 2000 年版。

《墨西哥政治经济改革及模式转换》，世界知识出版社 2004 年版。

《卡斯特罗评传》，人民出版社 2008 年版。

《墨西哥革命制度党的兴衰》，世界知识出版社 2009 年版。

《查韦斯传》，人民出版社 2011 年版。

《当代拉丁美洲的社会主义思潮与实践》，社会科学文献出版社 2012 年版。

主　编

《现代拉丁美洲思潮》，当代世界出版社 2010 年版。

《美国和拉丁美洲关系史》，社会科学文献出版社 1995 年版，2007 年 5 月再版。

《帝国霸权与拉丁美洲——战后美国对拉美的干涉》，世界知识出版社 2002 年版。

《拉丁美洲史稿》第三卷（主编之一），商务印书馆 1996 年初版，2001 年再版。

合　著

《秘鲁经济》，与白凤森合著，社会科学文献出版社 1987 年版。

《拉丁美洲国家政治制度研究》，与袁东振合著，世界知识出版社 2004 年版。

《拉丁美洲文明》，与郝铭玮合著，中国社会科学出版社 1999 年版；福建教育出版社 2008 年修订版。

译　著

[阿根廷] 豪尔赫·卡斯特罗：《第三次革命》，世界知识出版社 1999 年版。

[古巴] 菲德尔·卡斯特罗：《总司令的思考》，合译，徐世澄负责全书校对，社会科学文献出版社 2008 年版。

[古巴] 菲德尔·卡斯特罗、[法国] 伊格拉西奥·拉莫内：《卡斯特罗访谈传记 我的一生》，合译，徐世澄负责全书校对，中国社会科学出版社 2008 年版。

《卡斯特罗语录》，合译，社会科学文献出版社 2010 年版。

《何塞·马蒂诗文选 长笛与利剑》，合译，云南人民出版社 1995 年版。

《玻利瓦尔文选》，合译，徐世澄负责全书校对，中国社会科学出版社 1983 年版。